東晉唐初道教道德經學：

關於道德經與重玄思想暨太玄部之討論

鄭燦山 著

國立編譯館◎主編

臺灣學生書局印行

二〇〇九年十二月出版

李豐楙教授序

在道教經典史上，從行內到行外，都會有一個基本的認知：老莊道家與道教有密切的關係，或許也有專治中國哲學史的對此有不同的反應：老、莊是哲學，道教則為「宗教」，怎麼會被「混淆」？這樣的認知有時連撰「老學史」的也難以全免！但是這種反應只是學門的直截反應，還是真正基於學術所作的論斷？在此提出這種觀察，並非只是學門之間的學術論辯，而是嚴肅地反思道教思想史的方向問題：如何面對「道家哲學」的老、莊諸子？學界研究老、莊所使用的基本資料，總是離不開王弼、郭象的註、成玄英的疏；王弼、郭象被視為魏晉名家、玄理家，而成玄英與李榮等一樣，都是道教中人，老、莊、列、「三玄」為道門必讀物。然則道教思想回應玄學的「重玄」，正是出現在這一思想相互激盪的關鍵期：玄理派的老、莊與仙道派的老、莊，都在同一時代而面對同中有異、異中有同的讀者，但是治中國哲學、思想史者如何面對仙道派老學？

這樣的質疑實無意挑戰傳統治斯學者，而是「我們」治道教史、道教經典史者的一種反思，為何經歷學界數代的苦心經營，仍不能激盪治思想史的學界同行？道教同行都深知創教期，《道德經》是溝通道家的「聖經」。因為從老子到老君，這位先秦哲人已

被早期道派神格化，成為道教聖者、聖主的箭垛式人物，因而將《道德經》採用不同方式聖經化，絕對有利於道教與當時玄學家的區隔與獨立：區隔是為了凸顯其宗教的性格，而獨立則是採仙道的立場讀老、莊並註老、莊。這樣的實踐經由創造的轉化，已與歷來高道的人格合而為一，且經由融合已化於新出道經（如《清靜經》）；更不必再提李唐帝室之推廣《老子》，諸般經註表現於不同形式，其持久性絕不亞於玄理派老子，但這樣的歷史事實為何不能為學者所重視？

關鍵的原因就是國內、外的學術環境，治哲學者不易或無意跨入「道教」經典之林，反過來說，道教學界整理老、莊之學的相關著書並不多，也未能將仙道派老、莊完整引入學界。若要溝通這樣的學門之限，最好是由良好的中介者作好媒介，才能使道家與道教老、莊不再分屬於哲學與宗教學門。基於這一錯綜複雜的理念，選擇合宜並有意願的學生就是當前待解的問題。從下定決心將學術重心的關注轉向道教後，其間也有數位注意及此，不過完成碩士論文後即無法持續！？就學術養成的基本訓練至少是「博士」。在這樣的需求下，決定在木柵的家中設帳讀經，一週一到二次，只有通讀道經才能開啟道教之門。在該批青青子衿中就有鄭生燦山，他原本有意治易學，當然道教易學也是主要者，但是《道德經》應是更為亟需。在這樣的形勢下，燦山決定了研究的新方向。

經歷數年的苦修煉功般，這些初步的成果就展現於此書，選擇這類課題並非「老學史」的一章，而是從仙道派治老、莊，也是道教思想史的第一章。由於課題所關顧者廣，「如何集中」就成為論文的重點所在。燦山在歷經調整之後所呈現的就是本書，前半針對

仙道派《道德經》，從經本的形成以至內涵，其切入點就是重玄、道性與存思、守一等；後半則針對太玄部，從傳授儀、老子聖傳到養生、思想等。由於時間跨距頗長，所關顧者亦廣，並非小題大作的取向，對於燦山有意治斯學，則是開啟眼界的方便法。因為從此就可從中選擇專題作微觀的研究。這就是一位道教學者的成長、成熟。從燦山到家中參與讀經，而今已輪值主持讀經小組，都可見其已能獨力開創一己之路。在這一時刻出版初學之作，足可激勵其再接再勵開展新課題，他既已經歷木柵讀經，也期望這一小組能持續帶出新秀，並出版新作。這就如道教的道脈流傳一樣，學脈也就如是完成。值斯作出版，聊書此序既表恭賀亦陳所願，是以為序。

自　序

　　道教乃中國源遠流長的本土宗教，根據歷史文獻材料之推斷，學界普遍認為當濫觴於後漢。爾後數百年的衍併、沙汰與沉澱，至南北朝時期，才逐漸匯歸為一相對成型與整飭的所謂「道教」。對照世界各大宗教傳統，如基督教、伊斯蘭教、佛教等等，其發展模式一般率多在歷史上出現一位創教主，然後才開枝散葉，綿延百代。反觀「道教」，嚴格地講在歷史上似乎並不存在一位創教主，而為「道教」各教派之宗主。從這個角度看來，「道教」便相當異類了！這種異類的宗教現象，彷彿暗示著我們，道教研究不能完全依循宗教學研究之普遍法則，而有另闢蹊徑的必要。「道教」這個宗教類型，在歷史發展洪流中的整併現象，對於人類文明進程的反省，具有相當的啟示意義。

　　如果我們假設「道教」在某種寬泛的意義上來講有其主體性，那麼「道教」的發展過程，歷經數次的整合與轉折。無疑地，這種情形第一次發生在六朝，而六朝階段的搏鑄，也大致底定了日後道教的弘規。所以，這個時期的道教研究，近百年來已讓國際上許許多多的道教學家傾心折腰。可以說是道教荒原最早受到開墾澆灌的新生地，目下已是一片青蔥綠油。筆者面對如此大好榮景，猶縱身其中，恐怕連「錦上添花」也說不上，而只能做做「狗尾續貂」的

雜事了！

筆者原本專意宋明儒學，後來為了一探宋明儒學之「源頭活水」，而上溯北宋周、邵諸鉅子，卻意外地發現其道教淵源的史實。帶著幾分莫名的惶悚與好奇，又想直揭謎底，究竟道教如何影響儒學？於是一頭栽進了道教的世界。日久生情的緣故吧！以前站在儒家角度，怎麼看「道教」都是醜女，再如何粉飾妝點，也不過「東施效顰」。可是因為筆者出身道教文化充斥的台灣鄉野，雖然自幼薰染卻百姓日用而不知，但是潛意識裏應該還是覺得他的有趣可愛吧！所以翻檢道藏不久即發現其異類樣貌，而頗受吸引。研究道教對筆者而言，是學術興趣，也是自家生命的探索，更是對母文化的孺慕，隱隱然有著依戀之情。

於是我即悠遊於道教的洞天福地，而舊愛儒學反倒有點兒久假不歸囉！不過卻從未放棄而時時留意。或許冥冥定數，除了道教專題外，這數年來，上天又安排我回到道教與儒學關係的舊題來，昔日的幽暗疑竇也似乎漸露曙光。

在李豐楙先生門下數年生徒式的攻苦學涯，是畢生難忘的研習經驗，也是值得感懷與紀念的。對於道教的瞭解，乃至日後學院式研究工作的開展，從無到有，都該歸功於李老師當年的挈領與彼時打底的「築基功夫」。

從事道教研究，六朝是一個很好的起手點，可以逼自己做一些基本功。其次因為筆者中國哲學、思想史的學術屬性與研究背景，所以極其自然地便以道教內部的道德經為題，這可以說是本書寫作的起因。

一入道教的大天之中，即刻發覺異樣氣息瀰漫，頗不同於魏晉

玄學。玄學家對於易老莊「三玄」，深耕易耨，或為談資，其沉潛
用功，可謂研幾探賾，光彩迸現。反觀道教徒之於道德經，與其說
是「研究」的態度，倒不如說是拿來「用」的，其實用主義的色彩
濃烈。當然道士並非排斥客觀的經典研究，不過其研究的目的恐怕
也是為了傳教與實修吧！因此，研究道教的道德經，其取徑與方法
便異於魏晉玄學，這也是本書撰著的基本立場與態度。

　　是故六朝道教的道德經學，筆者主要開展為老子注疏學與太玄
部兩個議題。前者表面上雖然是對於道德經的疏解，然其本質則涉
及道教教義學、思想體系的衍異與建構，而以「重玄」觀念為結
穴，下開隋唐的道教義學。後者則是道教內部經典群的集結整理，
太玄部實質上主要是圍繞道德經為核心，而匯集一批前代流傳下來
的相關道經，整合而成的經典群組，其背後甚至也牽涉到道教的判
教問題，因為判教問題牽涉較廣，並非本書所能處理，故爾從略。

　　重玄思想邇來成為道教學界、中國思想界的顯學，引起討論熱
潮。一般而言，學界多從魏晉玄學史的脈絡來看待道教重玄學，於
是道教重玄學乃成為魏晉玄學的餘韻、分支。這種觀點以及因而衍
生的許許多多未有嚴格證據的過度推論，筆者不十分贊同。再加上
學術研究詳人所略、略人所詳的原則，所以筆者偏重道教與佛教的
課題，即立足於「道教」主體性，也就是從道教發展史的面向去論
述道教自身的問題，當然一樣必須兼顧外在的大環境對道教重玄思
潮的影響，故而當時的魏晉玄學、佛教也因為作為道教的參照座
標，而成為討論的重點。

　　關於太玄部的研究，主要是經典、文獻、史料的搜羅、整理與
考辨，再進行歷史與制度儀式的建構工作，以期重現六朝道教太玄

部的樣貌。這正是辨章學術、考鏡源流的差事,也是紮基本功的最佳訓練方式。筆者在這個問題的處理上,對於太玄部成立時代與其經目,採取文獻、歷史的考證方式;其中涉及與太玄部成立的相關材料,如《玉緯七部經書目》、《正一經》、《太玄經》、《上清源統經目註序》、《太上洞玄寶元上經》等文獻之作者與年代,皆一一加以考訂釐清。筆者結論認為,南北朝四輔中的太玄部之成立,二孟法師居功厥偉。但是背後真正的推手,卻是王靈期其人。也就是東晉末劉宋初王靈期的經典造構活動,促成了太玄部的成型。從而王靈期的經典融合觀點與上清經法,便進入太玄部。所以,南北朝道教經教系統中四輔的太玄部輔助三洞的洞真部,而成為上乘道法,實在是其來有自,正透顯著上清經派的立場。

　　而對於太玄部經目的每一部道經,都作了初步的文獻學式考證工作;至少涉及經典的年代與作者,有些進而論及版本問題或道教內部的傳本問題。如果是已逸失的經典,更嘗試進行文獻的輯佚工作,以期儘量重現該經典之原貌。

　　本書是在筆者博士論文之基礎上修訂完成的,如果與原稿相較,大概訂補擴編了一成五左右的篇幅。回顧往事匆匆已過十個年頭,博論完成之後雖略有修改,但是因為教學研究之餘,實在已無多少心力重理故業。然而還是勉力新撰二作,一篇討論成玄英重玄之道的哲學方法,另一文則分析先秦兩漢老子的神話傳說與聖傳,聚焦於神話史與道教史的發展,思考「道教」何時成立、何時創教,這個棘手的問題。後者已經發表出版,前者仍待細訂。兩篇都算是博士論文的後續性研究,或可稍補憾。

　　今日值此出版之際,重新審視舊作,雖不完滿,但尚堪入目,

而其葘陋或恐難逃方家法眼，是為吾過。十年以來，道教學術研究益形蓬勃，高文大論間出。但是有關重玄思想的論述者夥，而太玄部似乎仍未受到重視。關於重玄思想筆者已有新作，算是對於學界成果的回應，而太玄部則一仍舊規。所以，筆者並未進行大規模的、系統的訂補，只是局部的校正與增補，並非有意輕忽學界現實。

再者，泛瀾道藏瀚海經久，逐漸建立自己對於「道教」的一些基本看法。六朝道教教義學暨「重玄」思想的建構過程，始終披著一件佛教的外衣。可以想見，雖則外在光鮮僭人，但終究是不合身的。不合身的衣裳能穿戴多久？果不如其然，宋代以後，這件借來的行頭就被丟棄了，連帶其內裡教義學與「重玄」也不要了！不是道教自家的東西，想留也留不住的。太玄部雖然是自家產品，無奈地宋代以後也遭遇同樣命運，日漸消聲匿跡。

這種特異的宗教現象逼著我陷入沉思。我思索著，每個宗教都是一種文化思維模式，各有其獨特性，而且也正是因為各自開展其獨特性，乃能在歷史上大放異彩。沒有一種宗教或學術流派，可以面面俱到，解釋一切世界或人間的現象，而得以圓滿無缺的。理論思辨的義學傳統，正是佛教的精采處；道教想學一時之間也學不來，而其買櫝還珠的做法，反而有些弄巧成拙，教義學暨「重玄」思想正是這弄巧成拙的產物。當然我們不能一筆抹煞當時高道們的努力及其歷史意義，但是歷史卻還是證明，這個努力最終似乎依然功敗垂成。

於是我們反思，理論思辨的義學顯然不是道教的精采處，道教的獨特性好像也不在此處彰顯。所以六朝道教教義學暨「重玄」思

想的研究道路，究竟應該往哪些方向開展？實在是值得深思的問題。

　　教學研究的工作持續不斷，新的問題與研究課題譬如泉湧，應接不暇，環環相扣。對於這部舊著在範圍可及的狀況下，做必要訂補，不易擴編。這部著作，不計份量，而僅僅標誌著敝人學術座標上的一點，希望將來再回首時，能夠發現這是個人最差的一本小書。那時我將秉持懺罪的心情，戮力向前，思彌補之。

　　此書的完成，要感謝的人很多。長年僻處臺灣北部，不能南返故里承歡膝下，略盡人子孝道，我有罪焉！我形同隱居研究，不理家事，而父母親人的包容與鼓勵，點滴在心。尚有內人朱書萱女士一路走來的扶持相陪，使我心無旁騖而得以專心致志。同學張超然先生在臺灣中央研究院文哲研究所服務期間，幫助取得許許多多的資料，裨益研究工作順暢無礙，其古道熱腸甚為感念。其他還有一些同好諍友，無法個個道謝，實在抱歉。

　　近數年來，臺灣道教研究會的成員臺灣師範大學國文系謝聰輝、政治大學宗教所謝世維、輔仁大學宗教系所張超然三位教授的激勵鞭策，以及其他參與道經會讀班的國內外同道們，也都是筆者從事道教研究的原動力與學術養料資取的來源，這些都是筆者所銘感五內的。

　　感謝國立編譯館編審委員會的兩位匿名審查委員對於本書之出版所提供的修訂意見。另外臺灣學生書局編輯陳蕙文小姐，對於本書的付梓，其間的行政流程，不憚細煩，一步步地完成。而對於筆者一再地拖稿與延誤，總是耐心地等待，在此要向她致歉，也表達謝意。

　　最後還是要感謝業師李豐楙先生的引領與提攜。當年若非他義無反顧、不辭辛勞繁瑣地帶著幾位研究生同學，孜孜矻矻地研讀六朝道教經典，我們這些後輩，即便有心，大概也無法跨過道教研究的那一道高門檻，而得窺道教宮室之美。當然也要對於李老師諸事繁冗之際，撥空為本書寫序，再致謝忱。其愛護後學之情，溢於言表。

　　今年暖冬，但是行筆至此，已感寒意，窗外略見蕭瑟。經冬歷春，年復一年，也期盼道教與道教學術，元氣生機，來年暢旺。出版前夕，略綴數語，表達愧汗之情，交代撰述緣由。陳年舊文，匆匆殺青，必然破綻百出，懇祈海內外大方，有以教之，是為序。

公元二〇〇九年十二月上旬

鄭燦山　謹誌於

臺灣師範大學　國文系

東晉唐初道教道德經學
——關於道德經與重玄思想暨太玄部之討論

目　　次

緒　論

第一節　研究課題的開展
——從老子與老學史的反思出發

　　《史記·老莊申韓列傳》記載著孔夫子問禮於老子而有「猶龍」之嘆，孔老會晤之事，《莊子》已揭其蹟，《禮記·曾子問》亦有記載，故當非道家自抬身價單面之詞。司馬遷老子傳記中有此歷史事實，也有如「老子迺著書上下篇，言道德之意五千餘言而去，莫知其所終。……蓋老子百有六十餘歲，或言二百餘歲，以其修道而養壽也。……老子，隱君子也。老子之子名宗，……」這種既詳述其裔系，又說老子不知所終，顯得自相矛盾的觀點，甚至點出老子二百歲這類以常情看來近乎「神話」的疑似說法。所以，司馬遷的這篇傳記，在恍惚之間，老子成為頗具故事性的傳說人物。有人便認為《史記》關於老子傳記的資料來源有二，一為戰國以來之傳說，二為秦漢後起之說。❶前者較具史實意義，後者恐為多方

---

❶　劉國鈞，〈老子神化考略〉，《金陵學報》第四卷第二期，頁 64。另外關於《史記·老莊申韓列傳》之考校資料，亦可參考羅根澤編著，《古史辨》（六）（香港：太平書局，1963 年 2 月版）之下編。唯該書所收多民國初年學者考證之作，屬史料整理性質，較少談及其他層面。

附會之巷談。若說《史記》中所存秦漢舊說為老子傳說附會之始，則《史記》存疑的敘述筆法，更加助長此風。所以，漢代以降黃帝、老子，往往比觀齊論，甚至有時也會加進彭祖這另一位傳奇性人物，而混為一談了！

東漢以後逐漸盛行的「黃老道」乃至「黃老君」的崇拜，代表對於「老子」的傳說故事又增添入新的題材，為「老子」塑造出新的形象。以迄東漢末年民間道教（反政府團體）之崇祀老子，老子已完全神格化。❷不過，我們也不要以世俗的成見看待當時的道教或民間信仰。根據美國學者巫鴻的觀點，其圖像學研究的結論告訴我們，早在東漢時期，中國民間道教對於老子這位新的神祇，展現出一種非偶像性的、象徵性表現的信仰型式。巫鴻認為老子在當時實際上展現為一種「無形之神」的信仰崇拜。❸巫鴻的論述頗引人深思：「道教」同樣可以進行高度抽象的思辨，而深蘊著哲思。「思想性」對於「道教」來講，根本不成問題，理所當然存在於這個傳承兩千年的宗教傳統當中。所以我們有必要省思評估「道教」中的「老子」與「道德經」。

「老子」的形象，不斷翻新，隨著朝代遞嬗而改變。反觀足以表徵老子思想的《道德經》，又何嘗不是相同處境？似乎造化早定，行蹤飄忽的傳奇人物，他的著作也沾染這份氣息。《道德經》

---

❷　關於歷代史料中之老子形象，可參吉岡義豐，《道教と佛教》第一（東京：國書刊行會，1983）「I 老子變化思想的展開」所論。另外楠山春樹，《老子傳說の研究》（東京：創文社，1979）也有一些資料可供參考。

❸　巫鴻著；鄭岩、王睿編；鄭岩等譯，《禮儀中的美術：巫鴻中國古代美術史文編》下卷（北京：生活・讀書・新知三聯書店，2005），頁 509-522。

說「道可道，非常道」又形容「道」是「有物混成，先天地生」，
復言「道生一，一生二，二生三，三生萬物」《道德經》的核心觀
念「道」，一樣那般恍惚不明，令人難以捉摸。對於老子思想的掌
握、描繪，後代學者也往往莫衷一是。《莊子·天下篇》首先說
「以本為精，以物為粗，以有積為不足，澹然獨與神明居，古之道
術有在於此者，關尹、老聃聞其風而說之。建之以常無有，主之以
太一，以濡弱謙下為表，以虛空不毀萬物為實。……關尹、老聃
乎！古之博大真人哉！」而《荀子·天論篇》言「老子有見於詘
（屈），無見於信。」《呂氏春秋·不二篇》則說「老耽貴柔」，
先秦時代對於「老子」思想之詮釋，已漸顯分歧。兩漢以下又有新
論。西漢時著名的司馬談「論六家要旨」認為「道家使人精神專
一，……其為術也，因陰陽之大順，采儒墨之善，撮名法之
要，……大道之要，去健羨、黜聰明……道家無為又曰無不
為，……其術以虛無為本，以因循為用，……能究萬物之情，……
能為萬物主……虛者道之常也，因者君之綱也……」談子司馬遷
《史記·老莊申韓列傳》對老子最後下一評語曰「李耳無為自化、
清淨自正。」東漢班固《漢書·藝文志·諸子略序》也有一個總結
性觀點：「道家者流，蓋出於史官。歷記成敗存亡禍福古今之道，
然後知秉要執本，清虛以自守，卑弱以自存，此君人南面之術
也。……及放者為之，則欲絕去禮學，兼棄仁義，曰獨任清虛，可
以為治。」❹

---

❹　《列子》劉向序言「道家者，秉要執節，清虛無為，及其治身接物，務崇不
　　競，合於六經。」班固所論，或許本諸劉氏說，然而或言《列子》偽書，若

　　從先秦至兩漢諸家之詮釋，可以發現，對於老子《道德經》，仍大略可以得出相當一致的看法，如「濡弱謙下」、「有見於詘（屈）」、「貴柔」、「去健羨、黜聰明」、「虛無為本」、「無為自化、清淨自正」、「清虛以自守，卑弱以自存」等等，實皆後代注家習慣用語。可見，歷代詮釋者面對同一文本《道德經》，大抵無法完全脫離這文本之內容而天馬行空地自由心證，必須相當程度謹守詮釋原則，而為此文本所限囿。詮釋共同的文本得出一致的觀點並不稀奇，值得玩味者，則為其中之差異處。

　　老子《道德經》作為道家之古典原型，此原型一出，自然受到後人的景崇。《道德經》這原始文本自身有其抒發之主題與關懷之課題，歷代注疏皆無法迴避，此所以注疏老學千百年之傳統逐漸匯聚共同的問題焦點。然而，每位《道德經》的詮解者，無不挾其龐雜之時代與個人背景，作為「參與」此文本之基礎。所以，在注疏傳統之「共同論域」外，詮釋者必然挾帶自身的問題意識，向此「經典」求解求證。因此，詮釋者之「詮釋情境」其實相當複雜。所以，誠如徐復觀先生所說：「對古人的、古典的思想，常是通過某一解釋者的時代經驗，某一解釋者的個性思想，而只能發現其全內涵中的某一面、某一部份。」❺對於老子思想之理解，荀子是從儒學立場所提出的批判，莊子以至《呂覽》則代表著戰國晚期稷下黃老思想的觀點。❻司馬談「論六家要旨」更清楚可以看出是代表

此則劉序當亦偽作，姑列出參考。

❺　徐復觀，〈研究中國思想史的方法與態度問題〉，收入章政通，《中國思想史方法論文選集》（臺北：水牛，1993），頁 154。

❻　莊子言「太一」以綜老子宗旨，《呂覽·仲夏紀·大樂》也說：「道也者，

著這股黃老思潮之漢代的典型解釋角度。班固則又凸顯出漢代儒家知識份子的觀點。在在可見詮釋者將自己關心的問題或時代課題帶入這部「經典」，希企藉由這部得到學術界肯定的「經典」尋求心中的答案，闡發心中的「理境」。所以就如唐初成玄英、唐末杜光庭對於其前歷代注家做出總結性的歸納，理出這些注家的宗旨、主題。❼針對同一經典所產生之注解的分歧現象是可以理解的。因此，兩漢以下的情形未嘗不如是。

面對諸家注解紛然的局面，我們略可釐清注解的兩大類型，一為個別式的注解作品，另一則為學派式的或是以某一思想背景、時代思潮為基礎所進行的注解。個別式的注家，常常只是表達一己之關懷，後者則實際可稱得上是「集體式的注家」，因為所謂「學派」、「思潮」，凝聚著集體意識，匯流著眾多關懷。這個情形，如前述戰國兩漢的「黃老思想」，年代稍後的「魏晉玄學」等是。個別式的注解，通常只是曇花一現，點出某時代某人之個別情懷，獨抒己見。所謂「集體式的注解」，則蔚為潮流，影響數世，其重要性自不待言。

曠觀魏晉南北朝時期，玄學是思想主流，佛教般若學在與玄學互相激盪的情形之下，也相當蓬勃。我們不禁要問，道教界面對此境，如何在其固有傳統下發展？作何因應？與玄、佛二界有什麼異同？而道教若欲與玄、佛二大思潮相對勘，則需掌握對話的切入

至精也，不可為形，不可為名，彊為之謂之太一。」可見《莊子·天下篇》
與《呂覽》二者表現出共同的時代課題與關懷。

❼　參本書附錄二：道教「玄」與「重玄」觀念流變考。

點，這個切入點必須帶著某種程度之交集特性，而這個交集，便是《道德經》。道教對於玄、佛之挑戰與回應，所以會透過《道德經》，一方面因為《道德經》乃玄、佛共同關心的焦點，另一方面也因於道教內部自東漢以降對於老子的信仰與研習《道德經》的現象之悠久傳統。這個問題後文將專章處理，此不贅述。

玄學可說是當時思想主流，佛教般若學之發展也很難跳脫玄學思潮之籠罩。玄學之濫觴，可說始自魏王弼注解《道德經》，以「道」為核心，對於老子之道家思想進行剖析，以下之發展規模，可說是奠基於王弼。所以，探討道教、玄、佛之異同關係，筆者希望能透過道教對於《道德經》之詮釋，作為考察當時道教對於當代主流思潮因應之道。

回歸到前面所述，道教作為一種成型的思想或意識型態，則道教界對於《道德經》的詮釋或注解，實亦可說是種「集體式的注解」。魏晉南北朝諸多高道注解《道德經》，有身為道教徒所關心的課題，高道以道教這一大思想型態為背景進行詮釋，實際上即形成了一股思想潮流，如「黃老道家」、「魏晉玄學」般。所以筆者除了希望分析道教對於當代主流思潮因應的情形外，也希企能夠對於道教詮釋《道德經》所承繼之思想傳統有所釐清，特別是與「黃老思想」的關係。因此，本文與「黃老思想」、「魏晉玄學」做對照，採取將道教之《道德經》詮釋，置入廣義的道家思想史中考察，以顯其地位與意義。

不過道教徒對於《道德經》的詮釋，並非侷限於「注解」的方式，也包含其他面向，這在後文會加以討論。所以，本文所欲解決的問題，在於選擇《道德經》為討論點，探討道教如何因應當時思

想主流？以何思想傳統為據因應？筆者希望透過分析道教對於《道德經》之詮釋，釐清上述問題。更進一步觀察道教如何看待、使用、傳承、詮釋《道德經》等問題，以剖析此類蘊於道教內部的「宗教現象」，藉由類似「宗教現象」的瞭解，幫助深入探究道教其他相關面向或類似現象之諸多問題。此乃本書研究課題「道教《道德經》學」形成之因。

　　我們討論「道教《道德經》學」，勢必涉及中國歷代的老學史相關問題，所以我們有必要初步先大略釐清這個研究主題「東晉唐初道教道德經學」的義界，接下來再談談歷代關於道德經的詮釋史問題。而後再具體地開展這個研究主題。

　　從字面上而言，這個研究課題主要討論該時期道教界對於《道德經》這部傳統子書的研究與闡述。至於本課題探討對象之範圍、主題的界定，則見仁見智。不過學界一般之看法，認為本課題即是對於《道德經》經文之注疏學或解經學。依筆者之見，「東晉唐初道教道德經學」之研究範圍為：1.《道德經》經文之注疏學或詮釋學，2.以《道德經》為核心所整合而成之道教經教體系——太玄部經典。前者尚且牽涉及南北朝重玄思潮之發展問題。因此，本節對於前輩學者成果之討論，即以與此數個主題相關之著作作為主要資料。

　　學界一般認為「道德經學」即是對於《道德經》經文之注疏學或詮釋學，甚至等同於「老子學（老學）」。譬如熊鐵基《中國老學史》，便是典型之代表。當然熊氏之觀點遠有所源，元朝杜道堅《玄經原旨發揮》便言：

自章句（按即河上公章句）著而注者出焉。然道與世降，時有不同，注者多隨代所尚，各自其成心而師之。故漢人注者為漢老子，晉人注者為晉老子，唐人宋人注者為唐老子宋老子。言清虛無為者有之，言吐納導引者有之，……紛紛說鈴，家自為法，曾不知道德本旨內聖外王之為要，由是不能相發而返以相戾，惜哉！❽

杜道堅明顯認為歷朝各代之《道德經》注疏，即是各代之「老子學」。而注解《道德經》重點便是為了發揮此經之玄旨，對於詮釋之多元現象採取否認的負面態度。若從近人嚴靈峰《無求備齋老子集成》，收錄古今中外之大量的老子注疏、詮釋、傳本、抄本，其編纂態度更加印證了杜道堅這種由來已久之學術傳統觀點。因此，在如此根深蒂固之觀點下，這學術個領域，便以《道德經》這部子書為核心而展開，將《道德經》當成一種傳世之「文本」，注重對它的注解詮釋。所以，熊鐵基定義式地說：

老學史主要內容自然是講歷代文化人物對老子思想的理解和闡發。❾

熊氏的看法，代表著學界之普遍現象。照熊氏論點，《道德經》學與老學是劃上等號的。熊氏與該書之其他二位合著人皆研究歷史出

---

❽　參《正統道藏》彼字號，杜道堅《玄經原旨發揮》卷下頁十。
❾　熊鐵基，《中國老學史》（福州：福建人民，1995）之「前言」所說。

身，所以對於「中國老學史」如此之課題，便採取「思想文化史」之研究角度，❿而主要針對歷朝具代表性之《道德經》注疏書作剖析，當然也不忘強調歷史因素。然而，熊鐵基之「老學」，並未謹守自己所下之定義的界限，如該書「第三章秦漢時期的老學」，便以嚴遵《老子指歸》、《老子河上公章句》為討論對象，可是在「第四章魏晉南北朝時期的老學」所論述之葛洪、張湛等人，並未有《道德經》之相關注疏之作，於此可見熊氏之立場並不一致。

熊鐵基既然重視對於《道德經》注疏書之探討，所以其偏向義理性、思想性之論述方式，便不難想像。不過熊氏對於其討論對象之選擇，到底取何標準，並未多加說明。可以肯定者，厥為依照熊氏之觀點，《道德經》學即等同於「老學」或《道德經》注疏學，亦即是一種哲學思想性之義理學。順著如此思路，自然會有李剛《漢代道教哲學》這類著作出現。在李剛此作中便列有「道教老學的孕育和發生——《老子河上公章句》與《老子想爾注》」專章，對此二部《道德經》注疏書進行研析。當然李氏書不在本文討論範圍之內，故不多及。

本文研究課題之範圍依前述所論包含兩大主題，若細部地說，此二主題皆牽涉及當時流行於道教界的「重玄思潮」。關於《道德經》注疏學與「重玄思潮」之互動發展關係，日本砂山稔《隋唐道教思想史研究》列有專章討論。從砂山氏書名可見其研究進路是「道教思想史」，所以此書中列有第一部「序章　道教と老子」、第二部「第一章　道教重玄派表微」二專章與本文課題相關。砂山

---

❿　熊氏前揭書之「前言」部份。

氏從宏觀之歷史與道教史之發展角度，討論道教重玄思想流派之形成過程。所以「序章　道教と老子——老子觀の變遷と老子注」中，分為「第一節道教と老子」、「第二節道教と《道德經》」、「第三節道教と老子と《道德經》」三個小節進行闡述，始終是以「道教」為核心，確能緊扣其主題。他討論道教、老子、《道德經》三者之關係與歷史意義，並回歸到宗教之範圍，特別與基督教傳統作比較，亦如基督教、基督、《聖經》三者之關係，而凸顯出道教、老子、《道德經》之三位一體之具宗教性意義的概念。所以，在砂山稔眼中，從宏觀歷史來考察，從道教史內部之發展剖析，此三者並非孤立之三個概念，而是互相依存、動態發展的一組概念。砂山氏可說已較熊鐵基、李剛二人更能注意及「老學」或者是《道德經》學，所可能涵蓋之範圍、觸及之問題，不能不說是一大進展。當然他擇取道教資料亦有其主觀性在，未必能展現所謂「道教」之全面性，只因為砂山氏恐怕也無法掌握處於混融狀態之六朝道教的全貌吧！

　　在「序章」所論之基礎上，他繼續在「第一章」探討「道教重玄派」的發展實況。日本另一學者藤原高男〈老子解重玄派考〉一文將唐末杜光庭《道德真經廣聖義》所列倡明「重玄之道」的道士梁朝孟智周、臧玄靜，陳朝諸糅，隋朝劉進喜，唐朝成玄英、蔡子晃、李榮等人合稱為「老子解重玄派」。砂山稔承襲藤原氏說法，並加大範圍，將討論「重玄」思想之隋唐道教經典，諸如《太玄真一本際經》、《玄門大義》、《道教義樞》、《海空經》、《大獻經》等，皆納入所謂之「重玄派」，而成為他定義下之「道教重玄派」。以證成砂山氏認為「道教重玄派」成立於隋朝的觀點。於是

砂山稔將道教界之《道德經》注疏學與「重玄」思潮綰合起來，其間有了發展關係。砂山氏順著杜光庭書中所列諸位高道之線索向上追溯，探討諸位高道在六朝時期之道派歸屬。於是砂山氏又創出「太玄派」、「靈寶派」之概念，他發現這些高道分屬此二道派，且此二道派與《道德經》之注疏、傳授有密切關係。因此，砂山稔最後結論，認為六朝之「太玄派」、「靈寶派」到了隋朝時匯流，而孕育出所謂之「道教重玄派」。❶

砂山稔透過道教、老子、《道德經》之三位一體之辯證關係的闡述，配合隋唐時代道教信仰登峰造極、老子地位尊崇之特殊歷史背景，再與道教內部「太玄派」、「靈寶派」等道派之發展「實情」相印證，終於得出其「道教重玄派」成立於隋朝之結論。可謂廣徵博引，用心良苦。我們若細部分析，不難發現砂山稔從「道教思想史」的角度探討「道教重玄派」形成之背景與原因。砂山氏以道教人物為線索，經由《道德經》注疏學與六朝道派之發展二面向進行考察。所以砂山稔並不將《道德經》注疏學如熊鐵基等人之傳統觀念般，僅看成一種義理之學作「思想史」或「哲學」式的研究，重點正在於他立足於「道教」，故有此不同，至少其視野較熊、李二人開闊許多。

面對砂山稔之研究方式與其結論，畢竟仍有許多盲點令人疑惑。砂山氏書中提出許多派名：「太玄派」、「靈寶派」、「老子解重玄派」、「道教重玄派」等，究有多少真實意義，頗費思量。

---

❶ 以上關於砂山稔之論述，參考砂山稔，《隋唐道教思想史研究》（東京：平河出版社，1990）專章所言。

要稱得上「派」，似乎必須有師承傳授、學理繼承關係，甚至要有
經典或教法之傳承現象，必得有清楚的傳承系譜，方稱得上成
「派」。對於這些成「派」所必須具備之條件，砂山氏並未提出強
有力之證據，雖然他也列出「道教重玄派系譜」圖，⓬不過率多主
觀臆測，並無法證成這系譜之可靠性。所以他沿襲藤原高男說法，
又自行另創新名詞，實未必妥當。關於這點，葛兆光也有其敏銳的
觀察與分析。葛氏評論道：「所謂宗教之「派」，不僅依據典籍與
詮釋思想相同，而且應當有㈠明確的傳承系譜、㈡組織形式、㈢相
同的儀式或方法。如果僅僅是經典與思想相同，彼此之間並無實際
的交往，恐怕只是當時道教流行的思潮。」所以葛兆光總結道，與
其把「重玄」當作一種宗教派別，還不如把「重玄」當作隋唐時代
道教的流行思潮。⓭對於葛兆光的觀點，筆者基本上持贊成意見，
而在本書後文之討論當中，也會進一步印證「重玄」確實可以當作
南北朝後期至隋唐時代道教的流行思潮。

其次，砂山稔討論道教重玄思潮之形成這種「道教思想」之課
題，選擇從《道德經》注疏學角度作為其思考問題之切入點，其研
究之路數，若從反向考察，實亦凸顯出他也將《道德經》學等同於
《道德經》注疏學之態度與立場。這樣的觀點，大抵上亦不出熊、
李之傳統思考模式，無異地將《道德經》學化約成哲學思想之義理
性研究了。

⓬　參砂山稔，《隋唐道教思想史研究》，頁 207。

⓭　葛兆光，〈外編三：「重玄」何有「派」？——評砂山稔《隋唐道教思想史
研究》〉，收入氏著《屈服史及其他：六朝隋唐道教的思想史研究》（北
京：三聯書店，2003），頁 181。

　　李豐楙先生《魏晉南北朝文士與道教之關係》闢有「第二章魏晉南北朝老子神化與神仙道教派老學」討論本課題，本章共分：「第一節魏晉學術與地域師承之關係」、「第二節魏晉南北朝老子神化與仙道思想」、「第三節魏晉南北朝老學與神仙養生說」。李先生大作首先一如其他探討魏晉玄學之作般，從大背景之角度考察當時南北方學風之異。北學玄風，南人則多秉漢代舊學，如方術災異圖讖，凡北學所摒落者，南學皆承襲之，而成為南方神仙方術之學術背景。接著李先生討論漢迄南北朝的「老子觀」，透過歷代老子觀之改變，對照出每個時期不同之仙道思想。如此之研究方式有其獨到之處，足以作為下一節討論「神仙道教派老學」主題之道教大背景來看待。本章最後一節則先論及《河上公注》、《想爾注》、《老子節解經》等幾部漢魏之際成書而具代表性之早期《道德經》注疏書，以作為「魏晉南北朝神仙道教派老學」之注疏學傳統之背景來探究，討論此數部著作之思想內容。接著李氏針對魏晉、宋齊、梁陳等三段落一些被著錄之代表性《道德經》注疏書作考察，而及於所謂的重玄之道。❹這個奠基性的研究工作與成果，為後人開出一條新路，可供探訪，洵屬不易。但是，因為文獻資料缺佚，在如此窘境下，李氏也僅能利用零星珍貴資料描繪出當時「神仙道教派老學」之概況與其重點、特色，所以我們無法得窺全貌，也甚可惜。

　　縱覽李先生所論，雖仍然遵照傳統之「老學」觀點去探究如此

---

❹　參考李豐楙，《魏晉南北朝文士與道教之關係》（臺北：政治大學中文研究所博士論文，1978）第二章之論述。

之課題。不過，其過人處，正在於能以「道教」作為研究思考之出發點，即站在「道教」之立場看待問題，也就是掌握「道教」作為論題之「主體」，而非將「神仙道教派老學」完全化約、簡化成哲學式之研究。作者透過大時代背景、道教及仙道思想背景、神仙道教派老學背景等，層層轉入，逐漸契接討論之主題，有其巧妙處。若當時在資料得以齊備之情況下，當能有更具突破性之成果。大致上而論，李先生研究進路，立足於「道教」，略同於砂山稔。

　　盧國龍《中國重玄學》一書是大陸地區對於道教重玄思想研究之極具代表性的力作。本書稱得上體大思精，析理縝微。全書探討道教重玄思想之興起、發展以致衰頹，上起東晉下迄唐末五代。盧國龍首先界定認為「重玄之道」乃是一個學術流派，是魏晉玄學注釋《道德經》的支流之一，最早出現於東晉孫登。其次「重玄之道」又可以指注解《道德經》的一種思想方法，是對玄學貴無、崇有論的揚棄，是玄學理論的深化和發展。盧氏將重玄之道置入魏晉玄學發展歷史之大脈絡下作考察，所以得出如此結論，基於這個觀點去看待重玄思想之起伏轉折。於是，道教之重玄思想經由南北朝隋唐數百年之發展，而孕育出宋代之內丹道。他認為道教重玄學之歷史發展，經歷四個階段，三次宗趣轉變。第一階段在南北朝，宗趣在於經教體系之建立。第二階段在隋及唐初，宗趣在於重玄的精神超越。第三階段是高宗武周期，宗趣由精神超越轉變為道性論和心性修養。第四階段是盛唐時期，宗趣由體道修性復歸於修仙，開導了唐宋內丹道之風氣。盧國龍認為重玄之道所以經歷四個階段，三次宗趣轉變，有因於道教與政治之關係、佛道激烈論爭以及道教

自身之邏輯發展。❶關於與本書課題相關的重玄發展之第一階段南北朝時期，盧國龍扣緊道教教義學與重玄學發展之互動關係，從五支脈絡切入析探。一是顧歡、孟智周、臧矜、宋文明等人之《老子》學。二為陸修靜、宋文明之靈寶經法。三是孟景翼之七部道書體制。四為部份新出道經所反應之道教思想變化。五北周武帝時編纂之《無上秘要》所形成的道教經教思想體系。❶

　　盧氏思考的觸角遍及南北朝道教義學之各個向度，可謂深諳道教之內部發展史實。加上他邃於文獻考證，所以處處可見其剖析之功力。在此盧氏將南北朝之《老子》學亦如同前人般，當作義理學之一支來討論，不過卻放入整個道教思想史之脈絡甚至是魏晉玄學之大時代背景中作考察，則可說是遠邁前賢。不再是單薄的化約式的哲學思想性之研究方法，而開拓出新的視野，點出當時《老子》學之歷史地位與時代意義。

　　盧國龍是研究黑格爾哲學出身者，❶自然關心思想哲學性之問題，特別是與黑格爾正反合哲學體系相近之重玄思想了！正因為他如此之出身背景，所以使得盧氏面對「中國重玄學」這般之課題時，其處理之角度與看待問題或歷史現象之方法，多以「哲學」關懷為出發點。於是全書充滿著概括性極強的哲學式用語，譬如他對重玄之道發展之四期與三個宗趣轉變之結論，便是顯證。然而若依史實來考校，似有商榷空間。盧氏關心哲學問題，對於道教史實之

❶　參考盧國龍，《中國重玄學》（北京：人民中國，1993）之「緒論」。
❶　盧國龍，《中國重玄學》，頁22。
❶　盧國龍，《中國重玄學》之〈馬西沙序〉，馬氏曾提及盧氏研究黑格爾哲學之學術背景。

掌握觀察，也往往從「哲學」的角度出發，因此難免缺少充分的歷史資料佐證，而循著自己所關心的哲學脈絡作推斷，因此所得出之結論，是有待檢校的。譬如他以為劉宋末年道士顧歡〈夷夏論〉引發一連串激烈之佛道論爭，在佛教徒之刺激下，援引東晉孫登所開發之重玄思想以注解《道德經》，所以顧歡是將重玄思想引入道教之第一人。❶❽實則考諸史料，並無確證。更何況盧國龍一始即先入為主地認為重玄思想是魏晉玄學發展之餘韻，在盧氏眼中，道教重玄思想可說是在魏晉玄學之制約下發展出來的新思潮。所以，他便得出道教重玄思想是為了解決魏晉玄學理論困境而創發出來的如此之論點。於是在盧國龍的評斷下，道教重玄思潮便失去其主體性而成為魏晉玄學之附庸了！

綜觀盧國龍著作，透過哲學問題發展脈絡之掌握方式進行道教諸史實之連貫與推斷，這不能不歸因於其哲學式之思考訓練與關懷。所以，對於如此研究課題，便偏重「哲學」面向之考量，而較少「宗教」內涵的關注。因此從這種情形看來，盧氏無疑是另一種「化約」式的研究取徑，與熊鐵基、李剛等人將《道德經》學僅看作是義理學之「化約」思考略同。如果盧氏所處理的是一般之哲學性、思想性課題，則會是一部較成功之作。不過他現在所面對的卻是「道教」中重要之思想課題，盧氏之思考取向反倒是以「哲學」取代了「宗教」之主體性，所以其大作中出現一些略嫌主觀式的論斷，自不難想見了，實甚可惜！哲學式之分析正是盧氏書之長處，但面對「宗教」研究課題時，卻也同時顯出其弱點與不足處。重視

---

❶❽　盧國龍，《中國重玄學》第二章第一節所論。

「哲學」議題而較少「宗教」面向之關懷，所以，盧氏較不易掌握
道教發展之「基源問題」。❶甚至誤置而以為道教重玄思想是為了
解決魏晉玄學理論困境而創發出來的。實則道教徒關心道教自身之
生死存亡猶恐不及，並無太多閒暇去理會魏晉玄學所遺留下來之問
題。更何況道教徒本重實修，不尚理論思辯，所以玄學清辯如何能
引起他們的興趣呢？不過盧國龍其中所注意及之諸多道教面向與主
題，值得喝采，卻是不爭的事實，對於我們處理類似研究議題時，
無疑是一大助力。而其析理思路之縝密，亦非常人所能及，足堪為
式。

　　接續砂山稔、盧國龍二人對於重玄思想之說法，我們進一步作
考察。討論「東晉唐初道教道德經學」必及於當時之重玄思想，而
關於六朝隋唐之重玄思想的學術現象，學界的論述可謂夥矣！但頗
有眾說紛紜之概。或者稱為「道教重玄學」，或者作「道教重玄哲
學」，或作「老學重玄宗」，抑是「道家重玄學」，或是「道教老
學重玄學派」等等。❷諸如上述說法，基本上多承杜光庭《道德真

---

❶　參考勞思光，〈論中國哲學史之方法〉，收入韋政通，《中國思想史方法論
　　文選集》（臺北：水牛，1993）。該文本為勞氏著《新編中國哲學史》之序
　　言，今轉引自韋政通書。勞氏之「基源問題研究法」其基本預設乃認為個人
　　或學派之思想基本上是針對某一問題的解答，故首先必須透過文獻材料之解
　　析反溯找出該基源問題為何？此即理論還原的工作。為確保真實性，因此對
　　於文獻資料得作考證。最後將該理論與基源問題相互契合加以鋪敘展示出
　　來。雖然勞氏之「基源問題研究法」是針對哲學問題而發，但是一樣有助於
　　我們思考宗教性議題，而關注及道教發展過程所亟欲解決之「基源問題」。
❷　參考簡明，〈「道家重玄學」當議〉（《世界宗教研究》1996 年第 4 期）一
　　文所作之檢討。

經廣聖義》的觀點。如任繼愈認為「重玄派」之名未見於道書,且諸重玄家亦未必有教派意義上之嗣傳關係,但是「重玄派」作為一個學派,確實存在。❷可見任氏贊成「重玄派」一詞用法。可是既然未必有師徒之傳承關係,卻肯定有一學派存在,任氏有些自我難諧矣!卿希泰同樣肯定「重玄宗」為一學派,❷但未說明原因。蒙文通則直接針對六朝隋唐道士注《老》思想之發展理出一脈絡。根據蒙氏考證,認為諸高道其間隱藏之師承關係為:顧歡→二孟→臧玄靜→成玄英→李榮。當然也論及其他眾多高道。於是蒙氏稱之為「重玄宗」。❷如果從蒙文通之論證看來,實在當得上稱作「重玄派」了!他大概也不反對用「重玄派」一詞吧!然而,若細部檢證蒙氏所論,並未有足夠的史料證據證明諸高道間之師承關係,其說屬於推論性質,僅供參考。

此外王卡認為南北朝隋唐時代,當時的道教哲學理論,被近代學者們稱作「重玄學」。這一學說的主要特點,是融合佛道二教思想,對道體有無、形神關係、性命修煉等問題進行探討,以悟入重玄境界。❷王卡的觀點已駸駸乎將當時的道教義學涵蓋於「重玄學」之中。果如王卡所論,則諸如《玄門大義》、《道教義樞》、

---

❷ 任繼愈,《中國道教史》(上海:上海人民,1990),頁250。

❷ 卿希泰,《中國道教史》第二卷(成都:四川人民,1992),頁174。

❷ 參蒙文通,〈校理《老子成玄英疏》敘錄〉一文,收入氏著《古學甄微》(蒙文通文集第一卷)(成都:巴蜀書社,1987)。另外蒙氏該書中尚有〈道教史瑣談〉一文亦談及重玄派,可互參。

❷ 王卡,〈《新譯道門觀心經》導讀──道教重玄學及其經典〉,收入氏著《道教經史論叢》(成都:巴蜀書社,2007),頁36。

司馬承禎《坐忘論》、《服氣精義論》、王玄覽《玄珠錄》等等一批南北朝隋唐道教義學著作，都要畫歸入所謂的「重玄學派」之中矣！王氏的看法並不孤單，似乎在道教學術界還頗為流行。不過這麼一來，不僅司馬承禎這位上清派大師要被我們強迫「改宗」，而且王氏關於「重玄學」的論點，恐怕也已經逸出杜光庭《道德真經廣聖義》的論述範圍了。所以，這種觀點對於「重玄學」一名之解釋，似乎是有點過於寬泛了。

如上文所述，雖然有許多學者附和杜光庭說法，然而也有學者持反對意見，對杜光庭《道德真經廣聖義》有關重玄之道的論點進行檢視，而並不認為有所謂之道教的「重玄派」。❷此外大陸學者簡明從重玄思潮之內涵、外延分析，以為在內涵（即「重玄」）上，這點學界並無疑義。然而從一學術思潮之外延來考察，此思潮究屬道教、老學抑是其他？透過如此角度之析察，簡氏認為中國歷史上的此一重玄學術文化思潮，是以發揮老莊學和重玄思辨為主要特徵

---

❷　如日本中嶋隆藏，〈重玄派小考〉（《日本中國學會報》第四十四集）、〈從現存唐代《道德經》諸注看唐代老學思想的演變〉（《宗教學研究》1992 年 1、2 期合刊）二文，便針對杜氏論點作細部之考察，發覺杜氏所提及之諸多道士，在其殘存之著作中，未必有重玄思想，或者未必以重玄思想為宗。故中嶋氏對「重玄派」的說法持保留態度。另外中嶋教授認為，杜光庭《道德真經廣聖義》對於「重玄」之義的解釋含混不清，而且關於老子注疏諸家的敘述，其觀點之統一性很成問題。所以他結論道，雖然六朝末至唐末，「重玄」確實喚起而得到道士們的廣泛關注，然而道士們的解釋深淺不一形形色色。所以，我們不應輕易斷言，基於這種現象，便認定有一能對抗其他學派宗派而獨立存在的重玄派。參中嶋隆藏，「第三章　所謂重玄派と重玄思想——『道德真經広聖義』所說の檢討」，中嶋隆藏，《雲笈七籤の基礎的研究》（東京：研文出版社，2004）。

的一種思想趨向，並沒有形成一個獨立自覺的重玄學術宗派，所以不僅包括「道教重玄學」，也包括「道家重玄學」。於是簡明將這一學術思潮界定而稱為「道家重玄學」。❷筆者基本上贊成簡氏「以重玄思辨為主要特徵的一種思想趨向，並沒有形成一個獨立自覺的重玄學術宗派」的說法。至於「道家重玄學」概念，則抱持謹慎態度。若說隋唐以降之學者如劉進喜、成玄英、李榮、杜光庭輩，尚可稱得上以「重玄」為思想核心，亦頗有自覺地以此核心概念統攝其他道教教義論題。但是魏晉南北朝的情形則未必如此。職是之故，是否足以成為「學」，尚待考察。因此，本文基本上採取較廣義的「重玄思潮」之概念，將這一個學術文化現象當作是一種時代傾向，而非一前後相承有所演變發展之學術流派，或是有其內在發展邏輯、理路而獨具特色且異於其他學術領域之專門之「學」。更何況佛教界也往往使用「重玄」、「雙玄」之概念，❷故「重玄」顯非道家或道教所專有，而是一時代性之思潮。

　　經過前文的討論基礎，我們可以進一步反省本書論題「東晉唐初道教道德經學」之意義何在。何以會選定此歷史階段「東晉唐初」，後文將論及，此處暫且略過。至於「道教道德經學」，則學界對此類課題之基本認知，常常與魏晉玄學比類齊觀。所以，這樣子的議題，即往往易於被「化約」，而成為哲學性、思想性之探討。「宗教」與「哲學」並非截然二分之兩個學術領域，從如此之

---

❷　參考簡明，〈「道家重玄學」芻議〉，《世界宗教研究》1996 年第 4 期。

❷　如東晉名僧支道林早發「重玄」之說，此乃周知者。另外南北朝隋唐佛教三論空宗亦屢用「重玄」之觀念，參李剛，〈道教老學重玄學派〉，《宗教學研究》1996 年 1 期，頁 11。

角度考量，哲學性進路之研究方式，當然有其意義在，不過若從另一個面向思考，卻似乎犯了「範疇」誤置的缺失，即將「宗教」置入「哲學」之脈絡中考察，而忽略了「宗教」之主體性，亦即以「哲學」之主體性取代「宗教」之主體性。也就是說以「哲學」之思考角度與關心之論題、概念為出發點，去分析掌握「宗教」的議題與資料或文獻。如此，非但無法一窺宗教徒之真實面目，也可能因為「哲學」的基本關懷而忽略了宗教面向的課題。所以，其解釋程度與正確性不得不大打折扣，甚至其「合法性」都令人置疑。

　　稍微細心的學者注意及本議題之「道教」二字，所以便儘可能地注意、蒐集道教方面之相關資料與論點，然而終究還是可能陷入「道德經學」這個陷阱迷霧當中。一及《道德經》這部經典，直接之反應，便是經典之詮釋，若更侷限地說，便是《道德經》的注疏之學。雖然謹慎的學者懷抱接納的態度，儘可能地傾聽來自道教界的任何訊息與觀點，資以輔助其研究工作之進行。然而，在學界之傳統理解觀念下，甚至在魏晉玄學作為當時思想界之大洪流的歷史認知背景下，在在都可能讓這些小心翼翼的學者不知不覺地仍然回歸到以研究魏晉玄學之態度方法或對於玄學議題之認知的研究背景下進行此課題之探討。所以，玄學如何思考宇宙、人生、政治、社會等論題，使用何種概念，採取何種思考模式，諸如此類，皆可能出主入奴地已事先植入研究者潛意識中，令其不自覺地看待分析「道教道德經學」這樣子的課題。認為玄學如此思考問題、討論問題、關心問題，「道教道德經學」亦當如是。在如此的研究背景與態度之下，很自然地，「道德經學」便往往與「老子學（老學）」劃上等號，甚至即是《道德經》的注疏之學了。聽來似乎極其順理

成章，難可置疑。然而若深入去反省思考，「道德經學」與「老子學（老學）」真的異名同實嗎？真的這課題僅限於以《道德經》的注疏書為研究對象嗎？其實似非如此，先不論「道教道德經學」這方面，即便就魏晉玄學進行考察，依筆者之見，「道德經學」未必便等同於「老子學（老學）」。很明顯地，前者揭示出研究核心為《道德經》，後者則以「老子」其人為中心；前者為經典，後者則是一位歷史上的傳奇人物。因此，從字面上便不允許我們等量齊觀，而有必要抽絲剝繭一番。❷❸

　　無論從哲學思想的義理層面作考察，或是在魏晉玄學大背景之下作籠罩式的觀照研析，處處可見先入為主的價值判斷與研究取向。學者在進行該課題研究之前，已有其學術上之預設立場與研究方式，各式各樣的預設價值判斷，極易阻礙清明分析的進行。為了突破如此研究上之困境，有必要採取一種全新的態度作為研究的切入點，以確定研究的取向與策略，甚至先行界定本課題之研究對象

---

❷❸　關於上述課題之相關研究，諸如：李剛，《漢代道教哲學》（成都：巴蜀書社，1995），熊鐵基，《中國老學史》（福州：福建人民，1995）等著作，便直接將「老學」等同於《道德經》的注疏之學，也從哲學、思想之角度去作「化約」式的分析。另外如盧國龍，《中國重玄學》（北京：人民中國，1993）一書，則未經證明便已先認定，魏晉玄學之思潮對當時之道教界產生決定性之影響，所以道教界任何概念、議題便極其自然地被認為來自玄學，道教界之觀點是為了解決玄學所遺留下來的難題。其滯礙難通之窘況實甚了然。不過也有例外者，王葆玹，《玄學通論》（臺北：五南，1996）一書，雖然討論魏晉玄學，卻仍能注意及當時玄學界關於「老子」其人之討論，而進行較深入的分析考察，得出異於時賢之結論，是較值得喝采的研究進路。其思考之向度自然較別人寬廣，也似乎較能觸及當時玄學界之問題核心，具有較高的詮釋力。

之範圍。

　　從「道教道德經學」之標題考量，我們極易虛懷地回到「道教」之本位進行思考之出發點，而避免義理性質之強壓式的化約處理。可是這還是不夠的，因為仍然可能陷入對於「道教」這一宗教之先天理解之預設情況下展開研究步驟。「道家」、「道教」二者之區別，自來學界頗有爭論，更何況「道教」之研究方興未艾，相關之研究成果，多未成共識。所以，何謂「道教」？「道教」之內容範圍為何？凡此種種皆尚待斟酌，因此如何能期許有一清晰可信之對於「道教」的觀點，作為這個課題研究之基礎點呢？

　　基於上述，我們可以發現其中之癥結正在於學者習以為常的價值判斷與研究取向，也就是其預設立場。這個立場會因為比較強化已經先入為主的主觀觀點而妨礙尋找從事客觀研究之出發點，於是我們可能在一些與此課題未必直接相干的論點與議題上打轉，就因為強加的方式而比較無法全面剖析所欲研究的課題。所以，針對此課題，有必要在一儘量客觀的前提之下進行分析，以避免浪費不必要的精力，卻適得其反。

　　為了尋找一個相對客觀的出發點，筆者認為「宗教現象學」（phenomenology of religion）的研究態度與方法，值得借鏡。「宗教現象學」對於宗教現象或是各種類型之宗教材料，採取兩個研究概念：「懸擱」（epoché）與「本質直觀」（eidetic vision）。透過懸擱法，排除各種可能之預設，宗教現象學家得以避開任何種類的價值判斷，以無偏見之態度去考察現象。「本質直觀」則意味著在獲得了客觀的沒有失真的材料之前提下，在整體上對於一種情境的實質作直觀的把握。因此這兩個概念成為宗教現象學家「客觀化」的依

據。❷這兩個概念對於我們的研究,具有啟示意義與實用性,以下進而申述之。

轉而考察「道教道德經學」課題,於是,我們必得先將各種對於「道教」、「道德經學」概念之根深蒂固之認知,先不論其是非對錯而暫時加以「懸擱」,然後針對相關之資料(譬如思想、史料、道教等面向)進行蒐集、比對、考證與分析,讓這些資料在未經人為預設立場之「染污」下,如其本來面目地展現在研究者面前。而後透過「本質直觀」的方法對該相關之資料進行本質性的掌握、理解與論述,從而對於本課題作深度的描述,以展現其「該有」的樣貌。如此當可期待有一較「客觀」的「事實」呈顯出來,而不致過度受限於主觀立場的解釋。❸

宗教現象學方法的借用,使我們得以跳脫傳統老子注疏學的思維模式,一如魏晉玄學般,基於「研究」的態度,而衍出一套學問

---

❷ 德國哲學大師胡塞爾(Edmund Gustav Albrecht Husserl, 1859-1938)所開發出之「現象學」(phenomenology)的研究方法,對於宗教學界也產生影響,於是衍出所謂的「宗教現象學」(phenomenology of religion)流派。「宗教現象學」不完全採納胡氏之哲學論點,然而胡塞爾卻對宗教現象學家提供了兩個重要的概念或理解原則:「懸擱」(epoché)與「本質直觀」(eidetic vision)。參考夏普(Eric J. Sharpe)著,呂大吉譯,《比較宗教學——一個歷史的考察》(臺北:桂冠,1991)「第十章 宗教現象學」的討論。

❸ 筆者主要透過宗教現象學家的角度與理解,而運用其研究方法,以為本研究課題之資。胡塞爾現象學其形成之歷史背景及背後預設的問題,複雜多端,並非本文注意的焦點,筆者不作任何反省、討論或評述。所以,宗教現象學家對於胡塞爾現象學之理解,未必真切,也不一定契合胡塞爾現象學之本質與本義。筆者立場類如宗教現象學家,不期盼契合胡塞爾之本旨,而只求方法之適用性、實用性,以幫助本研究課題的鋪展。

來。面對「道教道德經學」之主題，如果仍然僅是依照魏晉玄學的研究方法來從事，那麼便只是把道教這個「宗教」化約成為一種「哲學」流派而已，如此一來我們只能單面向地看到道教徒如何注解道德經，而無法發現道教其宗教經典文化的多元性。也即是道教界如何看待這部經典，如何「使用」道德經？因此，一提及道德經，便即刻聯想到注疏學的研究取徑與態度，就有必要被「懸擱」起來，而不能理所必然地定於一尊。當然，並非要將注疏學的研究法棄置不顧，而只是暫時擱置一旁，然後按照本文所擬的研究步驟，重新開始。因為如果摒棄注疏學的研究法，便又會陷入另一種「立場」與價值判斷，而造成不必要的惡性循環了！

　　道德經注疏學這種哲學取向的方法，是一種思辨傾向的理論探討。而作為一種宗教類型的「道教」，除了這個層面的問題外，依照常識性的判斷，也必然非常重視「實踐」課題。而這正是注疏學所忽略的。如《後漢書》卷八十一〈向栩傳〉：「少為書生，恆讀老子，狀如學道，又似狂生，好披髮，著絳綃頭，……不好語言而喜長嘯……會張角作亂，栩上便宜，頗譏刺左右，不欲國家興兵，但遣將於河上北向讀《孝經》，賊自當消滅。」《孝經》注疏學家恐怕想都沒想到《孝經》還擁有退賊的這種魔力存在。在如此的後設式反省基礎之下，我們便有充足理由進行「懸擱」的動作，重新審視這個研究課題。

　　因此，在研究步驟上，我們必須先展示道教道德經學的多元性，確定其研究範圍，而後才能針對這多元性，運用可行的方法，展開局部而具體的研究工作。如果停留在一元式的層面，則道教的多姿風采即無由面世。所以，「宗教現象學」方法的使用，有其理

論上的合法性與合理性。

　　筆者依循上述「宗教現象學」的方法，希望回歸到「宗教現象」進行考察。對於「宗教現象」，筆者原則上採取文獻式的考察方法，也就是透過文獻資料所記載之內容來呈顯所謂的「宗教現象」。於是筆者對相關之文獻材料進行收集整理與考察，自然較不會將某些資料在既定之學術立場下先行排除在外，而將可能相關之文獻儘量收齊，也確實發現，資料、文獻所展現出來的「道教道德經學」課題，其風貌大異於哲學式、思想式的化約性質研究路向，甚至其研究範圍亦有所不同。一般學界對於「道德經學」之主題，大多不假思索即直接畫限在《道德經》注疏之文本的詮釋性研究，這大抵屬於知識份子之智識文化傳統的慣習性觀點。本文對於此主題之研究，牽涉範圍寬廣許多。所以，筆者要運用「懸擱」法，將一般學界之習慣性看法，先予以擱置，再重新考察相關的文獻材料，重新界定此研究主題。

　　「懸擱」法之運用，仍得遵守一基本原則，亦即在「東晉唐初道教道德經學」之主題下，必然地受到此主題之制約，而不得離題。在此主題之制約下去蒐集可能的相關資料。就此主題可以析解為「東晉唐初＋道教＋道德經＋學」等四個組成部份，所以也即是主題乃以道教及《道德經》為核心所構成之學術領域，年代則主要為東晉南北朝時期。也就是此時期道教界以《道德經》為輻輳中心所形成的一專門學問。因此文獻材料來源，可能便涉及東晉南北朝這個時期的文集、詩集、史籍、儒經、諸子書、道經、佛經等等可能之文獻，甚至各種出土文物皆可在蒐羅之列。如此看來似乎這個研究課題之基礎文獻、資料將無限地擴張下去，定然造成研究的困

擾。其實不然，因為既然定限在道教界，自然以道教界內之第一手
說法作為最基礎最直接的論證依據資料，所以自須以當時流傳至今
之道教經典、諸道士作品或是散見於各種其他典籍內之道教相關文
獻為第一手資料。其餘諸如經史子集諸部論及提及道教式觀點或材
料皆需審慎評估，因為這些材料未必足以代表道教界，甚至可能是
對道教界之誤傳、扭曲或詆毀。當然也可以是當時道教界實況的反
映。

　　因此在此一基本原則制約下，透過懸擱法之還原，讓資料文獻
得以自我展現出來，研究者依之進行分析歸納，我們發現「東晉唐
初道教道德經學」如此之課題，其所涵蓋之研究範圍，包括：1.
《道德經》注疏學，2.道經對於《道德經》經文之運用、詮釋與引
申，3.以《道德經》為核心所整合而成之道教經教體系——太玄部
經典。❸如果採取一種廣義宏觀之角度來看待此一課題的話，則甚

---

❸　所謂「太玄部」，體現著南北朝隋唐時期之道經分類觀，「太玄部」乃以
　　《道德經》為核心所整合而成的一組道教經典群。「太玄部」是「三洞四
　　輔」道書七大分部其中之一部。「三洞四輔」包括上清洞真、靈寶洞玄、三
　　皇洞神、太玄、太平、太清、正一。道書之分為七部，其性質略同於經史子
　　集之四部分類，乃南北朝時期之道士對於其前之道教經典所進行之道經分類
　　工作。關於此七部道書之間的主從關係與分部情形、來由，請參考陳國符，
　　《道藏源流考》（北京：中華，1992），頁1-7。不過筆者認為，七部道書之
　　分類，除了基於整理經典，令繁博之道教經典各有歸屬之目的外，也為了建
　　立道教之經典傳承、教階儀軌、宗教組織等制度層面。更重要的還可能是對
　　於諸多道教經典及其中之方術道法，進行上中下乘教法之分判與定位。這種
　　「判教」式的工作，或許是受到佛教的影響，不過卻也應當是道教史發展之
　　必然趨向，對於道教之成型起了臨門一腳之功。筆者希望將這個問題留待本
　　書「下篇」討論太玄部時再進行剖析。

至對於《道德經》中「有無」「道德」「無為有為」等概念之引申發揮，皆可納入此一課題。當然若採取廣義宏觀之角度，亦可能碰上定義之困難，而定義見仁見智，尚待討論，故筆者基本上採取較為保守之態度，以免陷入先前所述之預設立場的窘境。

　　不只是「道教道德經學」，甚至是前文所提及之「老學」，經由宗教現象學家的方法，也可發現「道德經學」頗異於「老學」。所以「道教道德經學」當然也就不同於「道教老學」了。所謂之「道教老學」狹義地說是道教徒從道教神學的立場詮釋老子《道德經》或標明老子（太上老君）所傳授之經典、道法而構成的一個學術領域；廣義地說則是道教學中與老子（太上老君）這位聖者相關的各種宗教現象。由此我們可以相當清楚地看出「道教老學」異於魏晉玄學或其他注疏老學的傳統；大抵後者是根據正史的記載而認定只有《道德經》才是老子著作，而對之作哲學思想式的闡述；前者則將題名或傳說為老子的作品皆加以慎重的詮釋，並歸為老子的道法。當然對於何者方為老子的著作之認定，各道教道派容或有異，但是他們對於老子其人其書之看法超出正史範圍之立場卻是一致的。因此當我們探討「道教老學」課題時，就不能侷限於傳統的老學之窠臼，即不能以傳統之老學觀點先入為主地限域道教老學，而必須回歸到道教老學之獨特本質以界定其研究範圍與內容。❷

　　因此對於「東晉唐初道教道德經學」之研究範圍，可得清楚輪

---

❷　請參考拙著〈太上洞玄寶元上經——一個道教老學詮釋的例子〉，收入《「宗教與心靈改革研討會」論文集》（高雄：高雄道德院，1998），頁262。

廓，不過「2.道經對於《道德經》經文之詮釋、引申」一項，一來
因為資料、文獻零散，不易看出其中關連性之線索，更談不上自成
體系。二則這些資料散佈在不同經派之道經中，在這些經派之細部
研究尚未成型之前，實難以對此等零散資料做出可靠性之分析、定
位與評價。職是之故，筆者對於「道經對於《道德經》經文之詮
釋、引申」一項之資料，亦進行蒐集比對整理，不過並未打算以專
章進行討論，反將此等資料以一種輔佐性、印證性之角度來處理運
用。因此本書經由宗教現象學之研究態度做初步之考察，界定出研
究課題之範圍為：1.《道德經》經文之注疏學或詮釋學，2.以《道
德經》為核心所整合而成之道教經教體系──太玄部經典。整篇論
文便依照此二大主題，分別析為上篇、下篇進行探討，期能對於東
晉唐初道教界針對《道德經》這部經典之研究，有一更清晰可信之
掌握。

　　針對上述二研究主題，前者討論之重點在於發掘道教義理之學
與重玄思想演變之跡，後者則專研太玄部。重玄思想與佛教般若學
密切相關，般若思想東晉時期才逐漸盛行。所以，必須以東晉斷
代。唐初道士西華法師成玄英，稱得上是重玄思想之大師，故下迄
唐初，如此足可一探重玄思想之演變。再者，雖然「太玄部」遲至
南北朝方始成立，不過探討「太玄部」必須置入「三洞四輔」之大
背景之下，方見其義。「三洞」中之上清經系則東晉中期方逐漸成
形，而「太玄部」至唐初已具基本規模，從唐初道士張萬福相關著
作可見。所以研究「太玄部」也以東晉唐初斷代，但是為了研究之
完整性考量，也會及於唐末高道杜光庭之著作。

第二節　研究方法

　　學術研究方法多端，但無定法，因應不同的論題、對象而有不同的方法或角度。徐復觀說：「方法是研究者向研究對象所提出的要求，及研究對象向研究者所呈現的答復，綜合在一起的一種處理過程。所以真正的方法，是與研究的對象不可分的。」❸旨哉斯言，徐氏之研究經驗談確有其真知灼見處。學術界所提出的方法，自有其研究上之有效性、合法性與方便性，所以新法一出，往往成為後進追逐的焦點。不過研究方法只是提供從事研究時之一種參考座標或思考方向，未必可以執其一端放諸四海而皆準。因為各種研究方法，常常蘊含一種學術觀點或預設立場。這個預設是不證而自明的，若預設被推翻之後，則整個研究方法將如骨牌效應般失去解釋力應聲而倒。所以對於研究方法之援用，自需謹慎，不能專信一家之言，無視其他，否則將漏洞百出，解釋之有效性亦將大打折扣。因此，研究方法之模擬與決定，必須針對研究論題、對象先進行審慎的考察與評估，方易於作一較為精準的論斷，當然前賢之研究經驗成果，也是足資參考之來源。

　　本論題「東晉唐初道教道德經學」，將對當時道教之發展現象進行細部之考察，而以「道德經學」為考察之核心，故基本上將朝兩大主題切入探討，上篇將處理當時之道教徒關於《道德經》之注解，下篇則討論道教徒面對這部教內「聖典」時，如何看待、使

---

❸　徐復觀，〈研究中國思想史的方法與態度問題〉，收入韋政通，《中國思想史方法論文選集》（臺北：水牛，1993），頁 152。

用、傳承之，亦即「太玄部」的相關問題。

　　所謂「道德經學」，自然以《道德經》為焦點，是針對一部經典的研究，透過這部書為切入點以觀察道教如何詮釋這部經典？以何態度、角度面對這部經典？日本砂山稔的專著直接標明「道教思想史」之研究方法。其書中之第一部「序章　道教と老子」，特別與基督教傳統中，基督教、基督、《聖經》三者之關係作比較，而凸顯出道教、老子、《道德經》之三位一體之具宗教性意義的概念。❸❹砂山氏的研究取徑，展現出「歷史」、「道教」、「聖者」與「聖典」等四個面向之動態的交融關係，值得參酌。因此，反觀本書論題，筆者首先列出「序章」，專門討論老子、《道德經》在道教發展史中之互動關係。藉此可以幫助釐清，在道教中，老子被尊為聖者，《道德經》被奉為聖典之獨特現象。如此之現象，正好與道教重視「三寶」（道、經、師）之傳統相應。道教將老子神聖化而成太上老君之化身，所以老子既是「道」的化身，也是傳道之「師」。而《道德經》則是一部聖典、寶經。這個獨特宗教現象，影響道教徒如何去看待這部「經典」。明顯地可以比較出，道教重視「經典」，更重視「聖者」，而非將此二者割裂而分別地單獨看待。這個特色，略同於魏晉玄學之於「三玄」。只不過玄學將老子當作次於孔孟聖人之大賢而已！玄學是一種哲學義理的立場，道教則是宗教性的崇拜。所以，「序章」所論，是本書之背景式觀念，缺少對於此背景觀念之瞭解，則上下篇所要處理之兩大主題，便顯得知其然而不知其所以然，令人費解了。

---

❸❹　參考砂山稔，《隋唐道教思想史研究》（東京：平河出版社，1990）所論。

　　上篇處理道教徒之《道德經》注解，涉及當時道教之義理解經風潮，這種風潮自然以整個道教經教系統為背景，不過也不可忽略其前因後果、遠源近因，所以筆者對於這一單元之解析，基本上將以「思想史」的方法處理。將道教徒《道德經》注疏學置入當時的思想氛圍下思考，進而放在整個廣義道家思想史的發展脈絡下予以剖判定位。

　　關於「道教思想史」的研究取向，不得不提及卿希泰《中國道教思想史綱》。㉟卿氏此書標明「道教思想史」的研究法，不過綜觀全書，實際上以道教史之建構為主，道教思想之闡發為輔的論述方式進行著。此書可說是卿氏日後編《中國道教史》之預備性著作。可供作「道教思想史」研究課題參考之處相當有限。

　　其次黃釗《道家思想史綱》透過廣義「道家思想史」的角度，將老莊道家、黃老思想、道教、醫經（如《黃帝內經》）、魏晉玄學等納入討論範圍，闡發「道家思想」在哲學、政治學說、科技等等面向之發展與貢獻。㊱黃氏取徑不可謂不廣，其優點在於涵蓋「道家思想」發展之各個向度，可供參考比校。不過不足處則在於不易看出某一思潮或流派之流變。筆者希望採取廣義「道家思想史」的考察方式，然而重點卻在於研析黃老思想以迄道教，是否有承繼關係？屬於針對思想流派之歷史動態發展的討論，異於黃釗博學式的研究路數。不過，黃氏的成果，仍有許多值得參考的地方。

㉟　參考卿希泰，《中國道教思想史綱》第一卷漢魏兩晉南北朝時期（臺北：木鐸，1986年6月初版）。

㊱　參考黃釗，《道家思想史綱》（長沙：湖南師範大學出版社，1991）「引論」部份所言。

　　關於「思想史」的研究方法，黃俊傑先生做了明晰的歸納，他說晚近學人對於思想史方法論之探討大致可分為兩大陣營：其一側重思想系統內部觀念與觀念間之結構關係，多採「內在研究法」，企圖釐清「單位觀念」（unit-idea）或「觀念叢」（ideas-complex），以羅孚若（Arthur O. Lovejoy）所倡之「觀念史」（History of ideas）為代表。另一則注重觀念或思想與人類行為之關係，多採「外在研究法」，殆即所謂之「思想史」（intellectual history）研究，以布林頓（Crane Brinton）為代表。❸這兩種研究方法之取向，皆有其對於「人心與環境之關係」此問題之基本預設與哲學基礎，黃氏曾點出兩種方法之長處與缺陷，所以黃氏大抵贊成兩法當交互並用之折中論。羅孚若是一位哲學家，所以本著專長，其觀念史研究法之性質自然近於哲學史。布林頓之方法則大抵是一種「思想史」（指狹義的思想史）之研究法，較從歷史發展之角度看待人類之思想問題。筆者認為前者屬於「內在的研究途徑」（internal approach），後者屬「外在的研究途徑」（external approach）。基本上所謂「內在的研究途徑」側重思想發展自身之內在理路、線索，「外在的研究途徑」則偏向關注思想現象變化之前因後果之歷史層面因素之掘發。

　　對於「外在的研究途徑」之「思想史」研究法，李弘祺特意偏重從外在環境對人之影響來看待思想問題，產生更全面的觀照，因而提出他的「歷史法思想史」的研究取向。李氏以為用歷史法研究思想史者，其所要研究的，乃在於歷史人物如何因其心境氣質、現

---

❸　黃俊傑，〈思想史方法論的兩個側面〉，收入黃俊傑，《史學方法論叢》（臺北：學生，1977），頁 153。

實考量，以及其思想背景與時代要求而塑成其思想，並進而研究該人物如何用其思想去認識其生存之時代與環境，如何根據其思想去決定他對環境之反應。❸亦即歷史影響著人物之思想，而人物之思想卻也回過頭來對歷史產生關鍵性影響力。所以歷史法思想史必須對整個時代思潮之特質有基本的把握，從中探索時代文化主流與思想主要取向間之相互關係。❸最後李弘祺認為思想史必須從通盤的通史精神之角度去作探討。❹

　　黃、李二氏的方法頗多可做借鏡，實際上亦略同於余英時先生所稱之「外在因素」與「內在理路」思想史剖析法。❹針對本書上篇所欲處理之義理性課題，必須回歸到歷史對象（時代、思潮、人

---

❸　李弘祺，〈試論思想史的歷史研究〉，收入韋政通，《中國思想史方法論文選集》（臺北：水牛，1993），頁 242。

❸　李弘祺，〈試論思想史的歷史研究〉，頁 251。

❹　李弘祺歸納出幾個重點：1.通盤史學之思想史撰述，在於歸還到歷史對象（時代、思潮、人物、典制）的思想內函，探索支配歷史活動的思維努力。2.廣義之思想史必須通過通史精神加以把握。3.通史之把握遂提出歷史之重點，然後或由事件的，或由個人的探索而描繪出歷史重心的思想層面之輪廓——對前一時代背景的選擇、修改、承繼，對後一事件的影響與效果，以及支配本時期事件之運作等。參考李弘祺，〈試論思想史的歷史研究〉，頁 262。

❹　余英時先生之說得力於英國史學家柯靈烏（R. G. Collingwood）及德國史學家蘭克（Leopold Von Ranke），參看余英時先生，〈清代思想史的一個新解釋〉及〈《歷史與思想》自序〉二文，收入《歷史與思想》（臺北：聯經，1990）。此外美國思想史名家史華滋之研究方法與上述所論亦多相通，可資參考。見史華滋（Benjamin Schwartz），〈關於中國思想史的若干初步考察〉，收入韋政通，《中國思想史方法論文選集》（臺北：水牛，1993），頁 309-311。

物、典制）的思想內涵，再經由個人的探索而描繪出歷史重心的思想層面之輪廓——對前一時代背景的選擇、修改、承繼，對後一事件的影響與效果，以及支配本時期之運作等。

　　於是，首先我們要注意，宗教義理之發展，通常並不普及，而往往掌握在一批上層的高道手中，特別是受到主政者賞識，具有深厚政治背景之高道。這些高道率皆博學多識，除了自身道門龍象而為一時之望的地位外，更因為當道寵信，而得以掌握大量資源可供運用發展，特別是對於道經文獻之蒐集與整理，更是得天獨厚。所以，這批高道挾其身分地位與雄厚之資源，得以對道教之經教道法之整理做出劃時代的貢獻，自然對於道教義理也會產生長足之進步與關鍵性的影響力，這是中下階層的祭酒、教民所無法辦到的。譬如說兩晉時代之上清、天師、靈寶、三皇等經系之傳承，亦多以中上階層官僚或秀異知識分子為核心，不過多僅止於一流一派罷了！劉宋陸修靜則憑仗著政治資源乃得以總括三洞經教系統，對道教之融合做出突破性的貢獻，此則非旁人所能及也。因此，論及道教義理之發展，自當將焦點放在歷朝諸高道身上，特別是具有影響力者。因為大抵只有彼輩方能在其深厚學識背景下，對於道教義理有所融貫突破而超越前賢。

　　因此，探討當時之道教義學，必須回歸而還原出歷史對象的思想內涵，於是首當關注高道著作與其《道德經》注解，畢竟這些高道乃道教義理提昇之轉捩點，最具代表性。更何況中下階層的教徒，也難有文獻資料傳世，甚且面對文獻資料短缺之窘境，更無法有選擇之餘地，在缺少多元性可供利用探討之文獻資料的情形下，自須以諸高道為考察之焦點了！而後透過高道之思想線索，整理出

思想史之發展實況。所以，筆者希望將諸高道看作道教義理發展之關鍵性的「點」，再將此諸「點」連成「線」，並配合當時之特殊歷史背景，進行道教思想史之考察，特別是與諸位高道相關之各類史傳資料，更需加以注意，有助於釐清高道思想形成之可能的歷史因素。所以，黃俊傑先生所論及之「觀念史」的方法，便有助於筆者針對諸位高道《道德經》注解內容作分析，特別是其中之概念，如「有無」、「本跡」、「道性」等，可以作較細微之解析。其次，就如徐復觀先生所言：「一個思想家的思想，有如一個文學家的文章，必定有由主題所展開的結構。讀者能把握到他的結構，才算把握到他的思想。」❷徐先生顯然是類似西洋哲學系統分析的一種觀點，值得借鏡。因為較真確地掌握諸多高道的哲思系統，有助於瞭解其思想內涵與真正的關懷課題。雖然因為諸高道《道德經》注解僅剩殘文，對於其思想自然因為先天上之限制而無法做系統之整合概括，然而筆者亦將儘可能地加以鋪陳。因此前後高道注解之內容所蘊含之道教教義諸問題便得以較完整地呈顯，再藉由「觀念史」之分析法，可得較明晰之面貌，資以觀察高道們對於道教教義問題之前後相因之關係，而裨益「思想史」的梳理。

　　基於上述觀點，筆者將以東晉唐初最具關鍵性影響力之高道之《道德經》注解作為基本文獻，並參較其相關著作進行研析。所以雖然高道之《道德經》注解多已殘佚，筆者亦將藉由輯佚資料儘量釐出高道們的詮釋內容與思想理路。高道注解之義理線索理清，即

---

❷　徐復觀，〈研究中國思想史的方法與態度問題〉，收入韋政通，《中國思想史方法論文選集》（臺北：水牛，1993），頁153。

可據以進行發展性之「史」的考察。針對個別高道之分析，我們發現東晉至唐初道教義理之發展，正是重玄思潮盛行之根源動力。經由前後期諸高道之分析，我們略可看出其繼承與發展之動態關係。重玄思潮從南北朝下半葉開始在道教內部興起，此後一直主導著道教思想之發展，以迄北宋而未歇，前後長達約五百年，其影響不可謂不深遠。因此，對於重玄思想此一道教主流思潮之形成，有必要作一歷史背景之探討。而作如此之探討，乃本於李弘祺所論之具通史精神之「歷史法思想史」的研究方式。所以筆者將列專章討論這涉及道教義理發展之重大思潮之可能起因背景，或許可能會招來主觀推想之責疑，不過筆者實有必要作如是之考察，以顯出道教思想與歷史之互動關係，至於確當與否則俟諸方家評斷了。

既然對於道教《道德經》注疏學與重玄思潮已進行過歷史背景與思想性的分析，接著的重點則在於作比較性之工作，亦即將重玄思潮置入當時之思想洪流中，以顯其特殊性、意義與地位。所以筆者將舉出魏晉玄學與佛教般若思想此二舉舉大者進行思想性的比較。

在魏晉南北朝階段，真正稱得上是學術界主流者，厥為魏晉玄學。於是令吾人想到李弘祺所說「應對整個時代思潮的特質有基本的把握」❹的觀點。魏晉南北朝整個時代思潮的特質正是魏晉玄學，當時之思想特質與模式，正是魏晉玄學所營造出來的。佛教般若學須取資於玄學，按照玄學之思考角度與方式來思考問題，「格義」便是典型代表，其後支道林談莊子逍遙義，般若六家七宗之標

---

❹　李弘祺，〈試論思想史的歷史研究〉，頁 251。

揭宗旨，甚至羅什僧肇師徒之以佛義解注《道德經》，皆其選者。
在道教方面，影響亦深。透過當時思想界之幾個主流之比較，可以
看出其普同性與殊別性。

在進行如此之比較時，我們可以從中發現特殊的現象。魏晉玄
學作為當時思想界之主流，具決定性地位，其影響可說無遠弗屆。
不過同受玄學思潮影響之後期玄學、佛教般若思想、道教思想，卻
展現不同的面貌與內容，關注的焦點、課題亦未必相同。如此差
異，透過前述之「內在的研究途徑」與「外在的研究途徑」，實無
法為我們提供解答。因此對於「東晉唐初道教道德經注疏學」、
「重玄思潮」作評論時，筆者將採取一種對於思想本質面向作考察
之探討方式，筆者稱之為「本質的研究途徑」（essential approach）。
亦即道教作為一種思想的意識型態（ideology），自有其自成邏輯的
內在理路，自有其本質性之基本預設，亦有其關注之基本課題，凡
此皆道教之所以成為道教者。離此則不得稱為道教矣！在「道教」
這一大思想型態之背景下，道教史之各面向之發展現象，皆受到本
質性的制約，而必須在道教所預設（或將來可能涵蓋）之課題、觀點
下作發展。於是在道教史發展之巨流中之諸面向，皆大抵是這一本
質、核心課題之注解、補充、說明或復述。因此，即使受到如魏晉
玄學這般強大學術勢力之籠罩，道教界仍自有其因應之道，不會喪
失其主體性而隨世逐流。經由如此面向之考察，可以看出道教之所
以為道教之本質性意義，因而顯其主體性，可以看出道教特殊的歷
史地位與其發展面貌。

從「本質的研究途徑」進行考察，筆者將「道教道德經注疏
學」、「重玄思潮」納進廣義的道家思想史脈絡之中，從而看出其

與先秦兩漢黃老道家之間的繼承與轉化關係。透過魏晉玄學、佛教般若學與前代之黃老道家的對顯，更加有助掌握「道教道德經注疏學」、「重玄思潮」發展之本質與其思想史之意義、地位、價值。

本書下篇的主題是道教「太玄部」經典，屬於宗教經典之研究。關於「宗教經典」課題之研究，蔡彥仁教授總結近代西方學者之成果，以「比較宗教經典與儒學研究：問題與方法學芻議」為題撰述專文進行深刻的討論。雖然是針對當代儒學研究而發，其中所列關於「宗教經典」之各種研究角度，頗啟人智思。他認為「經典」並非只是單一孤立之客觀的一本書、文本或一組書群，而是一個複雜的宗教現象，一個相對的概念與專有名詞。於是他從以下幾個面向分析「經典」之複雜性：

1. 經典的「神聖性」問題：宗教經典之主體在人，不在典籍本身，有了人方有宗教經典。經過特定歷史時空之演變，「經典」方逐漸具備「神聖性」、「權威性」，並非一始即有。

2. 經典的詮釋問題：各大宗教之經典多有其注解傳統。解經傳統之存在，代表宗教經典學者個人信仰與理智的結合及奉獻，更象徵此一宗教之延續，此傳統一斷，表示宗教族群之生命力已枯竭。而解經傳統中之教派、師法家法、詮釋原則（hermeneutical principles）、次注解（sub-commentary）等現象，皆值得注意。

3. 經典的「正典化」問題：經典被「正典化」，即表示該經典被「神聖化」、「標準化」、「權威化」，於是該經典可以強制信仰者認可與遵守。而經典被「正典化」之標準何在？是值得探討之問題。

4.經典的角色與功能問題：一群信仰者如何對待其所遵奉之經
　典，以及如何受此經典之影響？此乃經典所扮演之角色與社
　會功能，屬於經典之外緣層面問題。

5.經典之「動態」問題：經典除了「書寫文本」（written text）
　之外，仍有「口語」（oral）與「動態」（performative）層面，
　牽涉及經典之傳承、傳播方式。❹

　　上述之 1.最足以說明道教中對於老子與《道德經》的信仰現
象。關於經典之「神聖性」、「正典化」與詮釋問題，在本書序章
與上篇之論述已受關注，蔡氏之說足供參考。至於經典的角色與功
能問題以及「動態」問題，則有助於解析「太玄部」經典之現象。

　　透過經典之角色與功能問題的討論，可以發現道教徒以《道德
經》為核心，將一批道經整合起來而成所謂之「太玄部」。除了完
成道教經教系統之融合工作外，也推動道教教階教法傳承系統之定
型。所以，《道德經》在道教界中扮演著極具「神聖性」、「權威
性」之「聖典」角色，當然也發揮其整合經教道法、傳承道脈法統
之功能。因此，對於「太玄部」，亦必須從宗教之觀點將之納入
「道教道德經學」之領域中進行考察。所以，筆者將從「宗教經
典」的角度對「太玄部」作探討。除了首先考證此部成立之背景、
文獻學式地處理最基本之「太玄部」經典外，也將經由文獻資料之
蒐羅、比對與整理，重建其經典之宗教性傳授儀式過程，並進一步
探討儀式之宗教義涵，以及其內部所整合而成之諸端經教道法之關

---

❹　參考蔡彥仁，〈比較宗教經典與儒學研究：問題與方法學芻議〉，《漢學研
　　究》第 15 卷第 2 期（1997 年 12 月）。

係。「太玄部」是透過「制度」層面強化《道德經》「聖典」之地位，所以研究「太玄部」經典之問題，實即是研究《道德經》透過「制度」被「神聖化」的情形。

　　因此，綜觀本書上下二篇兩大主題之討論，本文基本上將扣緊人（聖者）與書（經典）緊密關連性之核心進行剖析，凸顯出道教寶經、尊師、崇道之觀念，異於世俗對典籍文本之態度。可以說當時的道士，藉由注解《道德經》（即上篇所論）與「太玄部」（即下篇所論）兩種方式去「詮釋」《道德經》這部「聖典」。這兩種方式，並非截然二分各行其是，而是基於共同的道教信仰、思想背景，這在本書的「序章」將有所論述。

　　因此，《道德經》是「聖典」，老子是「聖者」，在如此之認知背景下，道教對於《道德經》的「詮釋」態度、取徑異於魏晉玄學或黃老思想，而自成面貌。回歸到前節「研究動機與目的」所言，本文正是希望廓清道教之面貌。對於上篇之探討，基本上以余英時、黃俊傑、李弘祺等等諸位前輩學者所論之「思想史」研究方式為主，重點在於釐清道教方面之「思想現象」，再對於這「思想現象」進行定位與評價。所以對於當時高道所討論道教教義之諸多「觀念」，便無法作深入的解析。亦即筆者希望找出道教之「思想現象」為何？進一步探討其意義，而非作「哲學」面向的解析。譬如說，王弼注解《道德經》提出「體用」觀念，道士注解《道德經》也運用「體用」，其「體用」則未必即是王弼之用法。筆者目的不在於關注分辨道士「體用」與王弼「體用」之異同這類「哲學」問題，重點在於抉發道士注解《道德經》受到「魏晉玄學」（如王弼者）影響之「思想現象」，並解釋此「思想現象」之意義。

也就是關注「思想史」之意義的問題而非「哲學」問題。更何況道士之《道德經》注解率多散逸，資料不足的情況下，難成系統，要進行「哲學」性之剖析，有實際上的困難。

下篇討論「太玄部」經典，採取「宗教經典」之研究路徑，如蔡彥仁所論者，將該部經典當作一種「宗教現象」看待。既然「太玄部」是以《道德經》為核心所整合成之「經典群」，所以對於「太玄部」中包括思想、儀式、存思、戒律等問題之探討，實皆以《道德經》為輻輳之中心，重點在於道教「詮釋」《道德經》之態度與方式，凸顯《道德經》之「聖典」地位。

在道教研究處於方興未艾的情況下，學界並無太多成果可供參考，一些基礎之文獻學式的工作，筆者仍得篳路藍縷自行開發。所以，本文之處理方式，自然無法迴避對於「文獻」之整理考證工作。因此，本書展現出來之研究取向與面貌，將包括文獻之整理考證，「思想現象」之描述、詮解與定位，「宗教制度」之重建與詮釋等等。

大體而言，本書上篇採取「思想史」方式剖析道士注解《道德經》之「思想現象」，並置入當時思潮與廣義「道家思想史」之歷史情境中進行其歷史意義之評估，而不重「哲學」課題的分析與比較。下篇則取徑「宗教經典」角度，解析「太玄部」中《道德經》及其他相關經典、文獻之宗教義涵。所以本書之結構與論述之方式如下：

1.上篇：「思想史」方法

　　a 高道《道德經》詮釋之思想內容的整理與分析

↓

b 凸顯此《道德經》詮釋內蘊之「思想現象」

↓

c 針對此「思想現象」進行「思想史」之疏通、定位與評價

2.下篇：「宗教經典」之分析角度

a「太玄部」經典之整理與辨正

↓

b「太玄部」之「宗教制度」的重建

↓

c 理論性之闡發與詮釋

第三節　基本文獻資料的討論

　　這一節主要針對本書所援用之第一手原典資料做說明。其他諸如史籍或諸多後人研究成果之二手資料則不一一討論。本書研究之兩大主題：1.《道德經》經文之注疏學或詮釋學，2.以《道德經》為核心所整合而成之道教經教體系——太玄部經典。這兩個主題所需之基本資料，僅少數今日仍有還算完整的傳本，也只有極少的經典有兩三種傳本可供參校。筆者使用這些傳本時，基本上會在許可之情況下盡量作考校，以提高其真確性，在後文中會一一標明注解出來作交代。至於其他典籍大多已散逸，未見有傳本。不過從《正統道藏》中諸多道經以及其他文獻，仍不時可見幾許零星段落被引用著。所以缺少現成文獻可用之情況下，❹❺筆者自力進行基本文獻

---

❹❺　關於《道德經》注疏之輯佚，近人嚴靈峰、蒙文通，以及日本藤原高男已取

資料之輯佚工作,草成〈漢唐《道德經》注疏輯佚〉❻及〈南北朝唐代道教太玄部經典輯佚〉❼。因此,在論文行文中所引列之基本文獻,即以筆者此二拙文做依據。

這些輯佚資料,其中有許多是被重複援引的,甲經典或典籍引用,乙經典或典籍也引用。在引用文字上有時幾乎全同,有時則大同小異,有時則可能甲經照錄而乙經可能意引或斷章取義。面對這種情況,因為道教研究方興未艾,相關文獻之蒐集考校尚付諸闕如,所以筆者目前在無可憑藉窘境下,採取兼容並列方式,除非被援用之兩條引文完全相同,則於註腳標明另外之出處。否則將每一條引文通通列出,以見諸多引文之間的異同。若有相當清楚可判之特殊情況,則自行考校、訂正,或標明相同或雷同之兩條被援用之資料,何者可信度較高。然而為免出自筆者一己之主觀臆測之誤,亦在註腳中加以說明,以求讀者之公斷。

輯佚之基本資料外,筆者也大量翻索《正統道藏》中相關之道教經典,以與這些基本資料互相參酌印證。然而道教文獻資料可說是中國文獻學上相當棘手的一環,其他流散民間者遑論,即便明代編成的《正統道藏》所收之道經,一樣問題重重。大部分道經往往不知年代也不知作者,特別是漢魏晉六朝的經典,因為年代久遠,

---

得部份成果,可資參考,其他不足處則筆者自行蒐輯,在拙作〈漢唐《道德經》注疏輯佚〉一文中筆者已略做交代。

❻ 本文刊載於臺灣臺北《國家圖書館館刊》1999 年第 2 期(1999 年 12 月)。

❼ 參考本書「附錄四」。關於太玄部經典輯佚,目前未見有較全面性的成果出現,但有一些考校本,如日本大淵忍爾之葛玄〈老子道德經序訣〉、前田繁樹之《西昇經》、《妙真經》,乃其選者,在後文中將一一說明清楚。

更是嚴重。更麻煩者厥為，道經在印刷術未發達之前，每每僅靠
「真書」傳鈔、轉鈔，除了物質文明缺憾之因素外，道教本身即重
視「鈔經」的功德，所以推波助瀾，鈔經之風特盛。不只道教，佛
教亦然。從敦煌寫卷可見一斑。雖然道教所傳授經典，在「鈔經」
結束後必須有「校經」的步驟，謹慎者甚至換人而達三、四校之
多，以防經文傳鈔所造成之謬漏。❽不過因為傳鈔久遠，仍難免人
為的疏失。於是道經經文之錯簡殘文、魯魚亥豕的情形屢見不鮮。
又加上歷代道經之整理、編纂方式，道經之間常常有整部抄錄，截
頭去尾的節錄，或是選錄的情形。若就原文照抄尚好，更甚者有
「意引」的情況。凡此在在加重考證的難度，只能靠多閱讀、多整
理資料，慢慢從中理出頭緒、方法，考證工作才易開展。

　　經書的傳鈔、編纂帶來問題，此外，道經之注解也衍生弊端。
道經出世，在歷代師師相承的情況下，前師研經之注文，或者小
字，或者大字降格，或者朱文細字，凡此多端，後代傳鈔，便可能
竄注為經、誤經為注，以致經注難辨，莫可適從。

　　再者，六朝道經大量出世，道派分歧，然而道派之間的交流融
合情形卻也相當普遍。於是本屬不同經系之不同道經，最後則可能
變成共同的文化財產，進而被略加改造而人手一部了！特別是南北
朝以後三洞四輔經分部之確立，道派之間的分野益形模糊，對於道
經之整理歸類，更不能以東晉以上之情形比照辦理了！

---

❽　六朝道教重視鈔經、校經，此風至唐代益盛，在道觀中甚至有校字人制度之
　　設，從敦煌寫卷可見一斑。參饒宗頤，《法藏敦煌書苑精華》第八冊道書
　　（廣州：廣東人民出版社，1993），頁231。

　　上述道教經典之諸多混雜情形，並非後世始見，早在劉宋陸修靜蒐整「靈寶經」時即已發出浩歎，梁朝陶弘景再次集結大量道書做整理時，更是每況愈下。❹遑論今日了！

　　所以，面對一堆材料，閱讀完畢，卻仍墜百里霧中，並非如「天書」般看不懂，而是不知將這一批文獻資料如何定位，如何使用？該放在怎樣的時代脈絡來考察？其經派歸屬？實非一端。

　　因此，面對《正統道藏》這一部大套書，除了從中搜尋與本文相關之基本資料外，與本文研究課題時代相關之道經，皆在搜讀之列。於是，必須先行考訂諸多道經之粗略年代，而後再依據經題或經文內容歸類其經派，若有足夠材料，則進一步確定其年代上下限，或是可能作者。筆者一人自然無法承擔如此龐大考證工作，所以儘量在許可的範圍內參考學界之研究成果，以為進一步考證或立論之基礎。❺對於道經之考證，本文主要透過經題、經文內容主題、思想層面、互見引於數部道經中之經文之比對，當然其他相關史料、金石碑刻等，或是佛教對於道教之批評資料，也都是值得參閱的文獻來源。

　　以上針對道教文獻資料之特性作如此簡要之交代。至於所使用之基本文獻材料，仍有一些問題必須略做說明。

　　本書上篇專門討論《道德經》的注疏書，所使用之資料，自然

---

❹　參考陸修靜〈靈寶經目序〉（見《正統道藏》學字號《雲笈七籤》卷四頁五引）與陶弘景《真誥·卷十九敘錄》頁十二便言及當時真偽道經混雜難辨之現象（參《正統道藏》定字號該書）。

❺　特別是任繼愈，《道藏提要》（北京：中國社會科學，1995），幫助筆者解決次要道經年代之考訂問題，至於重要的道經，本文則盡可能自行考證。

來自輯佚所得之諸家注文，此無可疑。然而下篇則以「太玄部」為主題，「太玄部」經目之中，亦有《老子河上公注》、《想爾注》、《老子內解》、《老子節解》等數部針對《道德經》的注解書，卻為何不因為性質相近納入上篇，而必須歸入下篇之「太玄部」討論？筆者針對文獻作考察，發現其間自有其分際在，所以仍納入下篇探討範圍較適切些。其原因乃在於上述四部注解書，傳言分別為河上公、張陵（或張魯）、張魯、葛玄等幾位具備「使徒」身分者之作，亦皆被奉為教徒必讀的「正典」，而被歸屬於「太玄部」經典之中。若說太上老君是「聖者」，則這四位歷代傳經師便是「使徒」（聖徒）了！道教對於這類傳經祖師相當崇奉，每每以「玄中大法師」稱之。《上清太極隱注玉經寶訣》言：「夫讀河上真人章句一章，則徹太上玉京，諸天仙人叉手稱善……河上真人則道德經之法師，所以尊其章句焉。」（14b）❺❶河上公為傳承《道德經》之法師，所以尊崇其《河上公注》。《傳授經戒儀注訣》卷上頁四也針對《想爾注》、《河上公注》提出類似觀點，而將之編入「太玄部」經目中。

　　基於這樣的原因，對於此四部注解書，自然不能「以今域古」，而必須順從古代道教徒的「願望」，納編入「太玄部」剖判而不當成一般之注解書來處理方較順適些。

---

❺❶　參考《正統道藏》中《上清太極隱注玉經寶訣》十四頁下半。其中「14b」則指此書十四頁下半葉，如作「14a」則指此書十四頁上半葉。本書後文引及《正統道藏》之經典，其例皆仿此。

序 章

　　以下兩小節討論聖者之宗教神話與聖典、正典化之問題。何以在正式進入正文之撰寫前，增列此二節呢？實在是因為此二小節中所論，實為本書極具關鍵性之背景式觀念。透過文獻資料與道教史之考察，可以發現，道教經典在歷史洪流中動態發展之諸現象，往往與聖者之宗教神話密切相關。這類宗教神話常成為經典神聖化或被正典化之催化劑。透過宗教傳經神話之認知，確立何者為聖典或正典，如此這些聖典或正典便被列入而成為必須傳授之具神聖性之經典。因此受到歷代諸高道之高度重視，而從不同角度切入進行詮釋，希望抉發蘊於其中之真理奧旨。

第一節　啓示與救世
——太上老君的宗教神話

　　西漢時《史記》將老子描寫成一位傳奇性人物，連孔子對他都有「猶龍」之嘆。據考《史記》關於老子傳記的資料來源有二，一為戰國以來之傳說，二為秦漢後起之說。而此後起之說，殆為後代荒誕異說之所本。史遷言老子「修道養壽」，則援老子入神仙之說

似以「養壽」一觀念為樞紐矣！❶老子信有其人，《史記》所載，乃本於真實「歷史」之「傳說故事」，所以其中有幾分真實性，卻也有歷代口傳述說所添揉的幾許誇大不實，不過基本上尚屬經驗理性判斷範圍之內。

養壽、神仙、長生本有聯帶關係，西漢末年《詩緯·含神霧》便言：「風后為黃帝師，又化為老子，以書授張良。」❷老子能變化無窮，有了「化身」，且點出「為王者師」的母題。演變至此，我們可說老子的傳說故事實已成為一典型的「歷史神話」（historical myth），❸這類神話經歷數代流傳，可能變本加厲。「化身」及「為王者師」觀念對後代影響極大，亦與神仙、長生之說相關。所以，西漢時期，已開始了老子的「神化」思想。

成於東漢末的《老子變化經》，❹便明言：

> 老子合元沉元混成，隨世浮沈，退則養精，進帝王師。皇苞

---

❶　劉國鈞，〈老子神化考略〉，《金陵學報》1934 年第四卷第二期，頁 64。

❷　安居香山、中村璋八編，《重修緯書集成》卷三（詩 禮 樂）（東京：明德出版社，1971），頁 24。

❸　所謂「歷史神話」，就是以歷史人物或事件為根據所產生出來的神話。既然稱為「神話」，自然內含許多不實成份，可能是有意也可能是無意添加的。而「神話」的特色，則往往包含超自然的、神異能力的成份，已超出經驗理性範圍之外。

❹　敦煌寫卷 S2295《老子變化經》雖標明抄成時間為隋煬帝大業八年（西元 612），不過其成書年代，據吉岡義豐，《道教と佛教》第一（東京：國書刊行會，1983），頁 13-14 之考證，當在東漢桓帝永壽元年（西元 155）至桓帝延熹八年（西元 165）之間。

義時號曰溫爽子，皇神農時號曰春成子，一名陳豫……

　　老子「為王者師」的母題被擴大解釋渲染，傳奇人物變成了神話人物。老子歷世化身為不同人物，為王者聖者師，教化人間。東漢中晚期，道教方興未艾，這時期的老子神話，是標準的「歷史神話」，甚至逐步形成教團內部流傳的「宗教神話」。對於老子這位「聖者」的事蹟，提出宗教性的詮釋。在西方基督教文化傳統之下，有所謂之「神話歷史」（mythohistory），亦即用神話的眼光解釋歷史事蹟，而非以幻想來改寫歷史，例如耶穌神話。老子神話確有幾分類似西方之「神話歷史」，只不過老子神話是以先秦老子史實為原初根據，經由老子之「歷史神話」階段之發展，而於道團內部再凝聚成老子之「宗教神話」。這種宗教神話，確實是以神話的眼光去解釋「真實歷史」（如老子度關傳授尹喜之事蹟）或先前所流傳而為其所本之「歷史神話」。所以，老子的「宗教神話」幾經流傳，逐漸地從口述形式轉化成文獻資料之紀錄，在教團內部之共識下，醞釀著未來「聖者傳記」之出世。老子的神話在教徒之間傳講著，傳講過程中，對於老君（老子）的信仰逐步建立起來。傳講的活動沒有結束，隨著老君信仰之增長，在傳講的範圍和深度逐漸擴張、加深，而在此過程中，慢慢認清整釐老君信仰之本質。❺我們且看以下之發展。

---

❺　本段參考黃懷秋，〈耶穌基督的神話〉，《輔仁宗教研究》1（2000 年 5月），頁 70。黃氏重點在於討論耶穌神話之形成過程之諸多現象，本文則借以引申解釋道教之老君神話。

　　老子神話中「為王者師」的母題之意義，正顯示出這是老子救世度化的一種方式，符合一般庶民大眾的希望。到了唐初《三洞珠囊》卷九「老子為帝師品」引《化胡經》曰：❻

　　　老子伏羲後生為帝之師，號曰究爽子，復稱田野子，作《元
　　　陽經》。神農時，出為帝師，號曰大成子，復名郭成子，作
　　　《太一元精經》。……

這則宗教神話，相同地重複著「老子為帝師」之「母題」（motif），不過卻有所變形。到了唐末，杜光庭《道德真經廣聖義》第二卷「釋老君事跡氏族降生年代」一段亦承《三洞珠囊》之說。因此，我們可說《老子變化經》之「老子為帝師」母題為「原基型」（archetype），《三洞珠囊》、《道德真經廣聖義》則此母題之變型。可見，宗教中人傳承著相同之信仰基礎，卻可因應時代之變遷與需要，而做適度之調整、修飾。老子之宗教神話，是一個絕佳的例證。從東漢末之例子，當時的認知與渴望，老子扮演新天新地之救世主角色。唐初《三洞珠囊》所援引之資料率六朝時物，六朝時宗教人渴望撥亂反正之心猶在，或許也盼望一位救世主降世，然而大概是政治打壓之殘忍現實因素，❼或是各道派為了區別於一

---

❻　關於「老子為帝師」神話資料之比較，請參考吉岡義豐，《道教と佛教》第一，頁89。

❼　如唐長孺，〈史籍與道經中所見的李弘〉，唐長孺，《魏晉南北朝史論拾遺》（北京：中華，1983）頗論及民間教派受到官方武力鎮壓之情形。其他學者對於六朝宗教反亂之論述亦甚夥，可參考。

般所謂「誑惑百姓」之民間救世主信仰，而賦予老子一新的救世形象──「傳經度人」之聖者。這是較為理性的方式，避免陷入宗教激情而遭當權者忌惹來剿滅之禍。不過未嘗不是走回《史記》所載老子傳尹喜《道德經》故事之老路。

　　從《史記》到東漢末的《老子變化經》，再至唐初《三洞珠囊》、唐末杜光庭《道德真經廣聖義》，時差相隔近千年，廣土眾民對於「太平」之憧憬，無一日或斷。宗教滿足了億萬黎庶之希望，而老子正扮演著這位彌賽亞角色。老子歷代的宗教神話，本不是如上述幾段文獻資料可以涵蓋，不過從中我們卻可發現，並非單純只是宗教人內部之自我幻想與滿足而已，牽涉諸多時空因素，也有其複雜之面向。在複雜表象之下，卻蘊含著自成脈絡的觀念，以下嘗試揭而表之。

　　西漢東漢之交，讖緯思想盛行，讖緯中之聖王聖人神話甚囂塵上，從陰陽五行災異感應思想模式瀰漫戰國末以迄兩漢之情形看來，這類型之神話出現本即順理成章。聖王聖人應運數出世，以解救黎民，正符合這種感應思想，也滿足老百姓之期望。中國尊崇聖王之傳統，起於先秦。先秦之聖王神話，牽涉到當時諸子之政治理想藍圖樣貌，除了法家之外，顯學如儒、道、墨諸家，率多主張效法先王之道，於是傳說性人物，諸如：三皇五帝、堯舜、湯禹、文武周公等，皆成為諸子政治憧憬之理想聖王典範。❽這些傳說性人

---

❽　先秦諸子孔、孟、老、莊、墨、荀，雖然他們憧憬之聖王或許不同，然而皆屬「託古改制」政治性格，皆嚮往傳說性之古代聖王則無不同。參王健文，《戰國諸子的古聖王傳說及其思想史意義》（國立臺灣大學文史叢刊之七十六，1987）第五章古聖王傳說的思想史意義。

物多屬儒家聖王傳說之古史系統者，對兩漢以下中國政治影響很大。聖王固然是應運出世之人間統治者，周公孔子等儒家聖人亦未嘗不是應運出世而為聖王之師，所以孔子後來更被推尊為「素王」，可見夫子在知識份子心中之地位。

聖王聖人神話本源於儒家古史傳說系統，盛行於讖緯中。東漢以降，這股思潮似有漸歇之勢，代之而起者則為道家之老子（太上老君）神話系統。其實這種情形不難想見，若溯其源，至少在戰國末年即已出現。如《呂氏春秋》紀春季〈先己篇〉中便提及「凡事之本，必先治身。……精氣日新，邪氣盡去，及其天年，此之謂真人。昔者先聖王，成其身而天下成，治其身而天下治。」能成為「真人」，自必具備成為「聖王」之資格。這是養生家之「仙王」觀念。楠山春樹進一步指出，這種仙王觀念來自養生家言，後來與黃老道家及神仙思想結合，成為與儒家「聖王」相匹敵之概念。而「黃帝」可說是體現「仙王」理念之帝王，後代之道教如北魏道士寇謙之提出「太平真君」；上清經系言「金闕後聖帝君」，皆承此觀念而來。❾所以老君世世為帝王師或降世為真君神話之出現，便

---

❾　參考楠山春樹，〈聖王と仙王〉，楠山春樹，《道家思想と道教》（東京：平河出版社，1992），頁 234-250。另外上清道經《上清高上金元羽章玉清隱書經》言：「後聖九玄金闕帝君下為周師改號為老子，以八天隱文授於幽王。幽王自謂居自然之運，代五帝之氣，錯陰陽之化，不崇天文。老子知周文衰，收文而去周西度，制作教化。遇關令尹喜，喜心結紫絡，面有圓明，項帶承天，背負七元。金名表於玄圖，丹札係於紫房，氣參太微，觸形合真。即為述道德經上下二章於綠那之國。老子張口，於是隱文從口而出，以授於喜，喜依盟奉受，……」（25a）這段資料略可呈顯出上清經派的老子降世為帝師、傳經度人的神話之梗概情況。這個宗教神話主題，幾乎是六朝各經派共

極其自然了！

「神話」一般認為乃前宗教期之產物，讖緯神話亦如此，其中之聖王聖人特具異相異能，擁有一種異於常人之出身與魔力，或稱之為「克理斯瑪」（charisma），❿德國社會學家韋伯（Max Weber, 1864-1920）認為宗教聖人、先知也往往具備這樣的人格特質。❶所以老子逐漸蛻變成為道教聖人，以一位宗教聖者之角色取代了儒家系統之聖王聖人，實有因於道家隱逸性格本近於宗教之隱士方士，更當由於東漢以後成型之宗教——佛教，傳入中國，對整個社會風氣思潮造成刺激，中國本土之儒家聖王聖人神話系統不足以因應，故道家系統之老子神話乃漸應運而生吧！於是老子逐漸以一具備「啟示與救世」性格之道教聖者身分出世，他可能世世代代為聖王之師，也可能以一真君（即道教式之聖王，如李弘真君或金闕帝君）身分出世，如此正好填補了儒家所騰出來的空缺。

再者，儒家之聖王、天子或君王乃扮演「天」（或上帝）與「人民」之溝通者角色，掌握著與「天」溝通而支配著人世之絕對權勢，聖王基本上「以德受命」，治理人間。「德」字是一種具有神秘神聖屬性之形式名詞，其義相當複雜，可以包括生產方式、社

同的信仰，即使內容或有差異，版本不同，但是其凸顯的宗教義涵卻是一致的。

❿ 參冷德熙，《超越神話——緯書政治神話研究》（北京：東方，1996）第二章聖王神話的結構分析、第三章聖人神話研究。

❶ 韋伯認為「克理斯瑪」（charisma）有兩種類型，一種乃自然賦予之「天賦」（gift），一種則是通過特殊手段產生的。參韋伯（Max Weber, 1864-1920）著，劉援譯，《宗教社會學》（臺北：桂冠，1994），頁 60。此處指前者而言。

會型態、宗教意識等整體而產生之「族群傳統」，也可以包含道德行為，或者包含宇宙大化流轉之質性（此與五德終始政治說有關）等等意義。因應時代之演變，「德」字具有不同之意義。若「失德」則失政，下一位君主將起而代之。⓬所以，可見儒家聖王作為「天」與「人民」之溝通者角色，具有相當大的代表性，代表宇宙最高主宰之上帝來統治教化人間，但並非「道」或「上帝」之化身，因為儒家不是宗教，所以無此類思想模式。而老子乃傳授《道德經》之一位傳「道」先聖，這位傳道先聖進一步蛻演成宇宙真理「道」之化身，正是哲學思想轉向宗教智慧之蛻變過程。道教的仙王、真君或聖主，畢竟異於儒家之聖王，儒家聖王是一代表性之中介者角色，重點在於代替上帝統治人間，建立人世秩序；道教真君仙王則不只降世治世，在人間建立新天新地，仍得傳「道」，濟度世人，蟬蛻度世，進入仙界樂土，其間出世與入世之取徑大不相同。總而觀之，老君神話大抵是道家與讖緯神話、方士傳統結合之產物吧！

　上述這個蛻變過程，恐怕逐漸形成於如前所述之西漢末年吧！《詩緯‧含神霧》已提及「化身」、「為王者師」的母題。東漢初王阜〈老子聖母碑〉言：「老子者道也……」東漢末期，這種說法更加流行，邊韶〈老子銘〉說：「老子離合於混沌之氣，與三光為終始，……自羲農以來，世為聖者作師。」除了強調老子即宇宙本體「道」外，又加上「世為聖者作師」之母題。所以這兩個宗教神

⓬ 本段「再者……」以下至此之觀點，參考王健文，《奉天承運——古代中國的「國家」概念及其正當性基礎》（臺北：東大，1995）第二章第四節、第三章所論。

· 56 ·

話母題，在東漢末年當極為流行。如前所述東漢桓帝時之《老子變化經》如是說，《牟子理惑論》如此，稍晚之天師道經《想爾注》亦未嘗不宣稱「『一』散形為氣，聚形為太上老君」（十章注文），而天師道自身亦積極宣揚其道法乃太上老君降授第一代張天師者，似乎也並未離開此二母題。所以老子逐漸具備「啟示與救世」性格。❸

　　因此，老子作為道之化身，因應時代需求，解救生民於水深火熱，必得倒駕慈航，所以化身降世，為王者聖者師，度化人間。由虛無飄渺的太虛本體，一變而成為人人可見可崇之救世主，後來道教的救世主或真君信仰或者是淵源於此。因此，由司馬遷恍惚之傳奇性描述，經由讖緯神話之催化，轉而神聖化成為宇宙本體，再降

---

❸　老子除了為「道」之化身及世降為聖者王者師之身份外，民間仍認定老子另具備「彌賽亞」（Messiah）之救世主性格。索安（Anna K. Seidel）便認為王莽時期因為「劉氏復興，李氏為輔」之讖言，幫助東漢光武帝中興漢室。而這類讖言神話，預兆了老子將轉變成為「彌賽亞」的身份，以致於東漢末之黃巾軍張角的「黃老道」崇奉「黃老君」，五斗米天師道則奉「太上老君」，甚至後代魏晉六朝以降之「李弘真君」信仰，亦與老子神話相關。參 Anna K. Seidel, "The image of the perfect ruler in early Taoist Messianism: Lao-tzu and Li hung", *History of religions* (Chicago: Uni. of Chicago press) v.9, 1970, pp216-230。Seidel 從西方「彌賽亞」的觀點來討論老子神話問題，自有其特殊的關懷，觀點亦頗新穎，足供參考。不過，王莽時期幫助東漢光武帝之「劉氏復興，李氏為輔」讖言，恐怕當是受到西漢末《詩緯·含神霧》中「化身」、「為王者師」說法的影響吧！而東漢末對於老子之救世主信仰，倒不如說源於東漢初年黃老、浮圖祠祀之信仰較貼近些。然而，不論老子是「化身」、「為王者師」，或是「救世主」，後來似乎有合流之情形，如東漢末五斗米天師道，太上老君既為「道」之化身，又降授張陵道法，而具備「聖者師」身份，更是五斗米道崇祀之「救世主」。

世為救世主，這其中之轉折，道出人們的渴望與宗教之逐漸成形。不過道教神話在長期之演變中，也慢慢地理出頭緒，朝其內部自我需求之面向發展。

早期聖王聖人神話強調救世治世，在人間建立一個大同世界。宗教聖者神話以一救世主真君之角色降世，實亦不異於是。這正符合庶民大眾對於宗教信仰之崇拜的潛在需求。不過對於一位知識份子而言，宗教狂熱並無法滿足其內在心靈之要求，而須有真理、智慧上之啟悟。因此，對於這些知識分子而言，老子便扮演一位「啟示」者角色。如第一部道經神書——《太平經》，便是託諸神人之降授啟示。天師道亦託言張道陵受太上老君「正一盟威新出道法」，啟示了宇宙之真理。啟示真理之模式滿足了知識分子之理性欲求與宗教情懷，而宗教界之秀異份子如張道陵者，接受真理之啟示，足為天地人神之師（天師）。所以，後來之天師道託諸張道陵受老君「正一盟威道法」之宗教神話，以「道治」作為傳教之核心組織，傳授道法，不只滿足了黎民百姓對於宗教之渴望，也因為建立起得自「啟示」而代表著真理之道法傳授制度，而獲得知識分子之青睞，並因為獨門道法之傳授而確保了「宇宙真理」傳承之正統性與無誤性。

因此，「啟示與救世」之宗教性格，逐漸成為定型，而廣為道教界所接受，特別是六朝以降，諸道派林立，競爭日趨激烈，其間之「救世」性格大抵相近，不過真理之「啟示」與道法之傳承性格，卻派各異詞，別立門戶師承，各標獨門道法，以別高下，爭取信眾。這個「啟示與救世」之宗教性格，淵源於老君之宗教神話。老君宗教神話基本上似已具備「天啟」（apocalypticism）特質，預告

人間「道」之化身太上老君即將降世為一位聖者或真君聖主，建立新天新地。此外也傳經度人，賦予老君宇宙真理「啟示」（revelation）者之形象。⓮如此之宗教性格、神話基型，成為魏晉六朝道教發展之遠源與憑藉，影響至深。

　　因此，在葛洪《神仙傳》卷一〈老子傳〉中我們看到了葛氏強調太上老君所出救世之道法：

> 九丹八石，金醴金液，次存玄素守一，思神歷藏，行氣練形，消災辟惡，治鬼養性，絕穀變化，厭勝教戒，役使鬼魅之法，凡九百三十卷，符書七十卷。皆《老子本起中篇》所記者也，自有目錄，其不在此數者，皆後之道士私所增益，非真文也。⓯

這些道法大概皆葛洪所傳承者，所以他特意批評其他不同傳承之道法非真文，屬後出道士所妄增之旁門左道，足見當時道派之強烈排他性。

⓮　若對照西方猶太—基督教傳統之「天啟」（apocalypticism）思想，其模式雖未必完全相同，但是彼邦「天啟是神奧祕的顯露」之論，似頗具普遍性，非基督教傳統所專有。太上老君所扮演世為聖者師、傳經度人之「啟示與救世」的救世主角色，既傳遞神界在人間建立新天地之訊息，又啟示神界之奧祕的宇宙真理，如此不正是印證「神奧祕的顯露」之說嗎？參考蔡彥仁，〈評介西方天啟思想之形成〉，《新史學》第九卷第三期（1998 年 8 月），頁 163-211。

⓯　《神仙傳》文轉引自吉岡義豐，《道教と佛教》第一（東京：國書刊行會，1983），頁 65。

　　道法與道經本一體兩面，道法承載著道派所揭櫫之宇宙真理，道經則是傳承道法之文本。三國兩晉時期，道派林立，道經逐漸出世，對於道經之出世，太上老君扮演著重要角色，不過並非每個道派皆託諸老君。東晉末南北朝初期，因為三洞經書之廣為流傳，道教經教系統之亟待建立，為因應這個需求趨勢，道教界似乎需要一位「教主」，以總攝當時流行之主要道法。所以「三洞四輔」這個道教經教系統建立之象徵標誌，便將太上老君抬高至一前所未有之地位，成為道教在人間傳承之教主。於是，從《道教義樞》卷二引《正一經》所言，太清部之太清經四十六卷乃漢安元年太上老君將此經付於張天師者；太平部之太平洞極經一百四十四卷亦漢安元年太上老君親授張天師者，太平經甲乙十部合一百七十卷，周赧王時老君於蜀授琅琊干吉者；太玄部之太玄經二百七十卷漢安元年七月太上老君授予張天師者；正一部之正一盟威妙經則漢安元年五月一日太上老君傳予張天師者。北宋《雲笈七籤》亦承此說法。可見太玄、太平、太清、正一等四輔之道經，皆傳授自太上老君、張天師，可見此宗教傳經神話，當出自天師道徒之手。而三洞經書之傳承，《道教義樞》卷二引《正一經》之說法，認為洞真上清、洞玄靈寶、洞神三皇經分別出自天寶君、靈寶君、神寶君。《雲笈七籤》援用《道教義樞》之資料，故亦承其說法。這個宗教傳經神話系統是六朝時代產物，因為《道教義樞》、《雲笈七籤》二者之源頭是隋朝之《玄門大義》。但是道教界另有一種說法，則出自杜光庭《道德真經廣聖義》，該書第二卷「釋老君事跡氏族降生年代」一段之資料顯示，除了如前述老君世世降為帝師傳授道經外，更分別在上三皇、中三皇、下三皇時傳授上清、靈寶、洞神經。這種另

類說法，無非是為了傳遞給信徒一個訊息：「三洞四輔」之道經，皆傳授自太上老君。實際即是塑造太上老君成為「人間教主」（道祖）之宗教形象。因此，其中所蘊含之宗教意義，正是透顯出太上老君宗教神話在道教中之關鍵性地位。

太上老君宗教神話經過歷代之傳承與變形，逐漸符合道教內部發展之需求，也正好凸顯出「聖者與經典（文本）」之關係。宗教傳承需要道經文本之代代相授，方得可大可久；道經文本則有賴教內公認之「聖者」，才得以確保其正統性與正確性。因此聖者傳授道經道法之宗教神話自為必然之勢。所以，「正典性」（canonicity）乃教派內核心教徒所汲汲追求者。

第二節 「正典」之形成

道經記載著道法，道法則揭示真理。所以道經文本讓道派傳承有根有本，不至於蕪亂無統。道經文本之授受淵源，背後常常有一系列之宗教傳經神話作為基礎。傳經神話中之主角，自然是宗教聖者。由是之故，道經文本之認可，每與宗教聖者神話息息相關。然而宗教聖者之神話卻往往因為不同道派而展現不同面貌。如此，聖者神話（或聖者傳記）、道經文本、道派，三者便構成一極有趣的循環關係，彼此相扣，互相牽引，互為支持。

考諸敦煌寫卷 P2353 成玄英《老子開題》云：

> 第四文數者。尋青牛發軫，紫氣浮關，真人尹氏親承聖旨，當爾之日，止授五千文，故《序訣》云：「於是作道德二篇

五千文上下經焉。」是知五千之文先有定數，後人流傳亙生
改易。案河上公本長五百四十餘字，多是兮乎者也，蓋逗機
應物，故文飾其辭耳，但高士逸人多尚其業，好異之徒例皆
添糅，遂使魚目亂珠、玉石無辨。太極仙公欲崇本抑末，乃
示以本文止五千字，《序訣》云：「吾已於諸天校定得聖人
本文者乎。」今所講誦多依葛本，其葛本字體亦有訛濫，事
由鈔寫差錯，豈關仙公所為。至若以愚為娛，以企為喘，如
斯之文，愚所未喻。唯當研尋玄旨，擇善而從，無容膠柱刻
船，域心固執。項諸學者，搜簡定數，云少一字不滿五千，
解者不同而罕得厥中；或言闕此一字用象太一之無，或云少
此一字以明絕言之理，斯並苟為異端，妄生抑度，竊尋經
意，豈其然乎？只是經中卅輻也。且古者三十分為二文，今
時卅總為一字，有此離合故少一文也。

所以不嫌繁冗引這段文獻，乃因其特具關鍵性。成氏所說之「葛
本」，若與其他敦煌卷子相較，實即是卷尾標有「太極左仙公序係
師定河上真人章句」之傳本。所以，究竟是天師道係師張魯定本？
抑是左仙公葛玄本？或是係師定本而葛玄復加校定之本？而且這個
傳本，與同是敦煌寫本之天師道《想爾注》在其所使用之《道德
經》之版本上幾乎是一樣的。這種情形蘊含頗多問題。此所謂「葛
本」經近人饒宗頤、陳文華之考證，乃唐代所流行之兩種河上公本
中之五千文減字本，流行於當時的道教界，[16]陳世驤則以為想爾本

---

[16] 饒宗頤，〈吳建衡二年索紞寫本道德經殘卷考證——兼論河上公本源流〉

是唐代五千文本之祖本。❶諸多傳本並存之現象，實即凸顯出所謂「正典性」（canonicity）之宗教核心問題。道派對道經文本之認可，即是「正典化」（canonization）過程，正典之確認，是一種宗教之區分意識。基本上可以區分出何為「正法」、為「真文」？何者「非正法」，甚至是邪法歪道，為「邪文」？進一步也可分判出何為上法（上乘），何為下法（下乘）？「正典」承載著絕對真實無誤之永恆真理，足以解開宇宙之奧祕。非「正典」則屬道聽塗說之左道邪門。所以「正典」保障了傳道之合法性與正確性、權威性，非正典即非真文，而被列為邪教之邪文。一字之差，關係義理甚鉅，在教內中人看來，是極嚴肅的問題。這種強烈之宗教上的區隔意識，在東漢末天師道《想爾注》中即已明顯可見。

　　「正典」之認可，依據道派所傳承的宗教聖者傳經神話。譬如在上清派道經《寶玄經》中，明白表示《老子中經》傳授自老子，所以，《老子中經》當為上清派所認可之「正典」之一。❶而上列成玄英《老子開題》，成氏援引葛玄《老子序訣》所述葛玄校訂《道德經》經文之傳說，以認可其心中所謂之「葛本」為正典，其情況亦同於此。

　　於是，考察漢晉六朝以迄唐代之諸多道教內《道德經》傳本，大抵有想爾本、敦煌寫卷張魯河上公注定本、靈寶派葛仙公本、楊

　　（香港：香港大學《東方文化》二卷一期，1955）、陳文華，〈老子景龍碑本的重新考察〉（臺中：東海大學《東海學報》六卷一期，1964）。

❶　陳世驤，〈想爾老子道經敦煌殘卷論證〉（臺北：《清華學報》新一卷第二期，1957）。

❶　參考本書「附錄一：《寶玄經》之年代、經系與相關考證」。

羲本、寶玄經本、太玄部之道德經傳本等。根據《傳授經戒儀注訣》所言，張係師（魯）在西蜀傳道，託言遇到仙人想爾之傳授，於是而有《想爾注》產生。然而《想爾注》所用之想爾本與敦煌寫卷張魯河上公注定本，實同一傳本，即張魯所訂之河上公注《道德經》本。可能張魯為了傳教方便，託諸仙言，依其原已校定之河上公《道德經》文本，加上自己之注文，依託仙人想爾所授，因而有兩種傳本：張魯所訂河上公注《道德經》本、《想爾注》本。實際上皆其個人一家之學，或天師道一派之學。而張魯之校定本，也有可能遠承自更早之漢初馬王堆《道德經》帛書甲乙本。❶而根據《茅山志》卷九〈道山冊〉載，楊羲手抄張鎮南（張魯）古本，所以楊羲本亦即張魯本之嫡裔，要皆天師道一派之傳本。

葛玄《老子序訣》明言：

> 至人比字校定，外儒所行，雜傳多誤。今當參校比正之，使與玄洞相應，十方諸天人神仙天地鬼神所宗奉文，同一無異矣！吾已於諸天神仙大王校定傳授。天人至士賢儒，當宗極正真，弘道大度，何可不精得聖人本文者乎？吾所以有言此，欲正玄妙於天地人耳！

可見靈寶派中早已傳言葛仙公曾校訂《道德經》經文，唐初成玄英相信此說，故亦加以援引。所以葛仙公本自**屬靈寶派**傳本。而前述

---

❶　饒宗頤，《法藏敦煌書苑精華》第八冊道書（廣州：廣東人民出版社，1993），頁 220-221。

所謂「太極左仙公序係師定河上真人章句」之傳本，有人便認為是係師定本再由葛玄復加校定之本。實則張魯之天師道傳本與葛玄之靈寶派傳本當屬不相干之兩種道教內部流行之傳本吧！❷不過後人以訛傳訛，一直傳承著成玄英所稱之「葛本」（即是卷尾標有「太極左仙公序係師定河上真人章句」之敦煌寫卷本），此「葛本」直到宋代仍流傳著，《正統道藏》之唐趙志堅《道德真經疏義》卷四頁九猶引及「仙公本」呢！❷

　　至於寶玄經本，則大概屬於東晉末劉宋初流行於上清派中之傳本吧！❷太玄部之道德經傳本，則宋齊之際，三洞四輔建立時所使用之傳本。此時道派融合之情形相當普遍，當時可能同時流傳張魯、葛玄皆有校訂河上公注《道德經》本之故事，所以，融合出所謂「太極左仙公序係師定河上真人章句」之傳本。❷這個傳本實即是所謂的「葛本」。

　　《道德經》五千文傳本之比字校訂，顯出教徒對這部聖典之重視，所以各道派傳本除了經文字數可能不同外，經文用字也可大異其趣。

　　除了對《道德經》五千文本之比字校訂外，也對二篇上下經八十一章進行了宗教性的詮釋。《正統道藏》宋董思靖《道德真經集

---

❷　參考本書「附錄一：《寶玄經》之年代、經系與相關考證」。

❷　趙志堅《道德真經疏義》注「不欲瓊琭如玉」，言：「今依仙公本祿祿」。
　　考諸卷尾題有「太極左仙公序係師定河上真人章句」之敦煌寫卷 S6453，正作「不欲祿祿如玉」，可證其所引正是此「葛本」。

❷　參考本書「附錄一：《寶玄經》之年代、經系與相關考證」。

❷　參考本書下篇第一章「太玄部經教系統」第二節「太玄部經目」所論。

・65・

解》之〈序說〉便提供許多資料可供探究。如言：「河上公分八十
一章以應太陽之極數，上經三十七章法天數奇，下經四十四章法地
數耦。」又說：「劉歆《七略》云，劉向定著二篇八十一章，上經
三十四章，下經四十七章。而葛洪等又加損益，乃云天以四時成，
故上經四九三十六章；地以五行成，故下經五九四十五章。通應九
九之數。」三種傳本所分章數雖有不同，不過皆為了應九九太陽之
極數則無不同。劉歆所引劉向之說法未必屬實，然大抵亦當能反應
對於《道德經》傳本分章數重視之情形。河上公與葛洪此兩種不同
之分章數法及其詮釋觀點，後來則全為《寶玄經》所容受，而一起
在該書中列出並詳加討論。❷

　　對於分經章數之重視與解釋，反應出道教徒對於聖典文本之敏
感程度，這個敏感與神聖（神秘）數字觀（如太陽極數、天數奇地數耦
等）相結合，乃成其特殊之解釋論點。如此之解釋觀點，自有其時
代背景與需求，到了唐末便完全改觀，可能當時《道德經》傳本之
版本問題因為唐玄宗之頒佈而已確定，無須爭論。再者彼時重玄思
想成為道教界主流，所以杜光庭《道德真經廣聖義》便直言：「河
上公分為八十一章，局於九九之數，有失大聖無為廣大之趣。」
（1\3b）又言：「老君說經，亦不執言上卷為道下卷為德，二經文
義互相包含。後賢相傳，強分其義，……至於五千餘言，亦不確定
其數……文質相半，義理兼通。不可局字數而妨文，剪文勢而就
數，皆失其大旨也。……其有刪文約數，俯就四千九百九十九言，
而云析三十輻字為三十，以滿五千字。此又膠柱刻舟，執迷不通

❷　參考本書上篇第二章第二節。

也。」（5\7a）神秘性被理性之重玄思辯方法所取代了！

　　所以，道教界對於《道德經》正典之傳本，自有其核定而成為
定本之標準與詮釋原則，而異於世俗之版本（雖然這些標準未必一致，
但其與世俗區隔之區別意識，卻是明顯的）。所以我們可以清楚看到六朝
隋唐之道教內部「太玄部」之《道德經》、《河上公注》傳本，皆
以「河上公注」系統為底本的事實。**㉕**

　　饒宗頤先生曾論斷，東漢以來《道德經》傳本可別為兩大系：
一為道教徒刪助字以符五千文之本，一為不刪助字本，則一般所誦
習者。**㉖**饒氏所言，只是大略之粗分，實際情況略有出入。如果再
綜合上述所論，則前述之漢晉六朝以迄唐代之諸多道教內《道德
經》傳本：想爾本、敦煌寫卷張魯河上公注定本、靈寶派葛仙公
本、楊羲本、寶玄經本、太玄部之道德經傳本，漢晉六朝歷代《道
德經》傳本及其間之傳承關係，可以下表呈現出來：

　　1.馬王堆《道德經》帛書甲乙本→東漢河上公本→張魯校定本
　　　　（想爾本同，亦即道教內部俗稱之五千文刪助字本）→楊羲本→太玄
　　　　部之《道德經》傳本

　　2.東漢河上公本→靈寶派葛仙公校定本（仙公並為之作《序》，六
　　　　朝後期與張魯校定本混而為一，而成為成玄英《老子開題序訣義疏》所稱
　　　　之「葛本」）

　　3.河上公本→寶玄經本（道門內流傳之河上公本，但非五千文本）

　　4.河上公本→寶玄經本→太玄部之《河上公注》本

㉕　參考本書下篇第一章「太玄部經教系統」第二節「太玄部經目」所論。

㉖　饒宗頤，《老子想爾注校證》（上海：上海古籍出版社，1991），頁52。

　　或是 寶玄經本、太玄部之《河上公注》本源自同一河上公
本

　　所以，六朝《道德經》傳本，在道教內部除了流行刪助字之五
千文本外，也同時傳承著不刪助字本。而一般世俗所誦習之不刪助
字本，則是學界習見之王弼注本與河上公注本了。

上篇：東晉唐初道教道德經的詮釋

第一章　道教重玄思潮之形成原因

　　自從老子道德經一出，展現了道家的原型思想，其後歷代不同類型的思想家投入詮釋這部經典的行列，然而學界一直普遍存在著一種觀念，認為道家與道教必須加以區別，前者為所謂的「哲學的道家」（philosophical taoism），後者則為「宗教的道教」（religious taoism），有了如此的分別意識後，曠觀中國學術史的發展，一般便因為魏晉玄學最得老莊玄旨，故往往以「新道家」目之，因而忽略其他道家思想型態的發展。實則通常所說的道家與道教，可稱得上是同出一源，從寬廣的視野來看，道家與道教皆可納入「廣義的道家」範疇。

　　如此一來便不應只是局限於傳統的窠臼單單研究以「三玄」為

主的魏晉玄學，或者再上及於戰國兩漢的黃老學而已！如果從大歷史的角度看來，從戰國至唐初以「精氣神」為核心以詮解《道德經》之前道教或道教時期道德經學之發展，實可說是異於魏晉玄學的另一種道家思想型態。

戰國兩漢是黃老道家發揚的時代。「黃老道家」主要透過「道」、「精氣神」概念以詮解老莊思想，對於老莊思想有所承繼亦有所發揚。「道」、「精氣神」這組核心概念，影響日後數百年黃老學之發展。如果從黃老學、黃老道以迄前道教時期、道教成立期之發展脈絡看來，則這組概念被「道教」所承繼，亦是極其自然之事。「道」、「精氣神」概念成為道教千百年發展之理論基礎與預設。

正當「黃老道家」盛行的同時，中國的神仙方術也逐漸萌芽發展。於是當時的方士隱士往往有融合「道」、「精氣神」概念與方術的傾向。所以這個時期「黃老道家」一系之思想特色，乃在於確立「精氣神」之基本思考模式，並對於修行之方法、方術有了初步的發展，除了進一步開展彌補老子道德經思想餘留下來之空間外，也為後代道教之成型立下千古不變的大原則、大方針。當然此時期之思想家多為民間之方士或隱士，所以融合了相當成份的民間方術，而以當時之氣化宇宙論、神仙思想、吐納導引服食等方術為背景。

東漢以降，「黃老道家」逐漸轉型而成所謂之「黃老道」，崇奉黃帝、老子。東漢初楚王英祭祀黃老之事乃最有名的例證。「黃老道家」本為一思想流派，老子亦不過是學派祖師爺人物。此時卻逐漸被神格化，發展出「黃老道」這類準宗教的型態。從「黃老

道」向下發展，以致太平道、五斗米道之出現，中國本土宗教—道教，因而誕生。從東漢下迄六朝之道教諸道派，基本上可說出自東漢「黃老道」，而遠源自「黃老道家」。所以「道」、「精氣神」這組核心概念一樣無條件被接收。而這時期之特色是法則性、方法性、操作性、宗教性或巫術性之加強，亦即重視修行之實際方法，將精氣神之基本原則落實到實際的宗教修行面，所以此期之所謂的思想家主要以道士為中堅，而以當時之教團道治形式、逐漸成型的神仙系譜、他界觀等為背景，將之前的方術更加精緻化，神學化，宗教化。所以道家思想至此而宗教化，漸普及於一般大眾而不再是知識分子的專利了！道士扮演凡世與聖界之傳道者、溝通者角色。隨著時代的遞嬗，由前期之方士隱士團體轉化成以道士為中心之教團，更加組織化群眾化。

東晉中晚期以至唐代，道教延續之前的傳統，然而卻受到魏晉玄學極大的籠罩壓力，道教學者不得不反思自身龐雜的經教系統。所以這時期之特色乃在理論性之提煉，因為道教經教系統至此已大致成形，所以接著需要理論之精緻系統化，亦即提高思想的層面，提綱挈領地對經教系統做出檢討性的總結，這是道教內部自身發展之實際需要，再加上當時魏晉玄學、佛學以及激烈的佛道論爭的時代氛圍，道教徒必須有所因應，所以才會激發出具高度思辯性之「重玄思想」。

所謂道教「重玄」思想，乃蛻自《道德經》首章「玄之又玄」一語，大致上具二義：深遠、不滯。後代重玄家實以不滯義為主，「不滯」即不滯有無、即有即無、非有非無、超越有無等，而且不滯於此不滯。「重玄」之真諦，乃在於經由雙重遮遣之工夫以契究

竟地，此義大概可說是重玄思潮發展之主軸吧！❶而此時期之活躍份子則為具官方色彩之一群高道，除了推動道教之經教整理與革新外，也積極深化道教之教義理論與系統。

所以透過上述之基本理解，可以發現重玄道德經學之出現並非偶然。當然一種文化現象或思潮之出現是經過一段時間之醞釀而後逐漸形成的，所以上述三期之發展其年代往往有前後交疊處是可以理解的。

重玄思想與道德經學在東晉唐初時期由發展而終至合流，從而凝聚成「三洞四輔」中之「太玄部」的成立，促進了道教經教體系之建立，因此本文基本上將先行梳理東晉唐初之《道德經》注疏學，然後再針對太玄部之成立與經典及其相關問題做些清整。然而在進一步探究東晉唐初《道德經》注疏學的實況之前，有必要針對此重玄思潮興起之因作一番追溯，所以以下筆者嘗試進行說明，以顯何以重玄思潮會在此時期興起。

第一節　魏晉玄學

魏晉思潮之發展起因多端，❷學界普遍認為漢末清談、品題人物之風是一大主因。❸漢末之清談品題與當時之政治氛圍有關，重

---

❶ 參考本書上篇第五章第三節「道教重玄思潮」之討論。

❷ 許抗生，《魏晉思想史》（臺北：桂冠，1995）第一編魏晉玄學思想「總論」部份。

❸ 如許抗生，《魏晉思想史》之第一編魏晉玄學思想「總論」部份。牟宗三先生《才性與玄理》（臺北：學生，1989），頁 67。孔繁，《魏晉玄談》（瀋

點在於針對人物之言行加以月旦品鑒，這個傳統在魏晉南北朝仍被知識分子所繼承著，《世說新語》一書便是最好的例證。然而清談品題之風變質，成為知識分子彼此吹捧的工具，魏公曹操當政為了一掃此類虛浮歪風，於是提倡真才實學，主張「唯才是舉」，徐幹撰《中論》率先響應，批判社會追求虛名之惡風，提出「名實」問題。魏明帝時盧毓撰《九州人士說》，亦討論名實相符問題，以為政府取士之參考。在如此風氣之下，活躍於魏文帝明帝兩朝之劉邵《人物志》的出現便相當自然可解了！劉邵是魏代清談的重要人物之一，不過他的清談卻異於以往，漢末清談只對具體人物加以品評，劉邵則從抽象的理論角度，討論與品題人物有關的才性問題，直探人物的本性、材質，後來引發了才性問題的大辯論而有所謂才性四本的學說出現。劉邵《人物志》之才性理論下開王、何、向、郭之玄學理論，❹牟宗三先生區分為「才性名理」、「玄學名理」二系，才性名理是美的品鑒與具體智悟之混融的表現，玄學名理則是品鑒與智悟之用於「道理」者（「道理」集中於老、莊、易三玄）。❺所以從漢末之品題人物至魏劉邵《人物志》，乃一由具體轉向抽象之過程；由劉邵《人物志》之才性名理轉向王、何、向、郭之玄學名理，則是從討論人物本性、材質轉向探討宇宙的本性、本質之過程，更是抽象理論之深化與擴大。然而不論是才性名理、玄學名理或是《世說新語》中之機辯玄談、人物品鑒，實皆是「藝術的」與

陽：遼寧教育，1992），頁 1-13。

❹　許抗生，《魏晉思想史》第一編魏晉玄學思想「總論」部份。

❺　牟氏《才性與玄理》，頁 65。

「智悟的」風格之表現，❻這種風氣瀰漫整個魏晉南北朝，而其遠源實即兩漢氣化宇宙論下之「用氣為性」的才性觀，所以牟氏《才性與玄理》一書首列「王充之性命論」以上溯漢代之氣化宇宙論才性觀，實慧眼獨具。

魏晉玄學之發展基本上可分為四期：一、正始玄學，何、王二人以老學為主，以「無」為本、為體，以「有」為末、為用，調和儒家的名教與道家的自然；二、竹林玄學，阮籍、嵇康為代表，繼承了何、王崇尚老子的自然無為思想，並進而提出「越名教而任自然」的主張，所以除了重視老學外，也漸漸注意所謂掊擊孔聖的《莊子》。三、西晉元康年間之向郭莊子學，反對何、王之「貴無」思想，主張「有」之自生獨化，不需「無乃生有」、「以無為體」，並認為名教即自然，儒道二家合一。四、東晉玄學，其特點在於調和貴無、崇有兩派思想，張湛《列子注》可為代表，此外佛教界的支遁、僧肇亦有此傾向。❼魏晉玄學之發展可分為此四期，然而不論是貴無、崇有或調和派，這些文士皆順著兩漢以降之才性觀來玄談、智悟，何則？且看漢代自武帝罷黜百家獨尊儒術後，儒家凌駕諸子百家之上，六經之學成為學術正統，孔子一變而成至聖、素王，再加上讖緯之學的推波助瀾，孔子益被神話化，❽所以遞嬗至東漢即有班固《漢書》卷二十〈古今人表第八〉之作，班固是書將古代人物分為上中下各三等而成九等，其中孔子自然名躋上

---

❻　牟氏《才性與玄理》，頁 65。

❼　許抗生，《魏晉思想史》第一編魏晉玄學思想「總論」部份。

❽　冷德熙，《超越神話》（北京：東方，1996）第三章聖人神話研究。

上等聖人之列，子思、孟子則皆位列上中之等，老子僅名列中上之等，莊子則中下之等（「莊周」班固作「嚴周」，嚴字乃為避漢明帝劉莊之諱而改），列子乃中中之等。班固的分等仍是漢代氣化宇宙論的才性觀，這種才性觀強調「上智與下愚不移」的命定論，所以西漢董仲舒、東漢王充皆持此類觀點而將人分為上中下三等，❾班固在〈古今人表〉序文中便引及孔子「唯上智與下愚不移」之語而明列上智、中人、下愚三等人，正是如此思想氛圍下的產物。班固此表毀譽參半，唐劉知幾《史通》、宋鄭樵《通志》皆謂其進退人物，強分差等，漫無標準，殊不知班固正是在漢代氣化宇宙論才性觀、儒家獨尊的時代背景下完成此表的。清代大儒錢大昕〈跋漢書古今人表〉一文極能道出其中原由，其言曰：

> 此表為後人詬病久矣！予猶愛其表章正學，有功名教，識見實非尋常所能及。觀其列孔子於上聖，顏、閔、子思、孟、荀於大賢，孔子弟子列上等者卅餘人，而老、墨、莊、列諸家降居中等，孔氏譜系具列表中，儼然以統諸屬之。其敘次九等，祖述仲尼之言，《論語》二十篇中人物悉著於表，而他書則有去取，後儒尊信《論語》，其端實啟於此。❿

漢代此風直貫魏晉兩朝而不衰，魏晉文士仍然尊孔孟而抑老莊，《弘明集》周顒〈重答張長史書〉便說：「王、何舊說，皆云老不

---

❾　牟氏《才性與玄理》，頁4。

❿　錢大昕，《潛研堂文集》卷二十八「題跋二」。

及聖。」東晉孫盛之子孫放字齊莊，庾亮問曰：「欲齊何莊耶？」放曰：「欲齊莊周。」亮曰：「不慕仲尼耶？」答曰：「仲尼生而知之，非希企所及。」（《晉書》卷八十二孫盛傳）「老不及聖」「仲尼生而知之，非希企所及。」之觀念，王、何、向、郭諸人皆不能免俗，《三國志·魏志·鍾會傳》何劭注曰：

> （王）弼幼而察惠，年十餘，好老氏，通辯能言……時裴徽為吏部郎，弼未弱冠，往造焉。徽一見而異之，問弼曰：「夫無者，誠萬物之所資也，然聖人莫肯致言，而老子申之無已者何？」弼曰：「聖人體無，無又不可以訓，故不說也。老子是有者也，故恆言其所不足。」

王弼眼中「聖人體無，老子是有」，境界有差等；相同的，郭象也如此，《莊子注》序文中說：

> 夫莊子者，可謂知本矣！故未始藏其狂言，言雖無會而獨應者也。夫應而非會則雖當無用……然莊生雖未體之，言則至矣！

郭象亦認為莊子未能真體證至道，但其所言則能與至道相應，郭象的立場正與王弼說老子未能體無而恆言其所不足之「無」一般。這種態度一樣反應在注文中，王弼《論語釋疑》注〈述而〉篇子曰：「志於道，據於德，依於仁，游於藝」便言：

　　道者無之稱也，無不通也，無不由也。況之曰道，寂然無
　　體，不可為象。是道不可體，故但志慕而已！❶

聖人體無、體道，而王弼言「道不可體，故但志慕而已！」如是則
亦猶孫放言「仲尼生而知之，非希企所及」之意。因為聖人是生而
知之的、天生的，不可學，所以只能讓人志慕而已。王葆玹認為玄
學家揚儒抑道，推崇儒家「玄聖素王」之道，「玄聖」指伏羲，
「素王」指孔子，伏羲作易，孔子作十翼，故重視易經。老莊則伏
羲之下的「亞聖」、「上賢」之流，所以「玄學」即尊崇「玄聖」
之學也。❷但是玄學家同時又陽儒陰道，以為老莊所說之「無」，
乃伏羲孔子所體認之「至道」，只是伏、孔體之而不言而已。於是
玄學家大肆闡發「有、無」理論，以為如是便足以發揚儒家「玄聖
素王」之道。既然玄學家重視老莊「有、無」之論，當時處於弱勢
之道教徒乘玄學強勢之便，本其悠久信仰傳統，做反向思考與操
作，尊崇「老君」，談論「有、無」，卻又超越「有、無」，重玄
之論應運而生便極其自然了！

第二節　佛教思想之發展

　　唐初成玄英《道德經開題序訣義疏》論注解《道德經》之各家
宗旨時，談及晉朝孫登「託重玄以寄宗」以注《道德經》，並認為

---

❶　樓宇烈，《王弼集校釋》（臺北：華正，1992），頁 624。
❷　王葆玹，《玄學通論》（臺北：五南，1996），頁 7-10。

「雖復眾家不同，今以孫氏為正」。唐末高道杜光庭《道德真經廣聖義》亦言及注老之宗旨事，大抵因襲成氏之說，不過卻將孫登誤為魏文帝時阮籍、嵇康所見之另一位孫登，此誤前人辨之詳矣無需再議。⑬然而論者每每以為孫登之重玄老學得自其孫氏家族孫統、孫盛、孫綽等之家學，更直接受與孫氏家族過從甚密之玄談僧支道林重玄思想之啟迪，⑭所以論及重玄思潮便往往以此為濫觴，未及其他。支道林精通佛教般若諦義，亦深諳老莊思想，並確有屢用「重玄」「雙玄」「曾玄」之語，如「涉老哈雙玄，披莊玩太初」，便極其明顯地看出「雙玄」出自《道德經》「玄之又玄」語。⑮也無怪學者常作是想，不過如果採取較廣角度學術發展的歷史來看，特別是佛教方面，便極易看出這是長期發展之必然趨勢，並非支道林所獨創。即使「重玄」一語，早於支道林而約在東晉元、明帝之際便出現了，⑯大概因為支氏善老莊玄談，聰明特異，故極力標揭「重玄」一語吧！實際上若從「重玄」一語其所蘊含之

---

⑬ 盧國龍，《中國重玄學》（北京：人民中國，1993），頁 2-3。日本藤原高男，〈孫登老子注考〉（《漢文學會會報》第 20 號），頁 21。

⑭ 盧國龍，《中國重玄學》（北京：人民中國，1993），頁 3-19。藤原高男，〈孫登老子注考〉（《漢文學會會報》第 20 號），頁 21-26。

⑮ 藤原高男，〈孫登老子注考〉（《漢文學會會報》第 20 號），頁 25。

⑯ 支道林生卒年為西晉愍帝建興二年（西元 314）至東晉廢帝太和元年（西元 366）。然而《晉書·列傳第六十四·隱逸·索襲傳》言及前涼太宗張茂在位時（西元 320-324），敦煌太守陰澹欲請索襲出任鄉射之禮之三老，剛好襲過世，陰澹稱讚索襲，說他「先生棄眾人之所收，收眾人之所棄；味無味於慌惚之際，兼重玄於眾妙之內」，乃諡之曰「玄居先生」。可見重玄之語可能早於支氏已漸流行，到了支道林時代才使用的更頻繁。

「非有非無、遮遣有無」諦義而言，較具關鍵影響者當為佛教之般若學，而非郭象注莊之玄義或支道林之重玄觀。**⑰**不過佛教教義，特別是般若學系統，卻是透過魏晉玄談而滲透入當時思想界（當然也對道教界產生影響），特別是支道林之關鍵性地位，此後文將論及。

　　首先從文獻資料可以看出郭象注莊尚未有「非有非無、遮遣有無」義。其次受到魏晉玄學影響，兩晉佛教般若學極其盛行，因而有所謂「六家七宗」出現。共包括本無、本無異、心無、即色、識含、幻化、緣會等七宗。其中本無、本無異宗頗以老子思想解釋佛家般若義，反近王弼之說；心無宗主張無心於萬物，萬物未嘗無；支道林即色宗認為「色不自有，雖色而空。故曰色即是空，色復異空」；識含、幻化宗則空物不空心，肯定心識之實有；緣會宗以為「緣會故有」「緣散即無」。**⑱**六家七宗基本上皆未能契合大乘空宗之般若精義而有所偏失，因此受到僧肇的批判，**⑲**但對於促進般若學之宣揚起了積極作用。

　　姚秦鳩摩羅什（西元 344-413，即相當於東晉康帝建元二年至東晉安帝義熙九年）分別翻譯印度大乘空宗四大論釋：《中論》（西元 409，即相

---

⑰　盧國龍，《中國重玄學》（北京：人民中國，1993），頁 10-16，便極力主張郭象注莊與支道林對重玄思潮之影響。

⑱　參許抗生，《魏晉思想史》（臺北：桂冠，1995），頁 239-296。郭朋，《中國佛教思想史》（福州：福建人民，1994），頁 312-331。劉貴傑，《支道林思想之研究》（臺北：臺灣商務，1987），頁 29-33。陳沛然，《佛家哲理通析》（臺北：東大，1993），頁 96-104 等之詮析。

⑲　參陳沛然，《佛家哲理通析》（臺北：東大，1993），頁 104-107。

當姚秦弘始十一年，或東晉安帝義熙五年）《百論》（西元 404，即相當姚秦弘始六年，或東晉安帝元興三年）《十二門論》（西元 408，即相當姚秦弘始十年，或東晉安帝義熙四年）《大智度論》（西元 402，即相當姚秦弘始四年，或東晉安帝元興元年），❷而般若學之真精神自鳩摩羅什來華始大白於世，般若智之妙用即是蕩相遣執，《大智度論》釋《大般若經》十八空義，即是蕩相遣執義之發揮，可以《中論》兩頌概括之，即「因緣所生法，我說即是空，亦為是假名，亦是中道義」、「大聖說空法，為離諸見故，若復見有空，諸佛所不化」，❹其義亦同著名的《中論·觀因緣品》之「八不因緣頌」：「不生亦不滅，不常亦不斷，不一亦不異，不來亦不出」之遮遣雙邊、蕩相遣執的中道義。所以鳩摩羅什的思想便是主張非有非無的中觀空學，❷較之東晉初的支道林更契近大乘空宗之般若思想。鳩摩羅什思想受到其號稱「四聖」之高弟僧肇（西元 384-414，即相當東晉孝武帝太元九年至東晉安帝義熙十年）之進一步闡揚而傳播開來，對於思想界極具影響力。❷

再者從佛教與玄學之交流來考察。兩晉佛教般若之風特盛，般

---

❷　參湯用彤，《漢魏兩晉南北朝佛教史》（北京：中華，1988），頁 213-215。郭朋，《中國佛教思想史》（福州：福建人民，1994），頁 270。雖然兩家對於羅什譯經之年代略有出入，不過相差無幾，故不細辨。

❹　牟宗三，《佛性與般若》上冊（臺北：學生，1989），頁 40-55。

❷　許抗生，《魏晉思想史》（臺北：桂冠，1995），頁 307-314。

❷　非有非無之雙邊兼遣觀到了南朝劉宋時便已在思想界流行起來。如范曄（西元 398-445，即東晉安帝隆安二年至南朝宋文帝元嘉二二年）《後漢書·西域傳》之史論中便說「詳其（佛家）清心釋累之訓，空有兼遣之宗，道書之流也。」即可見一斑。

若經典大為流行。南朝宋齊則《涅槃》、《成實》相繼盛行，其學風平實，異於東晉之特重虛無觀念。齊梁之際，般若三論復興，《顏氏家訓‧勉學》論江左玄風時，曾言及梁朝復重視三玄的情形。故梁陳二代，般若三論大盛。而般若三論之學復盛，大抵得力於齊竟陵文宣王、周顒等人之提倡，❷因此到了隋朝，吉藏法師承此乃得大闡三論宗風。不過話說回來，般若學所以特盛，無非與當時玄談之風有關。佛經早期在中國傳播速度相當慢，西晉乃稍稍流行，東晉則漸趨蓬勃。再加上東晉初年支遁等名僧打入知識分子玄談圈，佛理乃漸為世所稱譽接受。東晉中期以後，玄學漸成強弩之末，亟需注入新血活絡生機，佛學方興未艾，正好彌補這個間隙。從東晉初，向郭莊子注義時人無出其右者，玄談莊子漸無新意，而支道林以佛理釋莊子〈逍遙遊〉新義一出，即成當時談宗之情形看來，佛學之興盛事出有因。尤其是般若學本即易於與老莊思想接上，故般若一系特盛，並非無因。透過當時思想主流之玄學的推波助瀾，佛教般若之風更易普及知識界，產生決定性影響力。

　　道教重玄思想在這股佛教思潮影響之下，自梁陳以降，逐漸突出重玄觀念，以為思想核心，實非偶然。所以梁陳之臧玄靜法師被尊為重玄大師；隋朝劉進喜、李仲卿造《本際經》以發揮重玄觀念。隋唐之際蔡子晃、成玄英、李榮等人繼之，重玄思潮乃蔚為風氣。學者有見於此，因而往往加諸「重玄派」之目，❷姑且不論

---

❷　參湯用彤，《漢魏兩晉南北朝佛教史》（北京：中華，1988）第十八章所論。

❷　如日本砂山稔，《隋唐道教思想史研究》（東京：平河，1990），第二部第一章道教重玄派表微，便費相當篇章探討所謂「重玄派」之發展。

「重玄派」這觀念是否能夠成立,不過重玄思潮蔚成大觀,影響當時之道教界,則是不爭的事實。

大抵道教的重玄思潮是受到鳩摩羅什、僧肇以下乃至陳隋三論宗之大乘空宗中道觀思想的啟發,而套用東晉初支道林、孫登等人所用「重玄」一詞,方成道教重玄思想之面貌吧!兩晉般若雖盛,不過因為當時道教界道派紛立,道教經教系統尚未整合,故不暇顧及教義思想層次。宋齊之際,道教經教初步融合,再加上彼時般若之風漸寢,釋徒盛談《涅槃》、《成實》,故重玄觀念無得而發揚。必待梁陳時道教內部經教整理日趨成熟,又加上外在佛教思潮之配合,內外因緣時機成熟,方促成重玄思潮甚囂塵上之勢。

第三節　佛道論爭

六朝時期儒釋道三教發生相當激烈的論爭,或許儒道二教同屬中原文化,而且自古以來帝王封禪、郊祀、祭拜山川鬼神早成慣例,這方面民間方士往往鼎力參贊,所以儒家對於道教之批判火力似乎弱些,反因夷夏之辨而對西來的佛教大加撻伐;然而從佛教方面的角度來看,因為儒家向來受到當權者的扶植,頗有「國教」之勢,所以佛徒當然不敢過分批判儒者,只略加貶抑而已!更何況就作為一個極具規模的宗教的角度來看,真正跟佛教競爭市場的對手是道教而非儒家,所以佛道二教之爭辯隨著歷史的發展有愈趨白熱化之勢,因此佛教對於道教的批判最顯激烈。當然從正面而言,同樣作為一種宗教型式而彼此競爭發展的二教,便有互相觀摩學習的機會了!所以在歷次的佛道論爭當中,對手提出的質疑、辱斥,在

在激起道士們進一步深層思考道教內部的種種問題。自然的，這是種成長蛻變的機會，所以重玄思想便是在如此的時代氛圍中激出的火花，以下試著透過佛道論爭的內容進行分析。㉖

三教之辯似乎始自〈吳主孫權論敍佛道三宗〉所載東漢明帝永平十四年僧摩滕與五嶽道士以神通鬥法情事，接著便有〈漢顯宗開佛化法本內傳〉（又稱《漢法本內傳》）據此文而大事鋪衍這段鬥法的故事，不過大抵皆是偽託之作。㉗然而可見從偽造此故事之佛教徒的眼中看來，早期佛道論爭之方式是「鬥法」，這種情形後來仍曾出現，北朝齊高祖文宣皇帝〈廢李老道法詔〉㉘亦有鬥法情形。不過逐漸地佛道論爭由原本之「武鬥」蛻變成「文辯」。傳為漢末牟融所作之《理惑論》，大概即是文辯的開端吧！牟子信佛，自必貶抑儒道，從《理惑論》可見其批評道教之觀點。基本上牟子仍然重視老子《道德經》所強調的無為思想，但對於初期道教的諸如王

㉖ 關於三教爭論之課題，孫廣德，《晉南北朝隋唐俗佛道爭論中之政治課題》（臺北：臺灣中華，1972）曾針對佛教入華所引起之文化、社會、經濟、政治問題進行討論，至於思想或教義層面則尚屬闕如，所以本文便其所略、略其所詳。

㉗ 此二文皆被編入唐釋道宣《廣弘明集》卷一，其中道宣註明前文出自《吳書》，後文則題作「未詳作者」。考諸《三國志·吳書》未見此資料，且查諸《後漢書》、梁釋慧皎《高僧傳》，所記，沙門攝摩滕有傳佛經法之事，未見與五嶽道士鬥法情節，所以此段故事殆屬佛道論爭中之虛構產物。關於《漢法本內傳》之討論，吉岡義豐認為此書年代之上限為六朝末，下限則唐高祖武德七年（西元 624），所以此書自為偽書無疑。參吉岡義豐，《道教と佛教》第一（東京：國書刊行會，1983）第一篇關於《漢法本內傳》章節之論述。

㉘ 此文亦收入唐釋道宣《廣弘明集》卷四。

喬、赤松、八仙之籙以及《神書》百七十卷（按：當即指《太平經》）
等經籙或是辟谷不食之長生術皆加以關駁。❷這種批評是否中肯有
待探討，但值得注意的是牟子重視老子《道德經》卻鄙視道教的經
書、方術，並且引老子《道德經》經文來反駁道教，這種情形大抵
與當時的老子神話有關。佛教為了融入中國社會，必須藉助於老子
思想之格義，所以基本上仍得承認《道德經》具有一定價值。再
者，在牟融當時，頗援引老子神話以自重的太平道、五斗米道剛被
平定，為了競爭，佛徒必須將老子與道教撇清。《理惑論》對於道
教這樣子的批評，幾乎可說是後代佛徒批判道教的基型。年代稍後
之東晉《正誣論》❸亦有類似的批評。

　　關於南北朝佛道論爭且以下表示之：❸

---

❷　郭朋，《中國佛教思想史》上卷（福州：福建人民，1994），頁 55。任繼
　　愈，《中國佛教史》（北京：中國社會科學，1993），頁 224。

❸　《正誣論》收入《弘明集》，卻註明「未詳作者」。不過據文中有「泥洹者
　　梵語，晉言無為也」，又言「沙門之在京洛者多矣！」可見是書之年代乃在
　　以洛陽為京城之晉代。且文中提及石崇、周仲智（周嵩）二人，再加上文中
　　引莊子文義以證（此則異於《理惑論》），此正好符合魏晉玄學阮籍、嵇康
　　漸重視莊子之發展趨勢。石崇卒於晉惠帝永康元年（西元 300），周仲智卒
　　於東晉元帝在位年間（西元 317-322），則此書成於後於此二人之東晉時代，
　　當無疑義。而王維誠，〈老子化胡說考證〉，《北京大學國學季刊》1934 年
　　四卷二期，頁 172，則考證《正誣論》當成書於東晉明帝太寧二年（西元
　　324）後不久。

❸　本表參考劉汝霖，《東晉南北朝學術編年》（臺北：長安，1979）及任繼
　　愈，《中國佛教史》（北京：中國社會科學，1993）卷二、三編成。

年　代	事　由
南朝宋文帝元嘉 12 年（西元 435）	沙門慧琳著《黑白論》（又名《均善論》）論佛而及於孔老，舊僧謂其貶黜釋氏，因而引起何承天、顏延之、宗炳等人加入論辯之列。
南朝宋明帝泰始 3 年（西元 467）	道士顧歡撰〈夷夏論〉，揚道抑佛，因而激起同時代佛徒袁粲、明僧紹、謝鎮之、朱昭之、朱廣之、釋慧通、釋僧敏等之反駁。
北魏孝明帝正光元年（西元 520）	帝宣召佛道二教代表上殿議論，道士姜斌、佛徒曇無最對辯。
北齊文宣帝天寶 5 年（西元 554）	北齊文宣帝詔問樊遜佛道優劣，遜批斥二教，請沙汰釋道
北周武帝天和 4 年（西元 569）2-5 月	帝數次集百官及沙門道士討論儒佛道三教優劣。
北周武帝天和 5 年（西元 570）4、5 月	甄鸞上武帝〈笑道論〉三卷，帝以鸞傷毀道士，即於殿焚之。釋道安作〈二教論〉辨三教。
北周武帝建德元年（西元 572）	帝幸玄都觀親御法座講說，公卿道俗論難。釋僧勔詣闕辨道教。
北周武帝建德 2 年（西元 573）	帝詔群臣道士沙門辯論三教先後，以儒教為先，道教為次，佛教居後。
北周武帝建德 3 年（西元 574）	詔僧、道士辯論二教優劣，道士張賓與僧釋智炫對壘，理屈而敗北。

　　除了表中所列官方召集之正式辯論外，仍有許多較小規模之交鋒。如《廣弘明集》卷十三唐釋法琳〈辯正論〉載西晉惠帝時，沙門帛遠與道士基公次（一說祭酒王浮）爭論邪正；南朝宋明帝詔陸修靜於莊嚴佛寺與玄言之士、碩學沙門對辯二教，靜挫銳解紛，帝甚

禮之；❸南齊景陵王弘揚釋教，廣集群僧，與道士孟景翼對辯二教邪正；❸梁靜惠王時，道士孟智周與法雲為首之僧眾辯論，眾僧嘆服。❸

考諸史實，僧旻、法雲、智藏號稱梁代三大高僧，而僧旻、法雲幼時曾於莊嚴寺受學於僧柔、慧次、僧達、寶亮四公。智藏也秉業僧遠、僧柔、慧次。在佛教思想發展史上，東晉末宋初什公高弟僧肇，已將大乘空宗《般若》之學發展到極至境地，一時難有突破，所以南朝宋齊之際，《涅槃》、《成實》之論乃大盛。而自宋初被後世推尊為「《涅槃》聖」之什公另一高弟竺道生大倡《涅槃》佛性之論以降，《涅槃》之學流行。寶亮、僧柔、僧旻、法雲、智藏皆《涅槃》名匠，而僧柔、慧次、僧旻、法雲、智藏則《成實》大論師。梁天監年間以後，擅《成實》者，多出梁三大僧門下，所以莊嚴寺儼然成實論一大重鎮。❸

所以，諸如宋齊之高道陸修靜與孟智周等人，面對這一批機鋒四出的《涅槃》、《成實》論師，在佛道二教之教義交流上，當產生不可小覷的影響力。從《涅槃》、《成實》之經論思想的側面切入，應當有助於考察南北朝道教教義之發展過程。而梁末再度興起

---

❸ 參陳國符，《道藏源流考》（北京：中華，1992）「附錄七　《道學傳》輯佚」之卷七（《道學傳》乃南朝陳馬樞所編纂）。另外〔清〕達春布（修），歐陽燾（纂）《九江府志》卷五十四「史事」亦有類似之記載。

❸ 參陳國符，《道藏源流考》「附錄七　《道學傳》輯佚」之卷七。

❸ 參陳國符，《道藏源流考》「附錄七　《道學傳》輯佚」之卷十二。

❸ 上述關於南朝宋、齊《涅槃》、《成實》之學之史實，參考湯用彤，《漢魏兩晉南北朝佛教史》（北京：中華，1988）第十七、十八章以及郭朋，《中國佛教思想史》（福州：福建人民，1994）第十六章所論。

之大乘空宗《般若》之學，以迄發展至陳隋之嘉祥大師吉藏的三論宗，則對前此之《涅槃》、《成實》諸論師大加批斥。顯示出大乘空宗的三論宗對於小乘空宗《成實論》以及偏執的《涅槃經》諸論師的佛性觀的不滿而提出批評的立場。這種佛教內部之自我批判與思想史發展之曲折史實，也將對於道教前後期高道思想之轉變產生影響。從宋齊梁之陸修靜、顧歡、孟景翼、孟智周、臧矜、宋文明以迄陳隋唐初之劉進喜、李仲卿、成玄英、蔡子晃、李榮等人殘存的思想片斷，可資以考察當時佛道二教教義之交流情形與發展史實。

　　由上所述，可以想見當時佛道二教論辯風氣鼎盛，當然其目的無非爭辨邪正。在多次的交火下，彼此針對對方弱點大肆鋪張自屬難免，在一次次的往復辯難當中，問題的焦點自然逐漸浮現，所以雙方皆必需去面對敵方的攻擊而作深切的反省，以因應下一次之對辯。接著深入探討幾次論辯中的真正內容及其意義。由於文長無法具引，筆者試以表格列出如下：❻

時代	著作或人物	對道教之批評
南朝宋	沙門慧琳〈黑白論〉	批評道教符章祝咒之法為有跡之偽術，但仍然肯定老莊謹守性分之無為思想。
南朝宋	袁粲	認為道教以仙化變形為上卻終難免於一死
南朝宋	明僧紹〈正二教論〉	以為老莊已足以闡發道家經世之旨，卻未見長生之說，所以駁斥三張二葛為代表之道教傳統的符咒、

---

❻　本表參考《弘明集》、《廣弘明集》、劉汝霖，《東晉南北朝學術編年》（臺北：長安，1979）製成。

		服食、羽化尸解等一切方術
南朝宋	謝鎮之〈與顧道士書〉〈重與顧道士書〉并頌	亦批判養生術，並及於靈寶、妙真、上清、黃庭等道經之偽雜，不過仍認可「全無為用」之道德經五千文。
南朝宋	朱昭之〈難顧道士夷夏論〉并書	批評服食服氣、行氣導引之道法並非至極之道。
南朝宋	釋惠通〈駁顧道士夷夏論〉并書	認為五千文尚可，其餘道經皆非老子所作，乃後世妖人之穿鑿附會。並引五千文反駁道教長生之說，當然也痛斥各種方術。進一步闡釋至道非有非無之理。
南朝宋	釋僧愍〈戎華論折顧道士夷夏論〉并書	認為仙道即使有千歲之壽，亦終有盡期，非絕妙之道。同時辱責章奏、符籙、合氣、搏頰扣齒等方術。
南朝梁	釋玄光〈辯惑論〉	斥道教三張之法制、道經及方術之雜亂、道徒之作亂
南朝梁	劉勰〈滅惑論〉	稱許老子雖非出世之妙經，猶為大賢。斥道教章奏、服餌、符籙等方術
南朝梁	釋僧順〈答道士假稱張融三破論〉	以孔老莊思想駁道教昇仙長生之說
北周	僧鸞〈笑道論〉	猶貴重老子五千文辭義俱偉，但卻指嗤道經中有關宇宙創世神話、揚道抑佛神話、教義等之謬誤，以及道門威儀、符籙、金丹、合氣等教制方術之虛妄
北周	釋道安〈二教論〉	稱許老子虛無柔弱之旨，嚴辨老子與道教，批評三張之道及各種方術

　　其他如：北齊文宣帝時樊遜猶重老莊卻貶抑道教方術，北周釋僧訂批評道教化胡說為虛妄，北周武帝時道士張賓與僧智炫辯，炫

斥道教章醮、祈願、長生之有為而不淳淨等，亦皆對於道教之攻擊言論，但未著而成論或其著文並未傳世，不過由相關史料猶可得其梗概。綜觀上述一段佛道論爭史跡，隨著時代變遷，可見佛徒對於道教之批評愈來愈加具體而有系統，其痛斥之語氣愈加激烈，駁斥的範圍愈加廣泛，至於唐初傅奕與釋法琳、釋明概之猛烈交鋒，則激起另一論爭高潮。這種情形與道教自身之發展有相當關係，大抵道教教義經典有愈趨複雜煩瑣之勢，所以佛徒可資以攻擊之弱點便俯拾皆是。然而從中可以理出兩個重點，一佛徒基本上仍相當重視老莊思想，二嚴分老莊與道教之異，評斥眾多方術與老莊思想相違而多荒謬不經。所以出現如此情形，或者可說是因為道教在發展過程中，雖兼容並蓄卻極其雜蕪無統，亦即所謂「論無宗旨」吧！❸❼所以經過長期激烈辯論爭鬥，道教徒勢必逐漸體知己之所短而思有以救之。特別如釋惠通〈駁顧道士夷夏論〉中「至道非有非無」之論，當對道教徒起極大針砭之效。在佛教徒猶重視老莊思想及太上老君被尊為道祖之諸般神話催化下，自然而然地《道德經》這部聖經便成為總貫道教經法方術之思想源頭了！所以便激發重玄思潮之興起。

---

❸❼　北魏孝明帝正光元年（西元 520），帝宣召佛道二教代表上殿議論，道士姜斌、佛徒曇無最對辯。結果姜斌因為「論無宗旨」而被配徙馬邑。有趣的是，梁武帝天監二年，沙門智稜改為道士，稜善老莊，卻以為道經無宗旨，於是援引佛理以注解《西昇》、《妙真》諸經。可見道經「無宗旨」是一大問題。亦即如何去總貫龐雜的經法方術，是道教向來在其內部發展的明顯缺陷。

第四節　道教經教體系建構需求之內因

　　道教是中國土生土長的宗教，在其成長的過程中自然吸收了本土文化不少的養分，這個特色持續兩千年而不變。嚴格來說東漢末的「太平道」出現，道教方初具宗教雛形而成其為教。做為道教第一部經典的《太平經》自然也兼容並蓄之前各種思想方術而以新的宗教「聖典」面貌出世。當然並非說所有的道經皆晚於《太平經》，因為在「太平道」出現之前當亦有許多簡冊、秘笈祕傳於方士小團體之間而尚未整理成書，只不過「太平道」這一宗教式的農民起事之關係，才讓世人認識了此部聖典，彷彿它就是第一部道教經典一般。正因為如此機緣，《太平經》的出世便託諸神人降授傳說人物于吉之神話而顯得神聖非凡。此種道經出世的模型後代一直沿用著，特別是東晉中晚期更進入另一道經出世、造構的高潮期。

　　東晉哀帝興寧年間一楊二許因上清諸仙真降授，於是上清經典陸續出世。東晉中晚期葛洪從孫葛巢甫造構靈寶經，靈寶經典因而風行於世，❸接著王靈期因嫉忿葛氏造購之靈寶經大行，乃向二許後人許黃民求受上清經典，並進行了一次編整、造經行動。所以上清、靈寶經乃漸為世道士所重。另外從鮑靚、葛洪一系也傳下三皇經典，再加上先前傳承著的太平經、天師道經、金丹類經典等，可謂百家齊鳴。這一大批新舊經典頗似滾雪球，當然亦如《太平經》般吸納之前許多方術道法，也包括很多新出經教。所以面對如此駁雜眾多之經典，道士們自然會想到整理的工作，因此才有劉宋時期

---

❸　參陳國符，《道藏源流考》（北京：中華，1992），頁 67。

陸修靜之「總括三洞」，這可說是歷史上第一次大規模地整理道經。❸然而實際上陸氏僅對靈寶一系經典特費心思，尤其齋儀部份。上清、三皇經則僅止於收集傳承而已，大概陸氏本人亦無法分辨此二經系中經典之真偽吧！❹

　　南北朝道教徒整理龐雜無統的道經，有其歷史性的大背景。我們可以透過中國目錄學、學術史進行溯源與比較。

　　中國學術史上最早之圖書分類，厥為西漢劉向《別錄》，向子劉歆踵其餘緒而著《七略》，此為中國最早之圖書目錄。根據東漢班固刪節《七略》之要，而成其《漢書・藝文志》。所以《七略》雖佚，猶可藉由《漢書・藝文志》所載而得其略。《七略》概分為〈輯略〉、〈六藝略〉、〈諸子略〉、〈詩賦略〉、〈兵書略〉、

---

❸　陸氏之前東晉鄭隱、葛洪亦曾收集大量道經，但並未加以整理。而其實「三洞」之名最早見於鮑靚《三皇經》（見《无上秘要》卷六引《三皇經》），但並非指後來所謂之洞真、洞玄、洞神等三洞，乃指天皇地皇人皇等三洞。陸修靜亦自稱「三洞弟子」。成書於東晉中晚期的《洞真太上倉元上錄》（此經之年代，參考本書「附錄一：《寶玄經》之年代、經系與相關考證」之考證）中便有三洞（洞真上清、洞玄靈寶、洞神三皇）、三清、上中下三乘，而以上清為上乘之觀念，可見三洞三乘觀早在東晉晚期即已出現。筆者初步推判，《洞真太上倉元上錄》當為東晉末王靈期造構上清經典之產物。如此也可看出東晉末時，王靈期可能已開始初步整理三洞經法，後來劉宋初陸修靜因緣際會地蒐集三洞經書而在王氏基礎上繼續整理三洞經教，所以後人往往稱讚陸氏弘衍「三張二葛」經法而「總括三洞」。

❹　東晉末劉宋初，上清經典之真偽已難辨認，故《真誥・敘錄》言「許（黃民）王（靈期）齊轡，真偽比蹤」，當然陸修靜也無法辨其真假了！而三皇經典之經法大抵缺漏不明，從敦煌寫卷 S3750〈陶公傳授儀〉中有關授受三皇法之資料即可見此種狀況。

〈數術略〉、〈方技略〉等七項。前五者與本主題無關,暫且不論。後二者與道教直接或間接相關。〈數術略〉又細分為天文、曆數、五行、蓍龜、雜占、形法六種。〈方技略〉則細分為醫經、經方、房中、神仙四種。

南北朝時期,劉宋王儉(西元 452-489)在劉歆《七略》的基礎上撰《七志》,又將當時圖書分為七大類,其中包括〈陰陽志〉(記陰陽圖律之書)、〈術藝志〉(記方技之書)兩類。所以,〈陰陽志〉、〈術藝志〉是分別承襲劉歆〈數術略〉、〈方技略〉而來。可見〈方技略〉中之房中、神仙等與道教方術相關之典籍,大抵被王儉劃歸為〈術藝志〉部類。然而王儉於七大志類外,另附有〈道經〉、〈佛經〉二目。以因應南北朝時期道佛二教興盛,宗教圖書繁夥之實情。❹筆者推測,從王儉之圖書分類看來,〈道經〉中所收當為具體附有經名之道教經典,這批道教經典,當是魏晉以降所逐漸編纂、匯集之三洞道書或是天師道等一類道書。而〈術藝志〉所收之房中、神仙等方術書,大抵是漢代以來流傳之古老道書。所以王儉蒐檢道經與分類,或許受到經派流別之影響。

南朝梁阮孝緒(西元 479-536)又在劉歆、王儉的成果上新作《七錄》之目錄學書。其書已不傳,根據《廣弘明集》卷三所記,可以得知阮氏將當時圖籍分為七大部類,包括〈術伎錄〉、〈佛法錄〉、〈仙道錄〉等。〈術伎錄〉分為天文、緯讖、曆算、五行、卜筮、雜占、刑法、醫經、經方、雜藝等幾種。〈仙道錄〉則細分

---

❹　以上論中國目錄學史實,參考劉兆祐,《中國目錄學》(臺北:五南,1998),頁 42-47。

經戒、服餌、房中、符圖等四種。〈佛法錄〉分為戒律、禪定、智慧、疑似、論記等五部。❷

　　初唐魏徵（西元 580-643）奉太宗詔撰《隋書》八十五卷。《隋書·經籍志》將圖書分為經史子集四部，其中前述之天文、曆數、五行、醫方等四類收入子部。四部之外末附道經類、佛經類。道經類包括經戒、餌服、房中、符籙等四種，佛經類包括大乘經、小乘經、雜經、雜疑經、大乘律、小乘律、雜律、大乘論、小乘論、雜論、記等十一種。❸

　　王儉分部先道後佛，阮孝緒則以為不妥，認為佛理深於道術，所以先佛後道。可見兩人對於二教之不同立場。此外關於道書之分類，阮孝緒大抵以道術方技之內容作為分判之標準，將道教典籍分為四大類。而且從〈佛法錄〉、〈仙道錄〉取代王儉〈道經〉、〈佛經〉之立部名稱看來，便知阮孝緒試圖對佛道典籍進行通盤性的整理，所以不局限於稱作「經」的高文典冊，而以佛法、道法之宏觀角度對諸多宗教性質典冊做歸類。因此各種經、律、論、圖籍、符咒、金丹等書，皆被收錄分類而編入〈仙道錄〉中。唐初魏徵又先道後佛，與唐宗室對於道教老子之崇拜的政治因素有關。魏徵將論述佛法、道法之典籍通通稱為道經、佛經，所以立道經類、佛經類二大類，以附正統之四部書之後。關於道經之分類，魏徵基本上沿襲阮氏舊制。佛經之分類，則反應其時代意義。大乘、小乘、雜以及經、律、論之區隔，正凸顯出當時佛較之「判教」觀點

❷　劉兆祐，《中國目錄學》，頁 47-52。
❸　劉兆祐，《中國目錄學》，頁 143-147。

甚囂塵上，一般世俗知識份子皆知。而道教則從未以「判教」名，故魏徵仍依阮孝緒之舊。以上大抵是南北朝目錄學之概況。

　　如果與道教內部之「三洞四輔」之分部相較，王儉是世俗中人的一個初步的學術簡判。阮孝緒則可說深入一層地進行整理工作，魏徵所述，稱得上是對南北朝學術的一個綜合性的統整。皆對於中國學術做出相當大貢獻。不過，王、阮、魏的分類，並不符合道教內部發展之史實，也不符合道教內部的需要，可說是宗教圈外人的「外行」分類。

　　不過由此情形可以看出，對於龐博道經、道法之整理，是當時教內外共同的趨勢，無法迴避。教外知識份子基於中國目錄學傳統所作之分類，是世俗人眼光對於道教經典所進行的學術性分判。對於道教中人，不得不說提供了一個絕佳參考對照與刺激的機會。

　　而道教內部之目錄學、學術史情況，則如葛洪《抱朴子內篇》之〈遐覽篇〉，著錄了傳自西晉高道鄭隱的一批道書，根據統計，共包含經、文、法、集、圖、記、符、籙等共 261 種、1299 卷。❹葛洪傳承這批道書，僅止於著錄，雖並未對這些道書進行細部分類，而實際上，從《抱朴子內篇》關於道教之行氣房中養生術、服食金丹仙藥法、存思法、法術變化說、功德與紀算之宗教倫理說等等向度，進行全面而深廣的討論之情形，❺可以判斷，這一大批道書在葛洪眼中，自有其分判歸類之相對標準。當然，當時道派或經派觀念尚未流行，所以葛洪基本上從橫切面的道法之角度著眼，而

❹　朱越利，《道經總論》（瀋陽：遼寧教育出版社，1995），頁 126。

❺　參考李豐楙先生，《抱朴子》（臺北：時報文化，1981）一書之論述。

未依照縱時性的道教史實來整理這批道書。

　　經由葛洪這位道學大師的釐訂，這一大批典籍中之每一部道書所含之道法及其基本質性屬類，當得到基礎性的定位與釐清，而為後人從事類似之道經統整工作之主要參考與依據。這是從道教內部之目錄學、學術史角度所作的考察。

　　葛洪以後直至東晉末，道教界略無目錄學式的清整工作，到了南北朝才重開局面。劉宋陸修靜整理三洞經書，於是在劉宋明帝泰始七年上〈三洞經書目錄〉，接著有孟法師分別之前的道經為三洞四輔等七部而成〈玉緯七部經書目〉，然後陶弘景再一次整理道經成〈經目〉、〈太上眾目〉、〈三十六部尊經目〉，由此皆可見到了南朝時期，諸多高道開始自覺地整理之前傳承下來數量龐雜的道經。

　　道經之整理與分部完成之後，接著便需針對經典作一梳理，所以我們便看到了約與陶弘景同時的宋文明，即開始繼承陸修靜的成果，❹而進一步推動著經教整理與教義建立之工作，著成《靈寶經義疏》（亦即敦煌寫卷 P2256 之《通門論》）、《道德義淵》（亦即敦煌寫卷 S1438、芥 97 之《道教義》），對後代影響極大。

　　如宋氏《靈寶經義疏》對舊有之《靈寶經》十部加以義理化、體系化而得出如下義旨：

　　第一部明應化之源本

---

❹　《雲笈七籤》卷四所收之陸修靜〈靈寶經目序〉言：「慮有未析，今條舊目已出，並仙公所授事，注解意疑者略云爾。」可見陸氏對於其前之靈寶經進行教義式之綜攝與整理，宋文明則繼承之。

第二部明運會始終

第三部明天功之廣被

第四部明聖德之威風

第五部明戒律之差品

第六部明人行業之由從

第七部明濟物之弘遠

第八部明因果之途跡

第九部明修行之方

第十部明治身之體用

　　這是宋文明整理出之靈寶經系經教，這種嘗試對北周《無上秘要》極具試範作用。《無上秘要》之經教系統分為四十九義類，基本上可以九大類項來涵括：㈠宇宙本體與氣化生成㈡末世論與救度觀㈢神仙世界㈣神聖經典的出世㈤經典的傳授㈥儀式性的宗教生活㈦生命的轉化㈧自立修為的實踐㈨生命永恆的回歸，❹其中一至四部基本上相當於㈠至㈢，第五部對應於㈣㈤，六至十部相應於㈥至㈨，所以可說《無上秘要》是包涵七部道經的另一部較大的《靈寶經義疏》。

　　此外宋文明另一傑作《道德義淵》則專事道教教義之發揮。根據敦煌殘卷可見是書之體例，如：

　　自然道性

---

❹　四十九義類分為九大類項之說參考李麗涼，《《無上秘要》之編纂及道經分類考》（臺北：國立政治大學中文研究所碩士論文，1998），頁 60-77。另參盧國龍，《中國重玄學》（北京：人民中國，1993），頁 131-134。

第一序本文

第二明性體

第三詮善惡

第四說顯沒

第五論通有

第六述回變

積德福田

第一序本文

第二釋名義

第三名身業

第四述口業

第五分心業

第六例三一

第七論種子

功德因果

第一序本文

第二辯名（以下缺文）

　　成書於隋朝的《玄門大義》當亦頗受此書影響。《玄門大義》多已佚失，但是因為唐代清溪道士孟安排忠實刪節《玄門大義》且未加入個人意見而成《道教義樞》，❹❽故由《道教義樞》目錄也可看出《道德義淵》對《玄門大義》的影響。《道教義樞》之分目中

❹❽　參日本麥谷邦夫，〈南北朝隋唐初道教教義學管窺〉，《日本學者論中國哲學史》（臺北：駱駝，1987），頁270。

亦見「自然」「道性」「十善十惡」「因果」「福田」「（身口心）三業」「三一」等類項，可說幾乎與《道德義淵》殘卷相同。所以《玄門大義》之編纂群大概也參考遵循《道德義淵》對道教教義之思考與提攝吧！

　　所以從經典之出世，經過歷代高道之蒐羅辨偽編整以至匯成經目，接著即需逐步建構道教自身的經教體系，並進一步提升、加強經教之思想深度與系統，亦即爬梳出道教教義體系。宋文明的《靈寶經義疏》、《道德義淵》便是這種工作的開山之作。從《道教義樞》之序文中自述著書因由之「顯至道之教方，標大義之樞要」語，也可看出道教徒這種的自覺。所以宋氏之作到了唐代仍影響著孟安排之編著《道教義樞》。❹

　　順著如此的發展趨勢，當道教教義體系日趨成熟時便有另一深層的要求，亦即必須找一宗旨統貫龐大精博的教義體系，所以重玄思想就應運而生了！

第五節　老子神話與道德經

　　魏晉玄學的發展主宰著當時的思想界，中國本土文化自不必說，即便西土輸入的佛教也常隨之起舞，而有所謂之「格義」。然而其中卻有一例外，那便是道教，道教雖不能自外於玄學之籠罩，卻能自成格局。

---

❹　參參谷邦夫，〈南北朝隋唐初道教教義學管窺〉，《日本學者論中國哲學史》，頁270。

　　魏晉玄學主要依據所謂「三玄」作發揮，但並非三玄同時並重，按照時代之遞變，基本上三國時期重易經，正始時期重易、老，元康時期重老、莊，永嘉時期重莊子。❺雖然每時期所專意之對象不同，但是魏晉南北朝時期玄學家對於「三玄」之重視程度卻仍有共識，大抵以易經為首，其次老子道德經，莊子殿後。而所以如此，乃因為玄學家揚儒抑道，推崇儒家「玄聖素王」之道，「玄聖」指伏羲，「素王」指孔子，伏羲作易，孔子作十翼，故重視易經。老莊則伏羲之下的「亞聖」、「上賢」之流，所以「玄學」即尊崇「玄聖」之學也。❺明顯地，玄學家尊崇聖賢之流，故亦推重其經典，道教徒亦然，不過觀點卻異。儒家被道教徒貶抑為外道，儒書為外典，六朝道經多見，此不待論，故易經不受青睞，乃意料中事。而從六朝之注疏書看來，杜光庭《道德真經廣聖義》即列有六十餘家老子注，其中道教徒所作佔絕大部份。翻檢目錄資料也有為數可觀之道教徒的老子注疏，但是莊子注卻幾乎絕跡。❺再者六朝道經中述及莊子其人其事處亦屈指可數，更遑論對他大肆尊崇了！❺反觀老子卻受到無比的尊崇，其相關資料俯拾即是。如葛洪

---

❺　劉貴傑，《支道林思想之研究》（臺北：臺灣商務，1987），頁 26。

❺　王葆玹，《玄學通論》（臺北：五南，1996），頁 7-10。

❺　參嚴靈峰，《周秦漢魏諸子知見書目》卷一、二（臺北：正中，1975）所錄。其中六朝除葛洪《修訂莊子》以及字「景真」，並自號「玄道子」而疑似道教徒之李頤其人亦著有《莊子集注》三十卷外，並未見其他任何道教徒的莊子注疏著作，與道徒熱情地注疏道德經的情形實不可同日而語。

❺　六朝道經中提及莊子者如：傳說為葛洪之作的《元始上真眾仙記》有「莊周為太玄博士」（8b）《真誥》論引及莊子並發揮其義（6\12b）、莊子事蹟（14\14b）、有「仰尋道經上清上品，事極高真之業；佛經妙法蓮華，理會

《抱朴子·微旨》便稱「黃老玄聖」，此當洪受當時玄學流風之影響，而將此稱號加諸其心中之大聖——老子。「玄聖」、「聖人變化於玄」之詞西漢末嚴君平《老子指歸》屢見，六朝道經《上清太極隱注玉經寶訣》有「聖聖謂之玄」語（12b），在在可見此名詞於道教界之特殊意義。

可見六朝道教徒並未完全被玄學學風所浸潤、宰制，所以周易、莊子二書及其思想，在道教界便無任何殊榮。這種異於魏晉玄學時風的情形，自有其內在特殊的機緣，而反應著深層的意義。

大致上說來六朝道徒所以如此重視《道德經》而尊為「聖典」，無非與古來流傳的老君神話密切相關。從東漢的老子出關化胡傳說開始，❺歷代皆有附會在太上老君身上的各式神話，當然包括出關前點化關令尹喜之故事及降授經法於張道陵、寇謙之甚至于吉等人的神話。各式各樣的神話除了口語傳播之外，也被文士或教徒以文字記錄下來，透過書面文本傳承著，所以才會出現西晉道士

　　一乘之致；仙書莊子內篇，義窮玄任之境。此三道足以包括萬象，體具幽明。」（19\1b）稱讚之語，可見《莊子》一書在陶弘景心中之地位。另外尚有《太極真人敷靈寶齋戒威儀諸經要訣》載：「太極真人曰莊周者，太上南華仙人也，……敷演道德經五千文，宣暢道意，……世人于今不知是仙真上人，以莊子所造多寓言。大鵬大椿冥靈皆實錄語。」（18b）其他數條資料不具引。可見六朝道教徒重視莊子之情形並不普遍，其看法亦大異於魏晉玄學家。然而道書中隨處可見太上老君的相關資料，由此可見老莊二人在六朝道教徒眼中之待遇實有天壤之別啊！

❺　關於老子化胡等各類神話請參考日本楠山春樹，《老子傳說の研究》（東京：創文社，1979）、日本吉岡義豐，《道教と佛教》第一（東京：國書刊行會，1983）及姜佩君，《老子化胡經研究》（臺北：中國文化大學中國文學研究所碩士論文，1993）。

王浮《化胡經》之作。東晉葛洪《神仙傳》卷一〈老子傳〉更言及
老子「所出度世之法」有：

> 九丹八石，金醴金液，次存玄素守一，思神歷藏，行氣練
> 形，消災辟惡，治鬼養性，絕穀變化，厭勝教戒，役使鬼魅
> 之法，凡九百三十卷，符書七十卷。皆《老子本起中篇》所
> 記者也，自有目錄，其不在此數者，皆後之道士私所增益，
> 非真文也。

說明了葛洪之前的許多道法皆傳自老子，而被記錄在《老子本起中
篇》這部偽託的道書中。劉宋時期三天弟子徐氏所撰之道經《三天
內解經》更明言太上老君為宇宙生化之源，並且降世傳授五斗米無
為大道、佛道、清水清約大道等三道以教化下民。經文中也論及老
子化胡、尹喜化身作佛故事。這樣的經文內容無非展現道教徒兼容
並蓄各種道法甚至佛教的企圖心，雖然不過是神話傳說，可是在道
教內部幾經傳承，卻也逐漸弄假成真而廣被接受，到了唐宋時代便
集結成諸如唐尹文操《老君聖紀》、宋謝守灝《混元聖紀》、宋賈
善翔《猶龍傳》等具有總結性之老君傳記資料。既然老子化胡傳經
法于西土而有佛教的產生，所以道教徒便不諱言地援引佛教非有非
無不空不有、遮遣雙邊的中道思想而發展出自身的重玄理論，這在
道教徒眼中不過是老君所傳授下來兩種經法之互相發明而已，可謂
本自有之，談不上剽竊佛理。所以道教重玄思潮之盛行，教徒此類
心態當亦有推波助瀾之效。

　　當然老子《道德經》一書自身倡論有無、有為無為、道、德、

自然等觀念，皆具有高度的哲學思辯性與發展空間，這是眾所周知的，且闡述是經之著作已汗牛充棟，此不贅述。《道德經》思想易於提攝龐雜的各種道法，而收以簡御繁之功。特別是首章「玄之又玄」更是被教徒奉為圭臬而發展出重玄理論的警語。對於《道德經》首章關鍵段落「此兩者同出而異名，同謂之玄，玄之又玄，眾妙之門」，王弼注首章言：「凡有皆始於無，故未形無名之時，則為萬物之始；及其有形有名之時，則長之育之亭之毒之，為其母也。言道以無形無名始成萬物，萬物以始以成而不知其所以然，玄之又玄也。……兩者，始與母也。同出者，同出於玄也。異名，所施不可同也。在首則謂之始，在終則謂之母。玄者，冥也。默然無有也，始母之所出也。不可得而名，故不言同名曰玄，而言同謂之玄者，取於不可得而謂之然也。不可得而謂之然，則不可以定乎一玄而已！」則是名則失之遠矣！故曰玄之又玄也。」這段注文頗值得玩味。從這段注文可知，王弼認為，「始」（未形無名之時、在首）、「母」（有形有名之時、在終）乃「道」生成萬物之兩個不同階段之兩個不同名稱。所以「始」、「母」皆屬於「道」也。此與第五十二章「天下有始，以為天下母」之經文可互相印證。不過「道」之體相則「無形無名」，所以「道」即是「玄」，所以「玄」是窈冥而默然無有的。「始」、「母」皆屬於「道」，所以亦可言「始」、「母」同出於「玄」。「道」既然玄冥無有、始成萬物而萬物不知其所以然，「道」這種玄奧的質性即可以「玄之又玄」形容之，所以「道」雖即是「玄」，又不為「玄」之名所限，超越於「玄」，而是「玄之又玄」。首章經文若與第四十章經文「天下萬物生於有，有生於無」相比較，則「有」相當於「母」，

「無」相當於「始」。因此，若照王弼之詮釋，「始」、「母」皆屬於「玄」（即指涉「道」），「有」、「無」亦屬於「玄」。「道」不可以名言「玄」限制之，同理「道」亦不可以名言「始」、「母」、「有」、「無」限制之而超越於「始」、「母」、「有」、「無」。所以，從王弼之注解，可見《道德經》「道」、「玄」、「玄之又玄」等概念，本即具有相當開放之解釋空間。從王弼注文可以看出蘊藏著如此之可能的詮釋向度。只不過王弼刻意強調「有無」、「本末」、「體用」關係，以致學界只注意及其「以無為本」之主題，而忽略其他。若再看看《河上公注》注文：「兩者，謂有欲、無欲也。同出者，同出人心也。……玄，天也。言有欲之人與無欲之人同受氣於天。」之解釋，則對於「兩者」、「玄」又是另一種不同向度之解釋。足見《道德經》經文深具開放性。所以後代道教徒運用重玄思想詮釋其經文，大肆發揮「玄之又玄」概念，強調「重玄」非有非無、即有即無，超越有無之特性，《道德經》本即內蘊之極大解釋空間實有以啟之。

　　當然《道德經》之被尊奉為聖經，主要歸功於老君的各類神話之催化作用，否則易經與莊子二部同樣極具哲思性的經典為何沒有雀屏中選呢？

第六節　宗教與政治之關係

　　宗教與政治之互動關係，其中之複雜與愛恨交葛，談不勝談。漢末至東晉這兩三百年間，所謂之「道教」實際上受到相當的打壓，雖然擁有廣大的庶民信徒或仕宦之奉道世家，不過並未真正得

到主政者青睞。南北朝時期之帝王才逐漸重視這股宗教勢力，而對玄門高道禮遇有加，予以實際上之扶持護法。

綜觀東漢以降之政教關係，幾乎是一部充滿殺戮的官民鬥爭史，「道教」幾乎與巫術、鬼道、反亂劃上等號，而慘遭官方武力的血腥鎮壓。從東漢末年的太平道開始，社會底層廣大黎庶企盼救世主之降世以建立一新天新地之願望，無一時或斷。雖然太平道最後功敗垂成，這種觀念卻不知不覺地深植民心。此後，凡是具組織性之民間宗教團體，無一倖免，無不受到血腥厄運。漢末張魯割據漢中，建立一宗教王國垂四十載，偏安一隅尚稱太平，然而最後選擇投降曹魏，免掉一場覆滅之災。張魯因而得以善終，不過五斗米天師道教團卻因而四分五裂，或者受到曹魏政權有意無意的監控打壓，西晉政權繼續執行這樣子的政策，因此天師道之發展遭遇極大阻力。❺其他如西晉武帝時巴蜀陳特自稱天師之反亂，晉惠帝時有五斗米道色彩之西蜀李特起義，其子李雄尊五斗米天師道之范長生為國師，建立成漢政權，割據一方，直至東晉永和三年（西元 347）才被晉室攻滅。甚至東晉末年天師道孫恩、盧循之亂，或是兩晉以降至劉宋時期託稱「李弘」、「劉舉」而一再出現之民間武裝反動，都遭受官方無情之打擊。❺特別是東晉十六國時期，以李弘的

❺ 參任繼愈，《中國道教史》（上海：上海人民，1990），頁 45-51。

❺ 上述之兩晉南北朝民間宗教之反亂史實，參見任繼愈，《中國道教史》（上海：上海人民，1990），卿希泰，《中國道教史》第一卷（成都：四川人民，1992），唐長孺，《魏晉南北朝史論拾遺》（北京：中華，1983），湯用彤，《湯用彤學術論文集·康復札記》（北京：中華，1983）等相關篇章之論述。

名義發動之反亂事件最多。❺❼「李弘」一詞實為利用道教領導農民起義之領袖的代名詞，而從東晉明帝太寧二年（西元 324）至隋煬帝大業十年（西元 614），二百九十年間，假借李弘名義造反的人代代不絕。❺❽從諸多史實看來，具組織性之民間教團，往往因為當政者之猜忌或易為有心人士之煽惑利用而發動大規模的民亂，受到無情之鎮壓。至於一些較小規模之方士集團、道派，如于君道、李家道、帛家道、清水道、靈寶葛氏道、杜子恭道團等，則大抵影響力小，尚不足以威脅當道，而得以在民間局部地區流傳著。❺❾所以從魏晉之歷史發展看來，民間教團極受監控詆毀。道門中有識者為求自保自清，也得對這些本出同根之民間教團嚴詞批判，以取得主政者之信賴，而得光大道門，另尋生機。北魏寇謙之對於李弘信仰之民間反亂，予以「事合氓庶」「誑詐萬端」「惑亂愚民」❻⓪之怒斥，便是典型例子。寇謙之受到北魏武帝之扶植，而得以清整舊天師道團之積弊，為道教之發展做出時代性之貢獻。但是並非每位高道都是如此幸運，寇氏實屬特例。早期曹操召集天下方士異人齊聚許都，雖說多少有其個人對於神仙方術之偏好目的，但實際上仍以政治上之考量為主。漢末太平黃巾之亂殷鑑不遠，曹操一代梟雄不

---

❺❼　唐長孺，《魏晉南北朝史論拾遺》（北京：中華，1983），頁 215。

❺❽　王明，〈農民起義所稱的李弘和彌勒〉，《道家和道教思想研究》（北京：中國社會科學，1990），頁 373。

❺❾　參見任繼愈，《中國道教史》（上海：上海人民，1990），頁 57-64。卿希泰，《中國道教史》第一卷（成都：四川人民，1992）第三章第三、四、五、六節等所論。

❻⓪　皆《正統道藏》中《老君音誦誡經》之語。

能不知，其子曹植〈辯道論〉：「本所以集之於魏國者，誠恐斯人之徒挾奸宄以欺眾，行妖隱以惑民，故聚而禁之也。」最能道出其中關鍵。孫堅殺方士于吉，不正只是因為士庶皆奉之若神，不顧君臣之禮，而冷落了孫堅，乃引起孫堅的嫉妒與不滿，惹來殺機，便是最佳血證。所以諸如左慈、王真、封君達、甘始等一批所謂之「雜散道士」、「流移道士」，表面上似乎極受官方禮遇地被曹操招致至許都，實際上是方便就近監管，以防生亂。所以這一批方士並無多大發展空間，以致於後來如左慈者，因受不了曹氏逼迫，終在建安末年逃至江東，入茅山修道，而傳授葛玄道法。**⑥**

因此，綜觀三國兩晉時代，具反亂之組織性民間道團無一豁免地慘罹殺戮之禍。至於小型的民間教團，則因影響力不大，尚被容許有發展空間，而得以在社會中下層流傳著。他如上清、靈寶、三皇等重視修行方術、經典傳承之方士道士小團體，則在中下級的仕宦階層如細水長流地私相授受著。這大抵是魏晉時期道教發展之概況。

南北朝時期情形大為改觀。宋文帝元嘉十四年（西元 437），高道陸修靜作〈靈寶經目序〉。元嘉十五年，文帝留心學術，立玄儒文史四學館。元嘉二十九年，宋文帝召陸修靜入宮講道，王太后執門徒之禮。宋明帝太始三年（西元 467），陸氏被召赴健康都城，明帝禮遇甚厚，築崇虛館以居之。引起朝野注意，道俗歸心，陸氏乃

---

⑥ 參陶弘景《真誥》卷十一、十二所記載。

得以大敞法門。太始七年，陸氏上《三洞經書目錄》。㉒劉宋以下，佛道論爭激烈，道教屢受尊寵，顧歡、孫游嶽、陶弘景、孟景翼、孟智周、臧玄靜、王遠知等高道因而得以晉身上層，受到帝王庇護，挹沃以豐厚之政治資源，取得宗教、社會、政治上之崇高地位。凡此種種，對於道教經典之蒐集整理、經教系統之建立、道教教義之深化、科儀之清整等，皆提供莫大助力，非魏晉時期所能比擬。前述北朝之寇謙之亦受到主政者之青睞，但當時南北文化因為政治因素，仍甚懸隔，自無法從事蒐集道經之整理工作，而只能革除舊天師道之陋習惡規，成就比不上南朝高道們。相形之下，陸修靜等人便幸運許多，受到政治之扶持，而得以弘揚玄教，立下了日後道教千百年發展之宏規。上述南朝諸高道，不只受到帝室世族尊崇，而且往往有傳承關係。這對於道教經教道法之承繼與開拓，極具關鍵性。

　　水能載舟覆舟，政治對於宗教亦如是。南朝得其天時地利人和，故諸高道得以大闡法門。這是政治對於宗教發展之積極性意義。此外且看以下這段關於陸修靜的文獻：

> 宋明帝思弘道教，廣求名德，悅先生之風，遣招引。……天子乃命司徒建安王、尚書令袁粲，設廣讌之禮，置招賢座，廣集時英，會於莊嚴佛寺。時玄言之士，飛辨河注；碩學沙門，抗論鋒出。掎角李釋，競相詰難。先生標理約辭，解紛

㉒　參考卿希泰，〈秦漢魏晉南北朝道教大事紀〉，《中國道教史》第一卷（成都：四川人民，1992），頁580。

挫銳。王公嗟拝，退遍悅服。……⑥⑥⑥

南朝時清談玄風猶盛，所以陸修靜一入京城，便碰上如此場景，不
難想像。這段資料告訴我們幾個訊息，特須注意。一者陸氏幾乎位
登國師之位，甚受明帝尊寵，為道門宗師，其影響力自不可小覷。
二者陸氏打入上層名士社會，故須參與玄辯，不得不有染時風，當
然自會受到玄學之影響，有助其整理道教經教。三則參與談會亦有
沙門碩學，所以佛學對於道教教義當亦有一定影響。陸修靜必須面
對如此的時代背景，其他如顧歡、陶弘景、孟景翼、孟智周、臧玄
靜等，又何嘗不如是。⑥⑥或許高道們對於玄談未必熱中，⑥⑤不過在
如此大環境之下，必須面對來自各方的挑戰，所以自得順應時情，
參與各種清談場合。長期耳濡目染、心口交思的情況下，自然刺激
他們反省自身道教的一切。更何況為了傳教，發展道務，也需要擠
身上層官宦世族。在此可見政治力量對於道教助力之大，前所未

---

⑥⑥ 陳國符，《道藏源流考》（北京：中華，1992），頁 40 關於陸修靜之傳記。

⑥⑥ 參陳國符，《道藏源流考》，頁 468、477 以及關於這些人之傳記資料。譬如
顧歡、陶弘景、孟景翼、孟智周諸人，皆須參與玄談之會，或者與玄學界、
佛教界書信往來，論辯玄理，釐清佛道教義。

⑥⑤ 如梁武帝時號稱「山中宰相」的國師陶弘景，其〈題所居壁〉詩諷刺玄談
道：「夷甫任散誕，平叔坐談空。不言昭陽殿，忽作單于宮。」（《華陽陶
隱居集》上\10a）再者，《南史》卷六十七〈列傳第六十六隱逸下〉載言：
「弘景妙解術數，逆知梁祚覆沒，預制詩云夷甫任散誕，平叔坐論空。豈悟
昭陽殿，遂作單于宮。……大同末，人士競談玄理，不習武事。後侯景篡，
果在昭陽殿。」也許這是後人為了神化這位國師的附會之論，不過陶氏譏斥
王衍、何晏之清談可能誤國，其不滿玄談之態溢於言表。

有。若非政治助力，諸高道即不可能進入世族門閥圈中而有所發揮。這是魏晉時所見不到的。並非當時缺少高道，高道歷世有之，只是因緣不成熟。從魏晉南北朝之背景來考察，當時的清談玄風可說是門閥世族的產物，名士們以此為社交上之消遣娛樂，清談更且成為門閥世族士人自我標榜、互相考驗的一項本事，以有別而自高於寒門窮士。所以參與清談者，多門閥高第之世族，一般士人不易打入這種社交圈，遑論平民。❻❻因此，魏晉之高道如葛玄、鄭隱、葛洪、鮑靚、魏華存、一楊二許等，率皆不世出道門龍象，但這些人多位居中下官僚階層或游移民間隱修而自組小型方士集團，一來得不到主政者之厚愛，二來無法晉身上流名士社會，故對於清談玄理，一般多採鄙夷排斥態度。❻❼其處境與南朝諸高道相較，真有天

---

❻❻　參考錢穆，《中國學術思想史論叢》（三）（臺北：東大，1977），〈略論魏晉南北朝學術文化與當時門第之關係〉一文所論。另外蘇紹興，《兩晉南朝的士族》（臺北：聯經，1987）〈從《世說新語》的統計分析看兩晉士族〉及〈東晉南北朝之文學世族對當代文學學術之貢獻〉二文所論。

❻❼　譬如《太極真人敷靈寶齋戒威儀諸經要訣》載：「太極真人曰五千文，仙人傳授之科，素與靈寶同……仙公（按指葛玄）曰世有高德人欲諷誦期仙者，當與靈寶同時受之，……若欲談虛無持高於時者，不須依此法受之也。真人直以教學仙耳！」（13b）仙公之論，乃對太極真人之注解。仙公所言，可能是靈寶經系一脈相承者，也可能是東晉中晚期葛巢甫等人造構新道經而依託於仙公者。不論葛仙公、葛洪或是葛巢甫，率皆中下階層官僚，抑是流移道士，無法進入上層名士玄談圈。再加上道士者流本重實修，鮮尚理論，其排斥玄談名理，自是當然。不過魏晉時期南方之道士對於玄談新學風之鄙夷，也多少可能歸因於南北方學風之差異（北方玄談新學風，南方則恪守漢人之學），參李豐楙，《魏晉南北朝文士與道教之關係》（臺北：政治大學中文研究所博士論文，1978）第二章第一節「魏晉學術與地域師承之關係」所論。

壞之別。所以，魏晉高道們難以蒐集大批道經進行整理，自無法建立經教體系。另外一方面，也無法從魏晉玄學或當時佛學之中汲取養分以發展道教。此魏晉與南北朝高道們限於時代背景之差異所造成之不同結果。當然其關鍵點，全在於「政治」因素之是否介入了！

　　因此，「政治」因素具有關鍵性意義。一般學界多僅注意及帝王主政者需要宗教上之服務，而宗教則需要帝王貴胄之扶持護教，使得以弘揚法門這種「功能性」的互動關係，而往往忽略了政治之扶植，提升了受寵教門龍象之身分地位，使得以晉身上流社會，與上層文化有交流之機會。這無疑是促進上層與下層文化對話之管道，更可能是大傳統與小傳統間之互動發展之另一新的接合點、起始點。當然政治資源對於宗教之挹注，其助益遠超民間力量多多。至少可以藉由官方徵集蒐藏大批道經或其他文獻資料，再者受寵之高道亦成為道門之望，往往是道教界之是瞻馬首。高道既厚擁資源，得天獨厚，可以整理經教、開拓道法、深化教義，其登高一呼，易收風行草偃之效，對於宗教之發展自有決定性之影響力。當然仍須諸多歷史條件之配合，方克成此功。北魏寇謙之與劉宋陸修靜，同受皇恩，二人對於法教之貢獻，卻大有差別，主要因為陸氏所處之時空背景遠優於寇謙之使然。

　　筆者特意強調，高道在歷史洪流中，其身分地位之起伏升降，對於道教之發展，具有關鍵性之意義。歷代皆有高道，陸修靜、陶弘景是高道，葛玄、葛洪、一楊二許等人又何嘗不是曠世英才呢？此上諸人又皆身處魏晉南北朝玄學清談之大流中，豈能不知不理？然而前者得以擠入上層名流，掌握了瞭解玄學或佛學，並與之對話

或反思道教之機會，後者則無此緣會，擦身而過，使道教對於自身
神學教義之反省工作晚了數百年。當然葛玄等人尚缺少許多必備之
助緣，如：當時經教道法猶處於渾沌之發展階段，經派之間的激烈
競爭、排斥等等，以致無暇注意理論之深廣問題。此所以三國兩晉
高道未竟之功，必待南北朝方克成就之因。由此亦可見「政治」因
素發揮臨門一腳之功，實無可取代。

第二章　東晉道德經之詮釋

第一節　重玄思想之遠源

　　重玄思想之起因已如上述，然而重玄思潮如何影響到道教內部？便是一個相當關鍵性的問題，此關係及未來道教思想發展的大方向。關於此問題，近代學者盧國龍氏認為南朝劉宋末由道士顧歡〈夷夏論〉所引起的佛道論爭便是重玄思想侵滲入道教的一大契機，這次論爭之後，來自佛教徒的詰難激發顧歡重新思考道教義理問題，於是顧歡作《老子義疏》時乃援引東晉孫登《老子注》之重玄思想入道教，欲以彌合老子學說與道教之牴牾，所以顧歡《老子義疏》實為道教重玄思想之序曲。❶所謂彌合老子學說與道教之牴牾，實際上亦可說是道教內部義理發展之必然趨勢，亦即以老子思想之「簡」以御道教經教體系之「繁」，從另一方面而言，也可說是道教徒如何將老子《道德經》這部聖典納入道教之經教系統中，而予以一適切的地位，令之發揮其功用。否則號稱道祖的太上老君傳下的聖典反而自外於道教經教系統，實有點不類，也難免一直成

---

❶　盧國龍，《中國重玄思想》（北京：人民中國，1993），頁 23、34-37，便持　　此種論點。

為佛道論爭中緇衣釋徒的口實。

從這樣的思考角度出發，即可發現實際上六朝的道教徒面對當時龐大的經教系統，已有相當的自覺，亟於整理出此經教體系之條理來，所以考諸六朝道經或是各種道教徒之《道德經》注疏書就可以看出他們的企圖心。上述盧氏的說法並不真切，道教重玄思想之源起發展，原因如上所說數點，可是若加以追探，其遠源可上溯西漢末的嚴君平《老子指歸》。❷嚴君平於是書中屢見類於重玄之論以發揮老子思想者，如〈五色篇〉「夫聖人者，服無色之色，聽無聲之聲，味無味之味，馳騁無境之域，經歷無界之方，發無形之網，獲道德之心矣！」〈視之不見篇〉言：「無形之形天地以生謂之夷，無聲之聲五音以始謂之希，無緒之緒萬端以起謂之微」及「無狀之狀，無所不狀；無象之象無所不象」等語，嚴氏更進一步論及有無問題，甚且出現相同於後來重玄思想家所喜道之遮遣有無雙邊的論點，譬如〈道生一篇〉「無無無之無，始末始之始，萬物所由，性命所以，無有所名者，謂之道」；〈上德不德篇〉「有非有，無非無，千變萬化，不可為計，重累億萬，不可為名」〈執大象篇〉「大法無法，大象無象，大無不無，大有不有……不無不有，不為不否，道自得於此，而萬物自得於彼矣！」上述所引篇章在在顯示出嚴君平對於老君道體、有無之觀念已有新的詮釋觀點，這種不執著於名言、形象的論點，對後代重玄思想家當極具啟發作用。甚至嚴氏提出相同於重玄家「不滯有無」的觀點，如〈道生

---

❷　以下所引嚴君平文皆本諸王德有點校《老子指歸》（北京：中華，1997）版本。

篇〉「性精命高，可變可易；性麤命下，可損可益；若得根本，不滯有無」在嚴君平《老子指歸》中「不滯有無」之詞雖僅一見，卻彌足珍貴，完全是重玄思想家之語氣了！另外君平《老子注》解釋第四章「道沖而用之或不盈」言：「盈必有虧，無必有有，中和之道固不盈不虧，非有非無，既非盈虧，亦非（按當有闕文，可能即「有無」二字）。借彼中道之藥，以破兩邊之病，病除藥遣，偏去中忘，都無所有，此亦不盈之義。」❸「非有非無」正與「不滯有無」相應。君平所言「中道」雖非即是後來之重玄思想家借自佛教中道觀而所樂道之「一中之道」，而仍是漢六朝道教徒所喜言之「中和之道」，但其「中道」、「兩邊」、「藥病」、「破」、「忘遣」等觀念，率皆南北朝唐重玄思想家時時運用之術語，這種現象不得不令人側目、訝異，早在西漢末年中國思想家便已展現出如此高超的思辯能力？不過這條資料見於唐末強思齊《道德真經玄德纂疏》之徵引，所以也有可能並非嚴君平注文之舊觀，而摻雜後來重玄家言，然而嚴君平原注文殆亦本有類似義旨，而後人傳抄時以當時觀念名詞加以詮解吧！

嚴君平不僅有重玄式之論點，也大量使用「玄」字，如〈善建篇〉「聖人去力去巧去知去賢，建道抱德，攝精畜神，體和襲弱，履地戴天。空虛寂泊，若亡若存，中外俱默，變化於玄。」又〈為無為篇〉「是以君子，動末始之始，靜無無之無，布道施德，變化於玄」所謂聖人變化於玄，與後代之道經《上清太極隱注玉經寶訣》「聖聖謂之玄」（12b）之論，實有異曲同工之妙。所以嚴君平

---

❸　參嚴靈峰，《輯嚴遵老子注》（無求備齋《老子集成初編》本）。

也使用「玄聖」一詞（如〈為學日益篇〉）。嚴氏更進一步使用「玄玄」之詞，如〈不出戶篇〉「玄玄默默，使化自得，上與神明同意，下與萬物同心」；〈為學日益篇〉「語言默默，意氣玄玄」；〈其安易持篇〉「心志玄玄，形容睦睦」；〈得一篇〉「確然《大易》，乾乾光耀，萬物資始，雲蒸雨施，品物流形，元首性命，玄玄蒼蒼，無不盡覆」。此處之「玄玄」一詞，大抵是「深遠」之義，未必與重玄思想家所言相契合，然而「玄」字所涵之「深遠」的一層意義，亦為後來重玄家所樂道。於此可見嚴君平之慧眼獨具及其高妙的思辯能力與創發性。

嚴君平其人在道教界頗受青睞。這位傳說人物從西漢末以來便極受推崇，揚雄在西漢京城長安極力揄揚嚴氏，又在其大作《法言・問明篇》中盛讚嚴氏。所以東漢班固在《漢書・王貢兩龔鮑傳》即特述嚴君平事蹟。後來嚴君平逐漸被神化，西晉陳壽《三國志・秦宓傳》載「……後商為嚴君平、李弘立祠。」西晉皇甫謐《高士傳》為嚴氏立專傳，西晉常璩《華陽國志・蜀郡士女》亦及嚴氏。後來葛洪《抱朴子內篇・登涉》也稱讚嚴君平為一位通曉「天地之情狀，陰陽之吉凶」的「達者」。據傳為葛洪所著之《元始上真眾仙記》說嚴君平已得道，「今治在峨嵋山」（8b）。❹其

---

❹　《元始上真眾仙記》所列仙真之位業多類似於陶弘景《真靈位業圖》，而陶氏此書卻未見嚴君平。然而與君平同見於東漢班固《漢書・王貢兩龔鮑傳》中之另一位為揚雄所尊崇的隱士鄭子真，於今正統道藏本《真靈位業圖》則位入地仙之列（22b），且另外一位與嚴君平同類型之西漢隱士司馬季主也貴為第三中位右位之仙真（10b）。所以君平未入仙班這種現象實屬可疑，或者弘景一時疏忽。再者今本《真靈位業圖》乃經過長期流傳，最後由唐末閭丘

他諸如陸修靜《洞玄靈寶齋說光燭戒罰燈祝願儀》（6a）、陶弘景《養性延命錄》（上 4a）也都曾援引嚴氏之說。以至於唐宋時代，道徒直稱之「嚴仙」而不諱了！所以從嚴君平歷代之受推崇的情形看來，他的這部敷演「道」之「虛無自然」（《三國志·秦宓傳》語）的傑作《老子指歸》自必廣受道徒研讀，而對日後之道教思想家頗多啟迪，所以說嚴氏作為道教重玄思想之遠源，實不為過。唐末杜光庭《道德真經廣聖義》深服君平之玄妙，而稱《老子指歸》「可以議於重玄」（1\4a）便道出其中諦義。

　　重玄思想雖可溯及西漢，但是開花結果卻是在南北朝時期，而且也有因於時代學術風氣吧！因此，談重玄道德經學該自東晉說起。在道教界最早援引重玄思想以詮解《道德經》的，當首推時代可能是東晉末或劉宋初之道經《太上洞玄寶元上經》（以下簡稱《寶玄經》），此後便似乎再無專著式的道經，而零星式地散見於各道經中，以下便先討論《寶玄經》。

第二節　《寶玄經》

　　基本上《寶玄經》是道教徒對於《道德經》系三篇資料（即《道德經》上下篇、《老子中經》一篇）進行詮釋之作品，另外《寶玄經》也可能與「太玄部」有關。❺所以，《寶玄經》列入「道教道

　　方遠校定而成，也可能是流傳過程造成的闕漏之故吧！

❺　南宋道士孫夷中《三洞修道儀》言「高玄部道士」須「……參究道德經、西昇經、玉曆經、妙真經、寶光經、枕中經、存思神圖、太上文節解、內解、自然齋法儀、道德威儀一百五十條、道德律五百條、道德戒一百八十三科」

德經學」主題進行研究，可說再恰適不過了！筆者則對於《寶玄經》作詮釋，但相對於《道德經》而言則變成了詮釋的詮釋，所以重點並非在於檢討《寶玄經》的詮釋是否契合《道德經》，而是想彰顯出《寶玄經》詮釋《道德經》的方法、觀點及其意義，所以筆者基本上採取「以經解經」的方法，盡量讓《寶玄經》經文自己說話，不加入筆者主觀色彩，若經文中實乏明證，再參酌其他相關經典以作輔證。本節切入探討《寶玄經》的基本觀念組如下❻： 1.聖

（5b）高玄部即太玄部。而其中之《寶光經》可能是《寶元經》之誤，因為《寶玄經》本稱作《太上洞玄寶元上經》。《寶玄經》詮釋《道德經》系三篇資料，因此，被歸入「太玄部」洵屬理所當然。

❻ 此二基本觀念組與《寶玄經》之道教神學式解經方法具有內在的邏輯關係，如果沒有標舉出此二觀念組，則其邏輯關係便難以彰顯，對於何以《老子中經》被歸類為老子著作及《寶玄經》之解經方式亦將難以索解。此種邏輯關係大抵分為兩類，亦即：A——聖者新形象（神話傳說中所標示者）→新道經產生（如《老子中經》）→新文本之認定（如將《老子中經》認定為老子著作）→對此文本進行詮釋（牽涉到文本傳承版本之異與各派教義的不同）。或者 B——新道經被編輯成書（如《老子中經》），託名仙真之作→聖者新形象出現（新神話傳說之形成，以附會該新出道經）→新文本之認定（如將《老子中經》認定為老子著作）→對此文本進行詮釋（牽涉到文本傳承版本之異與各派教義的不同）。在道教神學系統之範疇中，根據神話傳說（道教徒將此種神話傳說當成信史，亦即太上老君為一先天神，屢下凡度化眾生，而每次出世便傳授新經典道法之獨特世界觀）這種推論是可以成立而自成邏輯的，亦猶如傳統注疏老學之根據正史（他們也當作是信史，而老子則成為一位有生有死的歷史人物，並無他界觀）而以《道德經》為老子著作並對之進行詮釋，在其系統之範疇中也自成邏輯關係一般，是合理的。所以不可站在此二系統範疇自己之立場而彼此非難，必須回歸到各自的觀點、內在邏輯而各成其說，才能免除不必要的成見與紛爭，而使各自的精義彰顯出來。但是本文重點在解析《寶玄經》的詮釋內容與方法，所以此二基本觀念

者與文本。西方基督教系統唯一聖典是聖經，而聖者則是耶穌基督或其他先知，一切教義及聖者事蹟皆記載於聖經之中，除了記錄之語言的差別外，並無多大的版本問題。而中國方面正史《史記》雖明載老子事蹟及著《道德經》之事，並未言及老子尚有其他著作，可是卻因為歷代傳說之渲染，道教徒廣為宣揚，最後《老子中經》便也成為老子的著作了！這種現象正呈顯出宗教內蘊的生命力。亦即在宗教徒持續地神聖化聖者的行動中，為了強化聖者的神聖性，於是各道派在有意無意中重塑聖者的形象，依附於聖者的各種神話傳說及聖者傳記便紛紛出籠了，因應時代需要而出的神明可能便展現出異於昔日的面貌而大開法門、濟度道民，於是另一批聖典於焉而生，《老子中經》大概就是這種產物。東漢于吉、張道陵分別宣稱太上老君降授《太平青領書》、正一盟威法籙以及北魏寇謙之所聲稱的「新出太上老君」、《雲中音誦新科之誡》等不就是最好的例子嗎？宗教是一有機的整體，必須儘量還原其原本之面貌，針對《寶玄經》所言，我們無法只探討道教徒對於《道德經》的詮釋而罔顧他們有關《老子中經》的看法，因為這也牽涉到道派或經系的教義問題。而新出的經典，便有可能構成文本組或是經群。❼《寶玄經》中之《道德經》上下篇及《老子中經》便可算是一文本組。

2.文本與經系。文本的傳承過程之中，常常會因為經系不同而有不同的版本、詮釋觀點，甚至不同的文本組出現，所以並不純粹只是

組雖然被提出，卻無法在文中作細密的分析。

❼　筆者初步以為文本組乃指同一位仙真所傳授下來的聖典，而經群則指在道派或道法相關的一些經典。

版本上的問題而已，其中也涉及經系之教義、修行法門的層次。所以，不論是 1.聖者與文本，或是 2.文本與經系，其中所牽涉及之問題，皆可與「序章」兩小節所論互相印證發明。

關於《寶玄經》前人甚少及之，所以本文對於其基本資料如：經題與內容結構等，亦加以討論。❽

一、詮釋內容

《寶玄經》在獨特的本體宇宙論背景下進行他對《道德經》三篇之轉化詮釋，不過這種本體宇宙論還是基於《道德經》「道生一，一生二，二生三，三生萬物」之模式。其言曰：「自然源一，應乎萬物為三，萬物作，復由乎四炁五行，周流六虛，同歸宗一。一為道子，生二，二生三，三一之中有數無量。」（1b）又言：「道生一，元炁也；一生二，內曰陰陽，外曰天地也；二生三，內曰和炁，外曰人也；三生萬物，陰陽交和，三炁分布，隨分貸與，萬物羅列。」（7b）又言：「大道妙炁，一中有三，陰陽和、玄元始、上中下，自然而然，莫能使之然，莫能使之不然，故曰自然三炁也。」（9a）復言：

> 道之一炁，非是陰陽和而位居三炁之上；物之一炁，亦非陰陽和而位在三炁之下。三炁之下有三而麤，三炁之上有三而妙。（9b）

---

❽　參考本書「附錄一：《寶玄經》之年代、經系與相關考證」。

這幾條資料合起來看，則似可理出《寶玄經》之宇宙生化公式：

道→　一（元炁）→　二（陰陽炁）→　三（陰陽和）→　萬物

（自然三妙炁）　　　　　　　　　　　　　　（萬物三纛炁）

當然四炁（四時）、五行、六虛等亦生化自道源。這個宇宙生化模式很明顯地乃蛻自《道德經》，但是所謂「自然三妙炁」、「萬物三纛炁」則本經獨特的詮釋，此正見「轉化」之跡。然則源一之道體不只生化宇宙萬象，即使《道德經》三篇也是生化自道源。《寶玄經》中說：「三一者，天一地一人一是也，又名上中下三元一也，又名玄元始太一也。天一在吾上經，地一在吾下經，人一在吾中經，中經內觀別自有經，經所以有三者，自然三炁所生也……上下二經亦別有文。」（9a）上下中三經與三才相配合，明三才之道，三經又為「自然三炁」所生，這種神秘、神聖而獨特的經典出世觀，正是道教特有的說法。

　　道德上下中三經生化自道源，然而對修行有何幫助呢？其間之關係為何呢？《寶玄經》一始便透過太上老君聖諭揭示六種修行法門：「尊一、事二、宗三、親四、尋五、遊六」（2a）並說「能明此六（道），由經有三。三經者，一以明天，二以明地，三以明人。」（3a）此即說明修行之六種道法當以《道德經》三篇為依據。而三經之關係則是：「明天道者由吾上經，明地道者由吾下經，明人道者由吾中經。中經能明，明天明地，明地明天未能明人，明人者在中經也。人貌丈尺，所行者仁，縱復禮義智信備修，則天法地，亦未成人，成人者洞體中經。」（4a）可見三經明三才之道，明三才之道即明天地生化之道，但如此修道法門卻必須以中

經為優先、為核心，亦即以中經旁統《道德經》二篇，可是修習中經存思歷藏法，卻又必須以此二篇為基礎。《寶玄經》揭示其理曰：「仰觀上天，俯察下地，然後內觀，洞曉中也。洞曉中者，存三一也，存三一者，先觀天文次察地理也。」（5a）如此的觀點相當清楚地看出上清派以存思歷藏法為修行核心道法之立場。在《老子中經》提及《道德經》三篇，但未言及其間之關係，此處卻凸顯出《寶玄經》作者試圖以《老子中經》之存思歷藏法去統貫《道德經》，亦即作者意圖將《道德經》納入上清道法中。

　　「尊一」等六法門必須以《道德經》三篇為依歸，而此三經之道法又以中經為核心，有了如此的理論背景之瞭解，則《寶玄經》所提出來的道法便較易於釐清。《寶玄經》對於《道德經》系三篇文獻透過兩個面向加以詮釋，一是將其轉化成一種修行法門，二是針對《道德經》之篇章結構、八十一章次序及經文字數作一番神學的解釋，以凸顯出《道德經》之篇章結構自身便內蘊著神聖性。這種神學式的解釋正透顯出道教徒之崇敬聖典的心態，因為在他們心目中，聖典承載著宇宙真理，傳遞著仙界的神秘訊息，大不同於世俗典籍，故需透過特殊的方式加以解說才能彰顯出其中深蘊的奧義。以下筆者基本上採取「以經解經」的方式進行詮釋的詮釋。

㈠對《道德經》篇章結構、字數之詮釋

甲、篇章結構

　　《道德經》分上下經，上經明天道、下經明地道，而中經則明人道，所以分上下經正是符合天地、兩儀之理。上下經又與四序（春夏秋冬）相配合，其他諸如：四炁、五行、三光、三色，皆分別與上下經相應對，亦即天地生化之理具現在上下經中，經文繁雜不

便備載，以下試以表格示之：

《道德經》	兩儀之象	四氣之別	天地之象 1	天地之象 2
上　　經	天	春(生、木、仁、和)夏(養、火、禮、明)	四炁(四序)(按與夏相配應)	三光(日月星)(按與春相配應)
下　　經	地	秋(殺、金、義、順)冬(藏、水、智、敦)	五行(按與秋相配應)	三色(土山水)(按與冬相配應)

　　表列之資料是基本觀念，無非是想要表達上下經乃依據天地之理而成的意思，藉以加強其神聖性，對於上下經之篇章結構與經文字數之解釋，便是在這樣子的基礎上建立起來的。所謂「二經開位，示明二儀，各有上下，以標四序」（7a）上下經又各與春夏或秋冬相對應，透過春夏秋冬來解釋上下經之篇章結構。「觀春之詠，十有六篇」（5a）因為天像中有三光：日、月、星，星中又有歲、熒惑、太白、辰、鎮等五星，❾以及北斗九星，所以其總數為十六，而「詠」之義，可能代表此十六篇乃在暢詠春之理，或如「宗三」之「誦詠靈章」（2b）。此十六篇乃可資以誦詠之對象，而對於「誦詠靈章」修行法之重視，正呈顯出道教誦經功德之天人感應式的神學觀點，本經經文便一再提到「大道弗能使之即一，緣其感來，示以應往」（3b）、「後感參差，應化致異」（4a）、「大道妙炁，應感爰臻」（4b）之感應之理。「觀夏之詠，暢篇二十」

---

❾　關於五方星之論述可參《淮南子・天文篇》。

（5b）因為一年之中有十二朔、八節氣，❿合計為二十。而「十六在前，包羅秋冬，欲內同生養，外其殺藏，使其謙退，捨陰還陽……故成歲在上，上含乎下，下德之極，終稱上焉。上德之人，化導殺藏，迴向生施。」（15a）這條資料是《寶玄經》解釋上下經篇章結構之基本原理，因為天地生化之理是在「化導殺藏，迴向生施」，所以人倫亦需如此，故修行法門「事二」也需「習生施」（2a）也。在整個天地生化之理的運行中，天居主導地位，因為「天无為而无不為，陽唱而陰和，地无成功，推德歸天」（7a）而「四序（四炁）因天（按即指上經）」（7a），「五行緣地（按即指下經）」（7a）所以在整個天地生化之過程中，四序佔主導，五行居輔佐地位（即天為主導，地為輔佐）。因此上經（天）→春夏，下經（地）→秋冬，四序之理佈滿上下經為主導，而五行之理只相應於下經而居附屬地位吧了！故言「四序周而歲功成，三光迴而天德顯」（6b）若相應於上下經，則上經居主導地位，故言「成歲在上，上含乎下」，能成就歲功的是上經之理，上經含春夏，春夏主生養，故春夏欲「包羅秋冬，同生養、外殺藏」，然而何以春詠十六、夏詠二十呢？蓋「春以萌育為德、夏以滋長為功」（5b），春

---

❿　所謂「十二朔」即十二個月，也就是中國太陰曆一年之十二個月。依據古六曆，月球接連兩次合朔或兩次望的間隔時間，叫做朔望月或太陰月，而冬至到冬至的時間間隔叫做歲，十二個朔望月叫做年。而《寶玄經》言及十二朔、八節氣，並屢言「攝此朔節，謂之為年」（5b）「四序周而歲功成」（6b）「歲功成熟，節朔周通……為年」（14b）皆合於古曆法學。參陳遵媯，《中國天文學史》（上海：上海人民出版社，1984）第三冊第六編曆法第一章曆的要素。

主生,夏主養,在天象之中,三光為主,節朔為輔,若無三光,何來節朔?有了三光才能生出節朔,而後方能生養萬物。且「火(按即指夏)以扶木(按即指春)為禮,木以生火為仁」(5b)所以春配三光,夏配節朔,故春詠十六,夏篇二十。

下經中秋詠二十二,因為五方干支,十天干加上十二地支,故合計二十二。冬詠二十二,因為九州、五嶽、四瀆、四海,合計二十二。(6ab)天干地支歸入五行,而五行屬地;三色亦屬地,三色者土山水也,所以九州、五嶽、四瀆、四海也屬地,如此以之配應下經之秋冬,便具相當合理性,而得以自圓其說、自成體系。但是何以干支配秋、土山水配冬,從《寶玄經》文中實看不出所以然來。

由上之論述立刻產生一問題,上經三十六章(十六加二十)、下經四十四章(二十二加二十二),共八十章,豈非少了一章?對此《寶玄經》另有一套說法加以詮釋。

本來上下經之章數是自有一番天地之數理上的道理的,亦即「生育無窮,合德成功,數極乎九,四序因天,仍以相乘,四九三十六,是以道經三十六章;五行緣地,相乘法天,五九四十五,是以德經四十五章。天地氼交,兩九相乘,九九八十一,是二篇有八十一章;天有八十一府,地有八十一域,人有八十一部,各有神明,通則得道。……天无為而无不為,陽唱而陰和,地无成功,推德歸天。天(按即指上經)分首章以明獎成之旨……地(按即指下經)合後章以明謙讓之風。」(7a)這分明是天人相副、天人相應的一種思想,其中所援引之天地數理,很明顯地是種神秘數字信仰,九

乃「天數」之極，❶所以要以極數九來相乘，乃欲顯天主導生化、無窮無極之理。至於「天地氙交」，若從一般觀點來看當皆指天之極數九與地之極數八相乘而成七十二，❷然而《寶玄經》中因為天居主導，所以「天地氙交，兩九相乘」實即天中之天氙與地中之天氙相交了！故作「兩九相乘」而非「九八相乘」。

就天地之數理來講，上經三十六章、下經四十五章，但是因為所謂「天分首章以明獎成之旨……地合後章以明謙讓之風」，所以實際上上經三十七章，下經四十四章，而《寶玄經》所使用之《道德經》傳本，當為上經三十七章，下經四十四章。《寶玄經》他處亦與此互相印證，其言曰：「天於第一章分為二者，廣生養之前進，引養生也；地於第八十一章合為一者，據殺藏之後退，避刑殺也，不得無此進退。」（5b）這是《寶玄經》分章之基本原理，但仍有其他說法補充說明何以上經三十七章，下經四十四章。

如言「一降涉數，示物定名，名不能目，非數所拘，是以在於五九之中，又出四九之外，自古及今，其名不去，是以上經三十七

---

❶ 這個說法可能源自靈寶經系的葛洪，因為《正統道藏》中宋董思靖《道德真經集解》之〈序說〉便提供許多資料可供探究。其言曰：「劉歆《七略》云，劉向定著二篇八十一章，上經三十四章，下經四十七章。而葛洪等又加損益，乃云天以四時成，故上經四九三十六章；地以五行成，故下經五九四十五章。通應九九之數。」所以，若說《寶玄經》是東晉末或劉宋初上清經系王靈期所造構之新道經，則顯然王靈期援用了靈寶經系葛洪的說法。這與《真誥·敘錄》所述新造構之上清經多雜取靈寶道經以相揉而成之史實亦相合。

❷ 關於神秘數字信仰請參考楊希枚·《先秦文化史論集》（北京：中國社會科學出版社，1995）中數篇專文之討論。

章也。」（6a）「一」當指「自然源一」，「五九」（五即指五行）指下經生化之數，「四九」（四即指四序）指上經生化之數，所謂「在於五九之中，又出四九之外」，即在於五九之內，又出四九之上，也就是說正在天地二生化之數之間，而源一乃主導生化的，故其名不去，上經乃成三十七章（三十六加一）。另外「州土山水，分支干二十二，又二十二章以為冬詠。崑崙極中，鎮四序之際，四十五章是為屬地，推功歸天，揖斂讓上，則下有四十四章矣！」（6b）崑崙是宇宙山，屬「地」（下經），其地位自屬特殊，因而下經本為四十四章，便又增加一章而成四十五章，但因天是主導，地需謙讓，故下經合併兩章而成為四十四章（四十五減一）。

　　《寶玄經》中，甲、按照春夏（上經）秋冬（下經）詠之理而分章，得出上經三十六章、下經四十四章的結果，與乙、就天地之數理而分之所得，上經三十六章、下經四十五章，表面上二者似乎相違。不過透過上述之剖析，則甲之分章，亦即依照天地之數理而分章，與乙並不違背。所以《寶玄經》所使用之《道德經》傳本，當為上經三十七章，下經四十四章。若參照《正統道藏》宋董思靖《道德真經集解》之〈序說〉所說：「河上公分八十一章以應太陽之極數，上經三十七章法天數奇，下經四十四章法地數耦。」又說：「劉歆《七略》云，劉向定著二篇八十一章，上經三十四章，下經四十七章。而葛洪等又加損益，乃云天以四時成，故上經四九三十六章；地以五行成，故下經五九四十五章。通應九九之數。」可見針對之前之三種分章說法，《寶玄經》採用《河上公注》觀點，融通葛洪之說，而予以新的解釋。

　　《寶玄經》所使用之《道德經》傳本，上經三十七章，下經四

十四章。其分章之真實情形如下。上經本當為三十六章，但後來則變成三十七章，由前述「天分首章」、「天於第一章分為二者」之語，頗易令人以為此多析出之一章，來自「首章」，實則不然。從經文中「无欲有欲與善惡共章，分為二者，无欲則見妙長生，有欲則滯累致死。死生由人本心，心識優劣永異。此明其大較，故分以為其次。此明細事，事在善惡……」（10a），所謂「无欲有欲」即今本《道德經》第一章之下半段經文，「善惡」即第二章之內容。所謂「无欲有欲與善惡共章，分為二者」，即今本之第一章、第二章本共為一章，但後來則將此原來之「首章」中之「天下皆知美之為美，斯惡矣！……」以下之經文（即「善惡」一段）析出而成第二章。可見「首章」確實分為兩章（與「天分首章」相應）。也就是本為十五章，後來析出而成十六章，此即春詠之十六章。至於夏詠本為二十章，但是「歲功成熟，節朔周通，四炁五行，乘為二十，地不分功，并德在天一章為年，故二十有一。春則四炁自乘，以明首德得專，專含四炁，故十六在前。」（14b）所以夏詠多出一章，而成二十一章。此與「四十五章是為屬地，推功歸天，揖斂讓上，則下有四十四章矣！」（6b）之說正相吻合。所以，上經春詠本為十五章，因為首章分為一、二章，故成十六章。夏詠本為二十章，因為下經推功斂讓，故多出一章，夏詠乃成二十一章。所以合起來上經共三十七章。

在《寶玄經》中，下經始自今本三十八章「上德不德……」，終於今本八十一章「信言不美……」，共四十四章。但是《寶玄經》經文言：「故次之以信言不美，本與聖人不積各章合之，以明與人己愈多，終歸天德……」（18b）所以今本八十一章之前半段

「信言不美……」與後半段「聖人不積……」本來是分為兩章者，若此則下經當有四十五章。不過因為「四十五章是為屬地，推功歸天，揖斂讓上，則下有四十四章矣！」（6b）所以「地合後章」、「地於第八十一章合為一者」，於是末兩章即合併成為第八十一章。因此，下經即縮減而成為四十四章。

　　所以，從春夏秋冬詠之分章，似乎只成為八十章，經過上述一番繁雜的引證分析，發覺《寶玄經》自成理路，並未前後矛盾，最後還是八十一章分章法。若按照天地之數理而分，則上經三十六章、下經四十五章，這個觀點如前所述，顯然來自葛洪。但是《寶玄經》似乎不贊成這個說法，反倒接受上經三十七章，下經四十四章之《河上公注》分章觀點，他援引葛洪之說並試圖融通而超越之，予以新的解釋，最終則希望證明《河上公注》分章觀點的合理性。所以《寶玄經》所使用之《道德經》傳本，上經三十七章，下經四十四章，屬《河上公注》傳本系統。

　　對於《道德經》篇章結構之詮解，《寶玄經》可說煞費苦心，但是基本上還頗能自成系統，雖然對於上下經章數作了幾種不同且表面上有點兒彼此不諧之詮釋，但是這正呈現出宗教徒神學式解經的特色——即不大考慮是否矛盾或合乎理性思維，而援引其所傳承累積的各種觀點加以解釋，以期能豐富其理而可以多方設教，所以從一般人眼光看來，表面上似乎衝突，實際上卻自有其解釋觀點，自成邏輯。對於教徒而言，這才是宗教上的「真實」，至於學者們旁徵博引、言之鑿鑿的理性文章，對他們來說，或許只是不值一顧的戲論罷了！

　　乙、五千之字數

接著討論何以五千文之字數問題。對於「五千」此數之信仰，可看出道教徒對於經文之尊崇，敦煌寫卷 P2353 成玄英《老子開題》的觀點正足以呈現一般道教徒的宗教心態：

> 第四文數者。尋青牛發軫，紫氣浮關，真人尹氏親承聖旨，當尒之日，止授五千文，故《序訣》云：「於是作道德二篇五千文上下經焉。」是知五千之文先有定數，後人流傳亟生改易。案河上公本長五百四十餘字，多是兮乎者也，蓋逗機應物，故文飾其辭耳……太極仙公欲崇本抑末，乃示以本文止五千字，《序訣》云：「吾已於諸天校定得聖人本文者乎。」

因為道徒們認定老君所授真經原本只有五千文，後來之傳本妄生改易大失原旨，所以成玄英以為葛仙公有鑑於此乃起而校定經文，以恢復真經之本來面目。重視「五千」而校定經文看出了道教徒的慎重誠敬，同樣地《寶玄經》對於「五千」之詮釋亦反映了相同的心態。

經文說「五千其文，以究五行」（7a）乃為了與五行符應、究五行之理。另一段資料說的更細密：

> 文所以五千者，道生三炁，三炁生萬物，物終為一道，始又一合，此三炁五數立焉……天地二儀運用三炁，一變至極曰十，十變至極曰百，百變至極曰千，數極則變，變不過三……三變濟物，五性以成，故五千其文，理周遍也。（9b-

10a）

「十」乃數之極，三變至千乃為了表現出宇宙生成之變化無窮，這是萬物生化之「始又一合」，而「三變濟物，五性以成」則萬物生化之「終為一道」。五性即指五行，萬物之生成始於道源，終於五行，乃能成形，所以五千其文是為了表現、相應於宇宙生化的周遍之理也！至於五千文缺一字之因，經文解釋為「闕一字者，理不全焉，是為道本，生乎太空，空而不空，无中之有，有妙无敵，化育群生，生生之根，謂為混沌。」（18a）五千文用了四千九百九十九字來闡述天地生化之理，而留下一字以為「道本」，若五千之數全用，則無迴環之餘地而窮盡死矣！故曰「理不全焉」，乃不用盡說滿。這種觀點似乎受到《易傳》「大衍之數五十，其用四十有九」之積澱的文化心理結構式觀念的影響，但也與其他經文如「天形資无一得生」（8a）、「物宗一用空」（12a）可以互相印證。而「空而不空，无中之有，有妙无敵」亦頗類佛教「真空妙有」之論。

　　所謂「故五千其文，理周遍也。理有始終、文有次序，所以道可道為首者，舉源本以攝流末也……」（10a）接著《寶玄經》論及八十一章前後次序之理，大抵是為了說明此八十一章正展現著天地生化的理序之意！因並無特殊之處，故於此略過。

　　因此從上述論點看來，《寶玄經》認為整部《道德經》正是宇宙生化之理的縮影，這是作者所試圖闡述的新觀點，可說頗具創意。這種詮釋角度對後代的注家極具影響力以致於時時出現在各類型的《道德經》注本中。

〈二〉道德經與宗教實踐

　　用「轉化」二字並非意味《道德經》、《老子中經》原本只是宣傳思想、徒騰口說之作，而是為了與其他詮釋者如王弼之流有所區別罷了！王弼便是典型的將《道德經》作為其學術發揮之依據的一位思想家，而《道德經》本來也可能有獨特的心法吧！觀「致虛極，守靜篤」（十六章）一章便似乎透露出一點端倪，更何況漢代的黃老學家皆具經世之術而非託諸空談，《寶玄經》之「轉化」性詮釋正足以看出道教神學解經的立場，而《寶玄經》的「轉化」動作實亦可見一位宗教徒之現實感與實踐感。雖說思想上的宣講有助觀念境界的提昇，但是具體法門之開發更是修行之利器與傳教之招牌，在當時道派林立競爭的情況之下實為當務之急。從經文「遇賢當必口受，非人慎勿宣也」（21a）可見本經之祕傳性及傳承之間當有修行口訣之教授，如此更襯顯出其宗教實踐的特性。

甲、六種修行法門與《道德經》、《老子中經》的關係

　　《寶玄經》首先透過太上老君之金口宣說六種修行法門，其說法如「是以聖真尊一為主……尊一者敬重道君也，君母道源，无為湛存，是无欲所明，非少欲所習也，少欲之習，如母守子。是以上學敬重道君。敬重道君者，修存禮也……修存禮者，續玄位也；續玄位者，積學立功、緣階入序、道德備充、昇玄極也。」（2a）其他五種方法敘述略同此，試表列對照如下：

方法＼内容	1	2	3	4
尊一	敬重道君	修存禮	續玄位	積學立功、緣階入序、道德備充、昇玄極
事二	法則天地	習生施	係道種	建善相生，子孫傳業，成性存存，祭祀不輟
宗三	景耀同明	晝夜照覽	研經內觀	誦詠靈章，解了妙義，臨目思神，與真合也
親四	氣序為體	行藏得時	默語有節	物順則行，人忌則止，固窮潛通，蒙養正
尋五	思帝攜之宴	順王立功	隨時賞罰	誅邪輔正，明道救俗，抑揚取中，无固必也
遊六	合通不可離	從道立德	守靜清虛	守靜清虛者，運值無為，無為無滯，三宮閑寧，五神安靜也。從道立德者，无之與有，適應逍遙，滌除己辯，玄覽備周，去來非我，唯道是從，出入為物，功德不去也。

為何說「道源无為湛存，是无欲所明，非少欲所習也」，因為「有心未能頓習，無欲不可即登」（10a）所以「一二三四，爰及五六，學者所修，以寡其欲，欲寡私少，道乃可弘。」（2a）所以也可說「無欲」即見道而無為矣，亦無法可修；少欲則尚有法可修，此六道即是可修之有為法。這六種修行方法似乎是分別與一、兩儀、三光（三才）、四炁、五行、六虛一一相對應的，所謂「自然

源一，應乎萬物為三，萬物作復由乎四炁五行，周流六虛，同歸宗一。」（1b）也就是說六種修行法門乃取法乎宇宙生化之理，亦即取法乎「自然」之道；這種觀點除了可能受到漢代以來「人副天數」、「人身一小宇宙」概念之影響外，當也是神聖化修行方法之一種手法吧！

前述此六道乃以三經為依歸，亦即六種修行方法是原則性的說明，三經則是具體方法之闡述，修行必須依照三經之內容才能與道合真。這六種修行方法不只是分別與一、兩儀、三光（三才）、四炁、五行、六虛一一相對應，實則也與三經是互相配合的。以下試分析之。

從前列表格中，可見：

1.「尊一」，「一」即是「道君」，也就是《老子中經》中的「道君者一也，皇天上帝中極北辰中央星是也。」（第五神仙）⑬是眾聖仙真所景崇之帝君，所以說「聖真尊一為主」（2a）因此學者必須修習存思道君之儀法，方能續保自己預備昇玄之「玄位」，將來道德充備了才得以昇玄極。

2.「事二」就是法則天地，天地生化之理是主以生養而輔以殺藏，所以說「天於第一章分為二者，廣生養之前進，引養生也；地於第八十一章合為一者，據殺藏之後退，避刑殺也，不得無此進退。」（5b）又言「包羅秋冬，欲內同生養外其殺藏，使其謙退捨陰還陽……故成歲在上，上含乎下，下德之極，終稱上焉。上德之人，化導殺藏，迴向生施。」（15a）人當效法天地生養之道，所以

⑬　《老子中經》之傳本，請參本書下篇第三章太玄部經典之考辨。

要學習「生施」，亦不可絕男女夫妻倫常，而當有子嗣，以建立善功，子孫承負德業。

3.「宗三」則效法日月星三光「晝夜照覽」般運行不息，自我勉勵警惕，用心研讀、誦詠經典（當指《道德經》三篇為主），潛心內觀存思身神，以與道合真。

4.「親四」在於以「四序（四旡）」為學習對象。如四序般，春氣當令則主「生」，夏氣當令則主「養」，秋冬則潛隱不顯，等到秋冬當令，春夏亦如是。所以人當仿效四季之「行藏得時」。

5.五行屬「地」，所以「尋五」則如五行在「地」上分化為各色各樣之形質之理，應當在人間建立具體的功業，以輔佐帝王，與善誅惡。

6.「遊六」則如「六虛」般，海闊天空，無為無執，有無皆逍遙。這是六法門之宗旨，以這個宗旨統貫其他五者，否則修行其他五道，難免有無所歸依之虞。而這個宗旨則帶有重玄思想的意味。

從上述分析看來，2.～5.法門與《道德經》相對應，而從前面《寶玄經》對《道德經》之篇章結構字數的詮釋，道德經正在展現宇宙天地生化之理。由此我們看到了《道德經》與修行法門的結合。道德經從之前魏晉玄學時代，只作為文士玄談之資，在宗教人手中予以一新面貌而轉化成為修道的憑藉，非徒騰口說而已！宗教人此種重實際修行而輕言象談說的態度，往往在經典中不經意地流露出來，頗異於玄學家。1.及3.之「內觀、臨目思神與真合也」，則與《老子中經》呼應，第6.法門則是綱領，所以說六法門與三經相應，原理在此。接著將再作進一步的解析。

乙、《老子中經》之存思歷藏法

　　《寶玄經》中說：「天有八十一府，地有八十一域，人有八十一部，各有神明，通則得道。」（7a）天地之間有神，人身中八十一部位亦有神，所以大宇宙與小宇宙是相貫通相感應的，也就是說人的生命來自宇宙的根本—「道源」，故言「才人出類，合德二儀，拔乎其萃，由識本源。守貸不失，永保生生，修之入室，靜篤精思，見妙如日，明來闇去，消除死炁，死炁稍遠，生炁浸長，長生不死，是曰得常，常未即得，恆當存知，知常曰明，不知常妄作凶。」（1a）「貸」何義？「三炁分布，隨分貸與，萬物羅列」（8a）萬物得到來自「道源」之精妙之炁，便得以生生不息，人亦如是。所以欲保人生命之生生不息，便當保守此得自道源之精妙之炁而不失。其法全在於入靜室精思存神，以消除死炁滋長生炁，而致長生不死之境，這個境界便稱作「得常」、「知常」。於此可見《寶玄經》意欲結合《道德經》與《老子中經》之道法。人為了達致長生不死之「知常」之境，便需存思身神，而人生八十一部位皆有神，所以《寶玄經》說「生者能攝養則不死，死生由九竅四關」（16a）正因為以九竅四關為代表之身體各部位乃生死關鍵所在。在存思身神法上作者又再次巧妙地綰合《道德經》與《老子中經》，《道德經》言「人法地，地法天，天法道，道法自然」人本當則法天地之道，《寶玄經》經文卻靈活地轉化成：「天、聖法道，凡宜法聖，法聖非形力所造，必須神思，精勤日進，然後可登玄峰。神不可擾，故次之以谷神，養神所之，之於不死」（11b）在六法門中本有「事二」之法則天地之道，但作者尚以為不足，復提出存思歷藏法作為道法修行之核心，在在凸顯出上清經系的用心所在。如此這組修行道法便得歸結於《老子中經》了！所以《寶玄經》言：

> 成人者洞體中經。中經有真，真神有降，降與己神爲一身。
> 又一身二神，二神一身，混无分析，常存不改，乃成明人
> 耳！真神者，大道妙炁，應感爰臻，與己神合，合无復分，
> 己身素有。无始至今，今功備充，此神會道，道神合同，身
> 亦符一。（4b）

大小宇宙內外神之和合，必須修習存思歷藏法，《老子中經》正是講究歷藏思神之術。入靜室思神則與宇宙真神妙炁相感應，真神來與己神合一，或是修習者得見真神，而達到去掉對長生有害之「三尸、三蟲」（即死炁），或是透過向真神的祝禱而得以姓名被記上「玉曆生籍」（即生炁或玄位），等到功行圓滿才能尸解或白日昇天。**⓮**

丙、《道德經》與存思歷藏法之關係

　　《寶玄經》乃以存神歷臟法為根本而極重視《老子中經》，前述如《道德經》「知常曰明」「人法地，地法天，天法道，道法自然」處可見這位作者初步結合了存思歷藏法與《道德經》思想，另外本節一開始也談及《道德經》三篇之主從關係，亦即欲「洞體中經」之前，必須具有「仰觀上天，俯察下地」之先決條件，如此才

⓮ 關於《老子中經》之存思歷藏法可參考荷蘭施舟人（Kristofer M. Schipper），〈《老子中經》初探〉，陳鼓應主編，《道家文化研究》第十六輯（北京：三聯書店，1999），或是日本加藤千惠，〈《老子中經》與內丹思想的起源〉，《宗教學研究》1997 年第 4 期。前文論及《老子中經》以「三合成德」之架構之存思法；後文則討論其中之服內外氣（黃精赤氣）法。

是真正的回向正道而不偏枯（5a），這便是「存三一」之道。學者修習存思歷藏法仍嫌不足，而須以《道德經》為基礎、輔助，必須觀天文察地理。所謂「先觀天文次察地理」之用意何在呢？經文明言：

> 天文清明、地理寧平，是其常也；不明生妖、不明發怪，非其常也。非常之兆，非天地所為，為之欲以戒物。賞善罰惡，彰顯非常，由人失法……天地妖怪，戒語之也，仰觀俯察，占怪候妖，妖怪各有所主，修德立功則消。（8b-9a）

仰觀俯察是為了占怪候妖，即「觀天文者依吾上經，天文者三光也，名為觀者，占三光也」（5a）「察地理者依吾下經，地理者三色也，名為察者，候三色也。」（6a）占怪候妖是為了省察自己行為是否違天逆道，而招致「非常」異象，若然則需修德立功以補過、禳凶。所以整個修行過程，除了必須存思歷藏外，亦需積功累德方為圓滿正道。存思歷藏依中經而行，積功累德需知占怪候妖、需知天道地道，而以上下經為依歸，上下經正是依循天地之理而成者。所以修行方法取法乎宇宙生化之理，三經之構成亦如此，《寶玄經》正是透過這種神聖化手法來詮解三經，從三經之出世到《道德經》之篇章結構、章數多寡、經文字數，皆依據宇宙生化之理，經由具有神聖性之神秘數字來加以解說，誠為歷代老學之一大異數！

丁、雙遮之重玄思想

九竅四關是死生之原由，所以必須存思歷藏，可是追根究底無

非是因為人「有欲」，所謂「無欲則見妙長生，有欲則滯靈致死」（10a）無欲即見道而無為，有欲則須修習六種法門、遵循三經之道之有為法。有欲又由於有心，故「死生由人本心心識……眾生无始中來，有其心識，識神不滅，身有死生。死生之苦，煩惱識神，一混一分，紛綸无極……莫由免生死之痛，生死之痛由於出无入有。」（10a）所以生死問題，究其源乃在於對治自己心識，令之無心、少欲以至無欲，所以說「道无不在，內觀反求，得之在心」（16a）即是此理。

　　內觀求心使自己無心無欲而與道合真，終致逍遙自在、與道長存、長生不死之境，就如法門「遊六」所說的狀況。因為「道源」便是如此，《寶玄經》言：「三道本一，應化分形……名殊實一，一實者不死不生、不无不有……由一切含炁，无始中來，自然有三，不可頓一；三者滯有著无，又執不无不有。」（3a）又說：

　　道炁玄妙，无祖无先……不清不濁，不減不增，含容无量，
　　一切有无。炁妙不可得汙，形玄不可得言，強字之曰道，號
　　為无形……稱曰混成。（19a）

　　（道炁）……成生一切，无數无鞅，大而分之，常用以五，
　　一曰无，二曰有，三曰无中之有，四曰有中之无，五曰非有
　　非无。（19b）

　　是為道本，生乎太空，空而不空，无中之有，有妙无敵，化
　　育群生，生生之根，謂為混沌。（18a）

這位作者跳開魏晉玄學有、無之爭，體會到「道源」混沌无形之特徵，道源非有非無、不有不無而不落入有、無對待之窠臼中，既然如此，學者修道亦需不滯著於有無，守靜清虛，無為無滯，才能三宮閑寧，五神安靜，滌除己辯，玄覽備周，逍遙於有無之際，與道合真。所以說《寶玄經》在「遊六」法門中援引重玄思想以作為此組修行道法之總綱領。

二、餘論

《寶玄經》是東晉晚期「造構」出之上清經系經典，乃屬聖誥式經體，藉由神諭以強化經典的神聖性，更與當時流傳之老子神話相輔相成而神聖化道派所宣揚的道法。其主題在探討《道德經》上下篇、《老子中經》，而透過對於此一文本組之詮釋，試圖轉化成一具體可行的、不可分割的修行法門，這種轉化式的道教神學解經，使我們也能感受到教徒在當時面對劫運、末世之大禍，度劫的需求與急迫性，道民需要具體的修行法門而非理念宣揚，所激起的強烈的現實實踐感，❶所以他們將《道德經》轉化成為非常親切實

---

❶ 關於六朝劫運、末世與度劫觀念，李豐楙先生有一系列文章作相當系統而深入的論述，如氏著：1.〈傳承與應對：六朝道經中「末世」說的提出與衍便〉，《中國文哲研究集刊》第 9 期（1996 年 9 月），頁 91-130、2.〈六朝道教的度脫觀——真君、種民與度世〉，《東方宗教研究》新 5 期（1996 年 10 月），頁 138-160、3.〈道教劫論與當代度劫之說——一個跨越廿世紀與廿一世紀的宗教觀察〉，《性別、神格與臺灣宗教論述》（臺北：中央研究院中國文哲研究所，1997），頁 303-332、4.〈救劫與度劫：道教與明末民間宗教的末世性格〉（此為李氏 1997 年 4 月 11 日於政治大學「宗教研究中心」宣讀之論文）。此外日本小林正美，《六朝道教史研究》（東京：創文社，1990）亦列有專章討論可並參。

際的行動信條。從「致心濟物，接生度死」（16a）、「過去无極，當來无窮，現在无央」（16b）（此類似佛教三世說）以及「願念拔度，同登道場」（17a）等等觀念，一再顯示出《寶玄經》站在宗教徒的立場，注意的是生死的終極關懷和超昇他界的拔度課題，由此可以看出道教徒用心所在。因此我們不能割裂地只探討《道德經》，因為經文明白揭示只瞭解《道德經》的道理「亦未成人」，亦即該經系之教徒認為如此尚無法成道，而必須「洞體中經」，進一步深入研探《老子中經》之存思法。

　　南北朝道教是在魏晉玄學之大時代氛圍下成長的，他吸收了養料，卻也不受限制而有突破窠臼的勇氣與嘗試，道教徒重視且注解《道德經》，而忽略了當時正炙手可熱的《莊子》，所以如此，無非是因為道教內部的宗教信仰體系之故，這是其創發之原動力。《寶玄經》嘗試著將《道德經》上下篇、《老子中經》這一文本組結合發展成一可供教徒修行之道法便是其創發力之展現。作者以上清派的立場積極宣揚存思歷藏法，並以此為核心去組織統御整組道法，清晰了然。最後則引入重玄思想作為修行之綱領與思想指導，在思想層次上提升許多。這不單是未落入傳統道法只重方術之窠臼中，也跳脫魏晉玄學有無之論戰，另闢道門獨特的思考方式。這是新的嘗試與轉型，從中亦可見是經作者試圖將《道德經》納入上清經法體系之中，此類做法對於後代自必產生示範作用，也就是說《寶玄經》已經考慮到經教之整合問題，即面對龐雜的道經方術，如何去加以關連而體系化。陸修靜以下諸高道，總括三洞或七部分類之工作，正式這種趨勢的進一步發展，所以《寶玄經》之地位實不可謂不殊勝。

第三章 南北朝道德經之詮釋

　　從東晉末之《寶玄經》可以見到道教界初步援引重玄思想詮解《道德經》的情形，而年代略早的孫登，根據初唐成玄英《老子開題》之說，乃首次引用重玄觀念注解《道德經》者。但是從現存孫登《老子注》殘遺資料看來，唯注解《道德經》四十三章「天下之至柔，馳騁天下之至堅。無有入於無閒。是以知無為有益。不言之教，無為之益，天下希及之。」有「柔能破剛，無能遣有。以是知無為之教大益於人。」（〔唐〕張君相《道德真經注疏》4\26a）之語，唐末道教大師杜光庭也因襲成氏之說。其實孫登只言「柔能破剛，無能遣有」，與宗旨為雙遣有、無之重玄觀念仍有一段差距，而成氏、杜氏亦皆未援引孫登重玄之論，所以孫登是否以重玄觀點解釋道德經，實令人存疑。不過略晚於孫登的佛教宗師鳩摩羅什則試圖以佛解老。什公是佛教空宗巨擘，染於魏晉玄風，所以也注解《道德經》，不過他卻以空宗雙遮雙遣之佛教本位思想解老。如言「不知即色之空，與聲相空，與聾盲何異？」（趙學士《道德真經集解》1\19a）、「心得一空，資用不失，萬神從化，伏邪歸正」（〔唐〕張君相《道德真經注疏》4\1b）、「惡者非也，善者是也。既損其非又損其是，故曰損之又損。是非俱忘，情欲既斷，德與道合，至於無為，己雖無為，任萬物之自為，故無不為也」（〔宋〕李霖《道德真經

取善集》8\4b）。既論空、有，又雙遣是非、善惡，著實空宗本色。什公高弟僧肇也注解道德經，不過他的態度較激烈，頗有抑老揚佛之勢，肇批判其前六家七宗之空宗者流，所以對於老子的貶抑自不足為奇。其說亦有取於乃師餘論，如言「有無雖殊，俱未免於有，此乃言象之所以形，故借出有無之表者以袪之。」（趙學士《道德真經集解》1\4a），僧肇既論有無，又批斥魏晉玄學家所樂道的「有」「無」觀念，終究仍是執著於言象之「有」，猶非究竟，故須超越有無之對偶觀念，以去其偏執。他也批評老子為二乘境界、仍有不足處。如注言「大患莫若有身，故滅身以歸無，此則二乘境界，談道者以不驚寵辱，遺身滅智為極則，豈知聖人之旨哉？」（趙學士《道德真經集解》1\21a）似乎老子猶執著於「身」，故僅為二乘境界而已！仍非聖人之道也。又言「習學謂之聞，絕學謂之鄰，過此二者謂之真過，然則絕學之外向上猶有事在。」（趙學士《道德真經集解》1\35b）若此則老子強調「絕學」與佛家相較之下猶有未竟處。其貶損老子之意甚明。

所謂他山之石可以攻錯，什公師徒二人對於道德經之注解或批評，不論適切否，他們所提出的詮釋角度卻頗具啟發性，對於道教徒而言確是一可供開發之路，而有以跳脫魏晉玄學家有無觀念之紛擾。特別是諸如以下幾段出自《正統道藏》各道德經注疏本的注文，所討論的主題，對於後來的注家頗有啟迪之功。

鳩摩羅什：

○　損之者無麤而不遣，遣之至乎忘惡，然後無細而不去，去之至乎忘善。惡者非也，善者是也。既損其非又損其是，故曰損之

又損。是非俱忘，情欲既斷，德與道合，至於無為，己雖無為，任萬物之自為，故無不為也。（道德真經取善集 宋 李霖 48 章 8\4b）

僧肇：

○ 有無雖殊，俱未免於有，此乃言象之所以形，故借出有無之表者以袪之。（道德真經集解 趙學士 2 章　1\4a）

○ 大患莫若有身，故滅身以歸無，此則二乘境界，談道者以不驚寵辱，遺身滅智為極則，豈知聖人之旨哉？（道德真經集解 趙學士 13 章　1\21a）

○ 真者同真，偽者同偽，靈照冥諧，一彼實相，無得無失，無淨無穢，明與無明等也。（道德真經集解 趙學士 23 章　2\5b）

這幾段文字揭示了「道相」「境智」「有無（空）」「人身」以及雙遮雙遣之「重玄」觀念等論題，從佛家的面向來考察道德經，自會有不同的體認，而這種注經方式再加上當時逐漸流行於學界的空宗思想之推波助瀾，對於道教徒而言，自是一大誘因，也是來自異教的一大挑戰。所以此後之道教界《道德經》注疏著作，便可看到這種影響與趨勢。

以下試著針對陸修靜、顧歡、宋文明、臧玄靜等人，以及隋唐之劉進喜、成玄英、蔡子晃等數位具代表性之高道進行分析，以見重玄思潮對於《道德經》注解之影響。不過當時並非只有這些人物稱得上是「高道」，其他如上清經系之一楊二許，靈寶經系之鄭隱、葛洪，三皇經系鮑靚等人，或如寇謙之、孫遊嶽、孟景翼、孟智周、陶弘景、王遠知、韋節、諸糅等人又何嘗不是六朝的高道

呢？不過考諸史籍，上述諸人多無有關《道德經》詮解之作，雖有鄭隱《老子注》、陶弘景《老子注》、孟智周《老子義疏》、韋節《老子義疏》、諸糅《老子玄覽》等著，❶亦多已散逸，或者僅存斷簡殘文，難窺其貌。故以下章節只好略而不提，或稍作引證而已。

第一節　陸修靜論靈寶齋儀與道德經旨

陸修靜（東晉安帝義熙二年 A.D.406～宋後廢帝元徽五年 A.D.477）乃「總括三洞」之南朝一代道學宗師，蟬蛻解化之法門龍象。❷劉宋初文帝元嘉十四年（A.D.437）作〈靈寶經目序〉，對靈寶經進行真偽之分判，並注解其中疑義。故言「先是洞玄之部，真偽混淆，先生刊而正之，涇渭乃判。著齋戒儀範百餘卷，為將來典式焉！」❸宋明帝太始七年（A.D.471），陸氏上〈三洞經書目錄〉，六年後的宋後廢帝元徽五年（A.D.477），陸氏解化，世壽七十二。根據陶弘景《真誥·敘錄》所載，東晉葛氏道之葛巢甫造構一批靈寶經，因而風教大行。所以陸修靜在劉宋初年大抵可以蒐集到為數可觀的靈寶道經，遂能整理靈寶經而有〈靈寶經目序〉之作。天師道「三張」之教，流傳久遠，教風廣被，所以陸氏既入道門，當不難習其道法。至於上清道經，初唐青溪道士孟安排《道教義樞》卷二頁四

❶　參嚴靈峰，《周秦漢魏諸子知見書目》卷一（臺北：正中，1975）。
❷　關於陸修靜之傳記資料，請參考陳國符，《道藏源流考》（北京：中華，1992），頁 41〈陸修靜傳〉。
❸　陳國符，《道藏源流考》，頁 42。

羅列出《玉緯》而引《正一經》以及張君房《雲笈七籤》卷四「道
教經法傳承部」所引〈上清源統經目註序〉二段資料，皆言宋明帝
太始末（當即太始七年）敕命叉季真向馬朗逼取所謂之「上清寶經、
三洞妙文」，並將該批道經付予陸氏崇虛館。同年陸氏上〈三洞經
書目錄〉。❹所以陸修靜遲至太始七年方得一窺上清經之全貌，而
整理出上清經目。其時陸氏已六十六高齡矣！六年之後則羽化登
仙。所以，陸氏對於上清道經似乎無法多加用心。證諸其他文獻，
大抵亦相吻合。

　　《廣弘明集》卷四釋道宣〈敘齊高祖廢道法〉言：「昔金陵道
士陸修靜者，道門之望。在宋齊兩代，祖述三張，弘衍二葛。郄、
張之士，封門受籙。遂妄加穿鑿，廣制齋儀。」所謂之三張二葛，
正足顯出陸氏對於天師道、靈寶派之發揚，連異教佛徒皆知。此外
從陳國符考證後所列之陸氏撰著看來，❺大抵多與天師道或靈寶派
相關之作，譬如《洞玄靈寶五感文》論述天師道三元塗炭齋事宜；
《陸先生道門科略》論漢天師道舊儀科禁。此外陳國符未列出之陸

---

❹　然而《真誥‧敘錄》卻載宋廢帝景和元年（A.D.465），命叉季真向馬朗逼取
　　取該批道經，宋明帝太始三年以後，這批經典才歸陸修靜崇虛館。參陳國符
　　前揭書頁23《真誥‧敘錄》、頁41〈陸修靜傳〉。但是，若根據《正一經》
　　等二段資料的說法，則太始末明帝開封觀經後，隔年便逝（「比其年不愈而
　　崩」），此正與〈陸修靜傳〉中：「宋太始七年四月（按即太始最後一
　　年），明帝不豫」的記載相合，因為隔年明帝改元「太豫（泰豫）」，這一
　　年明帝崩殂。「太豫」也許是為了替明帝祈福除疾吧。所以《真誥‧敘錄》
　　可能誤記。若此，則明帝泰始七年敕取經，並將這批經典交予陸修靜，藏崇
　　虛館。據〈陸修靜傳〉載，這一年，陸氏乃因敕上〈三洞經書目錄〉。
❺　陳國符，《道藏源流考》，頁43。

氏著作，如《太上洞玄靈寶法燭經》、《洞玄靈寶齋說光燭戒罰燈
祝願儀》，則闡釋靈寶齋義齋儀。凡此等資料，皆足見陸修靜雖總
括三洞，但對於上清經卻並未深入整理探討。

　　陸天師關於《道德經》之直接著述，僅《老子道德經雜說》一
書，❻從輯佚資料看來，亦難窺其老學面貌。不過陸氏《太上洞玄
靈寶法燭經》（後簡稱《法燭經》）、《洞玄靈寶齋說光燭戒罰燈祝
願儀》（後簡稱《光燭祝願儀》）二書，卻保存了他援引《道德經》文
以與靈寶齋義互相發揮之資料，彌足珍貴，有助我們瞭解他對《道
德經》的特殊詮釋。亦可由此資料窺探南朝初期，道教進行經教整
合時期，如何去看待、使用《道德經》這部聖典。

　　《光燭祝願儀》共包括〈爇光齋外說〉、〈法燭敘〉、〈授上
品十戒選署禁罰〉三段文獻，皆標明陸修靜所撰，全書蓋經後人編
輯而成，但是也有可能即陸修靜自己所編撰者。❼從三段文獻題名
與本書書名作比較，則「齋說」當即〈爇光齋外說〉之簡稱；「光
燭」可能是「法燭」之訛；「戒罰燈祝願儀」其中「燈」字疑「法
燈」之「燈」字之衍，或「燭」字之誤衍。因為任繼愈考證，《法
燭經》又有作《法燈經》者。❽所以全書書名當作「洞玄靈寶齋說

――――――――――――――――――

❻　參嚴靈峰，《周秦漢魏諸子知見書目》卷一（臺北：正中，1975），頁 32 所
　　錄。

❼　參《正統道藏》鳳字號一，南宋蔣叔輿《无上黃籙大齋立成儀》稱說：「太
　　極真人演經文而著齋戒威儀之訣，陸天師撼經訣而撰齋謝戒罰之儀。」（卷
　　十六頁二十）。

❽　任繼愈說：「亦作《太上洞玄靈寶法燈經》，燈疑燭字之誤。」，《道藏提
　　要》（北京：中國社會科學，1995），頁 264。

法燭戒罰祝願儀」較妥貼。然而南宋道士蔣叔輿《无上黃籙大齋立成儀》卷十六引作「陸天師《靈寶齋說光燭戒罰祝願儀》」。❾所以，也有可能經名本即作「靈寶齋說光燭戒罰祝願儀」。或者本當作「靈寶齋說法燭戒罰祝願儀」，而南宋時，經名即已譌作「靈寶齋說光燭戒罰祝願儀」。

此經之中〈法燭敘〉一段複見於《法燭經》，乃後者之節錄。此二書皆論述發揮靈寶齋法齋義，與眾所周知陸修靜重視靈寶齋法、整理靈寶經教道法之情形正相符合。其中〈授上品十戒選署禁罰〉純屬儀軌，而〈爇光齋外說〉、〈法燭敘〉則足可與《法燭經》相發明，〈法燭敘〉更可供經文校勘之用，亦足珍貴。

《法燭經》未注撰人，〈法燭敘〉則明言陸修靜作。《法燭經》除第一段似為敘文外，皆標以「道言」，如「道言萬物人為貴……可不悲哉？可不痛哉？於是說經十章，以施齋時……」（2a），〈法燭敘〉則作「夫萬物以人為貴……可不悲哉？余謹博採眾經，集為十章，以施齋時……」（6b）前者託諸「道言」，後者明說「余」（指陸修靜自稱）。若從經典之傳承史看來，《法燭經》之「道言」可能乃後人為了貴高其言而偽託之竄易，而〈法燭敘〉這段節錄之文，只屬於整部書中的一段而已，後人大抵會沿襲而不去作更動。考諸小林正美所列出之元始系與仙公系靈寶經目，未見《法燭經》。❿所以《法燭經》當為陸修靜之作品大抵無疑。

---

❾　參《正統道藏》鳳字號一，南宋蔣叔輿《无上黃籙大齋立成儀》卷十六頁十八。

❿　小林正美，《六朝道教史研究》（東京：創文社，1990），頁183。

　　論述陸修靜之道德經學，基本上仍當以《法燭經》為主，在文字上則可參校〈法燭敘〉。《法燭經》說：「說經十章，以施齋時，名曰法燭。宿啟說一章，六時行道說六章，三時思神說三章」（2a）觀諸全文，則引錄十段《道德經》文以證齋義，則「說經十章」正是指《道德經》。因此，這十段經文其使用時機功能便如所指出者。不過十段經文如何區分呢？，〈法燭敘〉標題下之小注言：「建齋暮始就燒香宿啟，未思神前東向說之。」（5a）而〈法燭敘〉這段文獻則只節錄至「……故五千文曰三生萬物」（7b），此在《法燭經》則屬第一段經文，因此可以推知此第一段經文，正是宿啟時所說者。此外《法燭經》所引之最後三段經文，則明顯與思神相關，因此，後三段經文當三時思神所說之三章。於是中間之六段經文自是六時行道時所說之六章了！姑列出如下：

　　A 宿啟說一章：「三生萬物」

　　B 六時行道說六章：「清淨為天下正」、「取天下常以無事」、「無欲以靜，天下自正」、「挫其銳、解其紛」、「谷神不死」、「復命曰常，不知常妄作凶」

　　C 三時思神說三章：「塞其兌、閉其門，用其光復歸其明」、「載營抱一，滌除玄覽」、「不窺牖見天道，不出戶知天下」

　　《法燭經》徵引《道德經》文以證齋義，所以首先在敘文開宗明義式地略說齋義。其次便詮釋「道德經」之名義，其言曰：「道者至理之目，德者順理而行，經者由通之徑也。道猶道路也，德謂善德也，經猶徑度也，行猶行步也，法猶法式也。」（2b）⓫強調

⓫　《法燭經》作「至理之自」，〈法燭敘〉作「至理之目」，「自」當為

《道德經》乃至理之源，其解釋雖不似玄學家般抽象，卻也相當順適自然，未見任何神學意味。陸修靜對於修齋之外制與內法及其精髓，知之甚深，他區別地說：「末世學者……雖欣修齋，不解齋法，或解齋法，不識齋體，或識齋體，不達齋義，或達齋義，不得齋意。」（2a）所謂齋之法、體、義、意，陸氏並未進一步解說，但亦足見其深邃之處。

　　其論齋義言：「治身正心莫先於齋直。齋者齊也，齊人參差之行；直者正也，正人入道之心。念淨神靜，齋之義也。」（3b）又說：「齋者，可謂整百行、建萬善者也。」（4b）修齋之目的是為了「治身正心」，修正自己行為、建立善德，此正與前述「德謂善德也」相呼應。順自然之「道」理而行，即能建立善德。所以齋法是為了修養身心、建立善德，他說：「聖人以百姓奔競五慾，不能自定，故立齋法，因事息事。禁戒以關內寇，威儀以防外賊，禮誦役身口，乘動以反靜也。思神沒心念，御有以歸虛也。能靜能虛則與道合。……嚴遵云虛心以原道德，靜氣以期神明，此之謂也。」（2a）⑫禁戒、威儀、禮誦、思神皆齋法之內容，其實便是為了對治人之「身口心」三業，⑬此正與〈燔光齋外說〉所言：「太上天尊開玄都上宮紫微玉笈出靈寶妙齋，以人三關躁擾，不能閑停。身

　　「目」之訛誤，茲從後者。

⑫　《法燭經》作「思神沒心念」，〈法燭敘〉作「思神役心念」，「役」當為「沒」之訛誤，茲從前者。《法燭經》作「靜氣以期神明」，〈法燭敘〉作「靜氣以期神靈」，當從前者。然而嚴君平《道德指歸論》則作「聖人虛心以原道德，靜氣以存神明」（〈至柔篇〉）。

⑬　「身口心」三業當是受佛教「身口意」三業影響的一種道教式說法。

為殺盜淫動，故役之以禮拜；口有惡言綺妄兩言，故課之以誦經；心有貪欲瞋恚之念，故使之以思神。用此三法，洗心淨行。」（3a）相應。「三關」指身口心，此乃蛻自中國傳統之觀念——「四關」，《淮南子·本經》：「閉四關、止五遁，則與道淪。」東漢高誘注云：「四關，耳目心口。」耳目即身也。此外「九竅」乃指人身之眼耳鼻舌等七竅以及大小便之二竅共九竅，《周禮·天官·疾醫》：「兩之以九竅之變」賈公彥注云：「陽竅七，陰竅二。」是也。相同地在《淮南子》〈俶真〉、〈天文〉、〈墜形〉、〈精神〉諸篇亦見九竅之用詞。可見九竅四關亦漢代流行語。而陸修靜《光燭祝願儀》亦用「九竅四關……動入死地」語（3a），以九竅四關解釋《道德經》五十章「生之徒十有三」之「十有三」，正是承自戰國兩漢以降之黃老學觀點。所以三關與四關所指實無不同。

　　特別要注意者，乃在陸氏強調治身須由動以反靜，修心須御有以歸虛。必須達到「虛」、「靜」之境，方能守住身體之神、氣而成道。因為《法燭經》也說，若不能愛靜守真，而凶心犯氣、淫神彫命，則神、氣失亡，「五臟」潰壞，不得長生。❿陸修靜重視「虛、靜」，而不言「無」，在在顯出與魏晉玄學家不同之觀點。他更進一步引西漢末黃老學者嚴君平之論以相發明，嚴君平便說：「無欲則靜，靜則虛，虛則實，實則神，動歸太素，靜歸自然。」（《道德指歸論》〈言甚易知篇〉）可見陸法師承襲之跡。陸氏跳開玄學之窠臼，回歸黃老道家。可見作為一位道教學者，陸修靜承襲的是

---

❿　參《法燭經》1b，文繁不具引。

黃老學路線，迥異於玄學家言。⑮

　　上述論齋之義，實即對於修行之總原理的剖析，可說是為《法燭經》整部經義作了提綱挈領之闡明。宿啟所說之一章，則點出學道之要領。其言曰：「夫人學道，要當依法尋經，行善成德，以至於道。若不作功德，但守一不移，終不成道。……夫道三合而成德，……三者謂道德人也。人一也，行功德二也，德足成道三也。三事合乃得道也。……故曰三生萬物。」⑯葛玄《老子節解》強調守一行氣，然而他也重視積功累德，而言：「行人君子善以道德建立身心。」⑰這種觀點為其從孫葛洪所繼承，洪亦言：「欲求仙者，要當以忠孝和順仁信為本。若德行不修，而但務方術，皆不得長生也。」⑱再者，「三合成德」觀念亦靈寶經所樂道。所以陸修靜此處論點，大抵承襲自靈寶派。修齋除了達至虛靜之境外，亦能「建萬善」、立功德，與此所論相符。以道德人「三合成德」詮釋「三生萬物」，雖略顯牽強，然不失其宗教學者本色。

　　上言宿啟時所說之一章之內容。行道時所說之六章，則主要闡述「虛靜清淨」之義，並針對此義作具體剖述。人能虛靜則念淨神

---

⑮　《初學記》卷 23 道士第三引陸修靜言曰：「凡道士，道德為父，神明為母，清淨為師，太和為友。大戒三百以度未兆之禍，威儀二千以興自然之福。」而嚴君平《道德指歸論》〈不出戶篇〉即言：「道德為父，神明為母，清靜為師，太和為友。」陸修靜承襲嚴君平之跡，昭然若揭，又得一力證。

⑯　《法燭經》作「道德人」，〈法燭敘〉作「道德仁」，考察兩種傳本之上下文義，當作「人」較為適切。「仁」當為「人」之音誤。

⑰　嚴靈峰「無求備齋老子集成初編」本《輯葛玄老子節解》五十四章注文。

⑱　參李豐楙先生，《抱朴子》（臺北：時報文化，1981），頁 242「仙道的宗教倫理：功德與紀算」一節所論。

靜，故《法燭經》說：「念淨神靜，齋之義也。」（3b）《光燭祝願儀》則言：「注味玄真，念念皆淨，如此可謂之齋。」（1b）又說：「洗心淨行，心行精至，齋之義也。」（3b）復論道：「夫齋者，正以清虛為體，恬靜為業，謙卑為本，恭敬為事。」（18b）皆可互相發明「虛靜清淨」乃修齋之真諦。這些觀念在嚴君平著作中隨處可見，發揮得淋漓盡致。而唐代杜光庭《道德真經廣聖義》引及陸修靜之論云：「虛寂為道體，謂虛無不通，寂無不應也。」（5\4a）與此處所強調之「虛靜清淨」義正可相通，即使提及「無」之概念，亦以如「虛無為意」之句式出之，而未單一「無」字出現，大概可以推見，陸氏殆為避開玄學家「有」「無」觀念空疏之弊與玄辯之紛爭。

　　因此，透過上文之討論，我們發現齋法中「虛靜清淨」、守精氣神、行功德等義之關連性，可說一體之數面，不可分割。行道時所說之六章，如「凡人之生有四大之累，……是以聖人立齋清淨，屏遣塵勞，具錄魂魄，休息精神，……目不視色，不見是非……以淡泊為心，虛無為意，中和為主，少食為本。念道存神，則天人相感，災除福降，性命得矣！故曰清淨為天下正。」（4a）透過齋法之修行以清淨身心，其中「中和」觀念亦黃老家所喜言，乃嚴君平書之核心觀念，後來之靈寶道經亦每論「中和」之義。此外陸修靜加入天人感應、降福除災之宗教福報觀點，此類論點黃老家早發其蘊，不過陸氏所言神學之意味濃厚多了！如言：「齋但修正，……即合道氣，流行入人道中，所受將軍吏兵則衛護聽人驅使，萬向如願。」（4a）「所受將軍吏兵」即指入道後所受以衛身之正一符籙之將軍吏兵，此則較黃老家如嚴君平所說：「身體居一，神明千

之，變化不可見。」（《道德指歸論》〈上士聞道篇〉）更具體而有宗教味了。

　　他如「無欲以靜，天下自正」、「挫其銳、解其紛」二章，取義亦同「清淨為天下正」章，不贅。

　　「谷神不死」、「復命曰常，不知常妄作凶」二章特重五藏神氣形魂魄之將養。此蓋承自《老子河上公注》一系之觀點，而葛玄一脈之葛氏道正是承襲著《老子河上公注》的修行觀，故陸氏因之，實甚自然之事。「道言立人之道有三因五主。……故曰谷神不死。」（6a）三因者，神氣形也；五主者，精神魂魄氣也。又言形體、五臟、九竅乃五主之所依住，可見其間之連帶關係。所以需要「寶氣補精，谷神養魂」（7a）因此，陸修靜正是以「養」義釋「谷」字，此釋正同於《老子河上公注》。復言：「道言人稟五臟，資於五行，外為形體，內為性情。骨屬木，血屬水，肉屬土……肝仁、肺義、心禮……稟氣之始，各有清濁剛柔，……各隨其所屬所稟以定情性，性者命也……以天科法律抑割本情，改易其性……司命度之著左契，南斗紀名生錄，北斗削除死籍，得為真人。伏性載命，此之謂也。故曰復命曰常，不知常妄作凶。」（7b）南北斗信仰十足道教氣味，而論及修行，自不能不談「性情」問題，性善情惡，兩漢之舊論，魏晉玄學亦暢言性情議題，陸氏當然不能例外。

　　三時思神說三章，則討論靈寶齋儀之存思道法。如說：「守道靜思，當先正坐，……還神光明於絳宮，……久久喘息稍微，……不覺喘息便不復自知有身也。至能忘身，則是得定向道門者也。當爾之時，神在天上虛空之中，左顧右視，無所一見，以此為證。故

曰塞其兌、閉其門，用其光復歸其明。」（8b）這段紀錄相當珍貴，可說是陸修靜自己靜坐內觀存思之真實體驗之言，何謂「還神光明」？可能即下一章所說者：「人身中有三一者，神魂魄也。中央之一，神也，中和之精也，其氣正；左方之一，魂也，純陽之精，其氣清；右方之一，魄也，純陰之精，其氣濁。中央之一即我神也，道之子也。左右各一，輔相我神，其氣清濁則其行有善惡，……為道者若欲明此三一，……唯當閑身靜意，熟讀諸經，還自思惟，則智慧自生……思念專正，立致感通，……故曰載營抱一，滌除玄覽。」（8b）此處所言神魂魄「三一」觀，與前述三因五主之論點互相迴護。其中所論，魂善魄惡之觀點，正是道教界之共識，亦與性善情惡之論題相呼應。可見人身之中本有善惡（魂魄）之因子在，欲趨善避惡，則須「抱一」，守此我神之一，才能智慧日生。

「精誠齋戒，勤敬三寶，深識天官吏兵之位，復還光內觀形內之宮室，存念神景之所處。常以虛中求真，無中求有，則九天之上可得照，……玄精可降，元始可稟，太上至尊而為至誠顯，……故求生者腹中而起，一形之中則之天地之體也……消災致壽，長生在己也。故曰不窺牖見天道，不出戶知天下。」（9b）從自己身體一形之中去存思內觀身中天官吏兵、宮室、神景之位置，從空虛中要其真實感應，從幻無中求其精信妙有。道教重視實有層面，不類玄學家之抽象地談空論玄。如此則充滿著濃郁的宗教神學之氣氛。

陸氏援引十章之道德經經文以證成其齋義。重視治身必須由動以反靜，修心須御有以歸虛，達到「虛靜清淨」之境，才得以守住身體之精、神、氣而成道。陸氏發揮黃老學者之論，甚少言及有、

無，或許是為了迴避玄學家之爭辯吧！陸修靜基本上尚見不到重玄思想的意味，不過他已開始提煉道教教義，融入靈寶齋義中。陸修靜嚴守漢代黃老學者之舊規，卻強調修齋行道、存思身神，無疑地更具有宗教性，此超邁黃老學者處。再者他提出一些道教教義問題，譬如養五臟神、精氣神魂魄、性情、「三合成德」等，率皆漢代舊義，前者自不必說，即如較罕被論及之「三合成德」觀點，遠在東漢之道經《老子中經》便已提出了！❿所以，陸修靜除總括三洞之整理經教之功外，在道教教義之開發上，亦有其承先啟後之地位。

第二節　顧歡的道德經注疏學

　　顧歡是南朝宋齊之際一位道學大師，生平著作極夥，因為他的一篇〈夷夏論〉點燃了南北朝百年佛道論辯之戰火，影響甚大。顧氏除留心道術外，亦注意道籍之蒐羅，故為同代所宗。特別是顧氏亦善玄理，《南史・隱逸・顧歡傳》言：「會稽孔珪嘗登嶺尋歡，共談四本。歡曰蘭石危而密，宣國安而疏，士季似而非，公深謬而是。總而言之，其失則同；曲而辯之，其塗則異。何者？同昧其本而競談其末，猶未識辰緯而意斷南北。群迷暗爭，失得無準，情長則申，意短則屈。所以四本並通，莫能相塞，夫中理唯一，豈容有二？四本無正，失中故也。於是著〈三名論〉以正之。」顧歡與名

---

❿　參荷蘭施舟人（Kristofer M. Schipper），〈《老子中經》初探〉，陳鼓應主
　　編，《道家文化研究》第十六輯（北京：三聯書店，1999），頁 215 所論。

士相交遊，所以也擅長玄談名理，從他對曹魏時之才性「四本」論之評斷並造〈三名論〉以駁之看來，歡極諳玄學歷史與內容意旨。顧歡這個特性，頗裨益其對道教教義之闡發。

關於顧氏之道德經注疏，敦煌卷子成玄英《老子開題》論「宗體」及於各家注老宗旨時，言顧氏「以無為為宗」；唐末道教大師杜光庭也因襲成氏之說，在其《道德真經廣聖義》中論「宗趣指歸」（5\12b）時，言顧歡乃明「理身之道」，而「以無為為宗」。可見成玄英、杜光庭並不認為顧歡重視「重玄」之旨，然而在顧歡暢論治國、治身之道時，亦難免有染於時風，歡雖未積極發揮「重玄」觀念，從其殘注中卻也不難發現顧歡有以「重玄」之道統攝《道德經》思想的自覺，成玄英、杜光庭大抵是為了明確區分各注家宗旨，故其「以無為為宗」之標籤，可說是倚重倚輕、略其其他之強分，實未足以涵蓋顧歡注老之全貌。

若從道教思想史的角度考察，則顧歡《道德經》注疏之內涵所呈顯者，正是重玄道德經學發展過程之重要的一環。所以，有學者認為顧歡可能受到當時佛學成實論「非有非無，名聖中道」觀念之影響，而推判顧歡《老子注》是「重玄派」的先聲。[20]雖然顧氏著作率多殘佚，但是從現存的殘籍中（注文及〈夷夏論〉等）仍可略窺其思想風貌，以下試以數個主題論述之，以見顧氏對前人注疏之承襲及其本於道教而因應於時代者。

---

[20] 參藤原高男，〈老子解重玄派考〉，《漢魏文化》第一號，1960、藤原高男，〈顧歡老子注考〉，收入《內野博士還曆記念「東洋學論集」》（東京：漢魏文化研究會，1964）。

一、身體觀

　　顧歡對於人之肉身的體會，基本上仍是道教式的，所以他不會像佛家般以為身體乃四大假合，一切皆幻，而是本著類於後來之所謂「性命雙修」的道教工夫來開展其修行之道。對於身體之結構，他仍以「精氣神」的觀點為基調，而這類觀點實亦有因于河上公注者。㉑如言「寶精愛氣，不為奢費」（67 章 11\5a）「治身愛氣則性命自延，治國愛人則德化自廣」（67 章 11\6a）「不寶其氣而捨散其精，不愛其人而廣用其力，舍其後己，但為先人，所行如此，動入死地」（67 章 11\7a）精氣乃人身之寶，人身之組成要素，故不可耗費，要當加以珍惜。如何珍寶呢？譬如說「希，少也，人能愛氣少言，則行合自然」（23 章 4\8b）人之言說，氣息出入，所謂後天之氣，多言躁競則傷人身之「氣」，故當少言方為寶身愛氣之道。又如言「骨以含精，精散則骨弱。保精愛氣則其骨自強」（3 章 1\13b）寶精愛氣則骨自堅實，骨堅實則身強體健、延年益壽，此正是道教修煉成仙之基礎。所以說「人不厭生，生不厭人；人不棄道，道不棄人。故曰生與人相保、人與道相得」（72 章 11\19b）若能愛寶精氣則神不去身，終至「生道內足」（72 章 11\20b）之境。如果不思節制而縱情肆欲，則神離氣竭精散矣！注文中說「修己奢淫則精窮氣竭、萬神交落、動之死地，不能制情遣欲，更為險行驚神」（74 章 11\24b）精氣之義自不難理解，顧歡之「神」義卻未必盡同於魏晉以降之形神之論之神義，而是本諸漢晉以來道教之身神義，所

㉑　參藤原高男，〈顧歡老子注考〉。

以說「室中有人，身中有神」（11 章 1\25a）此身中之神便是身中之萬神，必須透過道教式之存思身神法方得以致之，使身神不離肉身而去，長留身中，永保長生。而「丹田」正是人身中之重要宮位，故為存思法必守之處，所以說「道業不修，丹田蕪廢也」（53 章 8\20b）不修習道教工夫，用心存思身神，則道業淪喪，丹田宮得不到滋養便至荒蕪了！所以勤修道業、善保精氣，則精氣神足，潛伏於身中可致人衰死之尸鬼亦得以驅散而去，如此方為長生之正道。故言「神者靈效之謂也。以道居位，臨理天下，則太平，太平之代，鬼魅不敢神。以道修身則真照得一，得一之士尸魄不靈」（60 章 6\15b）「尸魄」即潛藏身體危害生命之尸鬼尸蟲也。正邪不兩立，精氣神足則尸鬼不能為祟矣！人得長生矣！

二、「道」之體相

魏晉以降玄學家對於本體宇宙論之探討特加青睞，於是而有貴無、崇有之爭，辯端蜂起。所謂貴無崇有之論，實即對於道體體性之掌握，道之展現以何種姿態呈顯出來，這牽涉到詮釋者對於道體之體認。玄學家本清賞智悟心態來發揮他的哲思，故多入於語言思辯之途。道教學者既重實踐，亦善思辯，乃獨能出自心裁，但亦不得不有染於時風，此道教重玄學之興也。

顧歡對於道體之體認，承魏晉玄學家之餘緒，也受東晉以降般若空宗之影響，然亦有所轉化，終不失道教之本色。如言「欲言定有而無色無聲，言其定無而有信有精，以其體不可定，故曰唯恍唯惚，如此觀察名為從順於道，所以得（下闕）」（〔宋〕李霖《道德真經取善集》23 冊，21 章 4\2a）「有」「無」是觀念、名言，具有指涉作

用，魏晉玄學家透過這類觀念組去表達他們心目中的「道」，顧歡深諳這種哲理，故注解道「有名謂陰陽，無名謂常道。常道無體故曰無名，陰陽有分故曰有名。」（1 章 1\3a）道體與名言處於一種既和諧又緊張的狀態，首先人們必須透過名言才能了解道體，然則名言有其先天上的限制，而無法完全表達既無限又超越的道體，所以「得魚忘筌」之理王弼早發其奧韻，南北朝之際的顧歡當然嫻熟此說。常道是超越時空又是無限的永恆存在，所以「體不可定」「無體」，不似世間萬象有體質形態（即「有分」）可得而以名言形容之，所以道體「無名」，其他諸如「道」「母」「始」「樸」「無」「大」「逝」「遠」之名，實皆對於道體之強名罷！而陰陽等世間萬象則「有名」矣！

道體恍惚難辨，既非有亦非無，顧歡固然薰習於魏晉玄學家言，但也不為其所限而落入有無之辯諍窠臼。從當時魏晉玄風之趨勢與流行之思想而論，顧歡似乎選擇吸收了般若空宗的觀念，他注解道「但聞嘈嘈在耳，迺曰不聲，不知聲相即空，與聲何異」（12 章 2\1b）宇宙萬象與「空」之辯證關係，正是佛家所鍾情，鳩摩羅什云「不知即色之空，與聲相空，與聲盲何異？」（12 章 1\19a）顧歡承襲自什公之論甚為明顯，不只思想之承襲，顧歡也援用了佛家語言，如言「聖人因天任物，無所造為，心常凝靜於前美，善處而無爭，故不為六境之所傾奪」（2 章 1\7b）「物極則反，動極則靜，靜極則動，從此而觀，盛極則衰，衰極則盛。人間諸法例皆如此……是以聖人不取不求、無得無失，而五種大行自清自淨，不為寒熱所侵，始為天下之正主云云。」（45 章 5\3b）「境」「諸法」皆佛教論證其「空」義之術語，顧歡也援引以說明其道體與萬象之

關係，可是骨子裡卻純然是道家式的，故言「自清自淨」，而非如釋徒般將宇宙看成是空幻假合。

從上述所言，表面上顧歡借助了魏晉玄學家言、般若空宗之論，實際上卻道道地地持著道教本色，所以他要藉有、無以說明道體，卻又超越有、無，藉「空」義以超脫宇宙萬象，卻又不墮入虛幻的「頑空」。畢竟道體真實不虛，「有情有信」的，故言「……室中有人，身中有神，皆為物致益，故曰有之以為利。然則神之利身，無中之有，有亦不可見，故歸乎無物。神為存生之利，虛為致神之用；明道非有非無，無能致用，有能利物；利物在有，致用在無；無謂清虛，有謂神明，而俗學未達，皆師老君全無為之道，道若全無，於物何益。今明道之為利，利在用形，無之為用，以虛容物故也」（11 章 1\25a）道體非有非無，此正是般若空宗辯遣之意。然而道體卻又包含有無，如此便避開玄學家不必要的糾葛爭辯；顧歡善巧地借用有、無觀念而加以轉化，他說「無謂清虛，有謂神明」，清虛之無、神明之有，展現了道體之大功大用，但是至道真實不虛，並非全無，所以亦非如佛家空幻之論，顯然顧氏不滿頑空斷滅之見。顧歡這種道家立場，在其《周易・繫辭注》之佚文中也展露無遺，可得為輔證。顧氏注解「大衍之數五十，其用四十有九」其論曰：「立此五十數以數神。神雖非數，因數而著，故虛其一數以明不可言之義。」❷「神」有「不可言」的特色，不可言不

---

❷　參〔唐〕李道平撰，潘雨廷點校，《周易集解纂疏》（北京：中華書局，1994），頁 578 所引。此段文字孔穎達《周易正義》所引作「因數而顯，故虛其一以明不可言之義。」則略有不同。

可名狀，彷彿「道」之有「無」的質性。但「神」卻非絕對空無一物，而需「數」以顯著之，就好比「無」需藉「有」而彰顯一般。這個「數」，即相當於「有」。顧歡之說，可能承襲王弼的觀點，王弼的注文便說：「演天地之數所賴者五十也。其用四十有九，則其一不用也。不用而用以之通，非數而數以之成。斯《易》之太極也。四十有九，數之極也。夫無不可以無明，必因於有。故常於有物之極，而必明其所由之宗也。」王弼雖然也認為「無」必因於「有」而顯，但是他更強調「不用之一」（即「無」）。因為有「無」，用乃能通、數乃能成。所以「無」是「有物之極」（即「有」）之「所由之宗」。顧歡則兼全「道」之兩個面向：「無」與「有」，而不刻意強調一邊，與王弼所論同中有異。

　　如是，顧歡雙遣雙全有、無，道體既可以展現「諸物雖大，大有極住，此道之大，往行無際，本無住盡之處」（25 章 4\15b）之道相，擁有清虛、神明之大功大用，又可以非有亦非無。所以名言是權宜，道相也是權宜，但是道體卻又是真實不虛。「前識者謂不待研求也。夫清淨虛妙則深不可識，無色無象其道自真。若夫辭說辯贍，儀形煥炳，相好森羅，在前可識，此非至真之實，乃是大道之華而愚之始。夫愚人始化未見真實，故以前識引其愚，道華化其始也。」（38 章 4\8a）色象非真實，不足以展現至道，但是凡夫不識道真，故需假色象之權宜以導化之。這類「權實」問題，為後來之道教學者開發了另一新課題。道體真實不虛，名言色象只是權宜之工具，必須加以忘遣超越，故曰「凡庸之人，妄執強知之病，以自分別，往而不返，良可嘆息。其唯聖人，真知妙本，洞遣言教，獨能以其慈仁哀憫眾生強知之病，蓋以其自無病也。」（71 章 7\18b）

所謂「妙本」之觀念，也是後出之重玄家津津樂道者。於此亦可見顧歡在道教重玄思潮中之地位了！真能體知「妙本」，則可以超越有分別的名言之假相，直臻道境了！此為聖人方得以致之，然而何為聖人？下一段落再分解之。

由上所論，顧歡針對道之體相主題討論有、無等概念，這可以說是對於魏晉玄學的反應。同樣地，這個主題佛教徒也必須提出相應的看法。不過，顧歡認為至道無體、體不可定，所以道既非定有亦非定無，道乃非有非無。這種觀點是對於魏晉玄學的反省，也大抵受到佛教的影響。佛教徒對於有無問題亦自有其看法。當顧歡提出喧騰一時的〈夷夏論〉後，便受到佛教信仰者（包括僧徒）無情的批駁。如南朝宋朱昭之〈難顧道士夷夏論〉：「夫道之極者，非華非素，不即不殊，無近無遠，誰舍誰居，不偏不黨，勿毀勿譽，圓通寂寞，假字曰無。妙境如此，何所異哉？」❷❸朱昭之雖偏袒佛教，但尚未十分厭惡道家。他的這段話意在融通佛道，不過仍然以佛為尊。朱昭之提煉出「無」的觀念以融通二家，顯然不脫魏晉玄學之籠罩。相同地，南朝宋朱廣之〈諮顧道士夷夏論〉也說：「僕夙漸法化，晚味道風，常以崇空貴無，宗趣一也。蹄網雙張，義無偏取，各隨曉入，唯心所安耳！」❷❹朱廣之亦同昭之立場，意黨佛教，但也贊成融會佛道，認為崇空、貴無並無二致。一樣無法超越魏晉玄學家的思考模式。

---

❷❸ 參南朝梁釋僧祐，《弘明集》（四部備要本）（臺北：中華書局，1983 臺四版）卷七頁一。

❷❹ 參南朝梁釋僧祐，《弘明集》（四部備要本）卷七頁三。

在家的居士猶存幾分尊重，出家的僧眾對道家（或道教）便多貶抑之詞。如南朝宋釋慧通法師〈駁顧道士夷夏論〉便言：「聖教妙通，至道淵博，既不得謂之為有，亦不得謂之為無。無彼我之義，並異同之說矣！」㉕慧通秉持佛教遮遣方式之般若空觀，認為道既非有亦非無。這種觀點，對於顧歡似乎產生相當大的刺激，也比玄學更具吸引力。所以顧歡的論點，不能說毫無佛教的影子。非僅於此，南朝宋謝鎮之〈重與顧道士書〉明言：「其中可長，唯在五千之道，全無為用。全無為用，未能遣有。遣有為懷，靈芝何養？」㉖謝鎮之尚能肯定老子五千文的哲理，不過仍然貶損五千文之道終究未能遣有，仍停留在「有」的層次。來自佛教徒的批評與反駁，顧歡自然有所因應。如前面所引，顧歡曾說：「道非有非無，無能致用，有能利物；利物在有，致用在無；無謂清虛，有謂神明，而俗學未達，皆師老君全無為之道，道若全無，於物何益？今明道之為利，利在用形，無之為用，以虛容物故也」所謂「俗學未達，皆師老君全無為之道，道若全無，於物何益？」之觀點正是針對謝鎮之「其中可長，唯在五千之道，全無為用。全無為用，未能遣有。」的批評之回應，以撇清與俗學之關係，區隔道教與俗學之差異，道教徒所理解的老子思想，非如俗學般談空說無者，而是有真實大用的。所以，顧歡在反省、建構自家思想、教義時，自然受到玄學的影響，更歸因於佛教的刺激。

因為佛教主「空」，一切現象界皆因緣假合，終歸虛幻。所

㉕　參南朝梁釋僧祐，《弘明集》（四部備要本）卷七頁九。

㉖　參南朝梁釋僧祐，《弘明集》（四部備要本）卷六頁十六。

以，顧歡論及宇宙本體「道」時，便刻意闡釋「道」之真實義，正是為了與佛教相對顯。所以顧歡強調說「夫清淨虛妙則深不可識，無色無象其道自真。」因此道家的聖人保持清淨虛妙的本心，透過「物極則反」之宇宙運行律則觀照自然萬象，而得與道合真。完全異於佛教的空觀哲學。

因此，玄學固然對於顧歡產生決定性影響力，然而在〈夷夏論〉所引發的一系列佛道論爭中，佛學的挑戰與刺激，恐怕更直接而有助於顧歡的思惟創發了！

《南齊書》卷五十四列傳第三十五〈顧歡傳〉載：「太祖輔政，悅歡風教，徵為揚州主簿，遣中使迎歡。及踐阼，乃至。歡稱山谷臣顧歡，上表曰：『臣聞舉網提綱，振裘持領，綱領既理，毛目自張。然則道德，綱也；物勢，目也。上理其綱，則萬機時序；下張其目，則庶官不曠。……今火澤易位，三靈改憲，天樹明德，對時育物，搜揚仄陋，野無伏言。是以窮谷愚夫，敢露偏管，謹刪撰老氏，獻治綱一卷。伏願稽古百王，斟酌時用，不以芻蕘棄言，不以人微廢道，則率土之賜也，微臣之幸也。』」所謂「刪撰老氏」，即顧歡之老子注疏。因此，顧歡注疏老子，是在齊高祖登基之後，而〈夷夏論〉引起之佛道論爭，則發生在宋明帝泰始年間。所以，從史書之年代先後論以及從上面章節之引證，在在可見顧歡在佛道論爭後，深受佛教思想影響，對於其注解老子，當具關鍵性意義。

三、聖人之「心、跡」

顧歡眼中的道家聖人，澤被蒼生而不顯其德化之跡。這個主題

之討論，可說是老子「上德不德，是以有德」之新解，頗具時代意義。道體廣大虛無，大無不包、細無不入，彌綸天地。聖人則與之有間矣！畢竟聖人仍是時空之中的血肉之軀啊！「道則長而不宰，聖則宰而不割。成就一切，實為化主而忘功喪我，故云不宰。」（10 章 1\21b）道體運行依違於有無恍惚之間，不能無道相之顯；聖人行道自也不能無跡無相，所以聖人用世，也必須現「宰」之相，但是宰而不割，故仍歸本於道，此即是聖人的無為。所以說「大聖之人故無所似也，若形有定質，智有常分，的有所似，則道有封執，此乃細碎之人，豈虛妙之大聖乎？」（67 章 7\7b）「不與物同，故云不肖。言老君道尊德貴，誠可以為大。然則晦跡同塵，隱顯不測，不似智，不似愚，故言不肖。」（67 章 7\6b）行非聖人之行、功非聖人之業，則如「去道漸遠，封言著相，其德可見，親愛生上，則親信於下，下則稱譽於上，其功可言，則康歌載路。」所言（17 章 2\21b）般有德可見、有功可言。「言行人君子，善以道德功行建立身心，無德可彰，無跡可顯，則深根固蒂，不為是非欲惡之所抽拔也。」（39 章 4\15b）「言上德之化，處無為之事，行不言之教，其跡不彰，故曰無為，為既無跡，心亦無為，故曰無以為。」（38 章 6\3b）所以聖人不只外在無功德之跡之相顯現出來（非真全無跡相顯現，畢竟聖人仍有「宰而不割」之事業），內在之心亦無為、無相。「心、跡」觀念也是道教學者論道之焦點，顧歡此時便已注意及，足見其開創性及對後世之影響。

四、修道工夫之忘遣

　　顧歡體認的道是非有非無、亦有亦無，不過實際上他似乎仍偏

向「無」的一面，因為顧歡認為色象只是權宜之法，而「無色無象其道自真」，其「無」之真實內容則是「清淨虛妙」「靜朴」，而非頑空絕無。所以他的修道工夫，便是以此清淨虛妙之心去觀照宇宙萬象，破除諸法塵境之迷幻，亦即以清淨心去除人之五欲六情，所以他說「一切眾生皆知耽美前境五欲聲色等諸塵為美，美之不息必以身為患，斯惡已！」（2 章 1\6a）眾生妄執情欲，故為塵網所惑，聖人則否，「聖人因天任物，無所造為，心常凝靜，於前美善，處而無爭，故不為六境之所傾奪。」（2 章 1\7b）聖人自持清淨無為之心以應世，故不為六境諸塵所絆，而這清淨虛妙之心，即是人之本性，所以說「……今以性制情，謂之自勝，自勝之人無敵於己，無敵於己者可謂強矣！」（33 章 3\40a）以性制情則長保精氣神足，不致衰死。所以說「……修己奢淫則精窮氣竭、萬神交落、動之死地，不能制情遣欲，更為險行驚神。」（74 章 11\24b）因此以此清淨虛妙之本心本性去照破虛幻之諸塵情欲，則常保精氣神足而致長生；凡夫則耽染前境，生死輪迴，這即是聖凡之別。不過此處顧歡是否已體察到人有「道性」之觀念，則無法確定。另外顧歡是否體認及類似於雙遮雙遣之重玄修道工夫，從其《道德經》注疏之殘文中亦難考察。不過在《論語》皇侃疏引顧歡之論，言：「夫無欲於無欲者，聖人之常也；有欲於無欲者，賢人之分也。二欲同無，故全空以目聖；一有一無，故每虛以稱賢。賢人自有觀之，則無欲於有欲；自無觀之，則有欲於無欲。虛而未盡，非屢為何？」❷所

---

❷ 疏解《論語·先進篇第十一》「子曰：回也，其庶乎！屢空。」一段，皇侃疏引顧歡之說。其中「無欲於無欲者」原作「無欲於無者」，但從上下文意

謂「無欲於無欲者」，正是受到佛教雙遣空有之「雙非」觀（般若中觀）之影響。顧歡「無欲」既遣，何況「有欲」？所以他亦確能體認雙遮雙遣之重玄修道工夫。而其中歡所言之「空」，也並非佛家義，「空」實以「虛」為其內涵，虛而能盡則稱「空」，虛極為空，此顧歡謹守道家義之「空」也。

顧歡能深察道體之非有非無、清淨虛妙與重玄之修道工夫，則「道性」觀當亦可為其所涵蓋，至少從他之觸發，離這種理論亦不遠矣！

顧歡之身體觀，大抵循著之前的老路數，重精氣神之涵養，一如以河上公注等之兩漢黃老道家之言，只不過另外加入魏晉以降道教界內盛行的存思身神方術而已，可說謹守家法，不失道教學者本色。而其所探討的「道相」問題，亦多承魏晉玄學之餘緒及般若空宗之風，申論著有、無、非有非無等觀念，表面上似無多大創新，可是將雙邊遮遣之般若空宗觀念與魏晉玄學家之有、無論點結合起來，從而援引以注解《道德經》之嘗試，對於後來之道教學者極具示範作用，加上顧氏一代道門學宗身分，其一舉一動更是後學景崇學習之對象，所以這對重玄道德經學之發展當具推波助瀾之效。而「道相」問題在道教學者心中，有其道教本位之關懷角度，而發展出異於玄學家之新的向度，譬如「本跡」「寂應」「動靜」等問題，雖然皆玄學慣用之概念範疇，但其內涵卻是道教式。

另外關於聖人之心、跡之有為、無為問題，顧歡之殘注中僅略

句型看來，似當作「無欲於無欲者」，缺一「欲」字。「非屢為何？」原作「非屢如何？」，然而作「非屢為何？」，文意似較順暢。

觸及，並未深論。其實這個問題後來受到道教學者極大的關注。聖人之心跡、寂應（感應）、權實、真應之身等概念，牽涉到聖人之顯化濟世。至道有情有信，真實不虛；而聖人亦當是應化渡世，救濟眾生，真實不虛的聖人。所以聖人顯化即衍生出相關議題了！顧歡實有首創之功。

　　修道之工夫在顧歡之前已發展出林林總總之各種道法，道法雖多，是否可以一以貫之？如何一以貫之？想必是顧歡等六朝之高道必須深思的大問題。漢魏以來之道法方術可謂夥矣！這些道法方術雖不違背保精愛氣存神之大原則，但畢竟是有法可追、有跡可尋之「有為」法，與老子道德經所強調之無為觀念有相當出入，如何消解這種表面上的矛盾，是道門學者亟待努力的方向。顧歡之身體觀、修道工夫，自然秉持精氣神大原則，制除情欲，以臻清淨之域，強調虛靜無為之工夫，不過他似乎仍有存思身神等方術之影子，不似後來之高道如北周韋處玄，便認為存思身神是有為法，不可執著，必須加以超越。所以顧歡畢竟仍是處於摸索階段，猶在為眾多龐雜道法尋一出路，所以其態度之模稜兩可自無足為怪。然而其在道學上之開拓之功，亦值得記上一筆。

　　根據史書記載，顧歡自幼家貧，無以為學。八歲曾誦儒典孝經、詩經、論語等。到了二十幾歲年紀，又跟從當時大學者雷次宗問學，探究玄、儒諸義。稍長顧歡開館授徒，曾有講授詩經的記錄。❷❸從種種跡象看來，我們無法看到顧歡非常直接的道教師承。顧歡基本的學養，是從儒學、玄學出發的，雖然後來成為道士，不

---

❷❸　參考《南史》以及《南齊書》之〈顧歡傳〉所載事蹟。本文不贅引。

過從〈夷夏論〉之論點考察，顧歡站在中國本土儒道文化的立場對佛教提出批判，是非常清楚的。因此，如果有所謂之「玄儒」、「玄佛」之專稱，顧歡實可稱作「玄道」（擅長玄學之道士）。但是，從其傳記中，我們看到顧歡晚年從事服食，好黃老道，解陰陽書，操作數術頗多應驗等事蹟。㉙「黃老道」未必就是南北朝盛行的三洞諸派或正一天師道等道派。因此我們似可據以推斷，或許顧歡只是「好道」，並未真正透過道教組織之正規傳授制度而取得道士之資格。㉚所以，他也許可能只是如東漢時期諸多隱居、巖居的逸士般，雖好道術、學道術，卻並非即是正統的、正規的「道士」。因此，在其老子注解文中，無法看到有關道法、道術之討

㉙　參考《南史》以及《南齊書》之〈顧歡傳〉所載事蹟。

㉚　《弘明集》中，反駁顧歡的諸端論難書信雖然皆稱他為「道士」，但是其中南朝宋釋僧愍法師〈戎華論折顧道士夷夏論〉卻嘲諷顧歡自稱「居士」。所以「道士」只是對顧歡之尊稱或對修道之士的通稱罷了！另外，陶弘景《真誥·敘錄》也稱顧歡「居士」，相同地，陶氏也稱樓惠明、杜京產等有道術者為「居士」，卻另有「茅山道士葛景仙」、「菁山女道士樊妙羅」、「女師（法師）鍾義山」之稱呼（另外《雲笈七籤》卷一百七所引陶翊〈華陽隱居先生本起錄〉情形亦同此）。可見陶弘景當時「居士」、「道士」、「法師」諸稱號之內涵有異，不相混淆。考諸《南史》、《南齊書》、《宋書》、《梁書》，顧歡、樓惠明、杜京產皆被編入隱逸、高逸或處士列傳中，而陸修靜、孫遊嶽卻未入史傳。可見陸、孫二人名列道士，故不入史傳。顧、樓、杜諸人雖深諳道術，位稱居士，猶世人身分，故得編入史傳。所以顧歡、杜京產等居士，可能未受治籙，不得受稱道士、法師或祭酒等道教職銜。所以，這些居士往往只靠特殊之機緣方得一識「真經」之真面目（此情狀陶弘景《真誥·敘錄》屢述及），他們似乎亦如王羲之等，雖為奉道世家，畢竟只是居士身分，無法透過正規之道教內部傳授制度獲得完整而體系的道經或道職。

論。面對佛學之詰難，他反而以所嫻熟的玄學思辯方式應戰（當然骨子裏是黃老思想）。面對佛學之壓境，顧歡雖祖道教，卻處處採取低姿態試圖融通佛道，似乎也反應了東晉以降玄學式微而佛教思想勢力逐漸高漲的大時代背景。

第三節　齊梁之教義學家

　　從東晉末至唐初之道德經注疏學之發展，可以說是嘗試著以重玄思想為主軸去貫串其他之經教、道法而逐步建立起道教自身的教義系統的一個過程。東晉末之《寶玄經》初步結合了《道德經》與重玄思想，劉宋初陸修靜著有《老子雜說》，但多已亡佚，從現存殘文來看，實亦不易找出任何重玄思想蹤跡，不過陸氏以整理靈寶道經、齋儀而有聞於世，所以他對《道德經》思想之闡述，主要透過靈寶齋義作發揮。

　　略晚於陸氏的顧歡則透過對道德經之注解，逐步地提煉出一些精粹的道教教義問題，這些問題後來成為高道們關注的焦點，顧氏以降一再地被提出來討論，從而豐富了道教教的內容。其中齊梁之際的宋文明、臧玄靜是兩位相當關鍵的人物，此二人對於道教經教之整理與教義之闡發，有著莫大的貢獻。

一、宋文明

　　宋文明之事蹟，根據《太平御覽》卷 666「道部」引《老氏聖紀》所載：

宋文同字文明，吳郡人也。梁簡文時，文明以道家諸經莫不數釋，撰《靈寶經義疏》，題曰謂之《通門》。又作大義，名曰《義淵》。學者宗賴，四方延請。長于著撰，訥于口辭。

可見宋文明擅長于著述，闡發道教義理。根據盧國龍之考證，宋文明之著作包括《道德義淵》、《靈寶經義疏》、《靈寶雜問》、《四非》等四種，但是後二者已逸。敦煌寫卷現殘存宋氏之作有《道德義淵》（即 S1438《道教義》）、《靈寶經義疏》（即 P2256、P2861 之《通門論》）二種，據《三洞珠囊》所引，此二部殘存之作皆為上下二卷。❸❶經由唐代武則天時，沙門釋玄嶷《甄正論》並舉葛玄、陸修靜、宋文明、顧歡，指斥道經之偽造，足見宋文明之地位。更何況釋玄嶷本信道教，後因武則天崇佛，乃改信釋宗。所以，本即深諳道教之玄嶷所言，當非無的放矢。❸❷

　　宋文明之著作《道德義淵》、《靈寶經義疏》，後者宋氏試圖將龐雜的靈寶道經分門別類並加以系統化，此已如前述。❸❸前者則宋文明援引《道德經》文作發揮，可說是對《道德經》的另一種詮解方式。很清楚地，宋氏想藉由《道德經》以闡發他心中的一套道教教義，由此以增加其教義之權威性、神聖性，以示其教義有本有源，而非憑空虛造者；從另一個角度來看也可以說宋文明企圖將道

---

❸❶　參考盧國龍，《中國重玄學》（北京：人民中國，1993），頁 70-72。

❸❷　盧國龍，《中國重玄學》，頁 70。

❸❸　參本書上篇第一章第四節所論。

德經納入其教義系統之中。這種情形實亦可說是《靈寶經義疏》整理經教模式的再運用，❸由此可見宋文明的博學與巧思。

《靈寶雜問》在《三洞珠囊》卷七引有一條資料作：「宋文明《靈寶雜問》云三界三十二天依如《靈寶內音》分置在四方。《定志經圖》正作三重。今《義疏》中解釋云如羊角而上，與二事並違，何邪？答曰此乃所以二事兩通也。羊角者，猶莊子之義也。」（7\30a）所以宋文明《靈寶雜問》恐是針對靈寶道經之神學教義的答客問之作，年代晚于《靈寶經義疏》。《四非》，《道教義樞》序引及「宋氏四非」，而與其他諸多玄學之著作相提並論，並批評這些玄學之作率皆「識其末而是非斯起」之論。可見《四非》亦一義理性作品。因此，宋文明四部著作，皆主在闡發道教教義，當然他對於道教教義之論述養料來源，主要是靈寶經與《道德經》。總之我們可以確定宋文明做為一位道教義學大師的地位。

在《道德義淵》中，宋氏論及第一心跡之有為無為、「第二序澆淳之義」、第四「自然道性」、「積德福田第五」、「功德因果第六」等五個主題，另提及「感應義」一主題，但不知其序位先後，餘則已佚矣！基本上宋文明以如下模式展開其教義，在積德福田主題中分為：

第一序本文　第二釋名義　第三明身業　第四述口業　第五分心業
第六例三一　第七論種子

---

❸　宋文明《靈寶經義疏》著成年代早於《道德義淵》。參大淵忍爾《敦煌道經圖錄編》（東京：福武書店，1979）頁737下，S1438《道教義》（即《道德義淵》）有「論在靈寶義疏中」之句，可資以判斷宋氏二書之先後。

　　七個小題作論述，其中一開始便是「序本文」，引及之本文以《道德經》文為主，再加上重要之注文，如河上公注，以證成其教義。第四「道性」、「功德因果第六」似亦仿此體例。由此可見宋文明援引《道德經》之用心所在，不過「第二序澆淳之義」一項之體例則明顯例外，容後論述。經由以下之討論，可略窺其教義系統。

㈠「心、跡」之有為、無為義

　　此問題涉及道教徒之應世濟物。在應世的過程中，內心的狀態與外在所為的形跡，在在可見修道者之個人修為，也關係著應世濟物之成敗，所以成為教徒關懷的重點。關於這個主題，宋文明提出四重意義來討論，但前二層在敦煌卷子中闕漏，後二重分別為「第三為亡為」、「第四亡為」。

　　首先宋氏說「為无為者，即經所云為无為，事无事，此是心有為而迹无為也。」❸宋文明引用《道德經》六十三章「為无為，事无事，味无味。」經文以輔證其說，這段經文意在說明為而無為或為其無為之理，宋文明巧妙地詮釋為「是心有為而迹无為也」，有為無為是老課題，但是「心」「迹」卻是新方向，足見宋文明不但頗能緊扣時代課題作發揮，而且亦能貼切經義，有抉幽闡微之功。心指應世之內心狀態，跡指外在所為之形跡。文明接著說「心有為者，防微慮慾，絕禍未萌，有心有慮而形迹不顯。」一般修行者未能臻於化境，必須防惡止過，所以內心狀態是兢兢業業的，是有為的，但在有為之心態下，卻也應該要求自己形跡不露，故言「不

---

❸　參大淵忍爾《敦煌道經圖錄編》頁 738 下。

顯」。形跡不露又可以分作三層來說，其言曰：

> 不顯之義，義亦有三：一者防形，二者防心，三者防迹也。
> 防形者，目不妄視，耳不妄聽，鼻不妄香，口不妄言，身不
> 妄動。塞兌閉門，外塵不入，災害无從而生，禍亂无因而
> 起。此心有為而迹无為也。防心者，心與心戰也。不視盲
> 道，不見可欲，塞貪癡之路，杜瞋恚之源，挫銳解紛，无疑
> 无惑，有挫解之心，而无紛說（按：似當作「銳」字）之事。此
> 又心有為而迹无為也。防迹者，和光同塵，防他心意，雖有
> 獨見之明，不以耀亂於物，雖復貴則❸懸隔而同其塵勞。如
> 此則和益之施潛行，嫉害之尤不作。此亦心有為而迹无為
> 也。

這段文字從三個層次來闡明「心有為而迹无為」之修養工夫，這種
修養工夫當然不是空談，而是落實到應世濟物之事上。首先說如何
防形？防形即修身，防塞耳目口鼻等身體感官之各種惡源，斷絕感
官之各種非理性的欲求，如此方能遠災避禍，當然這是比較消極的
方式。防心則是針對內在心性的修養。講究如何把持本心，使內心
潛藏之各種貪瞋癡欲之惡因無由顯露，道心與凡心戰，所以說「心
與心戰」。實際上可說是「以性制情」之另一種說法吧！防形、防
心乃一體之二面，分別對治外在欲源與內在心念。防迹者，則是濟
物之道，如何讓救世濟物能夠更加功德圓滿。人非聖人，有救世之

---

❸　「貴則」可能是「貴賤」之誤，「則」當為「賤」之音誤。

心，故言「心有為」，然而凡人時存為善濟世之念，為善濟世之際難免顯功德之相，而志得意滿自以為高，終為小人所嫉恨而招咎，所以必須講究「和光同塵」之道。行善濟世而外在之功跡卻不顯露，如此不但達到濟世之目的，也可免遭小人忌害。所以雖有行善有為之心，卻無功名外跡之顯。

接著宋文明論述更高層級之「无為」之義。

> 无為者，冥理无為，心與形迹俱无為也。无為之義，義亦有三：一者无心无形，二者不心不迹，三者非形非心也。……无心无形，不可得見，雖復坐忘貪、聖、寤寐交神。應處似來，本源常堪（按：似當作湛），譬如呼而有應，山實无心；照水生形，水實无物。无物而物，无心而心。此是无心无形也。不心不迹者，猶如性自茲仁，心本清直，有德於物，物亦不知其功。為不為物，在物自得其賴。本不存而己人不在而人益。為之雖開心迹，心迹在此二。

所謂无為，就是內在心態與外在形迹皆无為自然而不加入個人之造作，一切順理而行。此无為之義亦可分為三個面向來解釋。應處接物，完全不露痕跡，所謂「應處似來，本源常堪（按：似當作湛）」。此乃本心之「寂」、「應」問題。面對紛擾的人世，本心似乎理當隨之波動，但實際上卻仍可保持清明湛寂之本性，而不隨之起外相，一應外物而即刻歸回湛寂之本性，彷彿不曾一應一般。如此本心本性之應世濟物之功仍在，卻內不見心外不見物，意不在物而物自全，无心為善而善心之功自成。心物之迹象完全泯滅，純然

一片本心天機之流露而已，且亦无流露之相可見，如此便是「无心无形」了！所以无心无形是強調聖人應世濟物，其內外皆无蹤迹可尋之化境義，偏向客觀層面講。

不心不迹者，聖人濟物而不自有其濟世之心，不自有其濟世之功。功披四表而人不知其功，心潤萬物而己不得其志。心中无人我之別，故亦无功績可說。這是從聖人之主觀層面來講。何謂「非形非心」呢？宋文明說：

> 非形非心者，一時中論也。義復有六事。一者如師資相結，弟子存師，師為弟子，冥中相潤，彼此不知。无心而招潤，非形而致益。此非形身已滅，始造之心久謝，而交益之用未盡，福田之報猶生。……凡如此例，既非即身所作，又非今心所感，身心並无此為，而有物我之潤，此亦非形非心也。……五者如有精能妙術，道行於世，更相傳學，述效无窮，此亦非形非心也。

原文中本有六事，此舉二事以作代表，其餘則性質相近從略。「无心无形」、「不心不迹」二者雖已臻化境矣！然皆猶有對象性，仍然不脫濟世之聖人、被救之凡人的二分格局，「非形非心」則完全沒有對象性，將「心」與「形」這種觀念性之隔限以一「非」字否定掉了！如此則對象消失无影无蹤，正所謂「无心插柳而柳成蔭」。這個層級更高於前二者，而超脫於主客觀之外。由此可見宋文明思想之清晰細膩與超然。

㈡澆淳之義

宋文明對於世間民風之澆淳，也作一番探討。他說：

> 澆淳之所起者，在乎人心。太古以來，人心淳一，結繩而
> 治，空洞靈章經言：但恐恆沙訖，福盡，天地傾。是知淳世
> 則多福，澆世則多罪，皆由人心為。三才開天闢地，萬化由
> 人而立，猶如居宅屋宇，无人則壞，如感應義所說也。

這種觀念明顯地是承繼兩漢以下中國人所流行之感應災異思想，並
無新意，不過放在道教此一宗教系統中，其意義便不僅僅是一種思
想信念而已，而是一種信仰。宋文明論述澆淳之義時，透過七個小
主題：第一序澆淳之所報、第二述澆淳之名實、第三論澆淳之域
分、第四談澆淳之所以、第五顯澆淳之教法、第六辯教法之異同、
第七明反淳之法。並未有如前之徵引《道德經》的「序本文」之體
例，且以下卷子多殘缺，其義不顯，所以此處略作論述，不再徵引
宋氏文。

㈢道性問題

這個主題論證一切眾生皆有道性，皆可因以成道。大抵是受到
佛教一切眾生皆有佛性之觀念的影響吧！❸❼首先宋文明引述《道德
經》「復命曰常」、河上公注「復其性命」，然後說「性極為
命」，點出性與命之關係。接著他說：

---

❸❼　「佛性」概念乃劉宋初年以後始流行於中國。參本書下篇第一章第一節之考
　　證。

> 經云道法自然；河上公云道性自然，无所法也。經又云以輔
> 万物之自然。物之自然即物之道性也。

所以從序本文中，宋文明援引經文證成道性之本質即是「自然」，
而萬物則有自然本質之道性。然後又引證說：

> 裴君道授曰見而謂之妙，成而謂之道，用而謂之性。性與道
> 合，由道之體，體好至道，道使之然也。

見道則見妙境，有成就了叫做成道，用道者為誰？萬物之本性也，
此亦人之本性也。人性即道性，人能體道合道，是因為人有道性，
故曰道使之然也。宋氏在論述道性之顯沒義時也說「得道之所由，
由有道性」。接著他進一步闡明「道性」這概念。他說：

> 論道性以清虛自然為體，一切含識各有其分，先稟妙一以成
> 其神，次受天命以生其身。身性等差，分各有限，天之所
> 命，各盡其極。故外典亦云：天命之謂性，率性之謂道。又
> 云：窮理盡性以至於命。故命為性之極也。今論道性，則但
> 就本識清虛以為言，若談物性，則兼取受命形質以為語也。
> 一切无識亦各有性，皆有中心。生悉由心，故性自心邊生
> 也。

宋文明清楚地表述道性之本質為「清虛自然」，而萬物之生成則是
稟先天之神妙之一以成其神，其身形則來自天之降命方得生成。這

種說法就頗異於諸如《自然九天生神章經》之神學式的生成說。宋
文明引《中庸》「天命之謂性，率性之謂道」，以說明萬物之生成
來自於天命，而天命則各有等差極限，當然這種解釋未必符合中庸
之原意，而是一種命定論，但卻衍生出另一重要問題。亦即是所謂
「道性」與「物性」之觀念。因為命限有所等差，所以先天之道性
一旦落實為身形，便會夾雜有物性，而有賢、愚之差別，人、物之
區判，不再能保有清明之自然道性。「道性」是就「本識清虛」而
立言，這個「道性」當然即是成道之根由，所以內含「道性」之先
決條件便須有「本識」（即「有識」）；與「道性」對顯者則是「物
性」。「物性」大致上有可區分為「有識者」與「无識者」二大
類，有識（亦即「含識」）則有道性、物性，无識則雖有道性、物
性，但因為無心識，故不能自覺、取捨，因此「道性」無法自覺呈
顯，彷如「無道性」一般。所以宋文明論道性之通有義時闡述道：

> 夫一切含識皆有道性。何以明之？夫有識所以異於无識者，
> 以其心識明闇，能有取捨，非如水石，雖有本性而不能取捨
> 者也。既心有取則生有變，若為善則致福，故從虫獸以為
> 人；為惡則招罪，故從人而墮蟲獸。人蟲既其交換，則道性
> 理然通有也。

水石無識，故只有本性（物性）而無道性，人獸有識，能取捨，故
有道性，當然亦有物性。因此一切含識有道性，一切無識則「無道
性」。佛教提出「佛性」觀基本上有兩層意義：一是成佛之所以可

能之問題；一是成佛依何形態而成佛方是究竟之問題。❸所以，相應於佛教，宋文明也須面對成道之所以可能之問題，而必須提出「道性」之概念。

　　根據《涅槃經》的說法，有所謂之「佛性」，可析分為所謂之「三因佛性」：「正因佛性」、「緣因佛性」、「了因佛性」。「正因佛性」乃顯客觀義之中道空，是「法佛」，與法身相應，顯名法身，隱則名如來藏。「緣、了因佛性」是主觀意義的佛性，是「覺佛」。就「法佛」而言，正因佛性可以遍及一切，有情、無情者皆有之。所以佛教說「有情有性」、「無情有性」。而此「無情有性」之「有」義，只是說明法性遍在一切，而消極地呈顯之「有」，而非草木瓦石等無情者，有能自證自覺自得之「佛性」。亦即無情者不具「緣、了因佛性」故。❸

　　相較於佛教「佛性」觀，宋文明關於含識、無識之有無「道性」的論點，亦相當自覺地做出區分。大致上略同於佛教「正因佛性」（「法佛」）與「緣、了因佛性」（「覺佛」）之相對性區別。

　　當然宋文明之論有、無道性的說法，是從成道一事之道因、道果對顯之意義上來論斷，若從道生萬物之角度看來，宋文明當不反對「道」遍在一切現象界的觀點吧！不過，宋文明法師雖有取於佛教之佛性者，卻畢竟是道教式的觀點。「道性」的內涵亦與「佛性」迥異。

---

❸　參考牟宗三，《佛性與般若》上冊（臺北：學生，1989），頁 180。

❸　參考牟宗三，《佛性與般若》上冊，頁 188-192、241，牟先生關於「三因佛性」有相當精彩的詮析譬喻。

　　宋文明認為道性清虛自然等觀點，後來在唐代《道教義樞》有了進一步的發展，《道教義樞》第八卷「道性義」說：「顯時說為道果，隱時名為道性。道性以清虛自然為體，一切含識乃至畜生果木石者，皆有道性也。」（8\6b）可證。

　　綜觀上述宋文明之觀點，雖然說「道性」是受到「佛性」概念刺激而生，不過卻是道地中國式者。觀其援引《中庸》「天命之謂性」一句可證。中國儒道二家之「天」或「道」與「萬物」之對舉，實即一種「本體」與「現象」二分的思惟方式，「天」或「道」具有創生義。然而印度佛教則否，佛教「性空」哲學重「緣起觀」，宇宙是虛幻不實的，而「真空」與「妙有」亦絕非「本體」與「現象」的關係。如果佛教屬「本體」與「現象」的思考模式，便又回到印度婆羅門教「梵天」觀念的窠臼，而不得為創新教派了！此所以道教足以被稱作「中國本土宗教」原因所在。

　　再者宋文明繼承中國傳統思考之老路，「道」作為宇宙創生之根源，有此一基本原則，才得以發展繼續談「道性」問題。「道」落實創生萬物，進一步談第二序的「道性」，以作為修道、成道之依據，有其宗教上之特殊意義，此不得不然之發展趨勢。宋氏提出「道性」與「物性」之觀念，可說一大創發。「道性」解釋了成道之根源與善之來源，「物性」則說明「惡」的成因。二性之對顯，儒家到了北宋初年張載才提出「義理之性」與「氣質之性」的對偶概念。所以宋文明較張載早了五六百年提出這課題，不得不說是中國思想史上之異數。儒道嚴分二性，屬中國式之觀念，佛教主「性空」，萬象既無「自性」，自然便沒有所謂的「物性」。所以，宋文明「道性」與「物性」之分，不能不說獨具意義，與屬於印度異

邦之佛教思想截然劃分開來。

此外引文中所謂「一切无識亦各有性，皆有中心。生殁由心，故性自心邊生也」，似乎說明心與性之關係，且實際上看來，大抵是對性字拆字式的一種解說，並無新意，宋氏亦未作進一步的論述。

順著「道性」觀，他繼續談及人之性情與善惡問題，這可說是針對人之「物性」所作的剖析。文中言：

> 夫有識之主，靜則為性，動則為情。情者成也，善成為善，惡成為惡。……此善情也……此惡情也。四本論或謂性善情惡，或云性惡情善，皆取元矣！

宋文明除了深諳道教義學，對於當時思潮亦頗留意，基本上宋氏反對三國魏初人性四本論之說，他認為四本論不管性善情惡或性惡情善說法，都是執取本源義（取元）來看待人之性情，未能真實掌握人性情之實際活動情形，所以若從現實情況來考察，則性屬靜寂，情屬動應。性是湛然本寂之道性，自必純善無疑；情能應世，應世則可善可惡，因此會有善情、惡情之別。在宋文明心中，性是本寂之至善道性，情則應世而可善可惡。因此他論及道性之顯沒實說「道性之體，冥默難見，從惡則沒，從善則顯。」便足證道性之善之本質。

宋文明既然明言「道」之本質為「自然」，而「道性以清虛自然為體」，謹守老莊思想路數。不過此處卻又談及「道性」、「物性」之善惡問題，反倒重視起道德問題。這不能不說是因為受到漢

代以降「性情善惡」課題討論之影響吧！當然做為一大宗教，善惡功德等修道議題，是無法迴避的，也當是原因之一。

　　「道性」問題在南北朝末期以後得到高度重視，並有進一步的發展，特別是隋代至唐中期這段時間，如隋代《太玄真一本際妙經》以及唐代的《海空智藏經》、《道教義樞》等，都有深刻的闡述。❹但這已超出本書討論之範圍，所以暫且擱置不再細論。

㈣福田

　　談到福德問題，宋文明在「序本文」一項中列舉《道德經》文，曰：「經云治人事天莫如嗇。夫嗇，田家之嗇，即明福田之果也。」這段經文引證，以論福德問題，似乎略顯牽強，亦無法確知其義。何謂福田？「釋名義」中說「田者明其因，福者語其果，從因得，故從果以命因。此田是植福之田，故曰福田也。」從因果上論，種善則福田滋長，種惡則成「罪田」矣！接著他又說：「陸先生《黃錄唱齋》云人身口意為罪福之田。」引出當時宗教界津津樂道的身口意三業問題，以下宋氏分述三業與罪福之關係。

　　首先論及身業有三：脩習、施財、施命。何謂「脩習」？曰「脩行戒行，研習正法，植德建功，无為為業，福善日生也。」親

---

❹　參考鎌田茂雄，《中國佛教思想史研究》（東京都：春秋社，1968）「第一
　　章　道性思想の形成過程」之論述。另參山田俊，《唐初道教思想史研究：
　　『太玄真一本際經』の成立と思想》（京都市：平樂寺書店，1999）「第四
　　章　『道性』の思想」。而陳弱水，〈隋代唐初道性思想的特色與歷史意
　　義〉，收在《第四屆唐代文化學術研討會論文集》（臺南：成功大學，
　　1999）一文，不只分析歸納了隋代唐初的道性思想的各種內涵，而且反省其
　　歷史意義，也是一篇出色的學術專著。

自守戒，研習正真道法，建立功德，如此方能廣植福田。施財意甚
明無須多做解釋。施命則是倡導不殺生或放生。

所謂「口業亦有三田：一者不言，二者微言，三者正言也。」
何謂「不言」？曰「不言者，內德則寂寞无聲，閉口胎息，餐霞飲
液，吐納服御；外化則以不言為教，自身率物，不施號令，貴言重
語，物自得安。」內德即內脩之意，內脩基本上遵守寶精愛氣之原
則，踐履古來傳承之各種方術。外化則指應世之外王事業，仍然承
襲老子「不言之教」的訓誨。「微言者，內德則以密言祝誦，心口
相得；外化則承機應會，託諷寓言，依違倚瀗，以道於物，久久自
化。」微言則內脩祝咒誦讀，外化則託諸微言大義，委婉導化眾
生。此外所謂正言則內在以修習誦詠經典謠讚為主，外在則為眾生
說法、科律，導之向善。

心業（即意業）亦有三田，一慈悲，二信忍。信則內而心向正
道，外而言而有信。忍則內持戒律，外受勞苦，守雌忍辱。三定
慧，發願起念、轉神入定得大智慧。

緊接著三業，宋文明法師提出相當重要的一個課題──「三
一」。這個課題關係道教神學甚鉅，他說：

> 道以三一為无心，觀空為宗主而无乎不在。……人身有三
> 宮，上宮在眉間卻入三寸，號泥洹宮，為上丹田；中宮在心
> 央，為中丹田；下宮在臍下卻入三寸，號命門黃庭宮，為下
> 丹田也。……上一居泥洹宮，中一居絳宮，下一居黃庭宮。
> 若以无心為心，專志守一者，則三一之神於其身中滋益智
> 慧，至于成道，混合為一。如稼穡之收實，故所以稱田。即

靈寶思微定志所謂務知三元之義也。

這種人身結構的解釋，是相當道教神學式的觀點，三一即上中下三一，亦即三元或三元一。人能專心致志，守身內三宮三元一之神，則三一之神混合為一，智慧日生，成道有望。守三一身神的觀念，在三國吳葛玄《老子節解》中早已論及，這個修行法門在東漢時代即已出現，葛玄不過更加系統具體化吧！宋文明繼承了這種論點，也加入諸如「无心」「觀空」之概念作新的詮釋，亦頗足以展現其時代性。

關於積德福田主題，宋法師又立「論種子」一項來討論。他說：

> 論種子者，三業之中，身業以所施主為田，施物為種；口業以所祝誦服御為田，以祝誦吐納為種；心業以所存者為田，智識存念為種。此雖有三業，而以心為主。

上述三業中之前者乃對象，故為田為果，後者為修行人之行為動作，故為種為因。如心業存念對象為何，則得該種果，但存念對象時則必須以智識為基礎，有了智識方能存念，故智識為因為種。此理甚易明白，他亦仿此。

㈤功德因果

前述福田義，此論功德曰：「功行所招，稱為功德，……功德者有因有果，德者論果，功者各蒙其報，報即果。因，因也。功德因果，義有三重。」功德即是一種果報，這課題在宗教上相當重

要，是勸人為善去惡之一大誘因。以下三重意義敦煌卷子殘缺不可得知。

綜觀宋文明在敦煌殘卷中所論述之道教教義問題，實皆能切合當時教義發展需要，亦能因應時代課題。心迹之有為无為，牽涉及聖人之應世，實際上再進一層衍伸出去便是「道體」之感應問題，感應時有「本迹」之論，這課題宋法師當亦有所論述，所以他列有「感應義」一項專題來討論，可惜已殘佚不可見。「道性」關乎成道之基礎，宋氏論證一切眾生皆有道性，對後世教義之發展有著重大貢獻，從道性再談到性情問題，則更進一步切合修道之主題了！次論「福田」而及於三業，對三業之詳細討論，將先前之修行方術、誦讚祝咒、科律戒條等道法統籌綜貫，在在可見宋法師對各種道法之熟稔及其以精粹之教義統攝諸般經法的企圖心。接著談到「三一」之宮位身神觀，也再次展現他對道教神學了解之深度，而且足以凸顯他確能掌握道教教義重點的本事。福田與功德因果是一組相對應之概念，宋法師此一組概念相次地進行討論，也可看出當時他所建立起之道教教義中之個個主題項目之間已具有相當大之關連性在，亦即宋法師逐漸構築起其系統化之教義學了！而這個教義體系雖然今日已殘缺不可見其全貌，不過在後世之諸高道身上卻被恭謹地承繼下來，有進一步之發展，從唐初重玄學大師西華法師成玄英的著作當中即可見一般。

二、臧玄靜

臧矜是南朝梁陳之道教義學大師，年代約梁初至陳宣帝時，為太平法師周智響之弟子，亦為茅山派一代宗師王遠知之授業師。著

有《道德經疏》四卷。臧矜或有稱作臧靖、臧玄靖、玄靖法師、字宗道、號宗道先生者。臧矜可能繼承了創立七部經書分部之齊梁道士孟景翼、孟智周之義理學，**④**對於道教經教之整理貢獻卓著，唐末杜光庭將他歸類為重玄派，因為其著作多已佚失，所以就現在殘存資料來看，只能略窺其重玄觀點之端倪，無法得其全貌，甚為可惜。不過他對於教義問題亦提出自己的觀點，對後代發生影響，這是可以肯定的。

關於重玄之論調，他在注解《道德經》時說：「道以通物，以无為義；德者不失，以有為功。道无則能遣物有累，德有則能袪世空惑。」**④**臧氏之論實即是道无德有觀，但又不可執著，因為以道之「无」可以遮遣世俗之執實有累，以德之「有」可破斥頑空之惑，因此這種論調實即是有无雙遣雙存之重玄觀點，只不過臧氏未用「重玄」一詞罷！臧法師肯定道无而德有，而不墮入頑空之戲論，在他論及聖人應化之法真身時也保持這種論點，其言曰：

---

④ 參看陳國符，《道藏源流考》（北京：中華，1992），頁 47 以及盧國龍，《中國重玄學》（北京：人民中國，1993），頁 51-55，二書都有臧矜傳記資料。其中盧氏更推斷臧矜與二孟法師有學術上之淵源關係，但並未提出強有力證據，聊備一說可也。

④ 《正統道藏》〔唐〕杜光庭《道德真經廣聖義》（5\2a）。臧氏實持「道德有觀」，他對「有、無」之看法亦同此。《道教義樞》引臧氏之言曰：「無欲空觀，有欲有觀，有觀資空，空觀導有。導有無有，有觀無觀，故曰真觀。真觀亦同無方名道耳！」（1\22b）有、無、有觀、空觀、真觀，諸概念殆冶佛道於一爐，有、無（空）互相資導，足見臧玄靜作為道教徒的立場。

　　夫言希夷微者，謂精氣神也。精者靈智之名，神者不測之
　　用，氣者形相之目。總此三法為一聖人，若不見是精，不聞
　　是神，不得是氣，既不見不聞不得，即應云无色无聲无形。
　　何為乃言希夷微耶？明至道雖言无色，不遂絕无，若絕无者
　　豈同太虛，即成斷見。今明不色而色、不聲而聲、不形而
　　形，故云夷希微也，所謂三一者也。❸

臧玄靜認為聖人之體乃希夷微（精氣神）三一所混而為一者，這一
聖體是真實不虛的，絕非頑空斷見之論，而希夷微（精氣神）又各
有其性質功能，在另一條資料中說得更清楚：

　　臧宗道又用三一為聖人應身。所言三一者，一精二氣三神
　　也。精者靈智慧照之心，神者无方不測之用，氣者色象形相
　　之法。經云視之不見名曰夷，精也；聽之不聞名曰希，神
　　也；搏之不得名曰微，氣也。總此三法為一聖體。經云此三
　　者不可致詰，故混而為一也。❹

---

❸　《正統道藏》〔唐〕張君相《道德真經注疏》（2\7b）。

❹　此段文字見於成玄英《輯道德經開題序訣義疏》之「道德經開題」一段，成
　　玄英引用臧宗道（臧玄靜）的觀點，以論老子（太上老君）之「法體」義。
　　另外成玄英《道德經開題序訣義疏》疏釋第十四章「搏之不得名曰微」時，
　　引臧宗道之論，曰：「又臧公三一解所謂精神炁也。精者，靈智之名；神
　　者，不測之用；炁者，形相之目。總此三法為一聖人。」其義與此相同，具
　　引以相參照。皆請參考嚴靈峰《無求備齋老子集成初編》本。

所以臧宗道認為希夷微是聖人之應身，總此三一為一聖體，希夷微各具質能，所以真實不虛，亦即聖體真實不虛，能感能應，救世顯化。由此我們看到臧矜對於《道德經》之詮釋與運用，而他也探討及「三一」這一重要課題。其「三一」義是否同於宋文明所論，則不得而知了！

再者臧矜提出其他的觀點：

> 臧玄靜云智慧為道體，神通為道用也。又云道德一體而具二義，一而不一，二而不二。二而不二由一故二，一而不一由二故一。不可說言有體无體有用无用，蓋是无體為體，體而无體；无用為用，用而无用。然則无一德非其體，无一用非其功。尋其體也離空離有、非陰非陽，視聽不得、摶觸莫辯；尋其用也能權能實、可左可右，以小容大，以大容小。體既无已故不可思而議之，用又无功故隨方不示見。❹

這段文字提出「道」「德」之「體」「用」義，發揮重玄觀念，相當精彩。所謂體非空有而即空即有，用能權實而離權離實，這種雙遣雙存之重玄觀，實亦是臧氏《道德經》義學之卓越處。

通觀臧法師解注《道德經》之論點，提出聖人之應身法體、三一（希夷微、精氣神）、道德應感之體用權實義、重玄觀等道教義學課題，皆為後學汲取義學養料之來源其所以成為一代道教義學宗師，洵非偶然。

---

❹　《正統道藏》〔唐〕杜光庭《道德真經廣聖義》（5\4b）。

第四節　南朝末隋唐之際道德經注疏家

　　宋文明、臧玄靜兩位道學大師整理道教經教，逐步建立起道教教義系統，後學者踵前人之緒，對於義學亦有所承繼與開拓。南北朝後期，隨著南北文化的交流以及後來隋朝統一天下，融合了南北方的思想文化，道教界對於教內之相關問題與觀點，亦逐漸取得共識，到了隋唐之際，義學大興，劉進喜、李仲卿、蔡子晃、車惠弼等人振興教義，造構新經典，如眾所周知之《本際經》、《海空智藏經》等，除了因應當時佛道論爭之需要外，對唐代之道教發展也產生極深遠的影響。這種發展雖有因於陸宋臧等大師肇建之功，但後來學者善繼之勞亦無法抹滅。

　　南朝道學大師宋臧之後當首推王遠知，王氏乃陶弘景嫡傳弟子，亦受業於臧矜，可為集道學之大成，然其著作今多散佚，其思想面貌不得而知，實甚可惜。

　　北朝道學以所謂樓觀派為代表，樓觀派吸收南方道學之長，對於老君《道德經》更多所注意，這當然與樓觀派傳說中之開山祖師尹喜的神話有關。然而現存之資料實不易看出這教派之思想內容，可是從韋處玄殘存之文獻中亦可略窺梗概。韋節，字處玄，號精思法師，是北朝樓觀派的大師，義學深湛，對於南北朝道教義學之交流與融合貢獻頗大。韋氏之資料多散佚，從其對於《西昇經》之注解文字看來，仍可稍見其對於《道德經》之詮釋。如言：

　　　　道無體，無為而無不為，故最為天地人物之上首。物有顯然
　　　　則不通，得道以通之，故德跡顯。物有不得，因施之令得，

故仁跡章。上仁秉德以為主也。（〔宋〕陳景元《西昇經集註》
24 冊　3\1a）

道無體性，無所為卻無有不為，物有則滯而不通，故需道以通之，
使順暢無礙。明顯地，韋氏區分道與物，道無而物有，道無而德
有，顯然這是關於「道相」的論點。「道」以「通」為義，古已有
之。晉韓康伯以「無不通也」 ❹解釋「道」。陸修靜法師言：「虛
寂為道體，謂虛無不通，寂無不應也。」（〔唐〕杜光庭《道德真經廣
聖義》24 冊 5\4a）「道」仍是無不通之義。前述臧矜法師亦言「道者
通物，以無為義」，所以韋處玄承襲之跡相當清楚。然而道又並非
真無體性，若真無體性，便墮入頑空之戲論，此亦韋氏所不能接受
者。所以道非真無體，只是運行而不顯其跡，故稱無體。道法亦當
如是觀，故言：

> 道法當何所觀哉？直以無法無觀自然自冥耳！道經曰常無欲
> 以觀其妙，此之謂也。如今所生者，何以而生哉？不為生而
> 自生耳！故知道自然也。（〔宋〕陳景元《西昇經集註》24 冊
> 3\5b）

道法並非真的無法，而是以「無欲」（亦即無為）的態度去面對，故
亦如無法無觀一般。既然無法，亦無所觀，只是自然而已！如此便
點出「自然」義來，「無欲」「無為」之本質即「自然」，「自

---

❹　參〔宋〕谷神子范應元《老子古本集注》第一章。

然」即是「道」，所以說「道自然」。以無為無欲的態度去觀照寰宇，則一切皆是「自然」的展現。而「道」之生發萬物，亦只是自然而然，「不為生而自生耳」。此「自生」義乍看之下彷若來自東晉郭象注《莊子》所倡之「物自生」說，究其實與其說是吸收郭子玄之義，毋寧說是承自於宋文明法師「道性自然」之觀點來得恰當些。道性自然，無法無觀，法既無有法，觀亦無所觀，故須「忘身」，以與道冥合，與天地為一。所以韋法師說：

> 道氣復歸其身則忘身，忘身則德合天地矣！夫天地不自生故能長生，若然者，身不保而自全，年不保而自生也。
> （〔宋〕陳景元《西昇經集註》24 冊　4\12b）

「忘身」是修行的工夫與境界，莊子暢言「心齋坐忘」的工夫，自忘其身則身自得全保。如何「忘身」？曰「道氣復歸其身」。從道教的觀點看來，道氣遍佈宇宙，人身自亦來自道氣之凝成，守道虛無則道氣充滿，情慾旺熾則邪氣亡身，如此則修道工夫又回歸到道教式的觀點──「道氣」。由此可見韋處玄之道教本位主義立場。

　　隋朝承北周之緒而一統南北，南北方道教融合。隋朝義學高道劉進喜在當時頗受主政者寵信，而佛道二教承北周論爭之遺緒，至此發展的更激烈。所以這些高道因應時局之需，援引《道德經》發揮義理是時勢所趨，當然義學中的某些論題會一再被討論到。如劉進喜說：

> 百姓者，眾人之總稱也。然聖人無心，有感斯應，應隨物

感，故以百姓為心，既無心應，亦無不應。（〔宋〕李霖《道德真經取善集》23 冊　8\6b）

聖人應世之感應問題及其應世之道，是當時關心的課題。聖人如何應世？乃無心之應而非有為之造作。當然聖人之應世會牽涉到所謂法化身之論題，此處劉氏並未言及，不過當不致於被忽略才對。此外劉進喜法師也討論到：

> 為無為，修道業也，事無事，見道相，味無味，達道理。
> （〔宋〕李霖《道德真經取善集》23 冊　10\12a）

修道、道相等課題亦是關注之焦點所在，另外又說：

> 保養真性，不輕染欲，自愛也，謙卑靜退，先物後己，不自貴也。（〔宋〕李霖《道德真經取善集》23 冊　11\20a）

> 有為則政煩，無為則事簡；簡則易從，煩則難治。六情難制，由一心之有為。（〔宋〕李霖《道德真經取善集》23 冊 12\1b）

「真性」、「六情」即所謂「性情」之議題，是修道工夫必論之內容。當然劉氏多因襲前說而未有新的創見，不過正足以顯示出這些課題是當時注意之焦點所在。此外略後於劉進喜的高道蔡子晃也論及「本末」「心境」「業意識」「寂應」「忘遣工夫」等問題。這

些觀點的討論，對於唐代道教義學之成熟起著推波助瀾之效。

綜觀南北朝高道所論述，諸如道之體性（即道性）、「道相」、聖人應化身、「本末」「心境」「業意識」、「性情」、「忘」之修道工夫等問題，這些議題是六朝道教義學關注的焦點，高道們有因於時論，自必關心這些課題，可惜今日文獻闕佚，無法得知其思想全貌，不過做為過渡期之思想家來看待，亦足以幫助我們了解何以初唐道教義學如此興盛之來龍去脈。尤其是初唐玄學大師成玄英之集大成式的義學系統規模，其中所涵蓋之議題範圍，在這些過渡期的高道思想中，皆可看出其遞邅之痕跡。南北朝高道之外之其他人物注解《道德經》，也往往提出相同的論題，譬如北朝後魏劉仁會、盧裕，皆針對「感應」議題有所論述。盧裕也討論「道之體性」說：「久，長久也，謂量等太虛，無來無去，心冥至極，不生不滅，冥混自然，不可分別，既與此理契會，義說為久。」（〔宋〕李霖《道德真經取善集》23 冊 3\14a）凡此等現象，皆足以看出這些主題不只高道們注意，實可說已廣為當時之思想界所矚目關注而形成其時代性之風氣。這種新興的玄學思潮，可說遠源於魏晉玄學家，近因於道教道德經學之發展。

第四章　唐初道德經之詮釋

第一節　唐初之時代背景

　　唐承隋統，天下又歸一家，除了在政治上完完全全結束魏晉南北朝數百年紛爭之局面，文化上也正式進入另一整合之新階段。

　　唐太宗曾得少林寺僧之助，而一步步榮登九五之尊，所以對於佛教固然心存感激，然而太宗治國偏好儒術，可是隨著李唐政權成立所倚賴之道教神話之流佈以及道士王遠知、岐暉、薛頤等對於高祖、太宗登機之預識與贊助，也使道教擁有受政權扶植之契機。因此唐宗室基本上仍採兼容三教之政策，不過延續南北朝隋以降之佛道論爭，唐初台面上之大宗教仍以佛道為最，儒家因魏晉以來衰微之勢及與二教所論未必有共同焦點，故未加入這場論戰。面對政治上之大一統、文化上之大融合、宗教上之大論辯，在在給予宗教界省思匯通之機會。躬逢其盛之唐初諸高道，自亦不能置身事外而閉門造車。所以唐初中期道教界對於魏晉南北朝以來數百年累積之道教經法進行了消化整理工作，這種工作持續至唐末。整理故三洞四輔等七部道書得以不致渙散失統，消化故道教教義得以進一步更系統，思想深度得以更提昇。這一階段之發展對於五代宋以後下一階段之道教產生關鍵性影響。

　　道教界諸高道對於經教之消化，一方面參考佛教，更主要地是以太上老君《道德經》為依歸，尤其在思想深度上更倚賴此部聖經而得以提昇至前所未有之高度。然而從道教界來看待《道德經》自然如此，更令人訝異的是當時思想界似乎亦普遍流行這種趨勢，可說遠離魏晉時期之玄學思考模式，而接受了道教式的觀點。

　　活躍於隋唐之際的顏師古（西元 581-645，相當於陳宣帝太建十三年至唐太宗貞觀十九年）是一位傳統儒家知識分子，乃南朝顏之推之孫，向來以經學名家。貞觀四年，太宗詔師古考定五經。功成，復詔房玄齡集諸儒詳議，時眾說紛紜，師古乃博引晉宋以來古本，對答如流，眾皆嘆服。貞觀七年五經方有新的定本可以頒行天下。顏師古可說居功厥偉。顏師古因此有《五經定本》之作，在唐代是與陸德明《經典釋文》、孔穎達《五經正義》齊名之經學巨著。

　　現存有敦煌殘卷 P2462 之顏師古《玄言新記明老部》之作，從這一部著作，我們看到了當時思想界詮釋《道德經》之共同關懷，也可見詮解《道德經》是當時知識分子共同關心與研究的領域，或許是因為李唐皇室以老君為宗祖，所以知識分子高度關注這位傳奇性人物吧！

　　從今日敦煌寫卷 P2462 之顏師古《玄言新記明老部》看來，包括幾個部份：1.葛玄《老子序訣》、2.老子相關之神話、3.解釋「老子」「道德」「經」等關鍵用詞之意義、4.解釋《道德經》分為上下經及八十一章之道理、5.解釋八十一章各章之內容意義及其順序之關連性，但並未注解經文。❶由此可見唐初思想界對於《道

---

❶　王卡考證認為：「此卷是顏氏（師古）為《老子王弼注》所作的『開題序

德經》之詮釋，似乎已產生了一種新的形式。學者不再只是一味地注解《道德經》原文，更進一步擴大及對於與《道德經》相關之各個主題如上所述。

　從詮釋的主題而言，有了新的突破，亦較具全面性。從其思想內容而言，也提出一些頗具新意之觀點，而異於魏晉玄學家所論。如言聖人濟俗為「迹」，聖人體無之心為「本」的本迹問題。「有無（空）」問題，顏師古既「遣有入無」、「雙遣空有」，又需「兼無兼有」，可說對有、無採取雙遣雙存之觀點，這實即是重玄思潮下的產物。此外也談「境智」論題，並言：「道是真境之理，德是至人之智。理境無擁，故謂之通。即此之通，能通於德，亦是即彼之德能得於通。所以有道而無德，無以見其通，有德而無道，

<hr/>

次』，疏釋《道德經》篇章次第及其旨義。其中解釋『道德』之義，引述王弼注文以為依據。但其所說義理宗旨，大抵以唐代重玄學說為本，不盡符合王弼注原旨。按新、舊《唐志》均著錄『王弼新記玄言道德二卷』，當即此書。但誤題王弼撰，不知是唐人所撰開題序次。」又判斷說：「世、民字缺筆，治字不缺筆，當係唐初抄本。」參考王卡，《敦煌道教文獻研究——綜述‧目錄‧索引》（北京：中國社會科學出版社，2004），頁 173。而日本武內義雄卻以為，「新記玄言道德」乃王弼老子注本之異稱，而《玄言新記明老部》則是顏師古疏釋王注之作。武內氏進一步論證，唐代道藏中當有「玄言新記」之部，以疏釋老莊列諸書。而新、舊《唐志》所載『王弼新記玄言道德二卷』，當即是唐道藏本之零帙。參考武內義雄《老子原始》一書之討論。此書收入《武內義雄全集》第五卷老子篇（東京都：角川書店，1977-1979），頁 40-42。另參武內義雄《老子原始》，收入江俠菴編譯，《先秦經籍考》（臺北縣：新欣出版社，1970），頁 248-252。然而，《隋書經籍志》著錄「玄言新記明莊部二卷梁滉撰」。則「玄言新記」之注疏體例，顏師古似乎是前有所承的，也當是隋唐時期新出現的注疏體例。因此，應當以王卡的說法較為確當。

無以表其德。欲明道德相資,則境智冥會。」境智與道德結合起來論述,實亦一項創見。不過若從同時代之成玄英《老子開題》(敦煌寫卷 P2353)中言:「道德者,道是圓通之妙境,德是至忘之聖智。非境無以導智,非智無以照境。境智相會,故稱道德。然境智智境,不一不異,而異而一。」又言:「道以德為義,德以道為義,非道无以通德,非德无以顯道。」看來,可見這類說法當普遍流行於知識界,而為共識,非顏師古一家之說。另外顏氏也討論時代民風之「澆淳」,聖凡之「感應」問題亦被提出來討論。這些討論的主題與詮釋觀點,明顯地承繼自南朝宋文明、臧玄靜等人,而非來自魏晉玄學家,這是相當值得注意的現象。

　　所以綜觀顏師古注解《道德經》的方式與思想內涵,大異於前人。這種新形式、新思想的注解方式,大概是唐初學術界流行的模式。雖然顏氏採用南朝宋之古王弼注本,❷可是其詮釋之觀點卻與王弼大異其趣,毋寧說是以重玄思想為中心的一種注解本。這種重玄思想在南朝道教界醞釀發展了好一段時間,唐初大抵便滲透到當時的思想界,所以顏師古《玄言新記明老部》的新模式與新觀點,正反映出當時學術界詮釋《道德經》的流行風潮。這種風潮甚至可以進一步指出是來自於道教界,觀《玄言新記明老部》此書一始便編列有葛玄《老子序訣》一段文獻的形式即可知。因為敦煌所出六朝唐初之道士《道德經》寫卷,往往先鈔列葛玄《老子序訣》,其次再抄寫《河上公注》本之經文,這種形式直接影響唐初學術界,

---

❷　《玄言新記明老部》載:「王弼字輔嗣,山陽人。官至尚書郎,魏正始十年,時廿四。尋宋古本直云王輔嗣,下稱註道德。」

從顏師古《玄言新記明老部》可以明顯看出。當然回過頭來看看唐初的道教界，也正是同樣的一種情形，可資以互相佐證。其中以重玄思想成名的道教大師成玄英，更是其中佼佼者，所以對於這位唐初重玄大師有必要作一番深入的探討。不過《玄言新記明老部》中特言：「尋晉宋之前，講者舊無科段，自齊梁以後，競為穿鑿。此無益能藝而有妨聽覽。且乾坤之道，貴存簡易，今宜從省，皆沒而不說。」明顯地是針對透過分科段之方式以註經之如成玄英《老子開題序訣義疏》類的著作而發的，可見成氏注解《道德經》之方式可能遠有所承，其源或許真可溯至南朝齊梁時期。而顏師古雖然採用當時流行之新注解形式，不過對於如成玄英之類破碎穿鑿之方法，則不敢苟同。對於經文之注釋，他大抵還是遵循晉宋以前之古註形式如王弼之註者。

第二節　成玄英道德經學

　　從東晉南北朝道教道德經學所逐步發展而形成之重玄思潮看來，到了唐初似乎便開花結果了！西華法師成玄英可說是道教重玄思想之集大成者，洵為一代道門宗師。世人多知成氏有《莊子疏》之作，魏晉玄學界討論此書者所在多有，無庸再議。可是對於成玄英之《老子開題義疏》卻鮮有論述者，此作正足以呈顯出成氏對於重玄思想之總結性的系統觀點，也讓我們看出玄英對於太上老君《道德經》之用心。

　　今日留存之成玄英的《道德經》相關著作，經嚴靈峰及蒙文通二先生之披荊斬棘，而有相當斐然的輯佚成果，今即以此成果作為

文獻依據以資探討成氏之重玄思想。❸

　　成玄英作《老子義疏》之前，已作《老子開題》，所以《老子開題》可說是對於《道德經》之總結性或開宗明義性之著作，❹由是書之內容亦可印證這種觀點。在敦煌殘卷 P2353（即《老子開題》）中，成玄英首先便討論有關太上老君之幾個主題：1.「老子」一名之三種解釋、2.老子之名氏、3.太上老君之「法體」、4.老君之神話史蹟（時節）、5.老君出生之故鄉辨（方所）。接著成玄英又開列出五個主題：道德、釋「經」、宗體、文數、章卷，進一步探討太上老君所說之「正法」，而後才針對《道德經》經文作注疏。如此之詮釋模式，在前述之唐初顏師古《玄言新記明老部》中已可見到，可說是當時流行的注解形式。而這樣的注解模式，正式凸顯出「聖者與文本」之主題，亦即太上老君為道教之聖者，其著作《道德經》則為道教界內之「聖典」。聖者為世所崇拜信仰，當然聖典也被神聖化而廣被注解傳承了！所以注解聖典，亦不可忽略聖者之生平事跡與各類神話傳說，必須一一加以辨正，對於聖者建

---

❸　關於成玄英的文本資料，基本上以嚴氏《輯道德經開題序訣義疏》（無求備齋《老子集成初編》本）為主要依據，再參考蒙文通，《老子義疏》（即《輯成玄英老子義疏》）（臺北：廣文，1974），及蒙文通，〈輯校成玄英《道德經義疏》〉，收入《道書輯校十種》（蒙文通文集第六卷）（成都：巴蜀書社，2001）。另外日本藤原高男，〈輯校贊道德經義疏〉（收入《高松工專研究紀要》2，1967），對成玄英疏文亦作過整理，可參考。

❹　唐強思齊《道德真經玄德纂疏》卷首云：「其（成玄英）委曲玄旨，具在開題義中。」可見成氏《老子開題》之性質。又成玄英《老子義疏》十四章注解云：「解此真應兩身作三乘義，釋具在開題義中。」可見成氏之《老子開題》早於《老子義疏》。

立一套可信之正統性觀點，以期正世人之視聽，並統一教內之觀點，而廣為教內所認同。成玄英做為一位總結性之大師，其企圖心相當清楚。

一、老子神話事跡之論辨

關於老子之傳說故事，最早見載於《史記·老莊申韓列傳》中，僅短短數百字，對於老子生平事跡亦多語焉不詳，甚至以老子西度流沙而後不知其所終作結。如此一位謎樣的傳說人物，又加上孔夫子「猶龍」之讚嘆，愈加令人難以捉摸，而予後人無限的想像空間。因此許許多多的神話傳說便附會在這位傳奇人物身上，特別是東漢以還，道教徒對於這位傳說為太上老君轉世之聖者的諸般崇拜信仰，更加推波助瀾地助長了形形色色的老君神話。因此漢六朝以降，歷代敷演出許多老君神話，這些可能來自民間傳說也可能淵源於不同道教教派之來源不同的宗教神話，雖然重點同樣在於形塑老君聖者之形象，不過其間之說法觀點卻往往有所出入，對於這些分歧，到了唐初的成玄英時代，自然有必要加以釐清，這正是成氏關心老君神話之背景所在。

對於「老子」一名，《史記》只是推測式地說明因為「李耳」其人養生致壽而得二百餘歲，故號「老子」。此類說法對於世人而言，雖屬推測臆辭，但似乎亦已相當明白易懂且頗具說服力了！不過對於一位敏感的宗教家來說，事情便非如想像般之簡單，成玄英特意解釋「老子」一名之義。他提出三種說法，從敦煌殘卷僅可見其中一種。成氏論述老子（太上老君）是永恆之存在，宇宙之大生命、大聖者，所以老子是無始無終的，並引證《玄妙內篇》：「老

子不生不滅，無始無終。」又引葛玄《老子序訣》說：「老子之
號，因玄而出。在天地之先，無衰老之期，故曰老子。」做說明。
世間之人本有生死，所以《史記》雖不知老子之所終，但亦僅以世
間人看待老子。宗教家如成玄英，便完全是宗教神學之角度來思考
這位聖者，所以老君便非世俗凡人般，生命有起始終結，反而是超
越時空不受限制的永恆存在。於此可見宗教徒的神學式詮釋觀點。
成玄英並列三種說法，未加以評騭其間高下，且認為三種說法是因
應教化的不同觀點，最後總結說只要了解其中真義，則不必執著於
任何一種說法，其理皆可通。

其次關於《史記》老子姓李名耳字伯陽，外號老聃之「名氏」
問題，成玄英也加以討論。成玄英引證《文始內傳》、《神仙傳》
等二部道教內頗流行之宗教仙傳著作說明老子是因為出生時指李樹
為姓，故姓「李氏」。當然這是宗教神話，一位聖者出世自必異於
常人，所以成玄英又引陸先生（陸修靜）之說言：「老子初生，卻
行九步，因即能言。」老子一出生便能言，所以即指李樹為姓。聖
者出世之宗教神話總是超乎世人之意想，而轟轟烈烈地展開。關於
何以名「耳」，成玄英說：「名耳者，老子耳無輪郭，顯示異相，
因以為名也。」「異相」即所謂之「相好」，聖者出世便顯露異於
凡人之身體特徵，以昭告世人，一位非凡的救世主業已誕生，即將
展開其一生救世渡人的宗教事業。這種觀點大抵是六朝時受到佛經
的影響，到了唐初便習以為常地廣為道教界所接受了！成玄英引
說：「葛抱朴引《朱韜玉札》云老子黃色美眉，廣顙長耳，大目疏
齒，方口厚脣。額有參午達理，日角月玄，鼻有雙骨，耳有三門，
足蹈二五，手抱十文。」便是老子諸般相好的最好例證。接著解釋

「伯陽」說：「字伯陽者，伯，長也，陽，生也。言聖人應世，利益弘多，方欲長養黎元，生成庶品。」簡單地透過對「伯陽」二字之解釋，而塑造老君應世救世聖人之形象。然後又解釋「老聃」言：「外自（按當作字）聃者，言舌聃聃然，既長且廣，所以字聃也。」自然這也是道教界援用釋迦摩尼佛廣長舌之典故而附會於老子的一種宗教說法，重點也在於強調老君生就異相，廣為眾生說法之意。

　　第三論及太上老君這位聖人的「法體」。成氏先舉《九天生神經》「聖人以玄元始三氣為體，言同三天之妙氣也。」「三天」即指「清微、禹餘、大赤」等三天，乃宇宙之源頭，聖人來自先天，所以說與先天之三天妙氣同質。接著玄英又引南朝梁臧玄靜之說以作補充，成玄英擷引臧氏之說言「臧宗道又用三一為聖人應身。所言三一者，一精二神三氣也。精者靈智慧照之心，神者無方不測之用，氣者色象形相之法。經云視之不見名曰夷，精也；聽之不聞名曰希，神也；搏之不得名曰微，氣也。總此三法為一聖體。經云此三者不可致詰，故混而為一也。」從先天而言，老君來自宇宙總源頭之三天妙氣，從後天而言，老君聖體之本質則為精氣神三一，如此解釋固然是臧玄靜為了與《道德經》十四章經文作配合，然而從道教教義上來說亦自成理路，而非扞格不入之附會。所以成玄英很自然地便援引臧氏之說以作解。

　　探討聖人「法體（即法身）」論題，大抵牽涉及聖人應世弘法、救渡眾生之特性。聖人應運出世，無非為了弘揚大法、濟渡生民，所以聖人在人間應世即需有一「法身」以為根本，而非虛無飄渺無形無象。應世的過程產生所謂「感應」的現象，聖人之「法

身」便因而有「真、應」之別，有感即應，應者為「應身」，能感者為「真身」。這種真應身與感應觀念，是宗教上相當重要且獨特的課題，異於世俗觀點，《史記》中當然便沒有感應的問題了！而後世道教界中一些感應記、靈驗記等體裁之文獻資料，實即是宗教感應課題的另一種呈顯方式。

　　一般看來，真應二身有別，必須加以區分。所以成玄英總結前人的三種說法言：

> 第一散一以為三，是聖人應，混三以歸一，是聖人真。第二
> 云三之與一俱是應，非三非一乃是真。為三一俱是數故也。
> 第三云豈有離名數之外別有無名數之真耶？即此三一非三一
> 是真，非三一而三一是應。非三一而三一之應，此應是真
> 應；三一而非三一之真，此真是應真。應真之真不可定言
> 真，真應之應不可定言應。所以非真非應而應而真。但聖人
> 赴感，逗機應物，或寄人間，或生天上。隨方顯見，相好不
> 同。

第一種說法是透過世間的名言數字概念來探討真應身問題，所以以「三」為應身，以「一」為真身。第二種說法則認為說三說一皆是名言數字概念之世間法，皆是「應」，唯有超世間法者乃為「真」。第三種實即在說明「即真即應、即應即真」、真應不一不異而異而一。所以真是應之真、應是真之應。這三種說法各具深意，層層轉進，所呈顯之問題深度愈來愈深。亦如魏晉玄學之向南北朝唐重玄學之轉進一般。首先透過有、無以論道，接著世間有、

無之名言以論道，最後則既否定又肯定（雙遣雙存）有、無以論道。這種思考模式與佛教中觀思想有、空、即有即空非有非空之三層中道觀有異曲同工之妙。所以道教界在思想層面上，到了唐初已提升至前所未有的深度。

　　不過不論真應身之區別為何，成玄英最後肯定地說：「雖復真應不同，而俱以自然為體。……《序訣》云老子體自然而然，生乎太無之先也。」所以老君聖體以「自然」為體（本質），很明顯地，這正承繼了南朝梁宋文明法師「自然道性」的說法。

　　第四談及「時節」問題。主要針對老君歷代下世為國師之課題做說明，這自然是為了顯明老君應運出世為王者師為天下師之讖記。此外成氏並辨正老君出關之年代及出何關口，老君出關度尹喜，周流八十一國化胡諸說法，且論及老君西化胡後又三次回中土度化孔夫子、干室（即干吉）、張陵。最後駁斥世俗認為老君有死之謬說。上述一連串之辯論，成玄英無非是為了對於之前各種有關老君的神話作一番清整，以正視聽。而關於雍州尹喜故宅南邊有山名「老子陵」，世俗傳說為「老君墓」，成氏力闢其妄，並推斷說老君「當是於此山上西昇輕舉，後人追記聖德，因號曰老子陵」老君既為應世聖人，無始無終，故無所謂生死之跡，自然無陵墓可言。而言「西昇輕舉」除了說明老君白日昇天之得道聖蹟外，也正好可與太上老君之《西昇經》相應合。

　　第五論「方所」。主要討論老子之故鄉所在地，成玄英引證許多資料證明老子出生於陳國苦縣瀨鄉曲仁里渦水之陰。

　　對於聖人太上老君相關之神話傳說做釐清後，不論世俗或是道教內部，皆可對老君有一正確而明確的了解。這個工作足見成玄英

之大師地位絕非浪得虛名，也可顯出他乃系統地研究太上老君其人其書（或道法）。如此的研究方向便大異於魏晉玄學家所作的，純粹是一種宗教式的探討角度。所以成玄英用心良苦，展現總括式之強烈企圖。成玄英除了應用道教內部之說法，也援引一般世俗之資料，互相印證發明，凸顯出一位知識分子型之高道的清明理性，就是因為這份理性與智慧，他不會墮入世俗之訛傳與宗教之謬說，除了解決老君神話問題外，也系統性地透過注解《道德經》總結了六朝以降之道教教義，將教義提昇至相當的高度，這是他對道教界及中國文化之貢獻。

二、太上老君《道德經》之「正法」

㈠釋「道德」

　　成玄英法師透過五個主題進行討論已如前所列。首先他解釋「道德」二字，基本上他將道德與境智結合起來討論，其觀點在論及顏師古部份已經觸及，此不重複。成玄英雖然提出自己的詮釋觀點，不過也相當尊重其他不同的說法，而一一加以整理羅列，他說解釋「道德」二字有五種方式：「第一依訓釋，第二依義釋，第三待對釋，第四所表釋，第五無方釋」第一種是按照以往注家之注解來作解釋，所以可解為「道無也，德有也」也可釋為「道道也，德德也」但是成玄英認為「道之為名，窮理盡性，不復可加，故非訓釋之所能盡，直置道以道為義，義自多合，不繁曲碎，更為他解。故宣尼解《易》須晉二卦云須須也，晉晉也。」所以成氏認為「道」一名之意義，廣大無邊，難以名言作解釋，倒不如像孔夫子之注易經的方式。因此成玄英比較贊成「道道也，德德也」這種解

釋，因為它不會將道、德解釋死了而狹隘化此二字，而讓道德一詞
有更大的解釋空間。

　　第二種是就道德之意義來作解釋，所以說「道以虛通為義，德
以剋獲受名。為道能通物，物能得道故也。」一般如此解釋道德二
字，成法師認為道能暢通萬物，使各得其所；而萬物則能得道，以
遂其生。所以可以「虛通」、「剋獲」二義分別解釋「道」「德」
二字，而「德」是就「物」之面向來作解釋。不過成玄英最後總結
說「篤論道物，亦不一不異」從名相來講，道物似乎不一而有異，
從本質而論，道物是一而二，二而一的。

　　第三種是道德二字互相對顯才能互成其義的解釋方式。故言
「道以德為義，德以道為義，非道无以通德，非德无以顯道故
也。」道德缺其一則無法顯出彼此之意義。

　　第四種是為了從反面來凸顯道德之義，亦即《道德經》中說
「正言若反」「反者道之動」「玄德深矣遠矣，與物反矣」之諦
義。所以道以「不道」、德以「不德」作解，成法師認為是因為
「所以說道以彰於不道，所以說德以表於不德」。

　　第五種從「道」無方所無不在之特性作解釋。

　　綜合上述五種說法，成玄英法師一一加以評論，提出自己的見
解，而非羅列完畢便了事，可見玄英縱貫涵融的研究方式。

(二)釋「經」

　　成玄英認為「經者法教之總名，至人之洪軌……蓋群品之舟航
者也。」又言：「（經）皆是聖言，並詮至理，咸能治病，悉名良
藥。」所以「經」是承載著道教教義、道法的文獻資料，是濟渡眾
生而得以解脫之法船。接著成玄英又舉出「經」字之四種訓釋：

由、徑、法、常。以下成氏列舉各種解釋，認為諸方仙聖莫不由「經」成道，故解作「由」。「經」能開通萬物，為修行之要徑，故解作「徑」。「經」足為蒼生眾聖之法則，故解作「法」。「經」乃傳達亙古不變恆常之至理，故訓釋為「常」。

(三)「宗體」

「宗體」是討論成玄英之前各《道德經》注家注解之宗旨所在。可見成玄英廣泛蒐集文獻資料，對於在他之前的重要《道德經》注家一一剖析，得其旨要，並進行一次總評估。當然身為一位高道，他自有能力蒐集許多道教徒注解《道德經》的著作，這一點是同時代如顏師古等人所無法達到的，所以成玄英可以成為道德經學之專家，蓋皆因其企圖心，當然也自有其機緣與條件。

成玄英言：

> 夫釋義解經，宜識其宗致。然古今注疏，玄情各別，而嚴君平《旨歸》以玄虛為宗，顧徵君《堂誥》以无為為宗，孟智周、臧玄靜以道德為宗，梁武帝以非有非无為宗，晉世孫登云託重玄以寄宗。雖復眾家不同，今以孫氏為正，宜以重玄為宗，无為為體。

如此對於其前之注家作總評，並詳析其宗旨，是前所未見的創舉，成玄英鍾情「重玄」思想，所以自然以孫登為正宗了！而所謂「宗」乃針對「釋義解經」一事而論，亦即講經說法論道之表達方式，綜貫至理之核心思想。所以成玄英贊成以「重玄」之觀念及思考方式來詮釋《道德經》。「體」則是「本質」之義，故成氏認為

「无為」乃《道德經》之真正本質、諦義所在。

接著他進一步詮釋「重玄」與「无為」道：

> 玄者，深遠之名，亦是不滯之義。言至深至遠不滯不著，既
> 不滯有又不滯无。豈唯不滯於滯，亦乃不滯於不滯，百非四
> 句，都无所滯，乃曰重玄。故經云玄之又玄，眾妙之門。
> 《隱訣頌》云玄玄至道宗，上德體洪元也。

成氏引《道德經》文為證，表明其「重玄」說亦源自「玄之又
玄」，另外《隱訣頌》即指葛玄《老子序訣》中「太極隱訣」一段
之頌語。這是訴諸權威經典的一種論證方式。成玄英言「深遠」、
「不滯」以釋「玄」字，實本諸前人之說，如南朝齊嚴東注解《靈
寶度人經》言「玄玄者深遠也，明此無量經功德深遠，故云玄
玄。」此外《道德經》六十五章亦有「玄德深矣遠矣，與物反矣」
之說。而「不滯」之義則南北朝重玄家所樂道者，無庸費言。不過
成玄英重點在強調「不滯」之重玄義，此義甚深奧難懂，不可思
議，故強調「不滯」則「深遠」之義亦自在其中矣！闡明「重玄」
宗旨後他又說明「无為」的意義：

> 无為者，鏡像蒼生，芻狗萬物，雖復揮斥八極而神氣无變，
> 故為則无為，无為則為，豈曰拱嘿而稱无為哉？

對於「无為」的詮釋，成玄英說法以「為則无為，无為則為」較新
穎，即強調為與無為之不一不異，「无為」並非無所作為，無所事

事般消極，而具有其積極意義，亦即外在雖有所作為而內在無心為，內心雖無為外在卻又非無所作為。如此便不會墮入消沈頑空之窘境了！

㈣「文數」

這段成玄英討論《道德經》經文之字數，當然就必定牽涉及《道德經》之各種傳本問題。在成玄英之前除了最流行的王弼本、河上公本外，道教界內之各種傳本亦不一，面對如此紛雜情形，成玄英才會對此現象特加重視，而覺得有必要加以廓清。基本上成法師採用所謂之「葛本」（葛玄本），亦即指敦煌《道德經》寫卷中標記有「太極左仙公序係師定河上真人章句」之傳本，這個傳本共有經文四千九百九十九字，較五千文少一字。所以成玄英引及葛玄《老子序訣》而言：「真人尹喜親承聖旨，當爾之日，止授五千文，故《序訣》云於是作道德二篇五千文上下經焉。是知五千之文先有定數，後人流傳，亟生改易。」玄英認為當初老君授尹喜本即只有五千字，《序訣》所言可為明證，所以葛玄傳本乃真尹喜嫡系，而題有「太極左仙公序係師定河上真人章句」者，成玄英確信正是葛玄之傳本。對於五千文少一字現象之原因，先前之學者或者解釋為「闕此一字，用象太一之无」，或言「少此一字，以明絕言之理」。此類說法發揮高度想像，似乎頗具哲理，不過成玄英卻認為只是臆說罷！他反而相當平實地解釋道：「只是經中卅輻也。且古者三十分為二文，今時世摠為一字，有此離合，故少一文也。」這過解答令人莞爾，一舉推翻前人絞盡腦汁玄想之「高論」，實頗諷刺。

伍「章卷」

　　成玄英接著剖析《道德經》分上下經及八十一章之因。他說分上下經是因為：「上下二卷法兩儀之生育，是以上經明道以法天，下經明德以法地。而天數奇，故上經有卅七章，地數偶，故下經有卅四章。」成玄英認為：「至道虛通，括囊无外，豈止陰陽天地而已。今明立教利物，故寄之兩（下闕）」成玄英深知至道深廣，大無不包細無不入，非兩儀可限，但為了創立教化以利益眾生，故權宜託諸天地（兩儀）。上下經法天地生化之理，亦即至道之生化之理。上經卅七章、下經卅四章，共八十一章，其義在於「八十一章象太陽之極數」此類說法似乎流行於成玄英當代，前面述及的顏師古《玄言新記明老部》也有相同的詮釋觀點。

　　成玄英在道教界內所立下的詮釋《道德經》的模式，對於後代影響深遠，唐末杜光庭《道德真經廣聖義》雖為注解唐玄宗《道德經注疏》之再詮釋著作，不過基本上他承繼了成玄英的模式，對於其前歷代之老君神話加以系統的整理與論述。對於各注家之宗旨也有所討論，但還是沿襲成氏之「重玄」思想。所以杜光庭詮釋的模式大抵承自成玄英法師，只不過其深度廣度都有更新的進展罷！

第三節　成玄英的重玄思想

　　玄英乃出色思想家，亦一當行道教教義學者，雖其思想前有所承，而終能自出機杼，融鑄成體，要為道門龍象。

　　唐初大一統，六朝道教諸教派至此亦得一綜合，而各派道法大抵成型，面對新時代課題，道教發展重點乃在「教義」之建構，甚

至思想深度與廣度之提昇、擴展，這個工作在南朝齊梁之際孟智周、宋文明、臧玄靜等人便已開始著手進行，也取得相當成果。到了成玄英時代，為因應佛道二教日益激烈的對辯，且面對佛教抽絲剝繭、析入毫芒之辯贍，道教思想層次之提昇與圓融，自是當務之急。這種情形在成玄英注疏《道德經》《莊子》二書中可明顯看出來。

　　成玄英在《老子開題》中總述前人注疏《道德經》的宗旨，雖歸宗於東晉孫登之「重玄」觀，然而成氏對於其他注家也多所所採擷，特別是極具思想深度的重玄學者。例如注解《道德經》第四章「道沖而用之又不盈」言：「何以一中之道破二偏之執？既除一中還遣，今恐執教之人住於中一，自為滿盈。言不盈者，即是遣中之義。」又注解第一章云：「以一中之玄遣二偏之執，二偏之病既除，一中之藥還遣，於是藥與病一時俱消。」明顯地是承襲自西漢末嚴君平《老子注》解釋第四章「道沖而用之或不盈」言：「盈必有虧，無必有有，中和之道固不盈不虧，非有非無，既非盈虧，亦非（按當有闕文，可能即「有無」二字）。借彼中道之藥，以破兩邊之病，病除藥遣，偏去中忘，都無所有，此亦不盈之義。」之觀點，而君平正是道教重玄學之遠源，此前已具論，不贅。另外諸如成疏四十三章之「柔能破剛，無能遣有」是完全襲自孫登「柔能破剛，無能遣有」之論；十一章「無賴有為利，有藉無為用，二法相假……以有資空，以空導有，有無資導，不必偏溺」則來自三國魏鍾會「有之以為利，利在於體，無之以為用，用在於空，故體為外利，資空用以得成，空為內用，藉體利以得就，但利用相藉，咸不可亡也，無賴有為利，有藉無為用，二法相假。」觀點，而與成玄

英約略同時的道士車會弼也抱持相同看法言「修身者必須以有資空，以空導有，有無資導，心不偏溺，故成人之利用。」所以這種觀點應是當時道教界流行之共識。

所以成玄英有源有本地、選擇性地吸收前人的智慧，而非憑空獨創一己之觀念系統。最明顯地是他對於佛教思想之消化，譬如成疏十二章「人不能內照真源而外逐塵境，雖見異空之色，乃曰非盲，不視即色是空，與盲何別？」便因於姚秦鳩摩羅什法師「不知即色之空，與聲相空，與聾盲何異？」之高論。成玄英極其注意羅什以降之佛教大乘空宗思想，特別是號稱為羅什空宗之嫡系而在隋朝吉藏法師手中所逐漸發展起來的三論宗思想，更受到成玄英之青睞而大加援用，所以在成氏《老子義疏》中便出現大量佛教術語，諸如「中道」「二觀」「諸法」「萬法皆空」「六根六塵」「能所」「境智」「空有」「因果」「無來無去」「定慧」「解行」「六度」等等，讓人懷疑號稱道教宗師的成玄英，似乎成了佛教的螟蛉子，完全喪失道教本色。事實不然，若說成氏受到佛教教義刺激則可，說他在佛教羽翼下長大或是外道內佛，則完全錯判成氏。實際上從本質而言，成玄英仍是道教式的觀點，與佛教大異其趣。例如成玄英十三章疏「所言無者，坐忘喪我，隳體離形，即身無身，無身非是壞滅而稱無也」便是駁斥佛教寂滅之說，認為寂滅之說終成斷見，這種論調來自南朝梁臧玄靜之「至道雖言無色，不遂絕無，若絕無者遂同太虛，即成斷見。」與成玄英同時之道士蔡子晃也有相同觀點言：「無身者，謂不以身為身，冥乎造化，物我俱忘，患何能及，非是滅壞其身喚作無身。」便皆是相當典型之道教式觀點。

　　成玄英在前人基礎上更翻新意，他擅以對偶性觀念組來闡發其思想，如前所述借用自佛教之概念外，譬如「有無」「有為無為」「有欲無欲」「道德」等，則傳統道家概念，「道物」「性情」「形神」「理教」「權實」「真常無常」「本跡」「動寂」「真應」則多承自六朝道教徒之術語或當時流行觀念，經成氏之組合便自出新意。這些觀念組玄英有效地運用以詮釋道相、聖人應世、修行、言教之存在意義等等問題，他的方法除了受佛教三論宗影響，採取破斥掃相之激烈手段外，自然也秉承道家道教自身的思辨模式，對於道體是積極肯定的，如成玄英以有、無（空）來論述道相，既肯定又否定有無，肯定有無，即是老莊、魏晉玄學之老路數，否定則來自佛家，此即成玄英之風格，亦其自成面貌之因。

　　因此，成玄英法師受到佛教思想影響是無庸諱言的，不過重點正在於他能入室操戈，獨鑄其道教教義觀點以疏解《道德經》，為唐代之《道德經》注疏立下典範，影響甚大，亦堪稱重玄學之集大成者。以下試從幾個面向來建構其疏解《道德經》之教義觀點。

一、「道相」

　　「道相」問題涉及對「道」之體性的描述，先秦時代老子便早有恍惚難辨、捉摸不定之論，此眾所周知。不過老子時代氣化宇宙論猶未成形，所以對於「道」即缺少「氤氳朦朧」的形容詞，戰國晚期精氣神之氣化宇宙論逐漸出現，反應在《管子》《呂覽》諸書，到了漢初《淮南子》更變本加厲地融合老子恍惚之言與氣化宇宙論式語言來描述「道相」。這種觀念至西漢末嚴君平《老子指歸》一書更顯精彩，嚴氏似乎發揮極大想像力，任其智思恣肆無

垠，滿紙放曠無涯之論，令人難以想像「道」究為何物，故君平頗招汗漫之譏。

「道相」問題是道家、道教特別關心者，中國思想本不擅辯給，往往以描述性語言代替對辯之機鋒，而佛教則特長於思辯，論「空」、「中道」義，每出諸以「常、斷」「一、異」「來、去」「生、滅」等極具邏輯性的對偶觀念，重點在於從反面破斥人世間之種種名言假相，而非正面去描述「空」為何物，再加上佛教本即無所謂創生宇宙之根源性觀念──「道」，所以更不在意「道相」問題。因此漢晉六朝唐道家道教之「道相」問題，便顯得相當特出而重要，而儒家則晚至宋明才對此問題著力，所以不可不說是對中國思想之一大貢獻。

成玄英法師秉承此一大傳統，自必淬其心力於斯。成氏疏解第一章便開宗明義地作極其詳盡而系統的論述，足顯其融貫之功力，其言曰：

> 大道者何也？虛無之系、造化之根、神明之本、天生之源，其大無外，其微無內，浩曠無端，杳冥無對。至幽靡察而大明垂光，至靜無心而品物有方。混漠無形，寂寥無聲。萬象以之生，五音以之成；生者有極，成者必虧，生生成成，今古不移，此之謂道也。（一章疏）

大道無形寂寥之形容基本上承襲自老莊道家之說，兩漢以來並無異論。而所謂虛無之所繫、造化之根本、神明之本源、天地生化之源頭等，則戰國以來之黃老家言，尤其神明之本一句，更足以作為道

家向道教演變之過度性觀念。而「其大無外，其微無內」為六朝道教徒所樂言，亦即「大無不包，細無不入」之意也。「道」既然超出一切，卻又包含萬象，因此可以是幽冥，也可以大放光明；可以至靜無心，也可以是動應而生化品物。道超乎一切世間萬象、名言，萬物有生有成有極有虧，「道」則無所謂生成極虧，乃今古不變之常理。所以玄英疏解二十一章言道非有無、亦有無，道也無來無去。

二、人性與墮落

道家對於「道體」是積極肯定其實存的，否則便會淪為道家人士眼中之佛教空寂之斷見，所以宇宙大道遍生一切，無在無不在。成玄英在對於首章開宗明義的疏解中，除了觸及「道相」主題外，也對於道體之生化有詳盡清晰的論述，其言曰：

> 元炁大虛之先，寂寥何有？至精感激而真一生焉，真一運神而元氣自化。元氣者無中之有、有中之無，廣不可量，微不可察。氤氳漸著，混茫無倪，萬象之端兆眹於此。於是清通澄朗之炁而浮為天，煩昧濁滯之炁積而為地，平和柔順之炁結為人倫，錯謬剛戾之炁散為雜類。自一炁之所育，播萬殊而種分，既涉化機，遷變周極。然則生天地人物之形者，元炁也；授天地人物之靈者，神明也。故乾坤統天地，精魂御人物，炁有陰陽之革，神無寒暑之變。雖群物糾紛，不可勝紀，滅而復生，終而復始，而道德之體、神明之心，應感不窮，未嘗疲於動用之境矣！……本無神也，虛極而神生，本

無炁也，神運而炁化。炁本無質，凝委而成形，形本無情，動用而虧性。形成性動，去道彌遠，故溺於生死，遷於陰陽，……故生我者道，滅我者情，苟忘其情，則全乎性，性全則形全，形全則炁全，炁全則神全，神全則道全；故道全則神王，神王則炁靈，炁靈則形超，形超則性徹，性徹者反覆流通，與道為一。（一章疏）

所以不嫌繁冗，徵引這一大段文字，乃因為從中可見成玄英系統而完整之觀點，其重要性自不待言。「真一」觀念之運用成玄英大抵承襲自活躍於隋唐初之劉進喜，因為劉氏曾造《太玄真一本際妙經》（俗稱《本際經》），強調「真一」概念，而成玄英與劉進喜又可能有師承關係，❺當然「真一」觀遠源於六朝道教徒，成、劉不過繼續前人進一步作發揮。論及元炁，成玄英多沿襲兩漢黃老道家之語言風格，未有新意，故不多論。

　　對於「道體」之生化，法師有相當精闢的闡釋，析理入微。首先他亦不脫傳統儒道二家「天地人」三才之格局，不過卻另立一「雜類」，這雜類大抵即指草木土石等所謂之「無識」，此概念援自佛教，與有識之「眾生」相對顯，法師可能為了包含宇宙萬象，而且遷就「無識」一詞之運用，所以立一「雜類」之名，因此道為宇宙萬象一切有情、無識之根源。依成氏之論，「道」生化有情眾生，順著以下次序，此次序之先後當為形上之先後，而非時間之先後：

---

❺　盧國龍，《中國重玄學》（北京：人民中國，1993），頁222。

　　　　　道（虛）→神→元炁→形（內含靈、性情）

我們也可以歸納出對應觀念組：

　　　　　元炁→形；神明→靈。

　　因為成玄英在首章中亦言：「道以虛通為義」，且前面所引也明白表示「大道者何也？虛無之系、造化之根、神明之本、天生之源」道以虛為本質，道虛極而生化，乃顯出道之「神明」，此「神明」在此並非指神學意義上之位格神，大抵近似於《道德經》所言「其中有精，其精甚真，其中有信」之真實無假的「精」「真」吧！「神明」蓋一形上觀念。不過這「神明」與有情眾生之「靈」有直接關連，眾生之形軀則來自「元炁」。「靈」可能涵蓋「心、性、情」三者，而近於一活動意義的「心」或「靈魂」概念，因此成氏便言「精魂御人物」，不過這點成玄英倒未明確說出。接著成氏談到一連串之修行原理，主要以「性情」為基礎。所以按照成玄英之理路，明顯地持「性善情惡」之說，成玄英首章即言「道以虛通為義，常以湛寂得名，所謂無極大道是眾生之正性也。」此即六朝以來高道所喜論之「道性」觀，所以成玄英也一再強調這觀念，二十五章他提及「道性自然」觀點，六十四章則言「一切眾生皆稟自然正性」，因此確立性善之觀點。「惡」之形成則來自於「情」，所以他說「滅我者情」。

　　「形本無情，動用而虧性，形成性動，去道彌遠，故溺於生死，遷於陰陽」，眾生非死物，故動用而與外界有所感應，外界包括其他有情眾生，也包括所謂之無識「雜類」。在感應現象中，便

分出能感應之主體（能）與所感應之對象（所），於是成玄英大量借用現成的佛教觀念作解析。「能」即是「智（心）」，「所」即是「境」，如果細部而論，「能」即指身口意三業或眼耳鼻舌身意六根，「所」則是「諸法」「諸塵（六塵）」，這些概念援自佛家，散見玄英疏文，故不具引，當然玄英也不忘運用道教之人體之「四關九竅」（五十章）觀念作說明。人身六根能「知覺攀緣」（四十七章疏文），所以染塵而生情欲，墮入生死輪迴，這是人性墮落之根源，更是造惡業之種因。因此眾生需要救世主之濟度方能解脫，以下論及救度眾生事業。

三、教主與救度

魏晉玄學家注解老莊，一般而言並不認為老子是得道聖人，與儒家聖人孔夫子相較猶有一間之隔，然而高道如成玄英輩，便極其自然地認定老子乃即太上老君之轉世化身而為人間之救世主、教主，所以他在疏文中屢屢提及老君「教主」（四十四及五十七章）或「法王化主」（十六章）之身分，不過在十七章又言：「太上即是今玄天教主太上大道君」依照道教神界系譜，太上大道君乃太上老君之師，老君奉大道君之命來世間顯化度人，因此大道君乃天上教主，太上老君則人間之教主，其意甚明。所以成玄英便說「聖智引接群品」（十五章），「大慈能引接凡庶」（五十二章）「至聖主領弘普」（二十八章）老君成了普渡眾生接引群品的救世主，他是一位先天神，倒駕慈航濟渡有情，故言「得道聖人超凌三境，但以慈悲救物，反入三羅」（四十章）。這是先知覺後知先覺覺後覺之宗教性說法。

聖人救世，性體至寂而動應萬有，故言「妙體虛寂而赴感無差」（三章）雖無心感應而法身有真身、應身之別，真應身之意前已述及，此不復言。而大道生化萬物，亦須教化眾生，故除道生德畜物形勢成外，也要長之育之亭之毒之。所以說「始，道本也，母，道跡也。……從本降跡，導引蒼生，長之育之，如母愛子。」（五十二章）此乃「道體」生化教化之原則，然而這原則如何落實到人間呢？自然是透過聖人之無量功德與感應顯化了！故言「從本降跡，稱謂斯起。所以聖人因無名立有名，寄有名詮無名者，方欲子育眾生，令其歸本。」（一章）因此聖人感應，創立經教，教化眾生，所以說「聖人應則經教出也」（五章）此乃教主先知覺後知先覺覺後覺的法門。

經教系統渡化眾生，而眾生根器有利鈍，材質分上中下三品，所以經教依之而有上中下三乘教法，這些觀點在成氏疏文中時時論及。教存漸頓，法有權實，而權劣實勝，故言「應化則不得已而行權」（三十一章）這不得已之教法，完全因應受教者之根器，所以成玄英說「上機之人，聞實即悟，下根之者，要假於權，此則增法除妄。」（三十六章）教即名言，而分權、實，即為了與首章「道可道非常道，名可名非常名」之理相應。因為從妙本之道降而生跡，經教系統乃得創立，妙本則實理，經教則權宜，理教之判在此。妙本實理非權宜之經教名言所能盡，此正道與名之對顯關係。

四、重玄與修道

人之墮落輪迴是因為情染諸塵，慾海沈淪，所以修行之道必須對症下藥，因為「知者分別之名，欲者貪求之目」（三章）所以必

得斷絕病根，使人無知無欲。這是成玄英援用道家之說法，另外他也搬引佛家觀念作細膩的分析，亦即前述之三業六根、六塵等，所以無知無欲具體地說即是始三業六根永保清淨而不染情慾，如此便不會造惡業而入生死苦海。不過究竟如何做法呢？

首先必須抱持「自利道圓，利他德滿」（十章）之修行觀。亦即除了自度外亦須積極度人以積功累德，這是東晉葛玄《抱朴子》中所強調之觀念，六朝以來道教徒奉為圭臬。接著則需發心，發心是為了更明確立定自利利他之志願。故言：

> 發大弘願，化度眾生，誓心堅固，……誓心多端，要不過五：一者發心，二者伏心，三者知真心，四者出離心，五者無上心。第一發心者，謂發自然道意入於法門也。第二伏心者，謂伏諸障惑也。……（二十七章疏）

第一發心是為立下入道門修行之決心，所謂「發自然道意入於法門」亦是六朝以來道教徒入道之一種重要儀式。其他四種發心則是誓願達到各種解脫境界，以為修道之目標。

成玄英自然也運用佛教修行法門，他說「學道之初有定有慧，有行有解。見小即是慧解之門，用柔即是定行之術。故六度之中即有定行慧解，前五是行，後一是解。解則是慧，其行則兼定兼有，而以空導有，以有資空。」（五十二章）「六度」即持戒、忍辱、精進、佈施、禪定、智慧六者，是佛教相當重要之六種法門。有了前五者修行之努力，自必產生第六者之智慧，所以成玄英認為前五者屬「行」，後一者屬「解」。行是修行方法，屬有，解是智慧、空

慧，屬空。但空、有不可偏執，故需互相資導運用。

　　成玄英借用佛教修行觀念大抵是為了作補充說明，使其析理能更加詳盡，其基本格調仍是道教式的。所以他的無知無欲仍得落實到道教法門方見親切。成玄英《老子開題》引臧玄靜之論聖人以精氣神三一為法體，這觀點在疏解十四章「夷、希、微」概念時再次被強調，復從前面談及有情眾生之形神觀看來，基本上他自然沿襲著道教自古以來精氣神修道之傳統無疑。所以諸如「蒼生流浪生死，皆由著欲，若能導養精神，虛容無滯，則不復生死」（六章）「專精道炁，致得柔和之理，故如嬰兒之無欲」（十章）皆言精氣神對修行之重要，特別是「精」更是關鍵，所以說「言真精無雜，實非虛假。於三一中偏重舉精者，欲明精是炁色神用之本也。」（二十一章）因此成玄英特重人身之「精」之保養，他說道：「正陽之精生於午，午者馬也。……心有四門，能知四方，……心中有道，則正氣流行，支體滋潤，髮膚玄長，故卻走馬以糞之，心無道則生淫亂，戎馬四走於郊，邪脈致以害身，故曰戎馬生於郊」（四十六章）這是相當道教色彩之解釋，雖未免穿鑿，卻足顯成氏觀點之特色。寶精以糞養其身，則身潤澤有采，否則百脈邪亂害身。人身精氣神足，則身口意三業亦清淨矣！所以成玄英接著論及精氣神與三業之關係道：

　　　　靈府潔白，在染不染，……明意業淨……精氣滿實之
　　　　至，……聞見色聲而妙悟真空，……明身業淨……和氣不
　　　　散，……明口業淨。（五十五章疏）

「靈府」自然指神而言，其他精氣則不論自明。所以**寶養精氣神三一**，方能無知無欲，令三業六根清淨，面墮入六道生死之輪迴。

　　精氣神三一是道教修行之基本原理，而其法門何在？此即前述「經教」是也。針對「經教」之具體討論，成玄英論言：

> 義主止惡裁非，即經中戒律是也，然戒之起，本被下機，事涉有為，未階虛妙……禮尚威儀，即經中敷齋威儀等是也……唯尚威儀，雖為漸教法門，而未能與理相應。（三十八章疏）

所謂戒律、威儀等，皆經教也，而這些有形有象之經教之「跡」，是權宜方便之法，是有為之漸門，非大乘無為之頓教，其源則是妙「本」之理。在四十五章談到：「閉目內觀，致神明也」此乃道教盛行之存思法，成氏雖未明言，不過他亦當如宋文明般貶抑存思為有為經教之一法而已吧！

　　經教是教主權宜方便法門，有其存在必要，但因與妙本之理不相應，所以必須有所警惕，不可執實。因此面對龐雜的道教經教系統，即須以「重玄」之道統貫之，故言「言，經教也。……言教雖廣，宗之者重玄。」（七十章）相對而言經教是「有」，故需以「空慧」觀照之，所以重玄之道即需「忘言遣教，適可契會玄虛也」（二十三章）因此經戒、威儀、存思等經教，皆為權法，不可執著。可是經教權法亦不可全無，無則墮入頑空斷見，難以度化眾生，故需空有雙遣雙存之中道重玄觀以攝之。面對經教如此，面對「萬法皆空」（四十一章）之外在塵境，也需建立如此態度。於是成

玄英便將佛道二教之教義做了相當系統的縱貫。

　　修道有因有果，成氏強調因果觀念，更提出所謂之「道果」（二十七章）「聖果」（七十章）之名，與之相應者則有「道境」（三十八章）一詞。造惡業固然會淪落三界六道受三塗五毒輪迴之苦，此成氏亦同佛教之說。但是清淨善業則可超脫三界，免生死輪迴，他有相當明確的道教觀點：

> 第二伏心者，謂伏諸障惑也。就伏心有文文（按當為武字之誤）尸三解，解有三品，通前發心為十轉行也。第三知真心有九品，即生彼九宮也；第四出離心有三品，即生彼三清，所謂仙真聖也；第五無上心謂直登道果至大羅也。（二十七章疏）

所謂之九品、仙真聖即道果是也，九宮則道境是也，三清、大羅亦是天上之道境，其中當然以大羅天之道果境界最高。

　　成玄英總結重玄之義，明白地解釋重玄具有二義：玄遠、不滯。他承繼之前之道教教義諸多議題，開展其對於《道德經》之重玄詮釋學，取得相當系統而一貫之成果，可說是重玄學之集大成者，為唐代以後之重玄學立下弘規。在成玄英之詮釋系統中，雖然論及諸多教義論題，然而皆以「重玄思想」為核心。於此我們可以清楚地看出，「重玄思想」作為道教教義之核心以融貫其他經法之現象，雖然這種努力可能早在梁陳之際即已出現，然而至此才在成玄英之著作中得到文獻資料上之印證。

第五章　道教重玄思潮之
思想史意義

　　道教重玄思想是東晉南北朝逐漸興起的一股思潮，南北朝末年以至唐代，成為道教思想之主流。在整個中國思想史，特別是廣義之道家思想史之發展上，具有一定意義。以下針對道教重玄思想，從兩個面向考察其思想史之意義。一將道教重玄思想放入當時之思想脈絡中作比較，而與當時之兩大思潮：魏晉玄學、佛學思想進行對勘，從而凸顯出道教重玄思想之特色所在。

　　其次將道教重玄思想置入整個道家思想史之發展脈絡上考察，可以發覺道教重玄思想不能自外於也不能被摒除於道家思想史之外，反而必須將道教重玄思想看作先秦兩漢之古典道家在六朝時期之道教版的新詮釋典範，而有別於魏晉玄學。

第一節　魏晉玄學

　　魏晉南北朝時期，玄學是思想界之主流，此乃學術界之共識，當無疑義。當時知識分子中出現了所謂的「名士」，這類典型的人物擅於清談名理，清談名理則以易老莊「三玄」為主要內容。「名

士」人物往往機穎過人，發揮於清談名理，則能顯出「超」「拔」的特色，「超然」可說是魏晉玄學家所共同追求的目標。❶唐君毅先生認為魏晉南北朝士族為對治漢末三國政治社會之崩裂亂象，故其思想乃趨向簡易與輕靈，❷其意殆亦相同。

　　名士要求輕靈順適之清談與玄理，所以常常抱持著一種觀照而審美的態度來面對人生、學問，乃至於言行舉止。❸以如此態度構築起來的「玄學」，卻有學者認為是為了作為現實層面之政教理想的抽象理論依據。❹以如此高超之審美態度卻蘊著如此大的現世目的，此種論調實不能令人無疑。玄學家之清談名理，其實重在顯一己生命才情之光彩，其吉光片羽遊戲之論，正其畢生才情學力之所顯。撰論注解之漫漫長篇，雖未必有真實體悟，卻點燃些許學術的趣味。道家向來哲學意味濃，立教之意味輕，❺玄學家以「三玄」為談資，❻加上興味相投，所以玄學之特性理當如此。唐翼明曾為「清談」下一定義，言「所謂魏晉清談，指的是魏晉時代的貴族知識分子，以探討人生、社會、宇宙的哲理為主要內容，以講究修辭

❶　王葆玹，《玄學通論》（臺北：五南，1996），頁 30-31。

❷　唐君毅，《中國哲學原論原道篇二》（臺北：學生，1993），頁 378。

❸　唐君毅，《中國哲學原論原道篇二》，頁 378。

❹　王葆玹，《玄學通論》，頁 33-34。

❺　牟宗三，《中國哲學十九講》（臺北：學生，1993），頁 238。

❻　「三玄」一名首見於南朝末顏之推《顏氏家訓・勉學》，但早顏氏百餘年之王僧虔已用「諸玄」一名指「三玄」，名異實同。而清談中以「三玄」為主要談資之事實，早在曹魏正始時期即然。參唐翼明，《魏晉清談》（臺北：東大，1992），頁 90。

與技巧的談說論辯為基本方式而進行的一種學術交流活動。」❼唐氏正是認為清談是知識分子之文化活動與智力遊戲，也具有某種程度之社交色彩。清談有學術性（求理的一面），也有藝術性（求美的一面）。❽所以清談除了以談說論辯為基本方式外，當然也可落實為著論、作注之學術活動，而成玄學了！如此一來，清談、玄學交互輝映，後學者一方面學習清談之高雅、社交遊戲形式，一方面也透過論注之研讀而豐富談資、提升層次。

綜觀魏晉玄學家所論，實亦有其核心主題，牟宗三先生以為即「會通孔老」，亦即儒家之名教與道家之自然的融通問題，❾其他之「有無之辨」「言意之辨」「本末體用之辨」「聖人有情無情之辨（性情之辨）」，殆皆與此核心議題相關。所以從這些課題之內容看來，大抵正好符合王葆玹所說的，玄學之兩種思想傾向，正體現在天、人兩個方面，即在「天」或自然觀的方面，超拔於形物名跡，力圖進入抽象的思想境界；在「人」或社會政治方面，超拔於現實中的名教與政治，嚮往一種理想的社會政治圖景。❿雖然魏晉玄學家討論之議題多端，⓫不過從其主要的幾個課題看來，這些課題實亦有其內在關連性與邏輯性。雖說會通孔老（名教與自然之辨）

---

❼　唐翼明，《魏晉清談》，頁 43。
❽　唐翼明，《魏晉清談》，頁 81-83。
❾　牟宗三，《中國哲學十九講》，頁 230。
❿　王葆玹，《玄學通論》，頁 30。
⓫　唐翼明，《魏晉清談》第三章論及魏晉清談之議題以三玄、名家、佛理為主，並及於其他，如人物品鑑、養生、鬼神有無等論題，可見當時思想之分歧多端。

是當時思潮之主軸，不過若從這些名士清談家之本質來論究，終究是針對人生、社會、宇宙等課題逞其才智情性作一哲理式的探討。理論性意味重，實用性意味少；多抽象性而鮮具體性。王葆玹在其《正始玄學》論及魏晉玄學「才性之辨」問題時，認為才性之辨乃正始玄學辨形上形下、本末體用之總體哲學思想在人才論上之表現，性為形上、為本、為體，才為形下、為末、為用。**⑫**這種觀點頗具啟發性，依筆者之見，魏晉玄學之各課題，實以有無、本末、體用之辨為其本質性議題。因為這個議題最具抽象性、哲理性，其理論層級最高，根源性後設性最強，所有其他之人生、社會的課題，皆是對於現象界之各各領域之具象作抽象式之思考所衍生之議題吧！本體與現象之對顯二分，是最基本之課題，這個課題若能釐清，則其他議題之分際似便易於迎刃而解。有無、本末、體用之辨的課題，早在曹魏正始時期之王弼即已提出，王弼提出這一組概念主題，進行深刻之辨析，王弼所提之架構，成了魏晉玄學之根本基礎、理論架構與總綱領，更是魏晉玄學方法論之來源，有助於魏晉玄學援道入儒、融合儒道之根本宗旨（目的）的完成。**⑬**所以，研究魏晉玄學，就此學術領域之特殊本質而言，有無、本末、體用之辨是其思考模式，姑名之曰「形式主題」，而儒道會通則為其所欲探討之實際課題了，暫稱之曰「內容主題」。於是令吾人憶及李弘祺所說「應對整個時代思潮的特質有基本的把握」之意義，「形式主題」與「內容主題」便是我們以通史精神對於這個時代思潮之掌

---

⑫　參王葆玹，《正始玄學》（濟南：齊魯書社，1987）第九章第二節。

⑬　唐翼明，《魏晉清談》，頁 127、193-196。

握、描繪。凸顯出魏晉玄學之形式與內容主題，以之與佛學、道教重玄思潮相對照，便易於看出其間之異同。

第二節　佛學思想

　　東漢佛教初傳中國，經過數百年之譯介比附，漸融入中國社會。早期佛教被國人了解為神道類型宗教，往往與原始巫教、黃老道、道教相提並論，所以早期之佛教高僧常以神異顯，從《高僧傳》這類型的典籍可知一二，此無非為了因應強調神異超能之本土社會文化的一種方便法門吧！❹

　　魏晉南北朝時期，玄學乃時代洪流，為與本土玄學思潮進一步融合，「格義」佛學慢慢出現，佛教高僧也往往玄佛並通，方得躋身士林，立足當時社會上流，有助興道傳教。所以諸高僧大德逐漸參與名士集團之清談活動，互相標榜，玄風更熾。東晉以後，佛教徒相當活躍，佛理侵入清談圈，大概是因為佛理需要名士清談方易宣揚，而清談之士則須佛理以為新談資，而且佛經之講習、佛理之研討，完全採取當時流行之清談形式。❺參與玄談的名僧，最著者厥為支遁其人。玄學與佛學互相激盪情形之下，助長佛教般若學的興盛，更何況漢末至劉宋初，中國佛典譯出最多且最流行者為般若

---

❹　請參考李豐楙，〈慧皎《高僧傳》及其神異性格〉（臺北：《中華學苑》26
　　期，1982、12 月）以及蒲慕州，〈神仙與高僧──魏晉南北朝宗教心態試
　　探〉（臺北：《漢學研究》第 8 卷第 2 期）。

❺　唐翼明，《魏晉清談》，頁 117-118。

系經，⓰於是東晉玄風甚熾之時代背景下乃有所謂般若之「六家七宗」的盛況。《世說新語·假譎》記錄一則故事：「愍度道人始欲過江，與一傖道人為侶。謀曰：用舊義往江東，恐不辦得食。便共立心無義。既而此道人不成渡，愍度果講義積年。」西晉覆亡，北方宗室士族紛紛南渡，僧人亦多有隨之南遷者，南遷僧人一時無寺廟可依，乃依止於達官貴人成為食客，或者因為熟悉內外典成為座上談客，進而為寄居之嘉賓，解決生計問題。⓱可見「六家七宗」中之「心無義」，是在玄學之大環境之下應運而生者。

在般若經流行及玄學特盛之氛圍下，產生「六家七宗」之不同般若派系。「本無宗」、「本無異宗」頗以魏晉貴無之說解釋佛家般若義；「心無宗」主張無心於萬物，萬物未嘗無；支道林「即色宗」認為「色不自有，雖色而空。故曰色即是空，色復異空」；「識含宗」、「幻化宗」則空物不空心，肯定心識之實有；「緣會宗」則重壞滅色相，故亦強調色空。綜觀此六家七宗所論，蓋均中國人士對性空本無之解釋也。「本無宗」、「本無異宗」頗染玄學色彩，強調寂靜虛豁觀念；「即色宗」「識含宗」、「幻化宗」「緣會宗」則偏諸法皆空，故強調色空，但不空心神。而「心無宗」則反倒是空心神不空色境。因此，六家七宗大抵可分為三派：第一為「本無宗」、「本無異宗」，釋本體之空無；第二為「即色宗」「識含宗」、「幻化宗」「緣會宗」，悉主張色無；第三則

⓰　參湯用彤，《漢魏兩晉南北朝佛教史》（北京：中華，1988）第九章前言所論。

⓱　唐翼明，《魏晉清談》，頁 286。

「心無宗」立心無義。此恰是僧肇〈不真空論〉所斥之三家，故肇公破斥僅論三家義，原因在此。漢代佛法之反本歸真重在探心識之源，魏晉佛、玄之反本乃在辨有無本末之理，故漢代以來佛徒多言色空，少論心空。此所以「心無宗」大受當時其他佛徒撻伐之因。**⓲**不論六家七宗之宗旨如何不同，他們討論的重點，不出「本體」與「現象」二範疇，實際上此即玄學「有無」「本末」「體用」之佛教翻版。甚至時代略後之東晉中晚期鳩摩羅什之重般若三論，強調無我義，主畢竟空義，斥小乘一切有義等，什公高弟僧肇呵斥六家七宗義，而暢論即體即用（體用一如）、即動即靜，本體超越有無之相對等義，亦皆不離「本體」與「現象」二分之思考框架。於是，我們看到了前述魏晉玄學所謂之「形式主題」，對於佛學之發展具有關鍵性之影響，其滲透力之強，令人詫異。也就是說，作為時代思潮主流之魏晉玄學，其最核心而基本的思考模式——「形式主題」，對整個時代之其他思想流派，具有相當大的侵蝕力，佛學便是一個最典型的例子。「形式主題」顯出一個思想流派之思考綱架，思考模式儘可模仿而相同，不過其內容卻未必一樣。宋明時期新儒家與佛教、道教之交流情形便是極佳例證。如果透過筆者在「研究方法」小節所論之「本質的研究途徑」（essential approach）的面向做考察，將可發現，佛教畢竟異於魏晉玄學，自有其內部關心之課題。儒道會通（自然與名教）是玄學之「內容主題」，若我們試著從勞思光所言「基源問題研究法」去進行剖判，則這個「內容主

⓲　以上這段關於六家七宗之論，參考湯用彤，《漢魏兩晉南北朝佛教史》，第九章釋道安時代之般若學。

題」未嘗不是魏晉玄學之「基源問題」。這個問題可說是魏晉時代玄學亟待解決之問題，所有相關論題皆可向這一主題輻輳，而有其內在關連性與邏輯性。相同地，佛教界亦有此況。當時佛學之「內容主題」自是對於般若性空義之闡發。六家七宗如此，什公師弟亦如此。另外如玄學家盛論聖人之有情無情義、跡冥圓義，而佛教如僧肇〈般若無知論〉則從聖人之「應化」問題，論聖人之體用一如、動靜相即。「應化」問題便極具宗教色彩，而非玄學所關心者。後來之道教界也關注這個課題，而討論感應、聖人應化身議題。所以，思考模式、所關心課題之取向儘可以互相影響，但其內容意義卻是無可取代者，若「內容」這最後一道防線都撤守，則不成其為佛教道教了！

第三節　道教重玄思潮

　　綜觀東晉至唐代道教《道德經》注疏學之發展，從歷代高道殘存之注文可窺其崖略。不過如果與其他相關資料與時代思想背景作比較，更有助於釐清當時道教內部教義思想轉變的軌跡，以補殘注之不足，而得其較為整全之貌。

　　透過以下幾個主軸之考察，將有助於剖析當時道教思想之發展。

　　㈠魏晉玄學與魏晉南北朝隋唐佛學之發展作為背景，將可反襯出道教對於這兩大思潮之吸收融合與反哺。

　　㈡以「重玄」思想之發展為主題進行考察，可以發現東晉至唐代之道教思想在向「重玄」思想結穴之過程當中，歷經幾個階段，

每一階段皆足以反顯出其時代背景與課題。從「玄」這個概念作一觀念史的考察，可以釐清此概念之義涵的演變過程，從而反襯出重玄思想之發展歷程。

㈢道教教義之發展。從中可見道教教義之逐步系統化。東晉中晚期注重道法、方術的發展，宋齊以降逐漸透過哲學思辨、概念範疇之提出、教義之統合等諸多方式，進行道教教義之整理與建構。

㈣援引《道德經》經文並進行詮釋。《道德經》注疏學是透過注解方式對於《道德經》之詮釋工作，援引《道德經》經文以論證、比附、闡釋，其實也是一種詮釋工作。這一面向的資料，將可彌補注疏學之不足，而觀察到當時道教徒對於《道德經》的諸般運用。

當然上述四個考察的主軸並非個個獨立不相關的，相反地，往往是互滲的、緊密關連的。以下筆者試著透過這四個主軸線進行考校，與《道德經》注疏學之發展過程相結合，以見當時道教思想教義發展之跡。

在本章第一、二節討論玄學與佛學的基礎之上，作進一步的綜述。

首先談及㈠之問題，涉及魏晉南北朝玄學與佛學此消彼長之發展實況。基本上玄學之發展，一般分為四個主要時期，或有分為五個時期者。❶然而不論如何，卻普遍認為，東晉中期以後，玄學已

---

❶　參王葆玹，《正始玄學》（濟南：齊魯書社，1987）引論「六、玄學歷史分期問題」。

成強弩之末而漸寢，佛學卻方興未艾乃逐漸取而代之。❷而其關鍵人物則是當時的清談領袖殷浩。殷浩因為北伐中原失敗，被廢為庶人，生活苦悶，大讀佛經。於是佛教思想在玄學界日益昌盛。因此，學界甚至有人認為殷浩北伐失敗之東晉穆帝永和九年（AD 353）這一年，正是玄學與佛學消長之轉捩點。所以東晉中期以迄南北朝，佛學一直處於思想界之支配地位。從名義上看，南北朝雖然仍有清談之風、玄學之論，但是骨子裡卻是佛學。❷所以南北朝時期較有創見的玄學論著多與佛理有關。❷話雖如此，值得強調的是，南北朝之士族的玄談，基本上仍以「三玄」為核心經典。❷這種情形也是值得注意的。筆者認為這一現象，正顯示出東晉中晚期南北朝，雖然佛學逐漸滲入玄學，但是士族之玄學作為魏晉南北朝思潮之主流的形式意義，卻依然未曾改變。亦即六朝玄學思潮，正是在中國本土文化的土壤上逐漸興起以迄衰落，後期雖有佛學的加入，大抵可看成是玄學發展之分枝，而玄學的核心意義，仍然是中國文化本位主義的。所以，玄學對於六朝各思想流派，具有無比的籠罩性。有了這一層基本認知，再反省道教之重玄思潮，便易於入手。

　　東晉中期以後，佛學思想、佛教議題逐漸進入玄學界，更藉此

---

❷　唐翼明，《魏晉清談》，頁 121-123。

❷　王葆玹，《正始玄學》，頁 46。

❷　唐翼明，《魏晉清談》，頁 330。

❷　唐翼明，《魏晉清談》，第六章清談的重振與衰落㈥南朝的清談尾聲，此一小節唐氏整理了南朝清談名士之傳記資料，可以發現這些帝王貴冑名士多精通「三玄」。

影響其他思想流派。所以佛學的發展過程，實際上也可能波及其他。東漢佛教傳入中國，初始之傳播速度相當緩慢。到了西晉時期稍稍流行，東晉則突然蓬勃起來。東晉初中期，名僧加入清談，❷

佛理進入玄學界，佛學逐漸玄學化，最後則佛學喧賓為主，而成了玄學逐漸佛學化的局面。漢晉時期，《般若經》大量翻譯，所以東晉初中期，打入玄學界的主要佛學思潮，便是般若思想。「般若」實為佛教義學之大宗，於是產生以支道林、釋道安為代表之「六家七宗」的般若思想。後來後秦弘始三年（東晉安帝隆安五年 AD401）鳩摩羅什至長安，開始大量譯經，並譯出空宗四大論。於是性空之學盛揚。經由什公高弟僧肇的闡發，使般若性空思想臻於極至。但是般若思想因此一時之間卻再也無發揮的餘地，所以南朝宋齊梁三朝《涅槃經》、《成實論》二派乃大盛，直至梁末般若空宗才又逐漸復興，起而批判之前佛教諸論師。這些發展史實，率皆學界之共識，無庸多言。

　　上述玄學、佛學之發展脈絡，對於當時道教之《道德經》注疏學以及重玄思潮，自然產生深遠影響。魏至西晉之玄學，關於本體論經過貴無、崇有、獨化自生之辯證過程。有、無是《道德經》本有的，其他相關之本末、體用則魏晉玄學家新揭櫫的哲學思辨範疇。即使與玄學未必有任何學術淵源，但是因為玄學思潮無與倫比之籠罩性，這些哲學範疇還是不經意地滲入道教界，潛移默化地支配著高道們的思考方式。而高道們運用這些哲學概念，以解決道教

---

❷　唐翼明，《魏晉清談》，第六章清談的重振與衰落㈣名僧之加入談坐和佛理之進入清談，列舉許多加入清談的名僧之傳記資料說明這種現象。

教義的問題，便只是理所當然地，甚至可以說是無意識地如此思考問題而已，未必可以將道教思想之發展歸入玄學，而成為其支脈。而佛學的般若思想從東晉初中期以降，融進玄學界，自然影響及於道教，對於道教重玄思潮產生關鍵性的啟發作用。而南朝宋齊梁《涅槃經》、《成實論》陸漸，流風所及，亦予道教教義以極大的刺激。凡此諸端現象，對於當時道教之《道德經》注疏學、教義以及重玄思潮之發展，皆有著決定性的導引、示範作用。

其次，關於㈡㈢㈣三條線索，則透過以下兩小節：「一、玄學籠罩下之道教重玄思想」、「二、道家思想史中之道教重玄思想」，進行整合式的論述。

一、玄學與道教重玄思想

從本書上篇二至四章之討論，我們可以作一思想史式的觀察與分析。道教遲至東晉中期，重要道派上清經派猶在逐漸成型當中，強調的是道法方術的修證與傳承，甚至許多道法方術尚在發展中，不夠成熟。所以這時的道教界基本上對於自身教義、神學缺少後設性的省思。東晉晚期，重要諸道派開始進入融合的歷史關鍵性階段。在當時時空背景下，道教界既吸收玄學既定的思考模式，也消化了佛教般若思想與其宗教教義，當然道教仍然本著自家的理念與淵源久遠的黃老思想。所以東晉末劉宋初的《寶玄經》便自覺地以《道德經》為詮釋的核心，從而出現有、無、非有非無的觀念，討論道教的教義與修行方法。這種轉折甚具時代意義，不可輕忽。有、無、非有非無的辯證性論式，或許有源於老莊、玄學，但是其邏輯形式更應該是直接來自佛教般若思想吧！

　　經由上述東晉至唐初之《道德經》注疏書做考察，可以發現東晉末或劉宋初年之《寶玄經》將《道德經》上下篇、《老子中經》，皆歸諸成「太上老君」下傳人間之道法，其間緊密關連而當成一文本組，透過對此一文本組之詮釋，試圖轉化成一具體可行的、不可分割的修行法門。因此對於「聖者」太上老君所傳之「聖典」──《道德經》，便不可等閒視之。《寶玄經》特意詮釋《道德經》之上下經及其章數、篇章結構與字數，展現出道教內部之「寶經」觀念，對於《道德經》這部「聖典」之崇奉，自不在話下。㉕

　　《寶玄經》將原本較具哲思性之《道德經》，透過與《老子中經》的搭配，轉化成修行之道法，從而成功地神聖化、宗教化、實用化這部經典。以《老子中經》之存思身神法去統貫《道德經》。所以對於道體、存思法、精氣神、氣化宇宙論、災異感應說等，皆有論列。雖然尚未提出「重玄」觀念，然而《寶玄經》中已出現「无中之有、有中之无、非有非无」以及「是為道本，生乎太空，空而不空，无中之有，有妙无敵」等類似「重玄」思想之觀點。因此，陸修靜之前的東晉末劉宋初年時期，道教界雖未正式流行重玄思想，然而因為佛教般若思想在學術界逐漸盛行，成為道教重玄思潮發展之溫床。

　　接下來劉宋時代的陸修靜，經由前面小節之分析，吾人可以發

㉕　但是為何未刻意對《老子中經》之篇章結構等進行剖析呢？筆者推測，主要是因為其重要性遠低於《道德經》，再者對於《道德經》篇章結構等做詮釋，已有先例，早已構成該經典詮釋傳統的特色之一。更何況未必每個道派皆認定《老子中經》為老君所傳，所以其受青睞之普遍性降低有以致之。

現陸氏特重靈寶齋義之闡發。陸氏從「虛靜清淨」角度論述齋義，而復言「道體虛寂」，修齋是為對治身口心三業，以寶精愛氣養神及五藏，安身神魂魄，得虛靜清淨道意，最終則能契悟道體。所以陸修靜承襲黃老學者之論，注重實際之修行，不似玄學家般作概念理論之玄想。可惜的是無法看出陸氏關於「有無」概念之論點。不過他談及「虛寂為道體，謂虛無不通，寂無不應也。」已觸及道體之「感應」課題，對後代道教義學之發展，當具一定影響力。

南齊顧歡論「道相」問題時談及「有無」概念，以「清虛」來充實「無」，以「神明」講「有」，顧歡認為清虛之無、神明之有展現道體之大功大用，所以道體亦有亦無。他駁斥佛教寂滅頑空論點，卻又吸收般若遮遣觀念，詮釋道體為非有非無，如此便跳脫玄學家有無之辯，超越於有、無之上矣！雖然如此，顧氏終究不脫有、無觀念辯證關係之討論，仍在玄學之框架中進行思考。其他如：身體觀、聖人心跡、修道工夫之忘遣等，也往往依循本末、體用之思考模式，但其內容卻是道教內蘊的。

盧國龍認為梁陳之際的宋文明、臧玄靜二人，分別承繼了陸修靜的靈寶經法與二孟（孟景翼、孟智周）之《道德經》重玄學及七部經法。❷這個說法雖未必全然可信，然而二人前有所承卻是不爭的事實。宋氏談及心跡、世間民風之澆淳、道性、性情、福田、功德因果等論題，乃源於靈寶經義系統，自屬道教原有之課題。臧氏則論聖人之應身法體、三一（希夷微、精氣神）、道德應感之體用權實義、重玄觀念等道教義學課題。從內容來看，無疑地宋臧未脫道教

---

❷　盧國龍，《中國重玄學》（北京：人民中國，1993），頁 67。

之樊籬。從思考方式言之，宋臧仍然受到玄學大環境之影響，依照體用、權實、本末的角度分析問題。

　　南北朝末隋唐初，如北周韋處玄「道無物有」的「道相」觀點、「道自然」問題；隋劉進喜論聖人之感應心跡問題。乃至唐初如道士蔡子晃也論及「本末」「心境」「業意識」「寂應」「忘遣工夫」等問題。成玄英對於《道德經》的系統性道教義學注疏，更是集六朝道教義學之大成，也展現高度成熟之重玄思想體系，使道教教義與重玄思想結合而推向一道教義學的高峰。

　　綜觀上述諸注疏書所論，實皆透過「聖典」《道德經》來開展其道教教義體系，雖然因為注文多已殘佚，無法得其全豹，不過基本上仍足以歸納出其中之系統性教義論點，這些教義群觀念，彼此互相關連，可見當時諸高道之共同的目標與努力。從上列這些高道所論，主要凸顯出幾個教義課題：

　　1.道體或道相

　　2.道性

　　3.「道」之感應問題

　　4.修道工夫

　　若加以細分，實際上 1.是對於宇宙根源「道」之詮釋，包括有無、體用、道氣等議題。 2.則牽涉「修道」之基礎、「成道」可能性問題，亦即「得道」之根據。由此引申，而及於「道性」與「人性」之關係之論證。於是亦關涉到人之「性情」概念組。 3.則涵蓋「道」之「本迹」問題，「聖人」是「道成肉身」，有時「聖人」即指「太上老君」（道之化身），所以也包括「聖人」之感應問題，亦即聖人之「心迹」、「法身」（應真身）主題。這個面向，便是

對於「救渡」之宗教課題的討論。4.修道工夫所包含者，有戒律、功德福田、身口心三業、精氣神、身體觀、存思法等諸多方術等等。

　　道體或道相之討論，是對於萬象根源之終極關懷，可說是「道」之詮釋史的核心。道教徒自有其異於世俗之眼光。高標此宇宙本體作為現象界之來源，是順著《道德經》的思路。而循著道體或道相思考之理路，衍生出對於「道」之體性的詮解，於是「清淨虛靜」、「無為」等《道德經》中之原始概念再次被強調，不過在佛教「佛性」觀之刺激下，道教必須有所因應，於是從對於道體或道相之討論，一轉而提出「道性」觀念。因為《道德經》「道法自然」句而提出「道性自然」論點。古典道家「道」作為萬化根源，「道」本即是萬象之本源、本質，至此因應宗教上之理論需求而蛻變成「道性概念」，以為現象界之根本質性，以為人、物、自然之根源本質，所以「人性」之深層的、根源的「本質」，即是「道性」。這是宇宙之所以為宇宙、物之所以為物、人之所以為人之根本原因，更重要的是，因而證成了「人皆有道性」這一宗教學上之重要命題，為修道成道找著理論依據，為道教這座宗教殿堂立下磐石，而後方能向上構築發展，其重要性自不待言。宋文明對這一課題做過相當的努力，亦取得可觀成果。

　　「道」之感應問題凸顯出宗教性。古典儒家的「天」、道家的「道」正是「天行有常，不為堯存，不為桀亡」之性格，除了具生化作用外，與人世了無關係。這是哲人眼中的宇宙本體。從宗教的角度觀察，「道」的性格便不能如此地「冷眼旁觀」。悲天憫人的宗教家，豈能放任世間的苦難而不顧？於是「道」必須感應，必須

「聆聽」。「道」之感應問題實際上便是宗教之救贖與濟度課題，遠較漢代感應災異之說又邁出一大步。「道」的感應、「聆聽」，所以有陽九百六、兵災火劫，萬民罹難，故需降下「聖人」、「真君」等救世主，以解救生民。「道」之感應而「開劫度人」，「聖人」是「道成肉身」或是「道之化身」，所以也需善感順應，濟世救俗。所以「道」感應之「本迹」問題，後來即與聖人之「法身」觀相結合。這在唐代《道教義樞》卷一「法身義」（1\5a）呈現出來。

「聖人」及其傳承之使徒們，廣授道法，濟度眾生，因此便牽引出「修道」主題。道門經法道術龐雜，修道工夫多端，各道派雖人各異詞，但為關心焦點是毋庸置疑的。

前述諸位高道，對於1.～4.所涵蓋之相關議題，雖未必每人皆有所析論，但是從文獻資料可以看出是當時道教界共同關懷者。譬如說，聖人之心迹感應或是與此相關之法應化身問題，顧歡、宋、臧三人，以至隋初唐之劉進喜、成玄英、蔡子晃等人皆投以極大關注，但是這課題並非突發的，而是遠有所承。《玄門大義》與《雲笈七籤》（6\24a）皆有下列一段資料，今以《玄門大義》為主，參校《雲笈七籤》之文，而以（ ）區別之。《玄門大義》言：

一者《太玄都（部）老子（老君）自然齋儀》：玄（無玄字）經有三條，一曰天經，天真所修，二曰地經，洞天所習，三曰人經，世間所行。三境（景）之法，相通而（多成字）一，一品（無一品二字）曰三乘。三乘之用各有十二條（部），交會相通，總曰三十六部。十二條者（無者字）：一曰无為，二

日有為，三曰无為而有為，四曰有為而无為，五曰續愛，六日斷愛，七曰不斷不續，八日分段，九日无分段（無斷），十日知微，十一曰知章（彰），十二曰通用（適用）。當境而言亦曰（而曰）十二部，隱顯兼施，則有七十二部，今謂此文所出前之三經，經（無經字）自可是教，後之十二，意在行也。二者《正一》所明十二者：一者心迹俱无為，二者心无為迹有為，三者心有為迹无為，四者捨家處人間，五者攜家入川澤，六者出世與人隔絕，七者與世和光同塵，八者斷欲斯斷，九者不斷（不斷而斷），十者遊空中，十一者在地下，十二者住天上。三乘皆有十二，故成三十六都（部）。……《太玄》所出多據於心，《正一》所明通論心迹。但《太玄》十二中，第八一事言分段者（考），事如涉迹又顯（事涉迹又不顯）。（19b）

可見心、迹問題早在《太玄經》、《正一經》中已發其蘊。所以，當時的教義問題，是處於亟待釐清、整理的狀態之下，因此才會出現某一教義主題前後相承的現象，而成為高道關注之焦點。這些議題，往往自有其內在之邏輯性，環環相扣，而成一融貫之教義體系。

在六朝高道整理龐雜教義之同時，受到魏晉玄學、佛學之影響，也逐漸發展出自己的思辯模式——「重玄」。「重玄」思辯的特色，是透過雙重遮遣的方式，去體認契接真相。於是，對於重玄思想之運用，主要是在1.道體或道相與4.修道工夫之主題上。何則？因為整個道教經教系統，便是為了幫助「得道」「成道」，對

「道體」有所掌握、體悟。為達此目的則需「修道」，這個龐大的
經教體系，即是為「修道」而建構出來的。「道體」恍惚難名，超
乎言象，故需遮撥諸般名相方得契入。「修道工夫」端賴有為之諸
多道法方術，故亦需有「得魚忘筌」的警覺，如此即待「重玄」遮
遣的思辨以去有相之迷妄。於是，透過抽絲剝繭後所得之道教教義
系統統攝了龐雜的諸多經教道法，而「重玄思想」則逐漸融貫而提
挈這套教義系統。

　　從上述東晉隋初唐之道教《道德經》義學注疏的發展看來，可
以印證前面提及之觀點，在大時代環境之下，諸多高道對於教義之
整理思考，仍無法跳脫魏晉玄學有無、本末、體用之思考模式的
「形式主題」。至於「內容主題」則率多道教內部自蘊之課題，或
者來自佛教界之刺激與啟發，如前述 1.～ 4.項。因此，從大歷史角
度看來，魏晉玄學思潮籠罩整個時代的思想界，具有決定性之影響
力。思辨性極強的佛學無法免於玄學之窠臼，道教義學發展亦同樣
不能脫離其範域。不過透過「本質的研究途徑」（essential
approach），可以考察，道教、佛教各自有其「主體性」，有其自成
邏輯的內在理路，自有其本質性之基本預設，亦有其關注之基本課
題。雖然如此，諸高道對於這個道教內部問題的思考，仍然受到魏
晉玄學的制約，以「心」為本、為體，「跡」為末、為用。與此相
關的感應、法應真身問題，自是受到佛教的影響。因此對於「形式
主題」與「內容主題」之分析與區別，在此可得一印證。

　　至於道教內部之重玄思潮，由上述資料可見，大抵是梁陳以降
逐漸成熟者，到了隋唐則甚囂塵上，成為道教義學之核心，也反餽
到當時的思想界。東晉宋齊時期則屬醞釀階段，不過彼時亦或多或

少吸收佛教界主流之般若中觀思想，以反思自家道教教義諸端。雖然道教的重玄思想在東晉末期已漸露曙光，而零星散見於諸道經，不過當時道教徒並未積極援以注解《道德經》，而南北朝以下諸高道皆有《道德經》注疏的著作。所以，從這種現象看來，復與前述章節討論及道教重玄思潮興起之時代背景比觀，我們可以發現，重玄思想之發展雖非限於《道德經》義學注疏一端，且更滲入道經之中。然而，對於重玄思潮起推波助瀾之主要作用者，無疑地是當時之道教《道德經》注疏學傳統了。

二、道家思想史中之道教重玄思想

先秦古典道家首推老莊，老莊思想以「道」概念為首出，歷代解者不勝枚舉，對於「道」之詮釋往往人各一詞。近代學人接受西學影響，方始嘗試從泰西哲學角度進行分析，對於「道」之掌握，基本上朝兩大方向進行剖析。一屬所謂「客觀實有形態形上學」，另一為「主觀境界形態形上學」。前者以唐君毅先生，後者以牟宗三先生為代表。這兩種詮釋向度，引起很大討論。楊儒賓、袁保新二人皆對近代各種關於老子「道」之詮解說法有綜合性之論述。不過二人意見迥異，楊氏偏向「客觀實有」，袁氏則堅持乃師牟宗三「主觀境界」之說而進一解。❷牟先生從「周文疲弊」這一歷史情境作思想史的考察，強調老子「道」之實踐意義，而取消「道」之

---

❷　參楊儒賓，《先秦道家「道」的觀念的發展》（臺北：臺大文史叢刊 77，1987）第二章。袁保新，《老子哲學之詮釋與重建》（臺北：文津，1997 年 12 月初版二刷）第三章、第四章之討論。

存有義。牟氏所以對老子「道」有如此之觀照，大抵是順著莊子、魏晉玄學這一詮釋進路以反思老子的「道」。這兩種詮釋觀點，幾乎已成今日學界之「公案」，備受關注。

筆者無意捲入這場爭論，然而若依照牟先生之解釋，則「道」即成「主觀心境」所呈顯的一種理境（即使此「道」亦可具有某種程度的客觀義），於是「道」之客觀實有義傾向降低而附屬於「主觀心境」，我們未必要以「主觀主義」（subjectivism）質疑牟氏說法，但是從思想史角度觀察，殷商的「上帝」，周王朝的「天」，略與老子同時的孔子之「天」，皆具實有義，如此思想氛圍下，老子「主觀境界」所呈顯的「道」，便顯得相當特別了！老子彷彿全然不受各種歷史因素的影響，嘎然獨造創發出「道」。

筆者本文重點不在探討老子《道德經》「道」之性格，不過卻希望從廣義的「道家」角度進行思想史的考察。在魏晉玄學之外，試圖從「道家」的另一支脈為線索進行追蹤。透過這一支脈的探索，或許可以提供重新反省老莊思想的另一種可能。

老莊思想雖然其終極境界定位在清靜無為、逍遙獨化，但是欲達此境則須作修養工夫，使心靈結構徹底轉化。心靈結構徹底轉化似乎預設著意識結構、生理結構的改變。於此可見道家思想與神仙說的接合點。因此，老莊論及諸如「專氣致柔」、「深根固柢、長生久視」、「緣督以為經」、「其息深深，真人之息以踵」等廣為後代養生家所稱引之觀點。❷❸於是在莊子中看到「通天下一氣耳！」（《知北遊》）之論便不覺突兀。莊子所說的「道」往往須由

---

❷❸　參楊儒賓，《先秦道家「道」的觀念的發展》，頁 137-139。

「氣」顯化,「道」與「氣」不離。㉙老莊這一面向,開啟了另一可能之發展路線,戰國晚期便出現所謂的「黃老道家」。

　　戰國時期的黃老思想有幾個主題:氣化宇宙論、精氣養生說、因道全法的刑名論、虛靜因任的無為術、儒道兼揉刑德相養的政治理論等等,這些主題在秦漢時期被繼承而加以精緻化、體系化。㉚不過漢代黃老學,西漢時期以治國經世之政術為主,東漢中晚期主治身養性。㉛當然這只是其大趨勢,西漢時期之黃老思想也相當重視形神之修養。雖然所重或有不同,但是氣化宇宙論、精氣養神說的主題卻是一致的。對於「道」體之論述,若與魏晉玄學新道家的本體論與宇宙論相較,黃老道家的氣化宇宙論、精氣神說較為複雜煩瑣,玄學則簡化許多。㉜此外,黃老道家較多描述性、象徵性的觀點,這由《淮南子・原道訓》「包裹天地,稟授無形。原流泉浡,沖而徐盈。混混滑滑,濁而徐清。」可領窺一二。魏晉玄學新道家則多思辯性、說理性之語。由黃老道家向魏晉玄學轉變,有一位相當關鍵性的人物,那便是西漢末的嚴君平。嚴君平這種兼具黃老道家與玄學特色的論點,見諸嚴氏大作《道德指歸論》,而這個特點被嚴氏弟子揚雄所繼承,在《太玄》中展現出來。王葆玹指出揚雄之學經由荊州學派之宋衷《太玄》義理學而影響及王弼的易學思想。揚雄《太玄》象數學（氣化宇宙論之不同形態）部份則隱伏於學

㉙　楊儒賓,《先秦道家「道」的觀念的發展》,頁71。

㉚　參陳麗桂,《秦漢時期的黃老思想》（臺北:文津,1997）序文所論。

㉛　王明,《道家和道教思想研究》（北京:中國社會科學出版社,1990）,頁293。

㉜　王葆玹,《正始玄學》,頁392-394。

界，並非玄學之主流。❸不過，嚴君平、揚雄之學，對於東晉南北朝的諸多高道們，卻極具影響力。也就是說，當時的高道面對玄學與佛學的挑戰，迎敵的工具是《道德經》，而最大的利器便是黃老思想。亦即道教除了自己擁有一套神學教義外，也承繼漢代氣化宇宙論、精氣養生說作為其思想型態之基本原則。東晉南北朝的道教，在哲學思辨上方面處於弱勢的情況下，以黃老思想為基礎，面對強勢的玄學與佛學，而有所因應、消融之。

　　「黃老道家」是戰國秦漢之後期道家思想，黃老理論且散見於莊子外雜篇、荀子、禮記等書。這種思想有技術化之傾向。❸戰國至秦之黃老學有道、法合流趨勢，一批法家人物吸收老莊思想，轉化為虛靜因時之君人南面術。既重政術，自必強調技術性、操作性、實用性。因此，我們懷疑老莊原本隱而不顯之道家修養工夫，在黃老道家中則被強調出來而積極轉化。技術性、操作性是有為的，老莊所鄙夷者，但在道法融合的黃老學者手中，則具有積極的意義。根據陳麗桂先生之研究，黃老學者相當強調神氣、形神之修養工夫，以為在政治上落實之本錢。於是治身與治國理無二致。從眾所熟知西漢初司馬談〈論六家要旨〉所言可見一般。❸陳氏綜探戰國秦漢時期黃老思想後，歸結黃老學說之幾個重要課題：道、精氣、虛靜、因循、時變、刑名等。這些概念，在漢初文景之治被落實到政治層面上應用，但是，漢武帝之後，獨尊儒術，「因循、時

---

❸　王葆玹，《正始玄學》，頁 77-83。

❸　陳麗桂，《戰國時期的黃老思想》，（臺北：聯經，1991），序文所論。

❸　參陳麗桂，《戰國時期的黃老思想》，這種論點，陳氏在剖析戰國時期之黃老思想時隨處可見。

變、刑名」等道法家一系黃老統御理論不再被講求，然而數術方技一脈之養生黃老學說卻日益昌盛。❻亦即「道、精氣、虛靜」這些觀念被後來黃老養生家所繼承，君人南面之術則漸被淡化。此乃一極重要之轉折，「道」、「精氣神」的觀念範疇，被養生家、神仙家所接收，實際上可說是其學說之「理論基礎」、「基本預設」。更何況戰國法家人物具道法融合特色之黃老學者，本即重視精氣、形神之虛靜修養工夫，本即注重實用技術性。技術性、操作性、實用性，正是養生家、神仙家、隱逸方士者流之本行。所以戰國以降之黃老學最終在東漢逐漸與神仙家合流，豈是無因？

西漢黃老學所論「道」、「精氣神」概念被養生家、神仙家承繼，黃老學者以「精氣」詮釋「道」之觀點也被接受。❼因此，這種觀點，東漢以降滲入黃老道、太平道，甚至後來之「道教」。

從上述之基本背景，回復到東漢以下之《道德經》注疏，特別是繼承黃老一系思想者。從早期之《老子河上公注》、《想爾注》，率皆以「精氣」詮釋「道」，而且積極討論「保精、愛氣、養神」之「修道」工夫。❽年代後稍後之《老子內解》、《老子節

---

❻ 參陳麗桂，《戰國時期的黃老思想》序文，以及陳氏另一力作，《秦漢時期的黃老思想》第一章第二節所論。

❼ 黃老學者以「精氣」詮釋「道」之觀點普遍見於戰國兩漢之諸典籍，如《管子》、《韓非子》、《呂覽》、《淮南子》等皆其選者，甚至道教《太平經》也對黃老「道」、「精氣神」有所轉化。參考陳麗桂前揭二書所論述。

❽ 參拙著，〈老子河上公注長生思想析論〉，《孔孟學報》77 期（1999 年 9月）。以及〈敦煌寫本《老子想爾注》之思想特色與架構〉（臺中東海大學：中國文化月刊 192，1995 年）二文。

解》一樣繼承這種論點。❸因此，在黃老道家或道教一系，向來以「道」、「精氣神」為其核心且基本之概念，以致出現如「道氣」或「道炁」之特殊專有名詞。

　　東晉南北朝道教方面之《道德經》注疏，是此路線之進一步發展。從《寶玄經》、陸修靜、顧歡、宋文明、臧玄靜、成玄英等諸高道無不皆然，謹守此一基本原則，正是承繼著黃老思想之大方針。因此，從廣義的「道家」之角度考察，東漢以降之神仙家以至於後來之「道教」，實際上可說接收而謹守「黃老道家」之路數，以「道」、「精氣神」為核心概念，作為修行理論之基本原則，而後吸收摻合許多其前流傳下來之頗具「技術性、操作性、實用性」的道法方術，乃成今貌。所以從黃老道家重視清虛寡嗜欲，以至黃老道、道教之透過諸多道法方術之輔助修行，以改變身心結構，達到清虛寡欲與道合真之境，實是同一種思考模式之不同階段之發展。而其遠源，自得從莊子「道」、「氣」觀念說起，並非無中生有而突然創發者。

　　因此，這正是我們從「本質的研究途徑」（essential approach）去剖判道教《道德經》注疏學之原因。所以，承接老莊所發展出來之此系思想，論「道」必與「精氣神」緊密關連，而出現「道氣」或「道炁」之概念範疇。這一系對於老子「道」之詮釋，顯然是偏向「客觀實有」層意義，而不會是「主觀境界」層之進路。因此，在面對佛教思想之挑戰，道教徒必須強烈區隔，而做出異於佛學觀點之不同詮釋。於是，佛教高唱「緣起性空」，透過「四句百非」遮

---

❸　參考本書下篇第三章第三節所論。

遣一切言象，以闡發「般若實相」的同時，如顧歡、臧玄靜、成玄英、蔡子晃等高道，便極力批斥佛教虛無空寂之斷見，大肆闡述「道」之生化妙用，在在顯示出「道」之客觀實有義。

　　道教對於「道」之客觀實有義之闡釋非僅於此，另有更深層次之發展面向。道教作為一個宗教大派，自然也逐漸發展出「人格神」之偶像崇拜。「道」作為最高客觀實有之本體，必然地需要落實至人間成為眾生崇仰之最高主宰神明。從東漢時代，老子被人格神化，而成為「道」之化身開始，這個宗教運動一直未停過。東漢之《老子變化經》、邊韶〈老子銘〉等，塑造出「老子即道」的形象，❹《想爾注》明言：「一者道也，……一散形為氣，聚形為太上老君，常治崑崙，或言虛无，或言自然，或言无名。」（十章）更是具體。這個傳統被後代所繼承，《寶玄經》篇末言：「三炁未分謂之為混，五行未彰謂之為沌。混沌之源其圖如左：第一內號曰源外號曰自然。此炁最妙尊无上也。第二內號曰混外號无極，第三內號曰沌外號大道，第四內號曰溟外號至真，第五內號曰涬外號太上，第六內號曰濛外號老君，第七內號曰頊外號高皇，第八內號曰始外號天尊，第九內號曰元外號玉帝，第十內號曰玄外號陛下。右十號三十字，十字分應十方，……皆由感有參差，是以尊號分別。」（20b）《寶玄經》本當有「圖」，不過已逸失。混沌之源即「道」，應化十方而有十號，「混沌溟涬濛濛」猶繼承漢代氣化宇宙論之傳統名詞，「始元玄」則道教專有用詞，即指宇宙化生之「三炁」，與「三天」、「三清」互相配合之觀念，所謂「一炁化

----

❹　參本書「序章」第一節所論。

三清」是也。「太上、老君、高皇、天尊、玉帝、陛下」等，則純然是「人格神」的尊號。這類議題，實即是前述「道」之感應問題，牽涉救贖濟度之宗教課題。所以，客觀實有之「道」，經由「黃老道家」的「精氣神」概念詮釋之強化，這個詮釋傳統為道教高道們所承繼，更重要的是，「道」之落實人間而被「人格神」化，更是「道」之客觀實有義之具體化與神聖化。從所謂的狹義「老莊道家」而「黃老道家」，以至於「道教」，這一系統之發展脈絡，其中對於「道」之詮釋與轉化諸端現象，是該引起學者們高度重視才對。

　　東晉至唐之道教《道德經》注疏學，其詮釋內容與特色，放在廣義道家思想史脈絡中，便易凸顯出其意義與地位。然而以遮遣名相著稱之道教重玄思想，又將如何置入廣義道家之對於「道」之詮釋史中呢？

　　「道教重玄思想」固然受到佛教的刺激而起，可是從北周韋處玄批評存思法屬於有為法，不可執著；唐初成玄英認為道教誡律科儀亦屬有為之「漸教法門」的情形看來，道教內部在整理經教、建構教義的過程中，便已警覺而發出不可「執著」經教道法之呼籲，在有為法之漸修中，仍不忘「得魚忘筌」之真諦。「道教重玄思想」是在長期對於「道」之「客觀實有」層意義之解釋後的一種反思。數百年來，道教發展出龐雜的方術道法，藉以修道體道成道。「道」是「有情有信」，真實不虛的「客觀實有」，道教歷來仰賴技術性之諸多有為法以修道，長此以往，技術之有為操作乃成為主流，反倒漸漸淡忘道家原型之「無為」之真義所在。在如此之詮釋大傳統下，本極自然，似無窒礙。然而遇上佛教般若思想之衝擊

下，道教徒對於自家傳統之詮釋觀點，不得不作深層的反省。因此，「重玄」是對於自身有關「道」體詮釋之反思，是對於承傳久遠之方術道法、神學教義之檢討，是對於「技術性、操作性、實用性」的顛覆，而回歸到老莊的老路數——對於「心」的修持與「道」之虛無難名的體認。經過此一反省，道教的「道」不再執著於「質實」而趨向於「空靈」面，略如魏晉玄學所論者般，而得以開展出另一大方向。這一個大轉折，對於唐宋以後，道教融合三教思想提供了莫大的空間。

從上述道教內部思想之發展看來，「道教重玄思想」超越了其自身傳統之質實的有為法、「客觀實有」義，超越了魏晉玄學對於老莊之「空靈」的❹、「主觀」的❷解釋，透過雙重之遮遣，而達超主客之透空靈妙卻又真實不虛之境，得以與佛教真空妙有之說相媲美。

魏晉玄學「新道家」是漢代質實之風的反動，所以王弼注《易》必須拋棄象數災異之論，注《老》必須捨離以「精氣神」論「道」之言，而直標玄學之理致，面對前代思潮之龐大籠罩壓力，王弼的取徑轉向，以有別於黃老思想模式，正顯示出其「詮釋的緊張性」。所以，曠觀道家思想發展史，黃老道家（包括後來之道教）與魏晉玄學，可說是對於先秦古典道家詮釋之「雙輪」，承載著老莊古典道家所內蘊之兩個大方向的奧義。弔詭的是，魏晉玄學是黃

---

❹ 唐君毅先生認為魏晉南北朝士族為了對治漢末三國政治社會之崩裂亂象，故其思想乃趨向簡易與輕靈。參考唐君毅，《中國哲學原論原道篇二》，頁378。

❷ 如果魏晉玄學真如牟宗三先生所詮釋之「主觀境界形態」那般意義的話。

老思想的反動，最終卻又反餽至黃老一系思想，在「重玄思想」中
開花結果。所以，道教的「重玄思想」可說是兩漢與魏晉南北朝之
「道家」思想的總結。

　　經由上述之檢討，透過兩漢以下黃老道家一系以迄南北朝道教
重玄思想之考察，或許可以為我們提供另一條通往老莊哲學殿堂之
路。

下篇：
南北朝唐代道教「四輔」中之「太玄部」

第一章　太玄部經教系統

第一節　太玄部成立之基礎

　　道教徒在南北朝時期創立「三洞四輔」之目錄學式的分部，大抵有以下三個歷史背景因素：1.是為了整理經教道法，亦即將漢代以降逐漸積累的大量道經，作一系統性的分類。 2.對於道經教法進行上、中、下乘之判教。如此一來，不僅讓龐雜的道經有宗有元，更建立起多元化的修行法門與修行次第。 3.進而促成健全的宗教制度成型。也就是修道、受經之次第與法位的確立，讓經典道法之傳授更加有系統次第，建構了精博有序的教階法位制度。以下我們分段進一步作論述。

　　首先從第三者談起。譬如《洞玄靈寶三洞奉道科戒營始》卷四〈法次儀〉中便明定傳授經目與相應授與之道門法階，如「正一法位」中，凡受一將軍籙、三將軍籙、十將軍籙、籙生三戒文、正一戒文者，則授與「正一籙生弟子」之法位。法位之授與，是為了顯示出受道者入道門之資歷、修行法門與道行高低。這對一個宗教之傳播發展，頗具關鍵性影響。不同的道法位階，便須有相應的「法服」，所以《洞玄靈寶三洞奉道科戒營始》卷五〈法服圖儀〉即列出七種道門中之法服：正一、高玄、洞神、洞玄、洞真、大洞、三洞講法師等七階法位之法服，足見梁朝末年❶道教界即已建立起相當完善之法位法階之教制，當然這種制度可能早於梁朝。唐初《一切道經音義妙門由起》引《正一經》文（20a），文中言及道門道士所著之法服分為七階：初入道門、正一、道德、洞神、洞玄、洞真、三洞講法師。自然的，正反應出當時道士之法階分為七級，所以《三洞奉道科戒營始》之說前有所承。❷

　　其次談及對於繁博道經之整理分類之工作。「三洞四輔」之分

---

❶　參小林正美，《六朝道教史研究》（東京：創文社，1990），頁 97 之註 8 之考證。小林氏贊成吉岡義豐之說，但略作修正，基本上仍認為《三洞奉道科戒儀範》乃成書於梁武帝在位之末期（西元 536-549）。

❷　此傳經次第唐代以後即成定格，觀唐初張萬福《傳授三洞經戒法籙略說》〈明科信品格〉可見傳經法之次第為：初入法門，先受諸戒→符籙→五千文→三皇→靈寶→洞真。顯然承自梁末《三洞奉道科戒營始》所定者。關於道士傳授《道德經》、「正一法籙」與法位之授與問題，施舟人（Kristofer M. Schipper），〈敦煌文書に見える道士の法位階梯について〉，《敦煌と中國道教》（東京：大東出版社，1983），頁 325-345。施舟人以敦煌寫卷為主作討論，內容不多，此筆者所以進一步細論之因。

部，有宗教制度建立之現實需要，另外也有道門內部發展之實際需求。史載中國道教經典之第一次集結，完成於西晉靈寶派道士鄭隱之手。鄭隱所羅致的一批道經，著錄在其佳弟子葛洪《抱朴子・遐覽篇》之中。❸而葛洪傳承了鄭隱這一批道經，撰著《抱朴子》一書，其後又師事三皇派的鮑靚。❹所以，葛洪可說蒐集了靈寶、三皇二派道經，稱之為中國道經之第二次集結也不為過。

根據南齊顧歡〈上清源統經目註序〉❺言：

> 黃民子名豫之，以元嘉十二年終刲之白山，臨去世之時，以上清寶經、三洞妙文封以玄臺印，以白銀留寄刲縣馬度生家，語之曰今且暫行，不久當還，勿開此經。馬氏崇奉，累世安康。

許黃民乃上清經派二許中許翽之子，身懷家傳一批道經（自然是以上清經為主），黃民子許豫之於劉宋初期元嘉十二年將一批道經——「上清寶經、三洞妙文」——暫寄於刲縣馬度生家。可見活躍於東晉末劉宋初年之許黃民、豫之父子，已蒐集了一批道經，所傳承者不僅是「一楊二許」手書真跡，也包括所謂之洞真上清、洞玄靈寶、洞神三皇等三洞道經，這種情形，考諸《真誥》也可得到印證。《真誥》言及二許家族中之許邁（許遠遊），曾師事傳承三皇

---

❸　參考朱越利，《道經總論》（瀋陽：遼寧教育出版社，1995），頁 125。

❹　任繼愈，《中國道教史》（上海：上海人民出版社，1990），頁 75-76。

❺　〈上清源統經目註序〉判定為顧歡所作，其考證參見本節後文「一、《正一經》作者、年代與七部道書」一段之討論分析。

經之南海太守鮑靚。而上清經派之王靈期造構上清道經時,亦曾援取、雜揉靈寶經以為造構之資。可見,一楊二許一系之上清經派,本即擁有一批三洞道經,非僅限於上清經而已!更何況劉宋文帝元嘉十四年(西元 437)陸修靜《靈寶經目序》已自稱「三洞弟子」,而三十四年後之宋明帝太始七年(西元 471),陸氏因為蒐集到一批數目甚夥之三洞道經,乃作《三洞經書目錄》,因此三洞道經在陸氏之前早已流傳於道教界,而「三洞」之名亦當早已出現,大抵東晉末劉宋初(至少元嘉十四年之前)已使用三洞之名矣!

面對如此源流不同之經典,道教徒自必加以整理,分門統類,使各得其宜。所以一般刻板印象總認為,到了劉宋時,陸修靜方總括三洞經書,進行經教之統整工作,其實未必然,從這條資料即可見一般(黃民父子年代略早於陸氏)。所以「三洞四輔」之分部,當亦有源於道教內部發展之必然趨勢與需求。

最後談到「判教」的問題。道教內部將諸般性質不同的道經加以分門別類而成「三洞」(洞真、洞玄、洞神)「四輔」(太玄、太平、太清、正一)等七部類道書,而以前者為正後者為輔,於是太玄部輔洞真部經,太平輔洞玄,太清輔洞神,依序分判為上、中、下乘教法,而正一部經典則貫通此三乘經典之義。此乃人盡皆知之道教史實。而根據道教經典所闡述之道教內部的有關天尊、帝君、高真等諸上聖仙真之傳授經典的神聖歷史,這些經典是應劫應運才下傳人間、普渡眾生。所以,道經降世有著各種不同的因緣、運數,冥冥中自有主宰。這種宗教事實,雖說是道教內部之獨特現象,但是我們不禁會想到與道教並世之佛教的「判教」現象。

佛教的「教相判釋」,最為人所熟知者,厥為宗派觀念相當成

熟的隋唐時代。譬如天台宗智者大師的「五時八教」說，❻華嚴宗
賢首大師的「五教十宗」說，❼三論宗吉藏大師以「二藏三輪」來
判教，❽法相唯識宗窺基大師的「三時判教」說❾等等，這是隋唐
時代開宗諸大師的「判教」論點。其實「判教」觀淵源甚早，如賢
首大師之教判論則承自智儼大師，❿吉藏大師的「二藏」判教觀來
自菩提流支、「三輪」判教觀則來自其師僧法朗的「三教」判。⓫
所以，中國佛教之「判教」工作，當早自南北朝即已開始。吉藏為
了宣揚「三論」思想，建立自己的學說，對於之前諸大德高僧提出
許多批評，對於「判教」觀自不例外，所以他在其《三論玄義》一

---

❻　關於天台宗智者大師的「五時八教」說，請參考日本學者中村元撰，余萬居
　　譯，《中國佛教發展史》（上）（臺北：天華出版公司，1984），頁 267-
　　271、釋慧嶽，《天臺教學史》，頁 91-109，此書收入藍吉富編，《現代佛學
　　大系》37（臺北：彌勒出版社，1983）以及楊惠南，《佛教思想發展史論》
　　（臺北：東大圖書公司，1993），頁 326-332 等書所論。

❼　關於華嚴宗賢首大師的「五教十宗」說，則請參考中村元撰，余萬居譯，
　　《中國佛教發展史》（上），頁 272-275、楊惠南，《佛教思想發展史論》，
　　頁 337-342，以及日本高峰了州撰，釋慧嶽譯，《華嚴思想史》，頁 170-
　　176，此書收入藍吉富編，《現代佛學大系》37（臺北：彌勒出版社，1983）
　　等書所論。

❽　至於三論宗吉藏大師以「二藏三輪」來判教之觀點，請參考中村元撰，余萬
　　居譯，《中國佛教發展史》（上），頁 270-271、〔隋〕吉藏撰，韓廷傑校
　　釋，《三論玄義校釋》（臺北：文津出版社，1991），頁 12-15 以及楊惠
　　南，《佛教思想發展史論》，頁 317-318。

❾　法相唯識宗窺基大師的「三時判教」說則請參考楊惠南，《佛教思想發展史
　　論》，頁 318 所論。

❿　參高峰了州撰，釋慧嶽譯，《華嚴思想史》，頁 170。

⓫　參〔隋〕吉藏撰，韓廷傑校釋，《三論玄義校釋》，頁 13-14。

書中便說：

> 一者，辨教莫出五時，……言五時者，昔《涅槃》初度江
> 左，宋道場寺沙門慧觀仍製經序，略判佛教凡有二科：一者
> 頓教，即《華嚴》之流，但為菩薩具足顯理；二者，始從鹿
> 苑，終竟鵠林，自淺至深，謂之漸教。於漸教內開為五時：
> 一者，三乘別教，為聲聞人說於四端，為辟支佛演說十二因
> 緣，為大乘人明於六度。行因各別，得果不同，謂三乘別
> 教；二者，《般若》通化三機，謂三乘通教；三者，《淨
> 名》、《思益》，讚揚菩薩，抑挫聲聞，謂抑揚教；四者，
> 《法華》會彼三乘，同歸一極，謂同歸教；五者，《涅槃》
> 名常住教。自五時已後，雖復改易，屬在其間。⑫

經由吉藏的批判，引出南北朝時有名的、流傳已久的「五時判教」
說，而這個說法之首創者是鳩摩羅什高弟道場慧觀大師。慧觀是中
國佛教判教之始，⑬其生卒年代約東晉末年至劉宋文帝元嘉年間。
⑭釋慧觀的「五時判教」說在南北朝時期流佈極廣，影響頗大。雖
然判教內容容或有異，不過「五時判教」的形式還是被大多數人所
認可。如梁朝三大名僧之一的光宅寺釋法雲，接受「五時判教」

---

⑫　〔隋〕吉藏撰，韓廷傑校釋，《三論玄義校釋》，頁 102。
⑬　〔隋〕吉藏撰，韓廷傑校釋，《三論玄義校釋》，頁 12。
⑭　參〔梁〕釋慧皎撰，湯用彤校注，《高僧傳》（北京：中華，1992）卷第七
義解四之釋慧觀本傳。

說，而推崇《法華經》。❺就是因為慧觀「五時判教」說特具代表性，所以才會遭到吉藏的駁斥。這是南北朝時期「判教」的情形。

　　然而佛教為何會出現「判教」的現象呢？基本上，乃因為印度佛教傳入中國，中國僧人譯介的經典，包括大小乘諸派佛教思想，相當分歧甚而對立。所以面對龐雜的傳譯入中國的佛經，自需有一番整理的工夫，以釐清各系佛學之深淺優劣。這便是「判教」工作之由來。❻

　　於是「判教」工作便涉及佛陀一生說法，所說眾多經典之前後次序關係，所說教法之頓漸深淺，亦即透過佛陀所說之理論的形式、方法、順序、目的、內容等等，來判定及解釋傳譯入中國的諸經典之特徵。因此「判教」工作牽涉「理論」、「信仰」、「傳道」等三方面，關係至深至廣。❼我們也清楚看出，佛教徒根據教主釋迦摩尼佛一生不同之時空背景之說法史實，來作為判教之依準。這個作法，對道教當頗具啟發性。

　　東晉末年至劉宋初，僧徒便已著手「判教」，反觀道教界，約略同時，也已出現「三洞經書」之分判，洞真部經、洞玄部經、洞神部經分別為天寶君（元始天尊）、靈寶君（靈寶天尊）、神寶君（道德天尊，即太上老君）所演說而輾轉傳至人間。所以劉宋時陸修靜才得總括「三洞經書」。其次宋齊之際所分立之「四輔」部之經典，

---

❺　參考中村元撰，余萬居譯，《中國佛教發展史》（上），頁 266、270。

❻　參中村元撰，余萬居譯，《中國佛教發展史》（上），頁 265-266 以及釋慧嶽，《天臺教學史》，頁 90。

❼　參中村元撰，余萬居譯，《中國佛教發展史》（上），頁 265-267 以及釋慧嶽，《天臺教學史》，頁 90-91。

則皆太上老君所授。⑱以至於後代，如唐朝末年的高道杜光庭則已將「三洞四輔」道經全部歸為太上老君應時應運傳於世間者，所以老君被推尊為道教教主。⑲這種現象，或許多少受到佛教釋迦佛講經傳法史實之影響吧！

「三洞四輔」分部後，諸多道經便被劃歸為上（洞真、太玄經）、中（洞玄、太平經）、下（洞神、太清經）三乘教法，正一部經則兼貫三乘道法。三乘道法其實貫通為一，隋朝《玄門大義》引《正一經》言：「三洞妙法，兼而該之，一乘道也。」⑳同一道而分為三乘，有道法深淺之別，也有教法前後之序的考量，就如北宋道士張君房《雲笈七籤》所云：「三洞垂法，從仙達聖，品級轉遷之理也。……故初教名洞神神寶。其次智漸精勝，既進中境，故中教名洞玄靈寶。既登上境，智用無滯，故上教名洞真天寶也。兼而該之，一乘道也。」（卷六頁二）復言：「三洞既降，遂有大小中乘，初中後法，三種分別，以教於世。夫三洞者，蓋是一乘之妙旨、三景之玄言。」（卷六頁六）道法分為上中下乘（亦同大中小乘或初中上

---

⑱　關於「三洞四輔」經典之由來與分部，參考《正統道藏》諸字號《道教義樞》卷二頁一至七以及《正統道藏》學字號《雲笈七籤》卷六頁一至十九所論。此二書之說法皆承襲自《正一經》，而《正一經》之作者則為宋齊之間的道士「大孟法師」（孟景翼）。「三洞」之分立早已形成，而「四輔」之分部雖未必宋齊之際方始出現，不過可能就是孟景翼法師所著手整理而成形的。因此「三洞四輔」之分部可說至孟法師手中方始底定。此筆者將於下文進一步考辨論證。

⑲　參考本書「序章」第一節文末所論。杜光庭之說當前有所本，可能承自唐初高道尹文操所編《老君聖紀》的觀點。

⑳　參《正統道藏》諸字號唐孟安排《道教義樞》卷二頁一所援引。

教）之品級，即分判三洞經書玄旨之深淺；教法析為初中後法，明示教授學習之次第，點出師資傳授、學者修行前後之序。

所以，從上述太上老君傳授「三洞四輔」的宗教神話以及道經分為上中下三乘之史實看來，我們很難說沒有佛教「判教」的影子。不過有一點特須值得注意者，則是道教徒對於道經之整理與分類，早自東晉三皇經派的鮑靚便已有「三洞」之概念，為後代所沿用。若溯其源，則西漢《太平經》早將典籍分為三種等級。❷《太平經》遑論，即便鮑靚，亦是西晉至東晉時代人物，遠早於前述中國佛教判教之始的釋慧觀法師。因此，道教對於道經之「判教」，未必全然受到佛教之影響，而早有自己的傳統，這一點特別值得注意。

一、《正一經》作者、年代與七部道書

論及南北朝道教太玄部經之成立，我們首先得談到所謂的「七部（三洞四輔）」道經之分，根據初唐青溪道士孟安排《道教義樞》所記載之道經目錄有孟法師《玉緯七部經書目》一書（以下簡稱《玉緯》），依其次序在陶弘景《經目》之前，則孟法師及其書之年代當早於陶氏，至少也略與陶氏同代而其書則較早出。不過，日本道教前輩學者大淵忍爾考證認為，「三洞」中「洞神部」的十一卷本洞神經乃《玉緯》所載錄者，然而十一卷本始於陶弘景，乃山中所傳之三皇文。所以雖然說《玉緯》之正確成立年代未詳，但卻是在

---

❷　盧國龍，《中國重玄學》（北京：人民中國，1993），頁40。

陶弘景十一卷本洞神經之後了。㉒關於這點，筆者以為，孟法師
《玉緯七部經書目》一書之所以置於陸修靜之後、陶弘景《經目》
之前，大概是因為這部目錄書，是孟景翼（大孟）與孟智周（小孟）
兩位孟法師具有前後傳承性的合作傑作。因為梁武帝時孟景翼與孟
智周分別擔任國家的大小道正，掌管官方的道門事務，基於這種因
緣，所以小道正孟智周繼承大道正孟景翼志業，發揚並接力完成大
孟法師七部道經分類的未竟工作，是相當自然而可以理解的。關於
這一點，後文筆者會再行申論。所以，因為大孟年代早於陶弘景，
而小孟則略與陶氏同時，或者略晚一些。因此，將大小孟二人合力
完成之《玉緯七部經書目》放在陸修靜之後、陶弘景《經目》之
前，算是順理成章的。是以，即便小孟是《玉緯》之最終編成者，
其年代也不會比陶弘景晚太久。

　　《玉緯》討論「四輔」義，皆引及《正一經》的說法，《道教
義樞》則又加以轉引。可見《玉緯》對於「四輔」的分部，主要根
據《正一經》的觀點。《正一經》對於「四輔」經典傳承之歷史多
所論述，認為「四輔」皆太上老君傳授予三天法師張道陵者，由此
可見這種宗教神話對於宗教正典確立之影響的典型範例。而《正一
經》論七部之順序為：洞神、洞玄、洞真、太清、太平、太玄、正
一，並言及七部互相輔成，《正一經·圖科戒品》言：「太清經輔
洞神部，金丹以下仙品；太平經輔洞玄部，甲乙十部以下真業；太
玄經輔洞真部，五千文以下聖業。正一法文宗道德，崇三洞，遍陳

㉒　大淵忍爾，《道教とその經典：道教史の研究·其の二》（東京：創文社，
　　1997），頁 243-244。

三乘。」（《道教義樞》2\12a 引）以下並進一步論及三太輔三洞之因，太玄、太平、太清分判為大乘、中乘、小乘，正一則通於三乘之理。北宋初年張君房編《雲笈七籤》亦沿襲此說法及所引述之資料。

　　從上述情形看來，《正一經》之作者不只對於當時流行之各類道經作分部，而且進行了一次「判教」工作，將上清洞真部、太玄部判為上乘，並且認為正一部總貫三乘之理，因此我們可據以判斷，《正一經》作者當是傳承上清道經為主之南朝正一天師道徒，而其年代亦早於孟法師。不過或許有人會因而懷疑《正一經》即所謂之《正一法文經》，實則此二經典並不相同。張君房《雲笈七籤》便言：「正一經云正一法文一百卷。今孟法師錄亦一百卷，凡為十帙，未知並是此經不耳？……按正一經治化品目錄云正目經九百三十卷，符圖七十卷，合千卷，付天師。正一百卷即在其內。」（6\18a）❷❸可見《正一法文經》共一百卷，今日《正統道藏》中猶保存著許多《正一法文經》的殘卷。而《洞玄靈寶三洞奉道科戒營始》則錄有「《正一經》二十七卷」（4\6b）❷❹，所以可以分別出一百卷的《正一法文經》可能傳自漢代天師道，而二十七卷之《正一

---

❷❸　葛洪《神仙傳》卷一〈老子傳〉我們看到了葛氏強調太上老君所出救世之道法凡有：「九丹八石，……，次存玄素守一，思神歷藏，行氣練形，消災辟惡，……役使鬼魅之法，凡九百三十卷，符書七十卷。皆《老子本起中篇》所記者也，自有目錄。」《神仙傳》的材料，轉引自吉岡義豐，《道教と佛教》第一（東京：國書刊行會，1983），頁 65。可見老君付天師千卷道經，其說當有遠源。

❷❹　敦煌寫卷 P2337《三洞奉道科戒儀範》作「《正一經》二十一卷」。

經》則屬後出之具有總結性之新造經典。㉕

　　《正一經》的作成年代，大淵忍爾提出他的看法。他認為正一經的四輔說乃包含於三洞的四個經典群，甚至是將經典結合入三洞。所以四輔說乃是隨著三洞說獲得世上一般的認可之後所形成的構想，這是最自然不過的看法。如果此說可以成立，那麼四輔說應當是五世紀後半以後的事情了。㉖大淵氏的說法相當合理，因為陸修靜編《三洞經書目錄》是在宋明帝太始七年（西元 471），六年以後宋後廢帝元徽五年（西元 477），陸氏昇仙，所以四輔說當然是五世紀後半以後才產生的。

　　大淵氏進而申述，陸修靜的「授度儀表」雖然提及大乘之概念，但並未提出三洞三乘說。而上清道經《素靈大有妙經》雖然已實質地敘說到三洞三乘說，但是並未見到三洞之語與三乘之語。然而另一上清經《倉元上錄》則已明示出三洞三乘說。但是大淵氏卻認為，與其說《正一經》提倡四輔說採取了上清經的說法，毋寧是《正一經》獨自倡導而提出四輔說時，上清經接受了這種有利於己的說法，如此之可能性較高。總之，三洞三乘說的成立缺乏史料可

㉕　關於《正一經》的討論，王卡未作考證，但推測此書可能是南北朝時道士孟景翼所作。這一點筆者原則上同意其說，後文會繼續論證。不過王卡卻將《正一經》與《正一法文經》混為一談，所以他考訂敦煌寫卷 P3676 乃即《正一經》之殘卷，並將《正一經》歸入「四輔」中的「正一部」。這種說法筆者認為有商榷餘地，下文續辨之。參考王卡，〈敦煌本《正一經》殘卷研究〉，王卡，《道教經史論叢》（成都：巴蜀書社，2007）。另參王卡，《敦煌道教文獻研究──綜述・目錄・索引》（北京：中國社會科學出版社，2004），頁 219。

㉖　大淵忍爾，《道教とその經典：道教史の研究・其の二》，頁 46。

以作出明快的決斷。因此，如果作為《正一經》的創說，那當在《倉元上錄》以前，而且是三洞三十六部說成立期的梁代，那正是創四輔說的《正一經》之成立期。但如果是《倉元上錄》創了三洞三乘說，則《正一經》之成立當在梁陳之間。❷❼可見，大淵忍爾氏無法確定《正一經》之成立年代，但推論大約是在梁代或者梁陳之間。對於大淵教授的初步結論，我們認為似乎將《正一經》成立年代推遲了。

　　另一位日本中壯輩學者小林正美也討論相同問題，得出的結論似乎近實。他仍然基於其早先對於六朝道教史的看法，認為當時有所謂三洞派的天師道徒。而四輔說正是當時的天師道所創立的教理，所以才會將正一部與太玄部（含《道德經》）提到很高的地位。因此，小林氏得出結論，認為三洞說與四輔說二者都是劉宋南齊時期天師道的教理。所以提出四輔說的《正一經》，其著成年代大概是劉宋末南齊之際，也就是從四七○年代後半至四八○年代之頃。❷❽筆者對於小林正美主張當時的天師道創四輔說的觀點，持保留態度。但是關於其提出的著成年代之推論，大致上是認可的。

　　作《玉緯》的這位孟法師，據盧國龍之考證，當為南朝梁之孟智周，而《正一經》之作者則為略年長於孟智周之孟景翼（大孟法師）。盧氏認為大孟法師曾參與由顧歡〈夷夏論〉所引發的一系列佛道論爭，並撰著〈正一論〉，孟景翼到了梁武帝時與孟智周分任

❷❼　大淵忍爾，《道教とその經典：道教史の研究・其の二》，頁 47。

❷❽　小林正美編，《道教の齋法儀禮の思想史的研究》（東京都：知泉書館，2006），頁 24-26。

大小道正，掌管官方之道門事務，基於如此種種機緣，所以盧氏推斷《正一經》乃孟景翼繼〈正一論〉之後又一力作，而且是在激烈的二教論戰氛圍下之產物。小道正孟智周則繼承大道正孟景翼之志業，闡發其七部道經之分類，所以孟智周法師《玉緯七部經書目》便屢屢援引大孟之《正一經》說法以論七部道經之義。❷盧氏之考證不論在時代性及思想層面之考量，皆頗具說服力，唯一可惜的是缺乏充足的文獻資料之證據。筆者透過相關資料之蒐檢，或許可為盧氏之說作進一步的論證。

初唐青溪道士孟安排《道教義樞》卷二頁四論及上清經出世傳承因由之歷史時，羅列出《玉緯》引《正一經》的一段文字，這段文字與張君房《雲笈七籤》卷四「道教經法傳承部」所引〈上清源統經目註序〉一文之內容、行文大抵相同，這不能說是個巧合，其中實際上蘊著一層尚未為人發現的關係，且先引這兩段文獻比較如下，再作進一步的討論。❸前文為：

> 元始高上玉帝秉承自然玄古之道，撰出上清寶經三百卷，玉訣九千篇，符圖七千章，祕在九天之上大有之宮，相傳玉文以付上相青童君，封於玉華青宮。无景元年又撰一通以封西城山中。又太帝君命扶桑大帝暘谷神王撰出三十一卷獨立之訣、上經三百首，今獨立亦行於世也。昔襄城小童以上清飛步天綱躡行七元六紀之法降授黃帝，竟无所傳。元封元年七

---

❷　盧國龍，《中國重玄學》（北京：人民中國，1993），頁 42-50。

❸　兩段文獻中有若干闕、異文，除非涉及考辨問題，否則依舊，而不另校勘。

月七日西王母、上元夫人同下降漢武於咸陽宮，授五帝靈飛六甲上清十二事，明年天火燒柏梁臺，經飛太空，於茲世絕。太元真人茅君諱盈，師西城王君，受上清玉珮金璫三景躔旋之道，以漢宣帝地節四年三月昇天。又玄洲上卿蘇君諱林，師涓子，受上清三一之法，亦以宣帝神爵二年三月六日登仙，不傳於世。起漢孝平皇帝時西城真人以上清三十一卷於暘谷之山授清虛真人小有天王褒，以晉成帝之時於汲郡修武縣授紫虛元君南嶽夫人魏華存，以咸和九年乘飆輪而昇天，以經付其子道脫，又傳楊先生義，晉簡文皇帝之師也。義師南嶽夫人，受上清大洞真經三十一卷，至晉孝武皇帝太元十三年昇仙。又許先生邁，字叔玄，小名映，改名遠遊。師南海太守鮑靚，受上清眾經，後渡江入赤城山，往而不返。遠遊弟謐，仕晉為護軍長史散騎常侍，亦受行眾經，隱景去世。謐子玉斧，長名翽，字道翔。師先生受上清三天正法曲素鳳文三十一卷，遁跡潛化。玉斧子黃民，民子豫之，以宋元嘉十二年隱剡之小白山，以上清靈寶經、三洞妙文寄剡縣馬朗之家。宋有道士樓化以宋明皇帝太始之末，潛因後堂道士攴孝真密啟明帝遍取經，還，帝使開看，忽有五色紫光洞煥眼前。逮元徽元年，馬乃出訴，啟請先者經，有敕聽還。天藏既開，太陽難掩，齎持重寶，詣馬輻臻，茲乃上真注筆，未簡凡庶蓁而奉傳，號曰真跡。目序所明與此同也。

後文如下：

上清者，宮名也。明乎混沌之表，煥乎大羅之天，靈妙虛結，神奇空生，高浮澄淨，以上清為名，乃眾真之所處，大聖之所經也。宮有丹青金書玉字上皇寶經，皆玄古之道、自然之章，起於九天之王九玄道君，推校本元，已歷九萬億九千劫，上皇典格，各不相參。道君以中皇元年九月一日於玉天瓊房金闕上宮命東華青宮尋俯仰之格，揀校古文，撰定靈篇，集為寶經，傳至漢武帝時得經起柏梁臺以貯之，帝既為神真所降，自云得道，放情怠懈，不從王母至言，明年天火燒柏梁臺，經飛還太空，於茲絕跡。太元真人茅君諱盈，師西城王君，受上清玉珮金璫二景璿璣之道，以漢宣帝地節四年三月昇天。又玄洲上卿蘇君諱林，師涓子，受上清三一之法，以漢神爵二年三月六日登天。又周君李君眾仙各有所得，並相承經業，多不傳世。漢孝平皇帝元始二年九月戊午，西城真人以上清三十一卷於陽洛之山授清虛真人小有天王王褒，褒以晉成帝之時於汲郡修武縣授紫虛元君南嶽夫人魏華存，華存以咸和九年歲在甲午乘飆輪而昇天，去世之日，以經付其子道朏。又傳楊先生諱羲，羲生有殊分，通靈接真，乃晉簡文皇帝之師也。楊君師事南嶽魏夫人，受上清大洞真經三十一卷，至晉孝武皇帝太元十一年歲在丙戌昇仙。許先生者名映，丹陽句容人也，七世祖許子阿，生有陰德，福潤流灑，鍾於後嗣。子阿六世孫名副，仕為剡縣令，副有八子，其第一子名邁，字叔玄，小名映，改名遠遊。少好仙道，耽心冥肆，吐納和氣，矯志雲漢，超跡絕世。以晉建興元年歲在癸酉渡江入赤城山中，往而不返。師南海太守

鮑靚、太元真人茅君。遠遊第五弟名諡，仕為護軍長史散騎
常侍，師太元真人，受上清眾經，於寧康元年隱景去世。諡
有三子，其第三子名玉斧，長名虯，字道翔，道德淳瑩，絕
世無倫。師楊先生授上清三天正法曲素鳳文三十一卷，遯跡
潛化。玉斧子黃民，黃民子名豫之，以元嘉十二年終剡之白
山，臨去世之時，以上清寶經、三洞妙文封以玄臺印，以白
銀留寄剡縣馬度生家，語之曰今且暫行，不久當還，勿開此
經。馬氏崇奉，累世安康。有道士婁化者，常憩馬氏舍，究
悉經源，苦求開看，馬氏固執，竟不從命，結轖無方。是時
宋明皇帝崇敬大法，招集道士，供養後堂。婁化乃因後堂道
士叟季真密啟之，帝即命使逼取，至京乃拜禮開之，忽有五
色紫光洞煥眼前，帝驚曰神真巨觸，比其年不愈而崩。元徽
元年，馬氏即出訴，啟請其經，詔敕聽還。於是天藏真書，
復歸馬氏，茲乃上真注筆，朱簡紫書，後之凡庶，摸而奉
傳，號曰真跡。今記神王所撰寶經卷三十一首篇章目第，並
指事為名。然天真之言理奧難尋，或名同而事異，或理合而
字乖，靈祕妙隱，不與世合，幸而見之，卒難詳辨。余宿植
緣會，遊涉法源，性好幽旨，耽靈味玄，鑽研彌齡，始覺髣
髴，謹以鄙思，尋校眾經，為上清目義，非敢有裨大乘，聊
自記而已。

〈上清源統經目註序〉據小林正美與陳國符考證乃南齊顧歡所

撰，㉛除開小林氏與陳國符先生所引資料外，從陶弘景《真誥》也可進一步證實此文乃顧歡所作。《真誥》中言：

1. 「真誥者，真人口唉之誥也，猶如佛經，皆言佛說，而顧玄平謂為真迹，當言真人之手書迹也，亦可言真人之所行事迹也。若以手書為言，真人不得為隸字，若以事迹為目，則此迹不在真人。且書此之時未得稱真，既於義無旨，故不宜為號。」（19\2a）

2. 「而顧所撰真迹，枝分類別，各為部卷，致語用乖越，不復可領。」（19\7b）

3. 「先生事迹未近真階，尚不宜預於此部，而顧遂載王右軍父子書傳，並於事為非，今以安記第一，省除許傳，別充外書神仙之例，唯先生成仙之後，與弟書一篇，留在下卷。」（19\8b）

上述 1.～3.條資料，凸顯出陶弘景對顧歡之批評，在〈上清源統經目註序〉皆可找到相應的說法。足見陶弘景正是針對此文而發，則此文定為顧歡之作當無可疑。不過陶弘景認為《真迹》一名乃顧歡所定者，似非事實。觀〈上清源統經目註序〉「茲乃上真注筆，朱簡紫書，後之凡庶，摸而奉傳，號曰真跡。」一段，便知

㉛ 參小林正美，《六朝道教史研究》（東京：創文社，1990），頁 43 之註 39 之考證。另外陳國符，《道藏源流考》（北京：中華，1992），頁 15，也推判是文乃顧氏之作。

「真迹」之名實顧歡沿用自前代者。況且成書於東晉末劉宋初之《上清太極隱注玉經寶訣》❸❷便說：「太極真人曰仙人本業傳謂之道迹經也。」（13b）若此則早在東晉末便以「道迹」稱呼仙傳，今《正統道藏》惟字號有《道迹靈仙記》一卷，多論神仙傳記事迹，與此正合。同理，《真迹經》之名便是指言及真人事跡之道經了！所以「真迹」之名當早於顧歡，而流佈於道教徒摹寫傳承之間，因此陶弘景對顧歡之責難，實是一種誤解。搜檢《正統道藏》之道經，我們可以發現，陶弘景《真誥》、隋《玄門大義》、初唐孟安排《道教義樞》、北宋初張君房《雲笈七籤》，皆引及《真迹經》；《上清太極隱注玉經寶訣》、《三洞珠囊》、《上清道類事項》、《雲笈七籤》、《太平御覽》皆引及《道迹經》，而《無上祕要》則同時分別引及《真迹經》、《道迹經》，足見此二經當有所不同，而非同一經典之異名。所以可能《真迹經》專記上清派之仙真事跡與傳承，《道迹經》則不僅於此內容，可能也包括其他非上清派仙真之事跡吧！因此顧歡也確能意識到其間之差異。所以從顧歡〈上清源統經目註序〉一文可以看出，顧歡針對《上清源統經目》一書進行注解工作，並因此作了此篇序文以交代始末。而《上清源統經目》可能：

1.顧歡所自作者。顧歡作此書乃依據記述上清經派仙真傳承事

---

❸❷　《上清太極隱注玉經寶訣》屬於所謂仙公系之靈寶經，南朝梁宋文明「靈寶經目」已列入，並說明乃「陸先生（修靜）所撰記出也」，若此則此書年代當早於陸氏，大抵為東晉末劉宋初之作品。參小林正美，《六朝道教史研究》（東京：創文社，1990），頁 142、185。筆者推測此經典可能成於東晉末靈寶派葛巢甫之手或是葛巢甫之後學。

跡之《真迹經》以及陸修靜《三洞經書目錄》中之《上清經目》，
❸顧歡可能為了與《上清經目》合併成書，故並不沿用「真迹」一
名，僅在序文作一交代，亦即顧歡自作自註自序此書。或者顧歡作
此書完全只依據《真迹經》中之傳承事跡及經目。❹

　　2.《上清源統經目》可能成於陸修靜之手，因為陸氏崇虛館庋
藏甚富，陸氏盡得天時地利人和，故極有可能完成此書。因為《正
統道藏》有字號之《上清眾經諸真聖秘》引用《源統經目》一書之
資料，而不稱為《源統經目註》，可見《源統經目》當別為一書，
注解則顧歡所作。不過唯一可疑的是，顧歡在序文中卻未提及陸氏
作此書之事，所以值得再行考證。

　　陸修靜於宋元嘉十四年《靈寶經目序》言「條舊目已出并仙公
所授事，注解意疑者」，可見陸氏早對靈寶經目進行過注解工作，
陸氏作《三洞經書目錄》時已垂垂老矣！未必有心力再對上清經目
進行注解，故有賴顧歡進一步完成。

　　上述之考辨，可以確認〈上清源統經目註序〉乃顧歡所作，以
下接著比較孟安排《道教義樞》所列《玉緯》引《正一經》之文獻
（即前文）與〈上清源統經目註序〉（即後文）。前引兩段文獻，內
容大致上相同，卻互有詳略，從加上底線之段落可以很清楚地兩相

---

❸　陸修靜在宋明帝太始七年（西元 471）上《三洞經書目錄》，顧歡此書則成
　　於宋後廢帝元徽元年（西元 473）之後，所以顧歡當然能運用陸氏的經目
　　了！

❹　顧歡得見《真迹經》，據《真誥·敍錄》所載主要透過杜京產及樓惠明（當
　　即〈上清源統經目註序〉所提到的婁化其人），所以顧氏得以運用《真迹
　　經》的資料，重作編整。

比較出來。這種情形頗耐人尋味，究竟是前者襲自後者或後文承自前文？然而《玉緯》引《正一經》文中有「目序所明與此同也」，目序當即指〈上清源統經目註序〉，若此則《正一經》之文即承襲自〈上清源統經目註序〉者，不過也有可能「目序所明與此同也」是《道教義樞》作者孟安排補充解說之案語，如此便難看出前後二文之年代先後了！

但是從二文之行文語氣看來，前文一再言「仕晉為護軍長史散騎常侍」「宋元嘉十二年」「宋有道士婁化以宋明皇帝太始之末」，〈上清源統經目註序〉則僅言「仕為護軍長史散騎常侍」「元嘉十二年」「有道士婁化者……是時宋明皇帝崇敬大法」，兩相比較之下，《正一經》之文清楚強調晉宋之國號，便明顯地可以看出此文當成於劉宋之後，而顧歡作〈上清源統經目註序〉雖在劉宋後廢帝元徽元年（西元 473）之後，當亦不致於太晚，最晚亦不超過南齊初期武帝永明年間（西元 483-493）。顧歡享年六十四，❸所以，其出生年大約是南朝宋武帝永初元年至宋文帝元嘉七年之間（西元 420-430）。顧氏大半生涯在劉宋朝渡過，因此即使在南齊方成書，他對劉宋故朝猶存幾分溫情，所以並不特意強調劉宋之國號。而《正一經》則將晉宋視為故朝，作者當為南齊以後人，或者略跨劉宋末數年，因為劉宋末《正一經》作者尚屬年幼，故對劉宋故朝並無特殊感情，所以直接以第三人稱稱之。

接續前面盧國龍之考證，他認為《正一經》乃南齊孟景翼所

---

❸　據《南齊書·顧歡傳》，顧歡卒於南齊武帝永明年間，卒年六十四歲。

作，而孟氏約在南齊初（西元 480）前後作〈正一論〉，**㊱**南齊（西元 479-502）一朝只有短短二十四年，所以從年代上來推算，與上述資料之引證與論辨正相吻合，所以更加可以確定《正一經》乃孟景翼之傑作。更何況從外緣因素考察，劉宋末後廢帝元徽元年，王儉參考漢劉歆《七略》作《七志》，將宮廷所藏經籍分為〈經典志〉等七部，儉同年又作《元徽四部書目》。**㊲**這些目錄學上之大作，對於道教經典之整理，當不無刺激與參考作用。所以孟景翼法師生逢其時，他作《正一經》以分判「七部（三洞四輔）」之經教，當不能不受影響才對。然而孟景翼作《正一經》以確立「四輔」之分部，當承襲之前已初具規模之制度，而非出自一己之獨創。**㊳**

二、《太玄經》之作者、年代

經由上述資料文獻之反覆論證，無非是為了確定《正一經》之可能作者與年代，如此方可進一步討論《正一經》中所援引及之《太玄經》之年代與作者。既然《正一經》乃南齊初年孟景翼法師之作，則《太玄經》當早於孟氏，所以《太玄經》最晚也成書於劉宋時期，甚至可能是東晉末年道教界一連串的經典造構運動之產物。

《道教義樞》云：「正一經云太上親授天師太玄經有二百七十

㊱　盧國龍，《中國重玄學》（北京：人民中國，1993），頁 50。另外據劉汝霖，《東晉南北朝學術編年》（臺北：長安，1979），頁 265 之考證，孟景翼當在齊高帝建元四年（西元 482）作〈正一論〉。

㊲　參劉汝霖，《東晉南北朝學術編年》，頁 254。

㊳　參本書下篇「第二章　太玄部的傳授儀式」之前言的論述。

卷」（2\10b）《雲笈七籤》亦云：「正一經云太上親授天師太玄經
有二百七十卷」（6\17b），又說：「太玄者，重玄為宗，老君所
說。故經云：玄玄至道宗。然其卷數亦有不同，正一經云太玄道經
二百七十卷。今玉緯所撰止有一百三十五卷，又非盡是本經，餘者
不見。」（6\16b-17a）❸其中「太玄者，重玄為宗，老君所說。故經
云：玄玄至道宗。」《道教義樞》則作「太玄者，重玄為宗，老君
所說。故《道經序訣》云『玄玄道宗』。又《太玄經》云『无无曰
道，義樞玄玄』。」❹所謂《道經序訣》，亦即是一般所稱的《道
德經序訣》。而「玄玄至道宗」之文，亦可見於成書東晉末劉宋初
之《上清太極隱注玉經寶訣》「當開《道德經》蘊之時，先燒香整
法服，禮拜如初法而祝曰：玄玄至道宗，上德體洪元……」（4a）
而東晉末劉宋初之《上清太極隱注玉經寶訣》「玄玄至道宗，上德
體洪元……」之文，後來則被編入《道德經序訣》，而成為南北朝
時道教界之《道德經》傳本的序。❹理所當然地，也就成為二百七
十卷之太玄經的一部分了。

　　「四輔」中之「太玄部」乃根據《太玄經》之內容而以太上老
君《道德經》為核心以成部者，若此則《太玄經》擷取《上清太極

---

❸　初唐高道潘師正論「七部經」言：「正一部三卷，……太玄部一百三十五卷」。
　　參考《正統道藏》諸字號之潘師正《道門經法相承次序》卷下頁九。若此，
　　則一百三十五卷本可能只是二百七十卷之卷數縮編本而已，原經未必有任何
　　佚失。

❹　參考王宗昱，〈附錄：《道教義樞》校勘〉，王宗昱，《《道教義樞》研
　　究》（上海：上海文化，2001），頁 311。

❹　關於《道德經序訣》的文獻考證問題，請參考本書「附錄三：道教道德經傳
　　本暨『太玄部』經典之考辨」。

隱注玉經寶訣》中讀經前開《道德經》蘊之資料以成書，當是極其自然之事，所以《太玄經》之成書當也是東晉末劉宋初這個時期。

再者《太玄經》又言：「言道性者即真實空，非空不空，亦非不空。道性眾生皆與自然同也」（《道教義樞》8\5a），這段文字既論「道性」之觀念，又言「空」之思想，「道性」觀顯然是受到佛教「佛性」說之影響。「空」觀早在東晉鳩摩羅什、僧肇師徒即已大力倡導，「佛性」觀念雖然東晉時期鳩摩羅什、慧遠二法師已略及其義，❷但到了羅什高弟竺道生（西元 355-434）❸始大闡其說。道生約在宋文帝元嘉三至五年間（西元 426-428）根據先已流行於南方之東晉法顯所譯出之六卷本《泥洹經》提倡「佛性」說，因出於首倡，加上《泥洹經》對於佛性之說語焉不詳，所以道生於元嘉五六年之際受到其他佛教徒之排斥。道生於元嘉七年乃往隱廬山，是年北方北涼曇無讖於劉宋武帝永初二年（西元 421）所譯出之大本《大涅槃經》（北本）始傳至南朝宋首都建業，佛門弟子居士謝靈運與羅什高足慧嚴、慧觀二法師輩乃共同參考六卷本《泥洹經》修訂四十卷之北本而成三十六卷之南本《大涅槃經》，因此當時南方流行專論佛性義之《涅槃經》之三種本子。南本一成，慧觀法師便將此經送往廬山請道生開講，自後眾人皆服道生之卓悟，而佛性說亦逐

---

❷ 湯用彤，《漢魏兩晉南北朝佛教史》（北京：中華，1988），頁 452。郭朋，《中國佛教思想史》（福州：福建人民，1994），頁 270。

❸ 據陳垣，《釋氏疑年錄》，收入《陳援菴先生全集》第十冊（臺北：新文豐，1993）所考訂。

漸廣為傳佈。❹根據隋吉藏法師《大乘玄論》卷三所說，南朝講
「佛性」者，至少十一家之多，❺所以道教界當無法避免此趨勢而
不談「道性」問題了！

　　因此機緣，所以「佛性」觀之廣為流行亦當在元嘉七年以後，
當然這觀念為道教界所援引且轉化成「道性」說，自更在元嘉七年
之後了！經由上述資料之剖析，既雜揉編引靈寶道經（《上清太極隱
注玉經寶訣》），又受到佛教思想影響，且年代在劉宋初年，而能造
構出《太玄經》者，極有可能便是《真誥·敘錄》所稱造構上清道
經之王靈期其人了！

　　《真誥·敘錄》載述：「（許）長史、掾立宅在小茅後雷平山
西北。掾於宅治寫修用，以泰和五年隱化。長史以泰元元年又去。
掾子黃民時年十七，乃收集所寫經符秘籙歷歲。……元興三年，京
畿紛亂，黃民乃奉經入剡，……至義羲（熙）中，魯國孔默崇信道
教，為晉安太守，罷職還至錢瑭（塘），聞有許郎先人得道，經書
具存，乃往詣許。許不與相見。孔膝行稽顙，積有旬月，兼獻奉殷
勤，用情甚至。許不獲已，始乃傳之。孔仍令晉安郡吏王興繕寫。
孔還都，唯寶錄而已，竟未修用。元嘉中復為廣州刺史。……復有
王靈期者，才思綺拔，志規敷道。見葛巢甫造構《靈寶》，風教大
行，深所忿嫉，於是詣許丞求受上經。丞不相允，王凍露霜雪，幾
至性命。許感其誠到，遂復授之。王得經欣躍，退還尋究，知至法

---

❹　參湯用彤，《漢魏兩晉南北朝佛教史》，頁 444，以及郭朋，《中國佛教思
　　想史》，頁 577。

❺　參考郭朋，《中國佛教思想史》，頁 581。

不可宣行，要言難以顯泄，乃竊加損益，盛其藻麗，依《王》、《魏》諸傳題目，張開造制，以備其錄，并增重詭信，崇貴其道，凡五十餘篇。趨競之徒，聞其豐博，互來宗稟。傳寫既廣，枝葉繁雜，新舊渾淆，未易甄別，自非已見真經，實難證辨。其點綴手本，頗有漏出，即今猶存。又朱先生僧摽學增褚公伯玉語云：「天下才情人，故自絕羣。吾與王靈期同船發都，至頓破崗埭竟，便已作得兩卷上經，實自可誑。」自靈期已前，上經已往往舛雜。弘農楊洗，隆安和四年庚子歲，於海陵再遇隱盟上經二十餘篇，有數卷非真。其云：「尋經已來一十二年。」此則楊君去後，便以動作，故《靈寶經》中得取以相揉，非都是靈期造製。但所造製者自多耳。今世中相傳流布，京師及江東數郡略無人不有，但江外尚未多爾。王既獨擅新奇，舉世崇奉，遂託云真授，非復先本。許見卷裘華廣，詭信豐厚，門徒殷盛，金帛充積，亦復莫測其然，乃鄙閉自有之書，而更就王求寫。於是合迹俱宣，同聲相讚，故致許王齊巒，真偽比蹤，承流向風，千里而至。……元嘉六年，許丞欲移歸錢塘，乃封其先真經一厨，且付馬朗淨室之中，語朗云：『此經並是先靈之迹，唯須我自來取。縱有書信，慎勿與之。』乃分持經傳及雜書十數卷自隨，來至杜家。停數月疾患，慮恐不差，遣人取經。朗既惜書，兼執先旨，近親受教敕，豈敢輕付？遂不與信。我（俄）而，許便過世，所賫者因留杜間，即今世上諸經書悉是也。許丞長子榮弟，迎喪還鄉，服闋後，上剡就馬求經，馬善料理，不與其經。許既慙戁，不復苦索，仍停剡住。因又以靈期之經教授唱言，並寫真本。又皆注經後云：『某年某月某真人授許遠遊。』于時世人多知先生服食入山得道，而不究長史父子事迹故也。人亦初無疑悟者，經涉數年中，唯就馬得兩三卷真經，頗亦宣泄。元嘉十二年，仍於剡亡，因

葬白山。」（19\10a-13b）**⑯**

　　不憚繁瑣地徵引上一段《真誥·敘錄》的文獻，乃因為其中頗多涉及道教史的關鍵材料，嘗試分析如下。

　　首先依據《真誥·敘錄》所載，許長史（謐）以東晉孝武帝泰元元年（西元 376）仙去。許長史（謐）孫子、許掾（翽）的兒子許黃民時年十七歲，於是開始收集許家所傳寫的經符秘籙達一年多的時間。到了南朝劉宋文帝元嘉六年（西元 429），許黃民辭世，可以推斷許黃民生卒年為東晉穆帝升平五年至宋文帝元嘉六年（西元 361-429）。

　　魯國孔默向許黃民哀求傳經，這是許黃民第一次將祖傳上清經典傳與外人，時間是在東晉安帝義熙年中，**⑰**推估大概在義熙七年（西元 411）前後。

　　接著我們可以看到，王靈期向許黃民（西元 361-429，相當於東晉穆帝升平五年至宋文帝元嘉六年）求受上清道經的記載，黃民受其至誠感動，乃授之上經。這算是許黃民二度將祖傳上清經典外傳，而從《真誥·敘錄》的敘述順序判斷，當晚於孔默，其時間更在東晉安帝義熙七年以後吧！

　　王靈期於是雜揉靈寶經造構出一批上清系道經，後來因為新奇特出而受到眾人崇奉，靈期乃「託云真授非復先本」（19\12b），如此一來大家反倒相信王氏並非造構經典，而是傳自仙真者。後來甚

---

⑯　參考《正統道藏》定字號《真誥》卷十九〈翼真檢第一·敘錄〉所載錄文字。

⑰　東晉安帝義熙年前後共有十四年，即西元 405-418。

至連得上清道經之真傳的許黃民也無法辨其真假，反而向王靈期求抄寫王氏所造構出之道經。因此許黃民除了一楊二許之真跡外，也同時擁有王靈期所造之一批經典。於是道經之傳承便出現了《真誥‧敘錄》所說的「於是合迹俱宣，同聲相讚，故致許、王齊轡，真偽比蹤」（19\12b）真偽經典混雜之現象。宋文帝元嘉六年，許黃民將經典暫託予馬朗，是年黃民病卒。黃民子榮弟（豫之）後來向馬朗求取黃民所託寄經，馬氏不與，榮弟無奈「因又以靈期之經教授唱言，並寫真本，又皆注經後云：某年某月某真人授許遠遊，人亦初無疑悟者。」（19\13b）❹若此則王靈期造構之經典經由許黃民傳至許榮弟之手，再由許榮弟傳佈開來，且得到大家之認可而無所疑。因此可以說王靈期造構出的一批新經典被當作真跡般在道教界受到崇奉而流行著。所以《真誥‧敘錄》才說「今世中相傳流布，京師及江東數郡略無人不有，但江外尚未多爾。」可見當時長江以南之六朝故地，這一批真偽上清經，幾乎在道士之間廣泛地流傳著。

而王靈期造構新經，也至少是東晉安帝義熙七年（西元 411）以後的事情吧！宋文帝元嘉十二年（西元 435）許榮弟卒，這應該可以算是王靈期造經年代之下限，因為如果沒有透過許榮弟之手，王靈

---

❹　前文引南齊顧歡〈上清源統經目註序〉言：「黃民子名豫之，以元嘉十二年終剡之白山，臨去世之時，以上清寶經、三洞妙文封以玄臺印，以白銀留寄剡縣馬度生家，語之曰今且暫行，不久當還，勿開此經。馬氏崇奉，累世安康。」顯然與此所引用《真誥‧敘錄》的資料，二者所載不盡相同。筆者認為當以《真誥》為正，因為陶弘景編此書，極重考證，而且也每每批評顧歡遺留下來的材料錯誤處故也。

期所造新經，將無法取信於人，而被彼時道教徒當作偽經唾棄。是以，我們似乎可以推估，王靈期造構新經的時間，大略是東晉安帝義熙七年（西元 411）至宋文帝元嘉十二年（西元 435）之間吧！也就相當於東晉末劉宋初這個時段。

再者從時代而言，王靈期向許黃民求上經，當為許黃民之晚輩，其活動之年代約在東晉末劉宋期間，而略與褚伯玉（西元 393-479，相當於東晉孝武帝太元十八年至宋順帝升明三年（齊高帝建元元年））同時。❹因此宋文帝元嘉七年以後，王靈期在特殊環境下造構出《太玄經》之機率大於任何其他人。而且經由許榮弟，王靈期的一批新經典被當作真跡，道教徒信之而不疑，自然無人會否定《太玄經》非老君所說者。或者有人會認為，《太玄經》也有可能是陸修靜所造者，但是從其時代性與歷史機緣，陸修靜造經當無法取信於人，且史書亦並未稱說陸氏有造經之功，所以應以王靈期造《太玄經》最有可能。

第二節　太玄部經目

「四輔」中之「太玄部」是根據《太玄經》之內容而以太上老君《道德經》為核心以成部者，太玄部所包含之經典分為「原始經目」與「修訂經目」兩階段，「原始經目」乃由《太玄經》所確立

---

❹　前文引《真誥·敘錄》記載褚氏弟子朱僧標轉述其師之語，言褚柏玉與王靈期同船，並曾親眼目睹王氏造構道經之實情。（19\12a）若此則褚伯玉大約與王靈期同輩。

者，「修訂經目」則至遲在南北朝末唐初即已完成，宋以後才有所更動。❺不過為何經目有所差異，這卻值得玩味。

綜觀其成因，大抵與宗教神話有相當關係，或者是受其所崇奉之道派的影響。我們且先說後者。

關於「太玄部」之宗旨，《雲笈七籤》卷六云：「太玄者，孟法師云是太玄都也。今為老君既隱太平之鄉，亦未詳此是何所？必非攝跡還本，遣之又遣、玄之又玄，寄名太玄耶？此經名太玄者，當是崇玄之致，以玄為太，故曰太玄也。若言起自玄都，不無此義，但七部皆爾，非獨此文也。」（6\13b）又言：「太玄者重玄為宗。」（6\16b）《道教義樞》所記亦略同於此，❺《雲笈七籤》所論可能承自《道教義樞》，當然也可能抄錄自隋朝之《玄門大義》。

上述「孟法師」蓋指齊梁之際的孟景翼或孟智周法師，當時「重玄」觀念尚未盛行，所以孟法師解釋「太玄」為「太玄都」之

❺ 南宋孫夷中《三洞修道儀》言「高玄部道士」須「……參究道德經、西昇經、玉曆經、妙真經、寶光經、枕中經、存思神圖、太上文節解、內解、自然齋法儀、道德威儀一百五十條、道德律五百條、道德戒一百八十三科」（5b）高玄部即太玄部。若與後列之表格相較，即可發現到了南宋，太玄部經目改變頗大。甚至《宋史·藝文志》中著錄有「太玄部《道興論》二十七卷」，參龍彼得 (Piet van der Loon), *Taoist books in the libraries of the period* (London: Ithaca press 1984), p90。《道興論》便是太玄部新出道書。

❺ 《道教義樞》曰：「太玄者，舊云老君既隱太玄之鄉，亦未詳此是何所？必非攝迹還本，遣（之又遣）、玄之又玄，寄名太玄耶？今明此經名太玄者，當是崇于重玄之致，玄義遠大，故曰太玄。……太玄者，重玄為宗，老君所說。故《道經序訣》云『玄玄道宗』。又《太玄經》云『无无曰道，義樞玄玄』。」此段引文參考王宗昱，〈附錄：《道教義樞》校勘〉，頁309-311。

義，不難理解。《元始無量度人上品妙經四注》南齊嚴東注解道：「太玄，太玄都也，人秉自然……逕昇玄都之宮。」（2\59a）又言：「玄玄者，深奧也。」（3\12b）復言：「玄者天也」（3\43b）可見當時重玄觀並不普遍，太玄多作太玄都解，「玄」字多有天義或玄奧義。到了唐代，「太玄部」以「重玄」為宗旨，已甚流行。一般認為將「太玄部」轉化成以「重玄」為宗者，乃梁陳之間的臧玄靜法師。❷唐末杜光庭《道德真經廣聖義》即說臧法師注解《道德經》，乃在明重玄之道（5\12b），而且玄靜法師在「太玄部經目」之修訂上，亦盡過心力（詳後文論述），所以說臧玄靜是將重玄觀念引入「太玄部」的關鍵性人物。

其次談到宗教神話與「太玄部經」之關係。《太玄經》列有「太玄部經」經目共十卷，其中包括《傳授經戒儀注訣》一書，《傳授經戒儀注訣》中說：

> 今撰正文，傳授十卷，並見真經，同出聖口……昔尹子初受大字三篇，中經在太清部中，所以付上下兩卷。漢文精感真人降迹，得此章句，所滯即通……《隱注》云讀河上一章，則徹太上玉京，……人生多滯，章句能通，故次於大字。係師得道，化道西蜀，蜀風淺末，未曉深言，託遭想爾，以訓初迴。初迴之倫，多同蜀淺，辭說切近，因物賦通，三品要戒，濟眾大航，故次於河上。河上想爾，注解已自有異，大

---

❷　盧國龍，《中國重玄學》（北京：人民中國，1993），頁 53-54。然而盧氏忽略了太玄部經目增刪之過程，故該書所作之判斷未必精確。

> 字文體，意況亦復有異，皆緣時所須，轉訓成義，卆文同
> 歸，隨分所及。值兼則兼通，值偏則偏解，偏解終還於
> 兼。……存思有法，授受有科，朝禮齋請，悉有儀制，究此
> 十卷，自足兼通。……至於首引內解，別次在後，餘力觀
> 之，幸亦無妨。（上\4a）

這便是太玄經中所列之十卷經目，且容後文再敘。而其中「今撰正
文，傳授十卷，並見真經，同出聖口」，「真經」大抵即是《太玄
經》，「同出聖口」則指前文所引《雲笈七籤》「正一經云太上親
授天師太玄經有二百七十卷」其事蹟。可見《傳授經戒儀注訣》的
論點正是承自《太玄經》。而如前文所考證，《太玄經》極可能是
王靈期所造構，而《傳授經戒儀注訣》則大概出自南朝齊梁的二孟
法師之手。❸如此，我們似乎便可以推斷，二孟法師對於「太玄
部」的整理與建構，受到王靈期《太玄經》的深刻影響。❹

　　上引這段文字所透露的信息值得再思量。「大字三篇」即《道
德經》上下二篇，再加上《老子中經》一篇，總共三篇。這三篇是
老君傳給尹喜的經典，只有經文，不含任何注文，故稱作大字。其

---

❸　關於《傳授經戒儀注訣》的年代、作者之考證，請參考本書「附錄三：道教
　　道德經傳本暨『太玄部』經典之考辨」。

❹　當然二孟法師未必能分辨出《太玄經》乃王靈期的傑構。因為二孟法師恐怕
　　也如陸修靜〈靈寶經目序〉所述一般，也是「學士宗竟（競），鮮有甄別。
　　余先未悉，亦是求者一人」。更何況許氏家族舊籍與王靈期的新經，早就在
　　道教圈中被當作「真跡」、「真經」而摹奉著，二孟法師大概也不能例外。
　　所以二孟對於《太玄經》所說，信之不疑，認為真乃出自太上老君聖口所
　　宣，於是便據以建構「太玄部」經教系統。

中《老子中經》則被歸類到「四輔」之太清部中。而《道德經》上下二卷因為乃太上老君親授與尹喜者，所以它自然要擺在第一位，成為道教徒人人必修之經典，因而確立其宗教正典之地位。很明顯地，此乃宗教神話對於宗教正典形成具有決定性之現象。老君傳授道德上下中經三篇予尹喜之神話，在劉宋建朝初年之道經《三天內解經》中亦有相同之記載言：

> 至周幽王時，老子知周祚當衰，被髮佯狂，辭周而去。至關，乘青牛車與尹喜相遇，授喜上下《中經》一卷，《五千文》二卷，合三卷。……至文帝時，老子降於河之上，因號為河上公。文帝命駕，往問道焉，老子授以《道德五千言》上下篇而去。（上\4a-8a）

所謂「上下中經一卷」即指《老子中經》，而非道德上下經與老子中經。因為《正統道藏》退字號有《太上老君中經》上下二卷，共五十五章，所以此經文中有「神仙玄圖曰玉曆五十五章姓名符信。……吾（老君）時時自案行此二篇上下中經也。」（下\20b）因此所謂「上下中經一卷」即指分為上下篇之一卷本《老子中經》，而《正統道藏》分為上下二卷當屬後來之改版本。然而在《雲笈七籤》卷十八、十九亦收錄有《老子中經》上下兩卷，不過其經文卻略異而作：「吾（老君）時時自案行此三篇，三篇上下中經也。」（19\21a）《雲笈七籤》所收錄者僅分為上下卷，但經文卻稱作三篇，顯然自相矛盾而不察，這種矛盾的產生，可能是受到諸如《太上三天內解經》之類經典中敘述不甚清晰之宗教神話的影響而致生

誤會，認為《老子中經》分為上中下三篇。這就是北宋初年的版本，而這種版本在當時似亦頗流行，如北宋所編的老君傳記，《混元聖紀》言老君「因授喜玉曆中經（即老子中經）三十五章」（3\14b）顯然是《老子中經》三篇五十五章傳抄之誤。《太上混元真錄》亦言「玉曆中經三篇五十五章」（10b）等等。

不只《三天內解經》認為老君傳授尹喜道德經、老子中經，《太平御覽》卷 676 引《神仙中經》言：「老子度關時為尹喜著五千言、解五十五章（即指老子中經 55 章），是手所書也。能行此道，知元氣父母天地之先，不知此者，徒自苦耳！」另外如極可能是王靈期所造的《寶玄經》中，❺也說《道德經》上下二篇、《老子中經》一篇皆太上老君所親撰，而且修習《寶玄經》者，皆號「无上真人」。❺如是，《寶玄經》似乎也多少影射暗示了「无上真人」尹喜與太上老君傳授《道德經》上下二篇、《老子中經》一篇神話的關係。

上清經系道經《洞真太上太霄琅書》第四卷「為師訣第十」也談到必須並重老君《道德經》、《道德經河上公章句》、張係師魯《老子想爾注》三部書，其言曰：「志行此道，存文五千，文千雖五，義冠无央。先代相傳，師資叵計，今之所遵，十天大字，神仙人鬼，共所歸宗，文同數等，无有一異。但感者未齊，應者微革，《河上章句》，係師《想爾》，轉字會時，立題摽議，始殊終同，

---

❺ 關於王靈期造《寶玄經》之考證，請參考本書「附錄一：《寶玄經》之年代、經系與相關考證」之討論。

❺ 參考本書上篇「第二章 東晉道德經之詮釋」「第二節 《寶玄經》」所論。

隨因趣果。洞明之師，諦宜宣詁。其大字以數入道，故先言五千，而後云經；《想爾》，以道統數，故先云經，而後言五千；《河上》，道數相涉，故分經以及文，品章為第句，各有應焉。妙思之儔，研期感應，勿牙（互）舛亂筌蹄也。五千文包羅備周，衆經祖宗，三洞支條，先分後合，終歸道德，乃極一源也。」（4\16ab）今日所見《正統道藏》本《洞真太上太霄琅書》共有十卷，一般認為第一卷（亦即所謂的《太霄琅書瓊文帝章》）乃本經，可能成於東晉。而二至九卷則成於南北朝。據考證《太霄琅書瓊文帝章》乃非上清派楊許時期的疑偽經典，大概成書於東晉末至劉宋初之間。❺❼如此則《洞真太上太霄琅書》第四卷之內容更在其後才出現，所以也算是新出的上清經之一，當然也不能排除是王靈期所造構之可能。是以其立場同於可能成於上清經系王靈期之手的《太玄經》，實非只是一種巧合而已吧！我們大概也可以說，王靈期的《太玄經》，正是促成「太玄部」成立的推手。

---

❺❼　參張超然，《系譜、教法及其整合——東晉南朝道教上清經派的基礎研究》（臺北：國立政治大學中國文學系博士論文，2008），頁 260。另外大淵忍爾認為《太霄琅書瓊文帝章》中有吸融靈寶派《洞玄靈寶自然九天生神章經》的情形，正是東晉末上清經與靈寶經互相影響融合現象之例子。所以大淵氏推論，《太霄琅書瓊文帝章》成立於南北朝初期。參考大淵忍爾，《初期の道教——道教史の研究　其の一——》（東京：創文社，1991），頁 305-306。Isabelle Robinet 對於這兩部經典的內容也進行考察，她認為前者乃六朝上清道經，但作者不明。至於後者，則並未討論及作者與年代。參考 Kristofer Schipper（施舟人）& Franciscus Verellen（傅飛嵐）ed., *The Taoist canon: a historical companion to the Daozang = [Dao zang tong kao]* （道藏通考）(Chicago: University of Chicago Press, 2004), p180, pp.623-624。

　　從《傳授經戒儀注訣》「昔尹子初受大字三篇，中經在太清部中，所以付上下兩卷。」並論及《河上章句》與《想爾》，而《洞真太上太霄琅書》第四卷「為師訣第十」則說：「志行此道，存文五千，文千雖五，義冠无央。先代相傳，師資叵計，今之所遵，十天大字，神仙人鬼，共所歸宗，文同數等，无有一異。」並同樣談到《道德經河上公章句》、張係師魯《老子想爾注》；此外成書於東晉末劉宋初的《老子道德經序訣》第三段材料，❺❽同樣有著如是觀點：「至人比字校定，外儒所行，雜傳多誤。今當參校比正之，使與玄洞相應，十方諸天人神仙天地鬼神所宗奉文，同一無異矣！吾已於諸天神仙大王校定受傳。」

　　考諸史料，老子授尹喜道德經上下二篇早見諸太史公書，而前面章節已考證過《老子中經》亦是漢代產物，可見老君作《道德經》、《老子中經》之傳說由來已久，自然易與尹喜傳說相附會而生出新型態的宗教神話。

　　而從上述所引證的材料看來，在東晉末至劉宋初時期，道教界似乎便流行著太上老君傳授與尹喜《道德經》上下二篇、《老子中經》一篇（亦即所謂的「大字三篇」）的神話。而對於《道德經》上下二篇的傳授，相當慎重。所以靈寶派《老子道德經序訣》要推出經過至人比字校定而為十方諸天人鬼神所宗奉的五千文版本，至於上清經《洞真太上太霄琅書》則必須強調，神仙人鬼，共所歸遵的十

---

❺❽　《老子道德經序訣》的第三段材料成書於東晉末劉宋初，請參考本書「附錄一：《寶玄經》之年代、經系與相關考證」「二、年代與經系歸屬」一段之討論。

天大字之五千文版本。**靈寶**派另外還談到尹喜與河上真人，而與老子並稱為「玄中大法師」，使道德五千文、《道德經河上公章句》得以與靈寶法相參，其融合之跡與意圖甚顯。㊾反觀上清經的立場，十天大字的五千文本自不必說，也同時主張並重《道德經河上公章句》、天師道係師張魯《老子想爾注》，展現了上清派道士消化道德經系列經典的企圖。

　　我們可以看出，《傳授經戒儀注訣》「昔尹子初受大字三篇，中經在太清部中，所以付上下兩卷。」並論及《河上章句》與《想爾》，其觀點顯然與上清派似乎有傳承上的關係。而且前文也已經談到，王靈期造構的《寶玄經》，也透過太上老君之聖口宣說老君自己傳授《道德經》上下二篇、《老子中經》一篇，並且暗示了「无上真人」尹喜與太上老君傳授此三篇經典的神話關係。

　　這也就是我們主張，上清派、王靈期、《太玄經》以及《寶玄經》，與「太玄部」的成立，存在著某種內在關係的原因所在。基於這種上清經派的立場，我們就能夠解釋，為何南北朝七部道經的集結與分類，最後會是以「四輔」的「太玄部」輔助「三洞」的「洞真部」，而且劃歸為所謂的「上乘」道法。也就是說，上清經派祖師南嶽夫人魏華存，原是天師道祭酒，自然繼承了某部分的天師道法；所以，如《茅山志》卷九《道山冊》所記載，上清經派第二代宗師楊羲真人便曾手書張鎮南（張魯）老子《道德經》的古本

㊾　關於傳說葛玄所著《老子道德經序訣》，以大淵忍爾所校訂之版本為準，參氏著《道教史の研究》（岡山：岡山大學共濟會書籍部，1964），頁 346-351。

而傳承後世，也就是一般所謂「五千文」的五千字本。⑩自然地，張魯所作《老子想爾注》，以及張氏所校定《河上真人章句》，大抵也會受到上清經派道士的重視而代代相傳吧！因此，如王靈期其人，在東晉末至劉宋初，正好因緣際會，遇上了三洞四輔各類道書大整編、融合的時期，因此王靈期便能夠在造構出一批上清新經之餘，也得以站在上清經派的觀點，積極整合當時其他道經，而持續編造出如《太玄經》、《寶玄經》或是《洞真太上太霄琅書》等書。⑪王靈期的努力，促成了宋齊以降，「四輔」道書的成立，特別是「太玄部」。

前面所引《傳授經戒儀注訣》經文中也提及《老子中經》，不過《老子中經》被編入「太清部」，所以未列入太玄部之十卷正文當中，這種立場被孟法師《玉緯七部經書目》所繼承，因此《玉緯七部經書目》也說《老子中經》入「太清部」（見《雲笈七籤》6\17a 所引）。此外《傳授經戒儀注訣》引文末有「首引內解」句，內解即指《老子內解》，⑫言「首引」，然而《傳授經戒儀注訣》提及《老子內解》之文僅此一見，若此則《傳授經戒儀注訣》當非全本

---

⑩　參考本書「附錄一：《寶玄經》之年代、經系與相關考證」「二、年代與經系歸屬」的論述。

⑪　當時譬如屬於所謂仙公系靈寶經的《上清太極隱注玉經寶訣》，也對於三洞道經，進行整合與詮解的工作，由此可見當時道教界內的學術風氣與動向。「才思綺拔」的王靈期身處其中，不能懵然無感，在其造經的過程，必定會有所因應。《太玄經》或是《洞真太上太霄琅書》，應當就是這種時代氛圍之下的產物吧！

⑫　《真誥·握真輔第一》言：「又見系師注老子內解。」（17\5b）

· 294 ·

而有佚文。❻而《傳授經戒儀注訣》認為《老子內解》並非必修經典，而是「餘力觀之」即可，所以也未列入太玄部經目之中。

　　此乃齊梁之際「太玄部」的基本經典，也可說是「原始經目」。此經目可能是孟景翼法師自己整理出來的，也可能是因循《太玄經》而成者。接著有「修訂經目」出現，以現存《正統道藏》中之數部經典為參考，筆者試著以下表整理出南北朝至唐相關的「太玄部」經目：

經典	太玄經（傳授經戒儀注訣）	三洞奉道科戒營始	傳授三洞經戒法籙略說	太上三洞傳授道德經紫虛籙拜表儀
時代或作者	可能是東晉末劉宋王靈期	金明七真(約梁武帝末年)❻	初唐張萬福	唐末杜光庭
以下經目	道德經上下二卷	老子道德經二卷	道德上下二卷	青絲金鈕道德尊經
	老君道經上道經下河上公章句一卷	河上真人注上下二卷	河上公注上下二卷	河上公章句
	老君德經上德經下河上公章			

❻　如《太平御覽》卷 675 所引之兩條資料「陸先生云對上下接謂之俯仰之格，披褐二服也。」「冠戴二儀衣被四象，故謂之法服。」皆未見於今本，故可推知今傳《傳授經戒儀注訣》並非完本。

❻　參小林正美，《六朝道教史研究》，頁 97 之註 8 之考證。小林氏贊成吉岡義豐之說，但略作修正，基本上仍認為《三洞奉道科戒儀範》乃成書於梁武帝在位之末期（西元 536-549）。

	句一卷			
	老君道經上想爾訓一卷	想爾注二卷❻❺	想爾注上下二卷	想爾要戒❻❻
	老君德經下想爾訓一卷			
	老君思神圖注訣一卷	思神圖❻❼	大存圖一卷	存圖
	老君傳授經戒儀注訣一卷		傳儀一卷	傳訣
	老君自然朝儀注訣一卷	五千文朝儀雜說一卷❻❽	朝儀一卷	朝儀

---

❻❺　敦煌寫卷 P2337《三洞奉道科戒儀範》列有《想爾注》二卷，因據補。

❻❻　杜氏所說之「想爾要戒」，當合指《想爾注》與戒律二者。《太上老君大存思圖注訣》言：「九行在想爾注前」（11a）而《太上經戒》也說：「行無為、行柔弱、守雌勿先動……此九行、二篇八十一章，集合為道舍。」（17b）《太上老君經律》說：「道德尊經戒九行二十七戒……道德尊經想爾戒：行無為、行柔弱、行守雌勿先動……此九行、二篇八十一章，集合為道舍。」（1a）可見《想爾注》之前當有所謂之「九行」（實亦即九戒），因此杜光庭「想爾要戒」當指《想爾注》&要戒，即《想爾注》與九行（九戒）二者。所以九行之「要戒」，本即抄列在《想爾注》之前，而與《想爾注》同卷。更何況前引《傳授經戒儀注訣》之文有「係師得道，化道西蜀，蜀風淺末，未曉深言，託遘想爾，以訓初迴。初迴之倫，多同蜀淺，辭說切近，因物賦通，三品要戒，濟眾大航，故次於河上。」明言《想爾注》中有「三品要戒」，即指《太上經戒》及《太上老君經律》二經所說之上中下三行（合九行）、上中下三品九戒（合二十七戒）。因此另外雖然《傳授三洞經戒法籙略說》未列「要戒」，但在其「戒目」（上\1b）一項下即列有「想爾二十七戒」。實極可能本即已包含在《想爾注》之中，故不須特意強調。

❻❼　《三洞奉道科戒營始》將《思神圖》列為「洞淵神咒大宗三昧法師小兆真人」法階之傳承經典之一（4\6b），顯非太玄部之道德經目。

❻❽　敦煌寫卷 P2337《三洞奉道科戒儀範》作五千文朝儀一卷，雜說一卷。

	老君自然齋儀一卷		齋儀一卷	齋法
		關令內傳一卷	無上真人傳一卷	
		戒文一卷		
		老子妙真經二卷	妙真上下二卷	妙真玄經
		西昇經二卷❻❾	老君西昇一卷	西昇上品
		玉歷經一卷❼⓿		玉曆
		歷藏經一卷		歷藏
		老子中經一卷		
		老子內解二卷	內解二卷	
		老子節解二卷	節解二卷	
		高上老子內傳一卷	高上傳一卷、	
		皇人三一表文❼❶	紫虛籙一卷	高上紫虛天書祕籙
				六甲存圖

　　從表格中依年代先後順序列出之經目，可見其遞嬗之跡。張萬福自注言，《齋儀》以上（含）乃《太玄經》所明列出應受持修行之經目；《無上真人傳》以下（含）經目乃左仙公及金明所說傳授修行者。金明即指《三洞奉道科戒營始》，因為是經標明為金明七真撰。但左仙公所列之經目，之前則未見。基本上唐初張萬福如其自

---

❻❾　敦煌寫卷 P2337《三洞奉道科戒儀範》作西昇經一卷。

❼⓿　敦煌寫卷 P2337《三洞奉道科戒儀範》作玉歷經二卷。

❼❶　敦煌寫卷 P2337《三洞奉道科戒儀範》作皇人三一表。

來，所以《太玄經》未列《玉歷經》《歷藏經》《老子中經》等書，即使《三洞奉道科戒營始》列出，但張氏也未加以採用。其中特別值得注意者，厥為《三洞奉道科戒營始》較原始經目增列《老子妙真經》、《老子西昇經》二部。考諸《道教義樞》言：「尹生所受，唯得道德、妙真、西昇等五卷。」（2\10b）又《雲笈七籤》論及「太玄部」時說：

> 樂真人云：「道德五千文，茲境之經也。」舊云道德經有三卷。玉緯云：「其中經珍祕部，入太清。」亦未詳此解。按《西昇序》云：「列以二篇，乃河濱授於漢文。」又云：「素書二卷，尹喜所受凡得五卷。」既說有三時，玄靖法師開為三部，宗致道德二卷。是先說以道德為體，……西昇次說以無欲為體，……後說既盛明真一，故以真一為體。其源流者，所授尹生五卷，由漸甚多，今不更說。

這段資料相當重要，關係著「太玄部」之成立，也影響「重玄」觀念之發展。所謂「後說既盛明真一，故以真一為體」，敦煌寫卷有「妙真經上云一道之為真兮！道有真一，真人所以輕舉虛迹者，使群物自得玄得一以生也。」❼❷之資料，故所言即指《妙真經》。玄靖法師臧矜乃梁、陳時人，他所開列之三部：道德、妙真、西昇三經典，大抵因此被成書於梁朝末年之《三洞奉道科戒營始》所採用而編入「太玄部」經目。所以我們可以推斷，臧矜開列三部，當在

---

❼❷　參大淵忍爾，《敦煌道經圖錄編》（東京：福武書店，1979），頁 794a96。

而編入「太玄部」經目。所以我們可以推斷，臧矜開列三部，當在梁代前期了！

　　所傳授之《道德經》上下二卷，若參照敦煌寫卷資料 P2584、S6453、P2417、P2347、S6454，當即指卷末標有「太極左仙公序係師定河上真人章句」之五千字本道德經卷子。因此被置於卷首之〈老子序訣〉，當亦在傳授之列。也就是說，教內所用以授受者乃無注本河上公道德經。

　　《傳授經戒儀注訣》所列作「老君道經上道經下河上公章句一卷、老君德經上德經下河上公章句一卷」，共二卷四篇（或四段）。《三洞奉道科戒營始》等皆作二卷，但不知是否分為四篇？考諸敦煌寫卷 S477、S4681、S3926、P2639，即作道經上道經下德經上德經下之二卷四篇（或有稱作「品」者）型式。道經上河上公章句第一：1～16 章。道經下河上公章句第二：17～37 章。德經上河上公章句第三：38～59 章。德經下河上公章句第四：60～81 章。所以《三洞奉道科戒營始》等使用之傳本，當亦同於《傳授經戒儀注訣》，即敦煌寫卷之傳本。而隋朝陸德明《經典釋文·敘錄》正著錄有《河上公章句》四卷，可能本來分為二卷四篇（或四段），後來即漸分成四卷本，至少隋朝時即已如此，可資以互相印證。考諸《洞真太上太霄琅書》卷四頁十六亦言：「河上道數相涉，故分經以及文品，章為第句」，與此所論正合，不知是《傳授經戒儀注訣》所承否？而綜觀上述所言，此二卷四篇《河上公章句》傳本，或許與成於東晉末或劉宋初年之《寶玄經》所用之《道德經》傳本有關連。因為前述《寶玄經》以春（1～16 章）、夏（17～37 章）、秋（38～59 章）、冬（60～81 章）來分判詮釋《道德經》之章節段落及

其意義，⑱與此所說正合。所以，此二卷四篇《河上公章句》傳本，可能承襲自《寶玄經》所用本，或二者源自同一系傳本。

因此，南北朝隋唐道教界所用之《道德經》傳本，即為葛玄序張係師所定之無注河上公本道德經。亦即初唐成玄英〈老子開題〉所稱之「葛本」。而《河上公注》傳本，則採用成玄英〈老子開題〉所說「河上公本長五百四十餘字，多是兮乎者也，蓋逗機應物，故文飾其辭耳！」之一般流行本。⑲因此，道教界乃以河上公本為主。

張萬福所列之《紫虛籙》一卷，唐末杜光庭沿襲之，但是《傳授經戒儀注訣》、《三洞奉道科戒營始》則未見列出，不過《太平御覽》卷 677、679 同引《太玄經》言：「《老子傳授經戒籙儀注訣》曰：以肩腳小案置經，綵巾覆上。」其中之「籙」字，或許即指「紫虛籙」。另外《無上祕要》卷三十七亦引《傳授五千文籙儀》文，若此則似可推斷《太玄經》、《三洞奉道科戒營始》大概也傳授《紫虛籙》，不過可能傳抄之漏或其他原因而未見。

杜光庭列有《六甲存圖》一書，前三者皆未見，不過仍有蛛絲馬跡可循。《三洞奉道科戒營始》言：「……紫宮移度大籙、老君六甲祕符、黃神越章。受稱太上弟子」（4\7a）又言：「……東西二禁、三皇三戒五戒八戒文。受稱洞神弟子」（4\7b）在張萬福《洞玄靈寶道士受三洞經誠法籙擇日曆》也說：「今以六甲附老經，禁山、三皇同洞神法……」（5b）「六甲」即「老君六甲祕符」，「禁

---

⑱　參本書上篇第二章第二節所論。

⑲　參本書「序章」之「第二節・正典之形成」。

山」即「東西二禁」（東西嶽公禁虎豹符），張氏之說法，明顯即沿襲《三洞奉道科戒營始》而來，所以《三洞奉道科戒營始》稱受道德經目者其法階為高玄弟子、太上高玄法師，接著便是受「老君六甲祕符」等經者則為太上弟子，此正是張萬福所說之「以六甲附老經」。所以「老君六甲祕符」似乎也可以列入道德經目之中。杜光庭所言之《六甲存圖》，當即指《老君六甲祕符》，因為《正一修真略儀》言：

> ……五法五卷、老君六甲祕符、靈寶五符、五嶽真形圖、三
> 皇內文、西嶽公禁山文。　　　以上並各依本文存思修奉。
> 　（11b）

因此《老君六甲祕符》似乎可供存思修行用，所以《六甲存圖》當為其異名。再者張萬福《傳授三洞經戒法籙略說》引《太玄經》之文言：「天地萬神皆六甲部使也，老君行之，長生度世，坐致行廚，隱形易體，坐在立亡，出不擇日行不擇時，盡監萬神辟除疾病，踰江越海不避風波，從天入淵虛無自然，逕入崑崙不死之道，上升太清，登造紫微。」（上\12b）

　　因此上列四書實皆提及《老君六甲祕符》或其相關觀念，而且也確與道德經目之傳承有關，所以不論《六甲存圖》是否當列入道德經目中，皆在道德經目傳授之過程佔一重要地位。

　　《三洞奉道科戒營始》列有《戒文》一卷，其他三者皆未見。《傳授經戒儀注訣》中有言：「〈書經法第四〉：凡一齋之限，三日之中繕寫經書，未悉備得，先起戒文，朝儀為次。」（7b）雖然

《傳授經戒儀注訣》在〈序次經法第一〉，並未列出「戒文」，不過此「戒文」當亦必授者，故修齋時須先行繕寫。《傳授經戒儀注訣》所言之「戒文」，殆即指《戒文》一卷，而其他三者皆未列出，可能是未將此戒文當作經典看待之故，或者僅是省略不提而已，因此未見列出。此外考諸《三洞珠囊》「劫數品」引有：「《老君戒文》云西向流沙中无量國有巨石高三百丈，……則時運周劫，世轉一階也。」（9\4b）❼不知是否即此一卷之《戒文》？張萬福《傳授三洞經戒法籙略說》所列「戒目」有「三歸戒、五戒、……天尊十戒十四持身品此清信弟子久志局所受也、太清陰陽戒此五千文錄弟子受、想爾二十七戒此太上高玄法師所受、……」張氏《三洞眾戒文》序也說：「清信弟子天尊十戒十四持身品，五千文金鈕太清陰陽戒。」而《三洞奉道科戒營始》「法次儀」亦言：「老子金鈕青絲十戒十四持身戒受稱老子青絲金鈕弟子、老子道德經二卷、……戒文一卷受稱高玄弟子」（4\6b）兩相比校，不難發現《戒文》一卷當即此「太清陰陽戒」。且《宋史·藝文志》子部道家類「神仙」項著錄有「金紐太清陰陽戒一卷」，足資佐證。❼而傳授五千文道德經前必授之「天尊十戒十四持身品」，實即敦煌寫卷 S6454〈十戒

---

❼ 此段亦見引於《雲笈七籤》卷二頁八。

❼ 大淵忍爾，《初期の道教──道教史の研究 其の一──》（東京：創文社，1991），頁 261、288-289，則認為《戒文》一卷即是《傳授三洞經戒法籙略說》中的「想爾二十七戒」，而一卷《戒文》的實際內容，即是所謂的「三品要戒」，亦即想爾戒九行二十七戒。大淵忍爾認為「三品要戒」即想爾戒九行二十七戒，筆者原則上贊成這個論點，在本節「第二節 太玄部經目」前文也已有所討論。但是筆者考證，「《戒文》一卷」則另有所指，已如上論。

經〉、P2347〈十戒經盟文〉。請參考本書「附錄三：道教道德經傳本暨『太玄部』經典之考辨」所論。

「七部（三洞四輔）」之確立，除了顯示出道教界自覺地進行經教之系統整理外，實際上也是為了將一大批新舊的經典建立成一套傳承授職之法階教制。所以《太玄經》的道德經目之訂定，事實上確也符合上述兩大目的。**❼❼**而法階之分科歷代有所演變，所傳授之經目符籙自然有異，所以造成太玄部經目（道德經目）迭有變動，**❼❽**因此我們略可將此經目分為「原始經目」與「修訂經目」兩階段。不過概皆可算是太玄部經目，近人陳國符根據《三洞奉道科戒營始》、《傳授三洞經戒法籙略說》、《傳授經戒儀注訣》而定出太玄部之經目為：**❼❾**

> 老子道德經、河上公注、想爾注、老子妙真經、老子西昇經、玉歷經、歷藏經、老子中經、老子內解、老子節解、高上老子傳、無上真人內傳。

陳氏且言「符圖儀注在外，道家及百家諸子，亦當收入此部」，可見陳氏完全站在義理層面的角度考量，所以將諸如《朝

---

❼❼　《一切道經音義妙門由起》引《正一經》文（20a），文中及於道門道士所著之法服分為七階：初入道門、正一、道德、洞神、洞玄、洞真、三洞講法師。自然的，正反應出當時道士之法階分為七級，其中受太玄部經目（道德經目）則稱道德法師。

❼❽　如《三洞奉道科戒營始》之《思神圖》即是一例，說見前。

❼❾　陳國符，《道藏源流考》（北京：中華，1992），頁80。

儀》、《齋儀》、《傳儀》等經典排除在外。實際上若從當時道教
界的層面考量，道家及百家諸子本不當入此部。將道教作為一個宗
教來看待，而非加以簡化成為思想、義理，那麼符圖儀注未嘗沒有
發揮《道德經》之思想處，而且具有高度的宗教意義，如此方得還
其本來面目。

　　太玄部之建立，主要是以《道德經》為思想核心所構成的一組
經典群，除為了傳授教制之確立外，也以《道德經》為中心形成一
套具體可行之修行法門，這些修行法門，多與《道德經》思想相
關，即便其中充斥著各種儀軌、方術，卻也深具宗教意義、思想意
義。因此，若從這樣子的觀點來看待太玄部，則太玄部之經目除了
上述陳國符所列之外，似乎應當再加入：朝儀、齋儀、傳儀、老君
思神圖注決、想爾九行二十七戒、戒文、紫虛籙、六甲存圖。

　　因此太玄部經目在南北朝唐代時期大抵包括：

　　老子道德經（含葛玄老子序訣）、河上公注、想爾注、朝儀、齋
　　儀、傳儀、老君思神圖注訣、天尊十戒十四持身品（十戒
　　經）、戒文（太清陰陽戒）、想爾九行二十七戒、老子妙真經、
　　老子西昇經、玉歷經、歷藏經、老子中經、老子內解、老子節
　　解、高上老子傳、無上真人內傳、紫虛籙、六甲存圖。

自然也包括《太玄經》在內了！

第二章　太玄部的傳授儀式

　　太玄部之成立與經目討論如上，接著論及其傳授儀式。❶在南北朝道教經教系統中，三洞四輔彼此之關係，通常即所謂之太清部輔洞神部，太平部輔洞玄部，太玄部輔洞真部，正一部宗道德，崇三洞，遍陳三乘。所以三洞四輔之成立，顯示出道教經教系統整合之日趨成熟與教階教制規模之逐步成型。

　　基本上三洞之分部早於四輔，因此四輔制度之建立多依循三洞之規，太玄部在成型之道教經教體系中屬初階之道法，因此在道教傳授道法之次第上，首先為初入道門，必須受戒，接著受正一符籙經法，再其次即是受太玄部之道德經目了！如此之授經次第在《三洞奉道科戒營始》清楚地呈顯出來，而早在陶弘景時即已這般。陶弘景《周氏冥通記》言：

　　　于時子良年十二（西元 509，按即梁武帝天監八年），仍求入山伏

---

❶　關於六朝道教《道德經》之傳授儀式，饒宗頤先生曾注意此問題，但點到即止，並未進一步作深入探討。參饒氏，《法藏敦煌書苑精華》第八冊道書（廣州：廣東人民出版社，1993），頁 221。筆者以下將主要援引《正統道藏》及敦煌寫卷之資料，對當時以傳授《道德經》為主之太玄部傳授儀式進行重建與詮釋之工作。

節為弟子。始受仙靈籙、老子五千文、西嶽公禁虎豹符，便
專心於香燈之務……十一年（天監十一年），從還茅嶺，此後
進受五嶽圖、三皇內文。（1\2a）

周子良受經法之次第，完全符合於《三洞奉道科戒營始》所列者，
可見其經教法制之規模當早已確立。太玄部最初之傳授儀式可能只
針對《道德經》一書，南朝陳馬樞《道學傳》〈孟景翼傳〉便載
著：

梁武帝天監四年，建安王偉於座問曰：道家科禁甚重，《老
子》二篇，盟誓乃授，豈先聖之旨非凡所說耶？景翼曰：崇
祕嚴科，正宗妙化，理在相成，事非乖越。❷

梁武帝天監元年南齊遜位，而南齊（西元 479-502，相當於齊高帝建元元
年至齊和帝中興二年）國祚只有短短二十四年，因此傳授老經之科禁
儀軌，至少在南齊即已確立流行矣！或者更早，因為此經流傳久
遠，不可能全無儀軌可供依循才對。因此，如果說孟景翼法師確立
「四輔」之分部，由上引資料可證，大孟法師當是扮演著整理經教
之角色，「太玄部」等四輔之制度在他之前，或者在陶弘景之前，
已初具規模矣！所以到了梁武帝時連教外的建安王也知道此事。所
以基本上太玄部傳經儀乃因循三洞之教軌，似乎是以《道德經》為

---

❷ 陳國符，〈道學傳輯佚〉，陳國符，《道藏源流考》（北京：中華，
1992），頁 469。

中心進行整套太玄部經法之傳承，在教內傳法之過程中，無法一於相同儀軌，或儀軌之名有異，或流程前後相左，或增添刪損，不過其傳儀之規模大致仍得略而說之。

　　從東晉末劉宋初之早期道經《上清太極隱注玉經寶訣》、《太極真人敷靈寶齋戒威儀諸經要訣》仍可見到較早之《道德經》傳經儀式，如《太極真人敷靈寶齋戒威儀諸經要訣》便說：

> 五千文，仙人傳授之科，素與靈寶同限，……具法信紋繒五千尺與靈寶一時於名山峰受之。師南向立，弟子北向之，三拜分金鐶各半，佩身受經，畢，弟子方各一拜，從元始周十方。讀經亦先拜十方。如此云太玄都舊典也。（13b）

弟子受經須準備信物，表達丹誠，傳經過程有簡單之分金鐶師徒各執其半以為信之盟誓、禮拜十方天尊等儀式。或許此只是省略之儀節，未必全錄。另外《上清太極隱注玉經寶訣》更言及深入之存思儀，如下：

> 太上玉經隱注曰授道德經，法師北向經於案上，弟子伏左。師執經，弟子擎法信，師叩齒三十六下，心存三宮泥丸丹田絳宮，三一出千乘萬騎營衛經師，因而祝曰：飄飄大虛嶺，流景在上玄，經始無終劫，長保天地人。世主學致堯，道士誦得仙。賢者今奉受，依法以相傳。時無至德子，保祕不妄宣。宗之昇太清，棄之墮九泉。我說無為道，清靜德自然。畢，弟子三拜受經，若女弟子伏右。凡經皆同爾！（2a）

清楚點出傳經時之具隱密性之存思法，此存思法可能淵源亦甚早。
所以，早期傳經儀之全貌為何？現亦頗難確定。不過以數部現存道
經之資料為主，其他相關經典之文獻為輔，似乎仍可勾勒出其輪
廓。以下筆者試著建構出南北朝唐代太玄部道德經目之傳經儀式。
概略言之，此傳授儀式分為四個階段：一、宿啟儀，二、齋儀，
三、傳經儀，四、拜表儀。這個儀式流程，在《傳授經戒儀注訣》
中早已標舉出來，此書包括有〈傳授齋法〉、〈齋竟奏表法〉、
〈請師保法〉、〈書經法〉、〈書表法〉、〈表本法〉、〈書三師
諱法〉、〈詣師投辭法〉、〈辦信物法〉、〈授度所須物法〉等
等，其中〈詣師投辭法〉屬討論「宿啟儀」之相關問題；〈傳授齋
法〉、〈請師保法〉、〈齋竟奏表法〉自屬「齋儀」；〈書經
法〉、〈書三師諱法〉、〈辦信物法〉、〈授度所須物法〉則屬
「傳經儀」；〈書表法〉、〈表本法〉當屬「拜表儀」部份。這些
傳經流程，在後出的道經內被保存了下來，可資互相印證。以下依
序論述這四大傳經儀軌，以顯其儀式結構與意義。

第一節　宿啟儀

　　北周《無上祕要》卷三十五〈授度齋辭宿啟儀品〉為我們保存
許多在齋儀前一夜所舉行之宿啟儀之資料，雖然是北朝道士之儀
軌，然而北周年代同於南朝陳，《無上祕要》後於《傳授經戒儀注
訣》、《三洞奉道科戒營始》等梁以前著作，故其中所載當亦受南
方道教之影響，雖略有不同，亦頗足參考。

　　〈授度齋辭宿啟儀〉並非只針對道德經目而立，而是適用於

道戒、五千文、三洞經文等，所以一始便說：「諸行道皆用御製新儀，其用日數，十戒一日，五千文三日……」（35\1a）北周武帝敕令整理道教經教，通道觀道士大概有感於南朝道科儀節紛雜多端，故欲整齊劃一之，所以乃有「御製新儀」出現，可見此「御製新儀」當是參考南朝道儀訂定而成者。❸如《傳授經戒儀注訣》〈傳授齋法〉言傳授五千文「齋法九日七日五日三日」（6b）可選擇九、七、五、三日不等，而《無上祕要》御定為三日以準天下，可見一般。

1. 投辭文

《無上祕要》卷三十五〈授度齋辭宿啟儀品〉記述授度各種道經前，修齋儀前之宿啟儀節，宿啟是為了向上真仙界通達自己求經之丹誠，除了懺悔自己罪業外也期望上蒼赦免、成就。

首先則：「先須沐浴清淨，齎香火詣師。禮三拜，叩頭長跪授辭」，清淨身心展現求經者之赤忱，而由法師授與「乞道辭」。其次言：「某郡縣鄉里男女清信弟子某甲年若干稽首，乞道辭：「今日之日，流映已蹉，恆恐微炁奄同彼昧昧而无曉，長夜難脫，孤爽困苦，求免无所。伏聞 天尊大聖所演有道德五千文，文簡事要，无細不度。肉人專專，實希奉受，朝受夕沒，永无責恨。輒自罄竭，辦信如法，叩頭稽首，奉辭以聞，唯乞成就，謹辭。 太歲某甲某年某月某日奉辭。」（35\1a）

---

❸ 譬如《傳授經戒儀注訣》〈齋儀增損法〉所說「宿啟及三上香、十方及大懺文、出官、出入密祝、發復香爐、關啟請願」等儀，在《無上祕要》卷三十五中皆可見到。

投「乞道辭」自然是投與上真仙界，投辭文之內容，無非表達求經者感嘆懺悔自己罪業，往昔蹉跎歲月，今日得思悔改，並希企天尊大聖所傳道德五千文之玄博，故欲求受經法以奉行之心意。至於「乞道辭」由師或徒所唱念，則無從得知。

2. 入道場密祝法

祝曰：「四上功曹、龍虎使者、正一生炁侍靖素女，夜有所啟，請得開明童子、上玄妙女，與我俱入黃房之裏，通達所啟，皆使上聞。」「宿啟」顧名思義當為夜晚進行之儀式，由「夜有所啟」更顯其義。求經者為了讓己丹誠上達天聽，所以進入道場之前，必須先向道場內負責守衛、傳訊之低階仙官通報，透過這類仙官之幫助，更足保證己意上聞。

3. 入靜思三師法

「靜」即「靖」，靜室也，乃道教徒修道行儀之清淨之神聖處所。進道場後，復往內走入靜室，入靜室則存思三師，三師即指經師、籍師、度師，首先存思經師：「先思經師所在之方，心拜三過，願師得仙道，我身升度。」「心拜」者，內心存思而外表不做出動作，無非表達求經者感謝師恩，盼與同度之願望。接著對籍師、度師，也是相同之心願，甚至更上及於七祖父母同得度脫，故不贅引。此儀《老君存思圖》亦曾略說之。❹

4. 發爐法

曰：「无上三天玄元始三炁太上老君召出某等身中三五功曹、左右官使者、左右捧香驛龍騎吏、侍香金童、侍香玉女、五帝直符

---

❹　參《雲笈七籤》卷四十三所引之《老君存思圖》。

各三十六人出，關啟此間土地里域真官正神，臣今正爾燒香宿啟，願得　太上十方正真之炁來入某身中，所啟速達，逕御　太上无極大道昊天玉皇上帝几前。」

法師入靜室自必上香，上香是為順著香煙嬝繞，上達天聽，所以發爐（香爐）即倣上香義，祝願太上老君召出宿啟者身中神官，通報駐守之地方仙官，透過諸神之助，順利將消息上奏玉皇上帝。其中祈願正真之炁入身，更是希望藉由正真之炁之淨化、加持，使宿啟者更易於與神界溝通。所以燒香象徵上達天聽，若只有燒香之儀，實無異民間信仰，再加上發爐之儀軌，雙重效果，方顯道教之殊勝。

5.啟事法

既已召出身神相助，並知會地方神官，以下即可正式啟稟上帝。但啟稟之前則須略作交代，免顯唐突。故言：「太上靈寶无上三洞弟子某嶽先生某甲等上啟　太上三寶、十方至真，某等宿命因緣，生值道化，……先師盟授三洞寶經，……受法之日，要當竭其愚短，奉宣法化，教導一切。使未聞者聞，未見者見。願元始之風咸被於十方，太上慈澤，普沾於幽顯。凡有歸向，敢不上聞。謹言。」

法師首先慶幸己緣得遇道化、受道法，而受法之日立願必須廣傳大法，教導一切，所以今日有後學求經，自必一本初衷，具辭上聞。

6.讀辭

「某甲等辭情彌苦，翹募勇猛，今齎信求受道德五千文經，永為身寶。謹依法清淨燒香行道，明旦為始，並按威儀舊典，詮舉職

僚，宣告科禁，令諸學者，咸服法教。恩惟　太上眾尊、三寶威神、監齋大法師、侍經眾真，垂神監映，省覽所言，敕下三界官屬及此間土地里域真官，營衛某甲等身，使宅舍清淨，消滅妖穢，所向必感，請如所陳，明旦晨曉，依法行道，續更啟聞。」這段辭文，透露出正式齋戒之前一晚，舉行宿啟儀式，明天清晨則開始清淨燒香行道等齋儀。在齋儀中且按照舊儀，選署前面所述之師保等齋官，並宣佈禁條。以上之辭文內容，表達齋儀參與者對傳統道規之尊重。其後之文則希企上真降臨監齋，借重神聖力量護衛齋儀順利平安。此襯顯出人神之關係，人對神崇仰，以贏取神對人之眷顧。

7. 誦詠智慧頌三首

「智慧起本无，朗朗超十方，結空峙玄霄，諸天揖流芳。其妙難思議，虛感真實通，有有竟不有，无无无不容。」求經受道是為了智慧解脫，所以第一首「智慧頌」闡釋「智慧」之本質，開示大道之要，令學者對「道」能有所契悟。智慧之本質乃在「本无」，本无乃非有非無、亦有亦無之真實感通，此實即具有重玄思想之色彩了！而特意強調「本无」之概念，大抵受東晉以降玄學與佛教般若學重視「本无」之影響吧！第二首強調「觀身」之重要，觀身即存思也。第三首認為智慧以戒律為根，守戒方能生出無上智慧。辭繁不具引。所以「智慧頌」是對學者之耳提面命，對修道法門之提綱契領。

8. 歸命一切天尊

「至心歸命北方玄上玉晨天尊，至心歸命東北方度仙上聖天尊，至心歸命東方玉寶皇上天尊……至心歸命一切真仙得道聖

眾。」總共歸命十方天尊乃至一切聖眾。「歸命」者，將最寶貴的性命都歸依諸聖眾矣！則其誠意為何如哉？諸聖眾乃大道經法之傳承者，亦是得道者，歸依諸聖眾即等同於歸依「道」，以上求智慧，其意甚明。所以接著詠智慧頌後而有歸依之儀，亦甚合理。

9.師西面平坐說戒，諸眾伏受

「天尊告太上道君曰……修齋求道，皆當一心，請受十戒。諦受勿忘，專心默念，洞思自然，……第一戒者，心不惡妬……第二戒者守仁不殺……第三戒者守貞讓義……第四戒者不色不欲……第五戒者口无惡言……第六戒者斷酒節行……第七戒者不嫉人勝己……第八戒者不得評論經教……第九戒者不得鬭亂口舌……第十戒者舉動施為，平等一心……天尊言建齋行道，四天帝王皆駕飛雲綠軿八景玉輿……浮空而來，瞻禮行道，觀聽法音，天王下降，萬靈朝焉，如是豈可不盡其法也。當先受十戒，然後行道，……坐起臥息，不離儀格，天王歡悅，列名上清。可謂得道方寸之間。」《無上祕要》卷三十五注明這段文字出自《大戒經》。宿啟儀中授與十戒與授受五千文道德經之前，必須先受十戒，此兩種十戒並不相同。宿啟儀中之十戒乃指「洞真智慧上品十戒」，見於《正統道藏》洞真部之《太上洞真智慧上品大誡》，又稱作《大戒經》。❺所以《無上祕要》注明出自《大戒經》，可以相參證。而授受五千文道德經之前，必須受之十戒，則為敦煌寫卷之《十戒經》。❻

---

❺　參楠山春樹，〈道教における十戒〉，楠山春樹，《道家思想と道教》（東京：平河出版社，1992），頁85。

❻　參考本書「附錄三：道教道德經傳本暨『太玄部』經典之考辨」中「二、老子道德經」一段之考證。

在修齋行道之前一夜之宿啟儀中授與十戒，自有其意義。首先求經者得受戒律，即能在隔天起即將進行之齋儀中知所節制而行禮如儀；其次法師訴諸天尊、太上道君之聖誥，告誡受經者當知警惕，而能一心一意地修齋行道，方可上得天心，得道度脫。

於此說十戒，也與前述「智慧頌」第三首之「智慧生戒根，真道戒為主……」相呼應。觀上列之十戒，大抵不出身口意三業之範圍。

10.署眾官

這些齋官包括「高功大法師、都講法師、監齋、侍經、侍香、侍燈、侍座」諸職務，同於前面《傳授經戒儀注訣》所列，而諸齋官之人選、職務，亦如陸修靜《靈寶齋說光燭戒罰燈祝願儀》所言。

11.列科罰愆失三十六條，宣科訖，各禮師再拜

明定齋儀中各類缺失之罰則，如言「……若於法座睡眠，右件各罰禮二十拜。……」等是。

12.師東面長跪啟請仙官

「太上靈寶无上三洞弟子某嶽先生某甲等上啟　虛無自然元始天尊、无極大道太上道君、高上玉皇，……某等宿命因緣，生值道化，……今謹有某甲等傳度道德五千文經，沐浴清淨，燒香然燈，轉經行道，依法上請諸天飛仙……三十二天監齋直事，侍香金童、散華玉女、五帝直符各三十二人傳言奏事，飛龍騎吏等一合來下，監臨齋堂，捻香願念，應口上徹，須行事竟，啟還仙官。」

在「發爐」、「讀辭」儀中，法師啟請仙官下臨監齋，護持道場，在整個宿啟儀式結束之前，法師又再次啟請諸仙官務必降臨護

持，此示其慎重，與修齋諸人企盼獲得神界之眷顧與庇蔭，以期齋儀能功德圓滿。

13.唱奉戒頌

「道為无心宗，一切作福田。……奉戒不暫虧，世世結善緣……」再次闡述戒律之重要性，提醒明旦起參加齋儀眾人，能謹守戒律。

14.出道場密祝法

「玄上太陰，八窻開明，向有所啟，少女通靈，事畢復位，萬神潛寧。」宿啟儀一始即有入道場密祝，知會諸神官，希望道場中常駐之低階神官為達所啟，今宿啟儀結束，自當請神官歸位休息。

齋儀舉行前一夜之宿啟儀，整個至此結束，這個宿啟儀幾乎是所有各類型齋儀前所必須舉行之預備性儀式，《無上祕要》卷四十八〈靈寶齋宿啟儀品〉以下各卷所述之包括「三皇齋」「塗炭齋」「盟真齋」等不同齋儀，皆有預備性之宿啟儀，可見此宿啟儀乃當時流行之常軌。而〈靈寶齋宿啟儀品〉之儀式細節，與《無上祕要》卷三十五〈授度齋辭宿啟儀品〉之儀軌，兩相比較幾乎全同。因此可以推斷，北周當時之宿啟儀大抵共用同一種儀軌，或許本略有異，經官方統一後才規格化的。

上述之宿啟儀軌，若與南宋蔣叔輿編《无上黃籙大齋立成儀》卷十六❼所言相較，可發現一些極寶貴之資料。此卷十六經文之內

---

❼　卷十六標明「東晉廬山三洞法師陸修靖撰、大唐三洞法師張萬福補正、上清三洞法師李景祈集定、三洞法師留用光傳授、南宋蔣叔輿編」，可見此卷經文之淵源久遠。

容是「古法宿啟建齋儀」，雖然其所建者乃黃籙齋，與本書所言之傳經齋儀有異，不過其中資料也頗足徵引考證。如言：「先行自然朝，然後說戒、補職威儀，由晉迄唐，相沿不革。」（16\19a）又言：「陸天師《靈寶齋說光燭戒罰祝願儀敘》云先宿啟畢，次授上品十戒，❽東向平立，誦智慧頌，誦畢，北向首體投地回心禮十方，法師還東面西說戒威儀。說戒畢，法師依舊還署，眾官長跪受簡剖，明日行道，各典所署。選署畢，東向祝復香，眾官引行出治，按次列坐，法師更為宣科說禁，告示威儀。則是說戒補職宣禁，必當在宿啟後，於科已有明文。」（16\18a）考諸陸修靜《靈寶齋說光燭戒罰燈祝願儀》與此所引正合。兩段文字比較起來，似乎「自然朝」即指「宿啟儀」了！再引「古法宿啟建齋儀」另一段文字參證：「自然朝，乃齋法之祖。建齋之始必先行自然朝，因以敷露真文、讀詞說戒、補職宣禁，即本科所謂僅依科法，宿以啟聞是也。末稱明晨行道，續更啟聞，蓋謂明旦方始正齋行道耳！……古科宿啟必在建齋之日子時。」（16\12a）其下注文云：「發爐、稱名位禮十方、懺三業、三啟三禮，為自然朝。」

　　將三段文字比較起來，首先可見宿啟儀乃在建齋日之子時開始。其次，「自然朝儀」應即所謂「宿啟」之儀，此乃整個「宿啟儀」之前半段，即上述 1～6 之儀軌，宿啟儀之中段則 7～11 之儀軌，後半段 12～14 之儀。所以整個「宿啟儀」須先行 1～6 之「自然朝儀」，而後行 7～11 之說戒、署職、宣禁之儀，最後行 12～14 之復爐、出道場儀。而此「自然朝儀」，大概即《三洞奉道科

---

❽　此「上品十戒」即指前述之「洞真智慧上品十戒」。

戒營始》卷四「靈寶中盟經目」中之《靈寶朝儀》一卷。若就《傳授經戒儀注訣》傳授道德經五千文而言，即指《傳授經戒儀注訣》所列之《老君自然朝儀》。而《老君自然朝儀》可能源自《靈寶朝儀》而成，因為《太極真人敷靈寶齋戒威儀諸經要訣》便說：「五千文，仙人傳授之科，素與靈寶同限……」（13b）可見五千文與靈寶經系之淵源。

所以傳授道德經五千文之宿啟儀，可能是綜合《老君自然朝儀》、陸修靜《靈寶齋說光燭戒罰燈祝願儀》而成者，也可能本即沿襲陸修靜所整理之靈寶宿啟儀之舊規。

所以綜合上述，不論是《無上祕要》卷四十八〈靈寶齋宿啟儀品〉或《無上祕要》卷三十五〈授度齋辭宿啟儀品〉，當皆沿用自陸修靜所整理之靈寶宿啟儀之舊儀。觀此宿啟儀軌，重點在於透過低階神官向高階仙官啟奏傳經修齋事宜，如此稟事之模式，不正是人間官僚系統行政運作之反射嗎？沒有透過低級官員之轉呈奏摺，如何得見皇上聖容呢？所以，「宗教社會學」往往論證「宗教」與人類「社會」之互動關係，不無原因。因此，高階仙官代表無上權威，高高在上，低階神官則職司通報人間道務，師徒肉人必須謙恭卑微，仰息於上真。當然這不是屈膝卑躬的乞憐，而是呈顯出在大道之前，肉身俗人多麼的渺小無力，以致有賴上真之開示救度。

宿啟儀除了奏事外，另一個重點便是授戒及宣佈科禁，並署諸齋官職，以備明旦之修齋行道。特別是戒律，一再地被強調著。

第二節　齋　儀

　　《上清太極隱注玉經寶訣》言：「太極真人曰：夫學道以齋戒為本也。誦經必齋，校經必齋，書經必齋，書符必齋，合藥必齋，作金丹必齋，精思必齋，詣師請問必齋，禮拜必齋，<u>受經必齋</u>，救疾消災必齋，致真人必齋。」（15b）所以，道門之修行幾乎以齋為基礎，可見齋之重要。而陸修靜《靈寶法燭經》言：「聖人以百姓奔競五慾，不能自定，故立齋法。」（2a）齋法之設既是為了制慾止惡，所以最終目的自是清心寡慾、澡雪精神了！故陸氏另一書《靈寶齋說光燭戒罰燈祝願儀》道：「夫齋當拱默幽室，制伏性情，閉固神關，使外累不入；守持十戒，令俗想不起。建勇猛心，修十道行，堅執志意，不可移拔，注玄味真，念念皆淨，如此可謂之齋。」（1b）又言：「以三關躁擾，不能閑停，身為殺盜淫動，故役之以禮拜；口有惡言綺妄兩舌，故課之以誦經；心有貪欲瞋恚之念，故使之以思神。用此三法，洗心淨行，心行精至，齋之義也。」（3a）齋戒是為了身心清淨，以致心理、行為達到精鍊至極之境，所以，求經者從道士法師處承受道經之前，也有必要好好地齋戒一番，以淨化身心，展現出求法之誠意。這個準備性儀式，其實便是宗教儀式中常見之「中介狀態」，在此狀態，儀式參與者必須整頓身心，讓身心狀態異於平常生活者，而過渡到一特殊境況，以便以一嶄新的精神狀態接受新生命情境之來臨。所以，若早習道法，日慣長齋，其身心狀態素來清淨，自可省此齋儀。〈傳授齋法〉注文說：「若服餌已同，心齋久立，服勤師門，並不須別更建

齋齊。」❾（6a）「心齊」者，即莊子所說「心齋」之義也。求經者久在道門，故無須特意修齋。

　　齋儀是求經法之前的準備性儀式，從《傳授經戒儀注訣》中可見傳授太玄部經目之前修齋的一些基本原則，如言「齋供豐儉，隨時施設，大法清虛，簡素為上。若在世間，行教習學，授受之人，先共對齋，乃是共修，精解入神，非指二人對靜而已！」（6a）修齋守戒既然要求淨化身心，所以自然重在清虛簡素的原則，供品器物所需未必要鋪張光彩，這是相當符合道家精神的。修齋不只受經者行之，傳經者亦然，師徒二人必須對齋，因為源自仙真的經法，傳遞著聖界真理的訊息，可資以度脫超昇，因此師徒二人對於傳經一事，皆需抱持誠敬態度，謹慎從事，故需對齋。對齋要求「精解入神」，亦即不只是淨化身心而已，更需提升精神境界之層次，所以二人不能只有外表枯寂的「對靜」，更須進入精神純淨的狀態方可。

　　請經受道之前師徒修齋，必須多人助道方能成事，《傳授經戒儀注訣》說：「當延請師之朋友門徒眷屬男女，多少隨所能供，……一人為師，五人為保。保者何也？寶也，荷也，次曰明也，證也，度也，成也。相重如寶，任荷可教，明其誠丹，證其業善，度其試難，成其至真。……必是同志，不可異人，或生參差，破壞善事。」（6a）修齋必須請師保相將其事，這些師保人等當然是有共同志趣之同志而非外人，所以自不能由教外雜人擔任，更不

❾　《玄門十事威儀》曰：「齋者齊也。」（9b）又唐張萬福《三洞眾戒文》：「經曰齋以齊整為急、急以齊整身心。」（下5b）可顯「齋齊」之義。

宜佛徒等異教。而師保諸人之任務乃在於幫助師徒二人完成齋業，順利授受道法。所以，齋儀過程中一切儀節關卡需要師保相助，其他生活之瑣務更需要師保任勞，以免師徒分心。所以此經〈傳授齋法〉之注文說：「同志保證相成，多賢起發，功德易就，獨學孤陋，階道難昇，緣未備會，良無其人，師資對齋，宜加精思，深勝傍贊也。」（6a）文中便點出師保等同志襄贊助道之重要，但同志助道之功德有限，關鍵仍在師徒二人之精思用功，齋戒方易功德圓滿。

但如何請師保諸人襄贊呢？〈請師保法〉有明確之規定：「所請之人，次第如左：第一曰三師，以三人為之。其一人為正師，一人為監度師，一人為證盟師。第二曰五保，以五人為都講。第三曰六明，以六人為監齋。第四曰七證，以七人為侍經。第五曰八度，以八人為侍香。第六曰九成，以九人為侍燈。」（7a）所謂「三師、都講、監齋、侍經、侍香、侍燈」諸職務，在陸修靜《靈寶齋說光燭戒罰燈祝願儀》（13a）專論「靈寶自然無上齋」時皆已言及，此恰能證明《傳授經戒儀注訣》注文中所說：「太極真人曰：五千文，仙人傳授之科，素與靈寶同。」（9b）所以傳授道德經目修齋須如是師保，修靈寶齋亦如此。上述諸職務之所任，《傳授經戒儀注訣》並未細言，陸氏則明白解釋，法師動靜足為眾人法式、鬼神崇敬，並負責啟告祝願等與神靈仙真溝通之事宜。都講之責在於修齋行道時，帶領其他次級人員進行禮拜揖讓讚唱之儀。監齋職司修齋過程之各種過失，必須舉發，不得隱瞞徇私。侍經負責修齋所用道經之相關事務。侍香、侍燈同例，亦各如其職，不贅。

修齋需延請師保，也需擇日，《傳授經戒儀注訣》言：「受道

營齋用王相之日，本命、甲子、朔望皆佳。事辦須速，亦得弗擇。」（6b）擇日代表著宗教上之神聖時間觀，相為特為道教所重視。當然特殊狀況也可不計。在受道前之齋儀中，也必須繕寫經書，亦為傳經之用。所以〈書經法〉特言：「凡一齋之限，三日之中繕寫經書，未悉備得，先起戒文，朝儀為次。在師門者亦得逆書，積漸取辦，不必齋時。……自就師請經，……所受部屬悉應寫之。」（7b）「逆書」即事先繕寫之意。若不在師門，未事先書經，即需修齋時繕寫。

《傳授經戒儀注訣》〈齋儀增損法〉說：「受道法，齋雖依自然儀，宿啟及三上香、十方及大懺文，當隨事增損……出官……言功……出入密祝、發復香爐、關啟請願，餘儀悉同。」（13a）自然儀即指《老君自然齋儀》，此中點出齋儀流程之許多細部儀節，而《老君自然齋儀》今日已佚，輯佚所得，也無齋儀相關資料，故無得而明之。

第三節　傳經儀

師徒二人舉行預備性之宿啟儀後，再完成齋儀以淨化身心，即可正式傳授經法。受經前，求法者必須準備所謂之「法信」詣師處求經，《傳授經戒儀注訣》〈辦信物法〉言：「白文（按即紋字）五丈。」其下之注文：「太極真人曰五千文，仙人傳授之科，素與靈寶同限。高才至士好諷誦求自然飛仙之道者，具法信紋繒五十尺，與靈寶一時於名山齋受。若緣會未遇靈寶，自可直受道德經文。……辦信證心其有三：一者捨財就道，漸染勝風。二者因物取

訓，涉解入宗。三者校有練無，棄礙取通。所以用紋，崇象玄迹；五十其尺，理數依分。分明正理，窮數盡玄，有無盡暢，勝境斯登。逍遙長存，道俗成濟矣！」**⑩**（9b）這段注文透露許多訊息，恐怕是靈寶經派之觀點，靈寶經派因為也相當重視五千文道德經，因此主張與靈寶經一起傳授。不過從前述之資料看來，《正一經》之後，道教界之經典傳承配合法位之授與，道德經、靈寶經並非一道兒傳授的，因此這段太極真人之說詞，顯然是靈寶經派一家之看法。

　　準備法信是為了：1.捨世間財、求無上道，薰染道門風尚。 2.透過五丈白紋之信物之象徵意義，從中獲取訓義、啟示，而得入道德宗門之旨。 3.經由象徵玄迹之白文五丈，**⑪**而能了悟理、數之

---

⑩　這段注文之前半段亦見於《太極真人敷靈寶齋戒威儀諸經要訣》，而後者則作「紋繒五千尺」，然而《無上祕要》卷三十四〈法信品〉亦引《洞玄敷齋經》（即《太極真人敷靈寶齋戒威儀諸經要訣》）作「紋繒五十尺」。所以《太極真人敷靈寶齋戒威儀諸經要訣》當為傳抄之誤。

⑪　「玄迹」者，玄奧之妙迹，即指《道德經》五千文。「白文」之「文」者，隱喻經文之義也；「五丈」者，自與五千有關，當然屬於「數」之層面。因為若法信定為五尺，則其所費太少，不足顯出求經者捨世間財、求無上道之誠意，定為五十丈（五百尺）或五百丈（五千尺）以符五千之數，則又略顯鋪奢，亦非常人所能辦，所以取五丈（五十尺）之數，方為適中。所以「白文五丈」象徵五千之數之經義。透過此信物所蘊含之寓義，使求經者得以體悟道門玄理。不過唐初張萬福《傳授三洞經戒法籙略說》〈明科信品格〉對於「紋繒」之解釋則相當不同。其言曰：「義曰人受生，天與四萬三千二百算，為一百二十年。而不滿此者，皆犯……為三官奪減算命所致也。故以紋繒龜對天官，乞延算命，名命繒也。」（下\13a）此「義曰」可能即隋《玄門大義》之說法，而為張氏所援引。姑備一說。

義，通透有、無之理，而融暢有無，終底玄境。《傳授經戒儀注
訣》未論理、數之義，不過這種觀點與上清經系道經《洞真太上太
霄琅書》第四卷十六頁，談及《道德經河上公章句》、張系師魯
《老子想爾注》二書之道、數問題，實有相同的見解。

　　此外《傳授經戒儀注訣》〈授度所須物法〉尚言需要：「青絲
一繩，八條合之，整長九尺；金鈕一枚，徑一寸。刀子碪槌各一
枚，紙筆線、丹水具、手巾刀子。」（10b）注文言：「無一寸者可
用常鐶，大小無定科，但令是真金耳！……紙以裹鐶、鈕，線以纏
縛之，筆題外記年月日姓名云五千文鈕。」所需物中使用青絲、金
鈕，又題作「五千文鈕」，所以《三洞奉道科戒營始》中受「老子金
鈕青絲十戒十四持身品」者授與「老子青絲金鈕弟子」之法位⓬，
前述唐末杜光庭《太上三洞傳授道德經紫虛籙拜表儀》便稱作「青
絲金鈕道德尊經」。關於法信之資料，北周《無上祕要》卷三十七
〈授道德五千文儀品〉引《隱注經》言：「受五千文法信：人須齋
白綾五十尺、金龍一枚。」（37\1a）⓭則與《傳授經戒儀注訣》所
說略異，可能是南北朝異儀吧！

　　關於法信之象徵意義，唐初張萬福《傳授三洞經戒法籙略說》
〈明科信品格〉「金龍三枚金紐二十七口」條言：「義曰……今所
以用龍者，傳言驛奏，聞諸天曹地司，狀學道者之功過也。紐以馭

⓬　敦煌寫卷 P2337《三洞奉道科戒儀範》分別作「老子金劍青系、十誡十四持
　　身」、「老子青系金劍弟子」。其他資料皆作青絲金鈕，所以敦煌寫卷恐是
　　傳抄之誤。

⓭　此《隱注經》可能即《上清太極隱注玉經寶訣》，不過這段引文於今《正統
　　道藏》中之《上清太極隱注玉經寶訣》卻未見，是可疑也，待進一步考察。

龍，猶馬之銜勒也。」（下\10b）其義甚明。而「青絲」條則解釋道：「義曰青者天之色，冀繫炁於天；又東方之色，庶發生於善。欲使行人當如天行道，慈育蒼生，似春之德，滋榮一切也。」（下\12b）亦頗具深意，不過似出於後人之附會吧！

關於傳經儀，從現存資料看來，透過唐末杜光庭《太上三洞傳授道德經紫虛籙拜表儀》、《無上祕要》卷三十七〈授道德五千文儀品〉、《三洞奉道科戒營始》、《傳授經戒儀注訣》等經典，並參考其他零星資料，約略可以建構出其規模來，以下且先將各書之細部儀節以表格參照列出，而後再進行探討。

經典　細部儀式	甲、太上三洞傳授道德經紫虛籙拜表儀	乙、無上祕要	丙、三洞奉道科戒營始❶
以下傳經儀		初入道場密祝法	
		次唱靜念如法	
		次思三師法	
		次發爐法	
	弟子聽師戒約起謝訖	次禮三寶法 次師徒長跪讀盟文	師西面東向為說十戒，新度人禮師三拜，北向禮三尊三拜（6\10b）
	次起左旋行誦通玄讚八首	次師執經各鳴法鼓三十六通 存思法	旋行頌（6\9a）

---

❶　表格所引乃《三洞奉道科戒營始》卷六之「常朝儀」儀節，但似可相補充印證，故列出作參考。

次吟授經讚	次作傳經誦一首	
次師還本位，弟子就南方面北（臣位），各跪，降五靈衛官，一一稱名受，唱訖弟子再禮	次師付經弟子跪受，乃還本位，都訖，各禮師三拜	
次唱十方	次歸依一切尊道	禮十方（6\1a）
次懺悔		長跪執簡，當心懺悔（6\1a）
次起旋行，誦光明讚一首，真人讚六首（每章讚閉，眾官唱善禮一拜）	次詠三首旋行一用	
次師復位謝恩，口啟言功謝過章	次師東面還仙官法	
次納吏兵		
次復鑪	次復爐法	
次吟奉戒讚	次作奉戒頌一首	誦奉戒頌（6\11a）
次十二願		十二願（6\3a）
次學仙讚		詠學仙頌（6\4a）
次出戶咒	次出道場密咒法	
次辭三師		
次讚引至玄師前，散如常儀，眾官弟子各禮謝復位		
以下拜表儀	具法服、陳香火、澡漱讚引至地戶，次入戶咒	

	次上御案香		
	次各就本位立存神		
	次鳴法鼓三十六		
	次發鑪		
	次長跪鳴法鼓三十六通，出官如法		
	次開函取表		
	次叩齒三通遣表		
	十二願		
	復鑪		

以上如表格之比較，《無上祕要》詳於傳經儀，《太上三洞傳授道德經紫虛籙拜表儀》則除傳經儀外，又多拜表儀，正可互相參校，以求其全。此後稱《太上三洞傳授道德經紫虛籙拜表儀》作甲，稱《無上祕要》作乙。以下討論細部儀軌之內容，以甲為準，若有異同闕漏，再參補乙所列者。

1. 初入道場密祝法

甲缺，乙則祝曰：「四明功曹、通真使者、傳言功曹、侍靖玉女，為我通達道室正神，上元生炁，入我身中。」此儀祝詞內容與宿啟儀所用者雖略有不同，但其意義則無異，請參宿啟儀 2. 「入道場密祝法」之說，不再贅述。

2. 次唱靜念如法

此儀甲缺，乙有目而無內容，考諸《无上黃籙大齋立成儀》卷二十一頁三有此儀如後：「各思身坐青黃白三色雲氣之中，左青龍右白虎前朱雀後玄武，日月五星，照映左右，侍經仙官，羅列壇

內。已有圓光，如日之象。都畢，咽液三過，叩齒三通，密念開經玄蘊咒：……」此乃道教存思法在儀式中之運用，這種例子在各類儀式中比比皆是。存思三色雲氣，極具象徵意義，依照道教之宇宙論，渾沌之源始於「玄元始」三炁（即指所謂的「三天」），第一階段始炁色青化為清微天玉清境，第二階段元炁色黃化為禹餘天上清境，第三階段玄炁色白化為大赤天太清境。所以存思置身三色雲氣中，象徵迴歸到原始渾沌狀態——「道」，亦即道炁覆身之意。

其次青龍白虎等四靈獸護衛己身，並在日月星三辰照映下，仙官羅列護持道場。並思己身綻放如日之圓光，則暗喻智慧之光芒。

《无上黃籙大齋立成儀》所列者屬「陞壇轉經儀」之一節，故有「都畢，咽液三過，叩齒三通，密念開經玄蘊咒」及以下一段咒文，在本傳經儀中，當可無此儀節，故不再多述。

3.次思三師法

甲缺，乙同於宿啟儀 3.，請參前。

4.次發爐法

同於宿啟儀 4.，請參前。此可說是請神儀。

5.禮三寶法

甲有「弟子聽師戒約起謝訖」之目而無內容，略相當於乙「禮三寶法」、「師徒長跪讀盟文」二儀，故補入。

禮三寶儀：「至心稽首太上垢極大道、至心稽首三十六部尊經、至心稽首玄中大法師」，此即皈依「道、經、師」三寶。此儀亦見於《太極真人敷靈寶齋戒威儀諸經要訣》（4b）、《老君存思圖》。

6.師徒長跪讀盟文

其盟文為：「太歲甲乙某月甲乙朔某日甲乙某郡縣鄉里清信弟子某甲年若干，某等既耳目貪於聲色，身心染於榮寵，常存有欲，无由自返。伏聞皇老以无極元年七月甲子日將欲西度函關，令尹喜好樂長生，欲從明師受一言之書。老子曰善哉！子之問也。吾道甚深，不可妄傳。生道入腹，神明皆存，百節關孔，六甲相連，徘徊身中，錯綜无端，胎息守中，上與天連，行之立仙，拜為真人。傳不得法，殃及其身，身死名滅，下流子孫。某既肉人无識，竊好不已，專志顒顒，實希奉受。今具依明真科，齎信誓心，詣某郡某州某縣某鄉某里三洞法師某嶽先生某甲求受道德五千文，修行供養，永為身寶。斷金為盟，違科犯約，幽牢長夜，不敢有言。」

這段盟文展現求經者懺悔之誠意。道德五千文經傳自老子、尹喜之神話，所以求此經自必言其源頭。「傳經神話」襯顯出經典之神聖性，追溯「聖典」與「使徒」開創之教內的遠古之「神聖歷史」。藉由這段「神聖故事」增強信徒之求道信念，開啟信徒信道之知見，強化信徒相信自己得以求道受經其緣會之殊勝，並點出修道之宗旨所在。不過其中老子所說之「吾道」，並不強調道尊德貴、有無思想，而言「生道入腹，神明皆存」此種與存思、身神、胎息相關之修行法門，這是宗教界對於老子道德經異於思想界之不同看法。

此盟文亦見於敦煌寫卷之〈道德經盟文〉，內容文字幾乎全同，可見此儀南北朝早已流行。而從敦煌寫卷 P2417〈道德經盟文〉、P2347〈道德經盟文〉、S6454〈十戒經〉、P2347〈十戒經

盟文〉比對看來，❺敦煌道教界對於道德五千文經之傳授，其所繕
寫之經卷型式，首先是經文末標有「太極左仙公序係師定河上真人
章句」之五千字本道德經。接著寫有〈道德經盟文〉，然後是〈十
戒經〉，最後是〈十戒經盟文〉。其中之〈十戒經〉內容論及太上
老君「十戒、十四持身之品」。由此推斷，傳授道德五千文經時，
同時亦授十戒、十四持身之品的戒條，此種現象正與《三洞奉道科
戒營始》所言，先授十戒、十四持身之品，次授道德五千文經之儀
序相合。

因為先授十戒、十四持身之品，所以杜光庭《太上三洞傳授道
德經紫虛籙拜表儀》有「弟子聽師戒約起謝訖」之目而雖然無內
容，其前之儀節亦闕如，由上述之傳經儀亦可得索解，戒約殆即十
戒、十四持身之品。《無上祕要》只有「師徒長跪讀道德經盟
文」，恐怕是省略了十戒經及其盟文之儀。因此，《無上祕要》之
儀正可補杜光庭書之闕漏。

7.次起左旋行誦通玄讚八首

甲作「次起左旋行誦通玄讚八首」之目，其下列出八首「通玄
讚」。蓋相當於乙之「師執經各鳴法鼓三十六通」「存思法」。

乙「鳴法鼓」者，《上清太極隱注玉經寶訣》言：「太上玉經
隱注曰叩齒一名天鼓，召身神、招天真、會群仙也。左齒相叩名鳴
天鍾；右齒相叩名擊天磬。道士意恐，畏辟鬼賊，鳴鍾磬各二十四
通，則妖精不敢前，天魔護身，百福并至。」（8a）所以鳴法鼓是

為了召神辟魔，因此鳴完法鼓後則行存思，存思內容為：

> 先思左青龍右白虎前朱雀後玄武，足下八卦神龜，三十六獅
> 子伏在前。頭巾七星，五藏生五炁。羅文覆身上，三一侍
> 經，各從千乘萬騎衛之。

存思召調四靈獸、千乘萬騎等護衛己身。乙（即《無上祕要》）鳴法
鼓後存思之儀式，顯然遠源自《上清太極隱注玉經寶訣》「讀經存
思儀」（5a），❶近則援自《老君存思圖》「登高座存侍衛第十
七」。因為前者仍稱「叩齒三十六下」，後者則已改作「鳴鼓三十
六通」，而乙正是作「鳴法鼓三十六通」，可見直承自《老君存思
圖》。

　　而甲「通玄讚」乃授經法師開宗明義地演誦至道及修道之重要
性，並通乎太玄之境以示弟子者。第一首言：

> 至道常虛寂，玄化應真精，分神通一切，凝景在三清。恍惚
> 生有象，沖冥見無形。逐運開緣會，因機說妙經。……

第一首通玄讚闡述虛寂至道應運說經之特質。以下各首之義為：2
首說人生無常，萬法悉空，故須稽首至道。3 首言欲脫地獄苦海，

---

❶　　《上清太極隱注玉經寶訣》中有讀道德經之存思法一段，但無「讀經存思
儀」之名，此名乃筆者為方便而賦予之標題。下一節論及《上清太極隱注玉
經寶訣》而有「授道德經儀」、「禮經」、「開經蘊儀」等名詞，例亦仿
此。

·330·

須修心觀身之意。4 首讚嘆元始天尊之慈悲功德。5 首勸人修道，超脫生死輪迴。6 首鼓勵修道守一、行六度、樂三寶。7 首描述天界仙境。8 首強調太上老君垂化五千文之重要。

特別是第八首，正是強調《道德經》之傳承，其讚言：

> ……太上垂至賾，威德被乾坤。神經三一侍，妙理五千文。字列金華府，名傳玉帝君。心中生寶日，身上起羅雲。十仙何足友，載劫乃長存。

其中「神經三一侍，妙理五千文」、「心中生寶日，身上起羅雲」，與乙之「存思」內容正相呼應。也與 2 次唱靜念如法之《无上黃籙大齋立成儀》卷二十一頁三之儀「左青龍右白虎前朱雀後玄武，日月五星，照映左右，侍經仙官，羅列壇內。己有圓光，如日之象。」相雷同。

所以由此可以推斷，甲「次起左旋行誦通玄讚八首」之儀，相當於乙之「師執經各鳴法鼓三十六通」「存思法」儀。可能甲之儀乃即唐末杜光庭之修正版，而乙則南北朝原始傳儀。或者甲乃杜光庭直承自南朝之原始版，而乙乃此南朝版之北周修正版。

8. 吟授經讚

甲作「吟授經讚」，乙作「作傳經誦一首」。儀名雖異，內容則同。其讚文甲作：

> 飄飄太虛嶺，流景在上玄，經始無終劫，常保天地人。國主學理世，道士誦得仙。賢者今奉受，依法以相傳。時無至德

　　子，保祕不妄宣。宗之昇太清，棄之墮九泉。我說無為道，
　　沖寂得自然。

乙同此。宗此五千文可昇太清而得無為自然之道，強調此五千文之
重要及其經德。明顯地，此「授經讚」乃援用《上清太極隱注玉經
寶訣》傳授道德經儀節中存思法之祝辭而來，淵源甚早矣！
9.次師還本位，弟子就南方面北（按即臣位），各跪，降五靈衛官，
　一一稱名受，唱訖弟子再禮
　　甲雖未明白標出「授經」，但「吟授經讚」後理當授經，因為
乙於「傳經誦」後則作「次師付經弟子跪受，乃還本位，都訖，各
禮師三拜」，故可據以推知。不過乙缺降五靈衛官之儀，何謂「降
五靈衛官」？如：

　　臣今為弟子某官某授度道德尊經、紫虛實錄，告事訖。請下
　　東方九炁天中天真官屬九夷蒼老君、青腰玉女、青華玉童、
　　東極諸靈官，從甲乙官將、歲星真炁、東嶽仙官神仙兵馬九
　　萬人，入弟子某身中紫微宮，營衛真經，永昇道果，某受。

首先請下東方靈衛官九夷蒼老君等，降臨人間，進入求經者身中之
紫微宮，除了護衛真經外，也要保護求經者，助其成道。其他四靈
衛官情形亦略同此。
　　請降五方老君靈官真氣降臨道場及受經者身，借重神靈威力之
護持，五方老君靈官分降受經者身中之五宮，可見人身一小太極之
天人相感觀念。五宮則倣天界神聖空間之對肉身的思考方式，經由

此種特殊的身體思維，學道者得與仙界交通，並轉化為修道之法門。

10.次唱十方

　　乙作「次歸依一切尊道」。甲作：「至心歸命東方無極太上道德天尊一禮」，以下遍禮十方無極太上道德天尊，乙則：「至心歸命東方玉寶皇上天尊」，以下歸命十方十位不同之天尊以及過去、現在、未來之天尊，並歸命一切真仙得道聖眾。乙同宿啟儀中之「歸命一切天尊」，可參考前說。甲乙之歸命儀，其所代表之意義大略相同，不過甲所說者，更具針對性。道德天尊即太上老君，傳承道德五千文經，自以老君為宗主，故需歸命道德天尊。太上老君應化十方，遍虛空法界，故需尊禮遍在十方一切的太清宗主道德天尊。前述《太極真人敷靈寶齋戒威儀諸經要訣》傳授五千文儀中，從元始天尊開始，也需禮拜十方天尊，唯非專對道德天尊，然而此經中也說過：「臣等今歸命東方無極太上靈寶天尊，賜所願隨心，求欲剋得。次向南方，次向西方，……是謂十方，願念如先法，各方三拜。」（6a）可見修靈寶齋法而專禮十方靈寶天尊之儀，早已存在，故傳道德經儀而專禮十方道德天尊，當亦有源於此也。在年代可能稍後於《太極真人敷靈寶齋戒威儀諸經要訣》之《老君存思圖》中有「存十方天尊」之儀，內容為：「見三尊竟，仍存十方天尊，相隨以次，同詣玄臺，朝禮太上，嚴整威儀，為一切軌則：北方無極太上道德天尊，東方無極太上道德天尊……」便專對無極太上道德天尊。因此，明顯地，甲是沿用《老君存思圖》之儀軌。

　　所以傳授道德經禮拜十方天尊之儀，東晉末劉宋初早已存在，甚至可能更早。比校之下，似乎乙之儀軌更近於古，而且梁末之

《三洞奉道科戒營始》亦有同於乙之禮十方天尊儀（6\1a），所以蓋可推知甲沿用《老君存思圖》之儀軌，可能是一種改良版吧！

11.次懺悔

乙缺此儀。甲言：

> 上清玄都大洞三景弟子奉行道德傳授法事，某嶽帝先生小兆真人臣上啟　太上無形無名虛無自然至真大道無上天尊、太上大道君、太上老君，無極大道道德眾聖至極天尊，三十六部尊經，玄中大法師高上老君、無上真人文始先生、河上真人、太極真人、太極左仙公、玄一三真人，天師嗣師系師三師君，三界十方一切眾聖，隨機宣化應感真靈，以至愚，叨承妙化，弘持大法，轉贊三尊，……輒以依科付授，盟告上玄三界真靈，克賜監證，伏惟　至真上聖道德天尊、五帝四司三官眾聖，垂祐護之福，降感應之慈，原赦弟子九世七玄億曾萬祖，三師眷屬爰及己身，積劫以來……陰罪陽過……後債前冤……無邊無量，並賜蕩除，賜令九祖生天，……

文繁不俱引。懺悔儀中一開始便是上啟道（從太上無形無名至至極天尊等）、經（三十六部尊經）、師（諸玄中大法師）三寶（又稱三尊），[17]告

---

[17] 《太極真人敷靈寶齋戒威儀諸經要訣》言：「夫三尊者，道尊經尊真人尊也。」（4b）「懺悔」辭中，「無上天尊、太上大道君、太上老君」即一般所說「一炁化三清」之「三清天尊」（元始、靈寶、道德天尊）。「玄中大法師高上老君」則太上老君所化身而成之「傳經師」。其他文始先生、河上真人、太極真人以下，皆老君之聖徒，而得被尊奉為傳經史上之「玄中大法師」。

知法師自己因緣殊勝，得遇大法，接著言傳授道德經事，希乞「道德天尊」等諸聖眾賜福赦罪。值得注意者，乃在於傳經法師所上稟之諸位先天神與玄中大法師所構成之神明系譜，除了凸顯是《道德經》傳承之歷代宗師（亦即使徒）外，也正可顯出這個儀節之融通靈寶經派與天師道派之特色。而所以透過「傳經儀」告訴求經者這一系列傳承《道德經》之神明系譜，有其深層義涵。「太玄部」以《道德經》為核心，修習誦讀《道德經》，自須瞭解其傳承系譜，否則不能與修習此經之諸仙真相感應。須知道教之經典傳承各有不同之神明系譜，修習該經典、道法，自然得知其傳承，否則便不易相應，這個道理對於「存思法」亦適用。因此，經由儀式傳授求經者諸如「神明系譜」具有深層宗教意義之「神聖內涵」，深喻著宗教修行之「本質意義」，實其神聖與殊勝處所在。前述「6.師徒長跪讀盟文」中關於老子與尹喜傳經故事一段，實亦可作如是觀。

　　因為此儀特為傳授「道德尊經」，所以當然專向「道德天尊」（亦即太上老君之本尊）祈求其赦宥、降福、消災了！所以歸命懺悔代表求經者之赤忱。而前為「唱十方」，次為「懺悔」，二者相合，未知即是孟智周所作之〈十方懺文〉否？❸

12.次起旋行，誦光明讚一首，真人讚六首（每章讚畢，眾官唱善禮一拜）

　　乙作「次詠三首旋行一用」。甲「光明讚」在勉勵學者勤苦修

---

❸　陳國符，〈道學傳輯佚〉，陳國符，《道藏源流考》（北京：中華，1992），頁 477，引《上清道類事項》卷一〈仙觀品〉言：「孟智周，丹陽建業人也。宋朝於崇虛館講說，作〈十方懺文〉。」

行、誦經禮拜，終能步入飛仙之光明坦途。「真人讚」則讚嘆真人能修道度災厄、脫離輪迴惡道。誦此二等讚頌，旨在勸勉學者積極修道，大道光明，真人典範不遠，在傳經之後頗具激勵作用。乙所詠三首頌語，其意亦略同於甲，不在引述。

13.次師復位謝恩，口啟言功謝過章，次納吏兵

乙作「次師東面還仙官法」。此儀節可說是「送神」。謝恩者，謝天地諸仙官之恩，並向上界啟稟「言功謝過章」，此章內容前半段略同於前述之「懺悔」文。下半段則言「……以今某時傳授事訖，自始及末，勞歷仙官內外吏兵一切官屬，關達奏御，營衛有功，各依太真之科，校功酬賞。臣以愚昧，玄理難明，進正犯違，千愆萬罪，特乞宥赦，許以自新，眾官門人，咸賜福祐。……及弟子某等身中所佩三五真官，受功事竟，各還宮府……」下半段首先為此次傳經儀典諸營衛護持道場有功之仙官請功，希望上界依太真科條為諸仙官校功酬賞。其次希望上界原宥傳經儀中眾人可能犯下的過失，並予賜福。上完此章之後，則是「納吏兵」之安神儀了！納吏兵時言：「臣傳度經法事訖，前後所出身中仙官吏兵功曹使者，主領撿押，還復宮室，無令錯互，須召又到，一如故事。畢叩齒咽液各三，止」有功諸仙官既已得酬賞，則可各安復位，此送神之意也。

乙之奏詞略異，不過意思則無不同，故不贅言。

14.次復鑪

乙作「次復爐法」。甲復鑪之辭言：「香官使者、左右龍虎君、侍香諸靈官，當令傳授之所，自然生金液丹碧芝英，百靈眾真，交會在此香火御前。十方仙童玉女，侍衛香煙，傳臣向來所

啟，徑達　至真無極玉皇尊帝御前　各三禮」「發鑪」是啟請仙官
金童玉女營衛護持道場，向上界傳遞法師之奏啟；「復鑪」則是再
次希企叮嚀諸仙官能營衛道場，並將方才傳經所奏啟者，確實向上
奉達。乙大略同此。

15.次吟奉戒讚

乙作「次作奉戒頌一首」。甲言：「奉戒為身寶，永劫享靈
期，……」再次強調奉守戒規之功德與重要。乙辭不同，但其義無
異。

16.次十二願

乙缺。甲有目無內容。考諸《三洞奉道科戒營始》則載有十二
願之儀，可供參補。其言曰：「至心稽首太上無極大道至心稽首三
十六部尊經至心稽首玄中大法師　一願二儀長久，覆載無窮，至心
稽首正真三寶。二願日月運行，光明普照，至心稽首正真三
寶，……十二願三塗五苦法界眾生，並出欲纏，同昇福岸，至心稽
首正真三寶。」（6\3a）此十二願都是大弘願，求經者發此弘願，
是為了令其立大志向、下大決心，積極修道，勇猛精進。

17.次學仙讚

乙亦缺。《三洞奉道科戒營始》則載有「詠學仙頌」之儀，
曰：「學仙行為急，奉戒制情心，……」強調學仙應持戒，所以特
重持戒，乃因戒律是共守之法則，故傳經師需一再囑咐。

18.次出戶咒

乙作「次出道場密咒法」，參前述之「宿啟儀」部份。

19.次辭三師

乙缺。甲有目無內容，此傳經儀一始便有「思三師法」，所以

在此可能是向經籍度三師心辭吧！

20.次讚引至玄師前，散如常儀，眾官弟子各禮謝復位

整個傳經儀式至此整個結束。

第四節　拜表儀

甲言：「弟子受道三日外，相率自拜謝恩表」拜表即向天界拜上謝恩表，是傳經儀之後續動作，經由一連串之準備儀軌（如宿啟、修齋）等，加上繁瑣之傳經儀，一切儀軌事務皆能平安順遂，不能不說是上蒼庇佑，故需另定一專儀拜謝天恩，此拜表儀之成因。此儀乙全缺，故以甲為準。其儀如下：

1.具法服、陳香火、澡漱讚引至地戶，次入戶咒，向戶左扣齒三通，咒曰：（以下略）

入戶前先行透過玉童玉女通報，此即入戶咒，亦即「傳經儀」之「初入道場密祝法」。甲此處之辭略同前述，可互相參校。

2.次上御案香咒曰

咒語為：「香乃玉華散景，九炁凝烟，香雲密羅，徑沖九天，真靈下眄，仙佩臨軒。侍香金童、傳言玉女，傳此信香，上聞　帝前，令臣所啟，咸賜如言。」因為「香」之特質，加上金童玉女之助，故可上達天聽。上香以通達九天真靈，真靈下臨壇場，監護營衛。

3.次各就本位立存神

存思內容為：「弟子眾官各瞑目存見玄都十山三尊太上、十方真人、十方天尊，三十六部尊經居天尊座左，玄中大法師居座之

右，老君、河上真人、尹先生居虛無之中。左青龍右白虎前朱雀後玄武，衛壇四方，三十六獅子在壇前羅列。己身頭巾七星，五藏生五氣。羅文覆身上，三一侍經，各千乘萬騎，天地各有萬八千玉童玉女衛身，分明羅列。」此與前面傳經儀之 7.次起左旋行誦通玄讚八首的「存思法」相類。存思太上三寶（三尊）道經師（諸位），以及上界之實境，彷彿眾官弟子親至上界仙境諸天尊、玄中大法師面前啟稟般，可說是在壇場內透過存思法而模擬上界神聖空間之實境。存神想見天尊真靈座前而後才能上奏表，具有相當的象徵性，亦得與道德經傳承直接相關之諸玄中大法師交相感通。

4.次鳴法鼓三十六，次發鑪

參考「宿啟儀」4.發爐法，其辭與此雖有異，但意義則同。

5.次長跪鳴法鼓三十六通，出官如法

拜表者大規模地召出身中神、啟請人間之諸方神真一起護衛關啟，上達天聽。「出官」者出身中功曹官屬諸身神也。其上啟之對象，自然仍是太上三尊、諸玄中大法師，出官後言：「今年某月某日蒙師某君於某宮觀傳授道德青絲金紐……，三日限畢，拜謝恩朱表一通，上聞九天，功曹使者、飛龍騎吏以時騰奏，請省表文。」出官後如此之啟辭內容，表現出拜表者之謙恭謹慎，向上級呈報文書前，必須口頭先作一陳述交代，令受稟者知其原由，人間如是，上界亦未嘗非如此。

6.次開函取表

其表文言：「新授太上道德高玄高上紫虛弟子臣某等稽首再禮，上言　太上玄元老君高上老子玄中大法師河上真人文始先生無上真人玉案下，……今蒙真師某嶽先生某授以青絲金紐道德尊經、

高上紫虛天書祕籙、河上公章句、想爾戒、存圖傳訣、西昇上品、妙真玄經、六甲存圖、歷藏玉曆、朝儀齋法，畢盡付授，……伏惟　至真眾聖、道德高尊、三洞威神、三寶官屬，降以真氣，賜以靈光，使存注感通，功行圓備，……」表文展現謝恩之忱，感謝上界庇佑傳經過程一切安泰。

7.次叩齒三通遣表

讀完上述表文後，拜表者再次啟請功曹使者、飛龍騎吏等諸仙官，護持此表文，斬除中途可能出現干擾之邪精鬼賊，上登天界關啟，並企求上界諸仙真原諒表文中可能出現之意外的小差錯。

8.騰章進表仙官　此咒默念

在焚表文之前，更須咒念，希望諸方仙官真靈護衛，排除精鬼之阻礙，使表文得以上達玉帝面前。

9.操伏　焚表訖　起身　納官

伏地焚燒所欲上奏之謝恩表文，而後起身「納官」。之前既有「出官」儀，諸仙官真靈等身中神既已完成營衛護持之責，故仍須回復身中各宮位。

10.十二願

參前述之「傳經儀」16.。

11.復鑪

參前「傳經儀」14.。

12.「出堂」，亦即儀畢離開道場。

第五節　傳授儀式之宗教義涵

　　太玄部的整個傳授儀式，包括宿啟儀、齋儀、傳經儀、拜表儀。宿啟儀、齋儀皆是預備性儀式，宿啟儀是傳授道經之前，事先上稟仙界，希望得到仙界之護持庇佑。除了奏事外，另一個重點便是授戒及宣佈科禁，並署諸齋官職，以備明旦之修齋行道。特別是戒律，一再地被強調著。

　　齋儀，則是求經者從道士法師處承受道經之前，有必要好好地齋戒一番，以淨化身心，展現求法之誠意。這個準備性儀式，其實便是宗教儀式中常見之「中介狀態」，在此狀態，儀式參與者必須整頓身心，讓身心狀態異於平常生活者，而過渡到一特殊境況，以便以一嶄新的精神狀態接受新生命情境之來臨。

　　傳經儀則透過發爐出身神、請神、降靈官之儀節護持師徒二人，讓儀式得以順利。並經由禮拜十方天尊、懺悔自己罪業，表達求道赤忱。並吟誦各種讚頌以提醒警示求經者，使他之所歸趣。

　　拜表儀，是向上界拜呈謝恩表，酬謝天恩、諸神之護佑。

　　「太玄部」經典之傳授，與教內法階之授與相配應。因應不同之經科傳授，主要可以授與「老子青絲金鈕弟子」、「高玄弟子」、「太上高玄法師」等法位。❶「法位」除了代表信徒之修道位階與道功外，也象徵信徒在教內之身分地位，具有宗教社會之結構性意義。「法位」之授與，展現修行者之功夫火候外，更重要的是他在教內所擔任的角色與背負之任務，亦即對於修道者宗教社會

---

❶　參考《三洞奉道科戒營始》卷四「法次儀」所載。

活動之定位,「定位」無疑是種貼標籤作用,「法位」之授與則深
具宗教社會結構性意義,令修道者知道自己的身分與地位、責任與
義務,知所適從,而在整個宗教團體中處於一個「穩定的狀態」。
職是之故,傳經儀式有著相當重要之指標性功能。

　　社會模型是「位置結構」的模型,宗教社會之模式亦同於此。
整個傳經儀式,背負著經典傳承之重要功能外,也因為伴隨法位之
授與,代表著正在改變修道者之身分地位。所以,求經之修道者,
藉由「傳經儀式」,由一個「職位」之穩定狀態經過一段「過渡時
期」而達另一「職位」的穩定狀態。從前一個「職位」到後一個
「職位」,中間其實是處於一個身份曖昧不清,甚麼都不是的「不
穩定」狀態,他離開前一「職位」,所以既不是前一「職位」,也
尚未得到後一「職位」。因此,在整個傳經儀式之過程中,求經者
可說經歷了「分離」（與前一穩定狀態分離）、「邊緣」（即身份曖昧不
明階段）、「聚合」（到達另一新的穩定狀態）三個階段。「分離」階段
中象徵行為意味著個人離開了以前社會結構中所佔據的固定位置,
或離開了一組文化狀況（狀態）。在居間的「邊緣」時期,儀式主
體（過渡者）的狀態含糊不清,他所經過的領域幾乎不帶過去的或
將來的狀態之任何特性。「聚合」時期則代表轉化完成,此時儀式
主體再度處於穩定狀態,從而有一些明確規定的「結構上的」權利
和義務,人們期望他的行為符合某些規範或道德標準。[20]

---

[20]　參 Victor W. Turner,〈模稜兩可:過關禮儀的閾限時期〉,史宗主編,金澤
　　　等譯,《20 世紀西方宗教人類學文選》下卷（上海:上海三聯書店,
　　　1995）,頁 514。

　　若將完整傳經儀式之四個細部儀節：1.宿啟儀、2.齋儀、3.傳經儀、4.拜表儀作區分，則1.、2.屬「分離」，3.屬「邊緣」，4.屬「聚合」。

　　「宿啟儀」在修齋日之凌晨子時實施，過程相當短，主要透過「投辭文」的儀節，啟告天界修道者求受《道德經》之赤忱。無疑的，這個儀節代表求經者告別了他之前的「法位」（職位），離開其原先宗教社會結構中之「穩定狀態」，而預備進入另一新的生命情境，接受另一新的「穩定狀態」。

　　「宿啟儀」象徵與之前「穩定狀態」之身份地位「分離」，「齋儀」則是與先前濁穢之身心狀態「分離」，藉著「齋儀」中仙真護持神力與自己修齋行道之功以淨化身心，準備進入另一嶄新而高階的「身心狀態」。

　　就身心狀態而言，「齋儀」是一個過渡期，乃由污穢進入潔淨的過渡，以準備過渡到「傳經儀」。過渡時期，儀式主體（求經者）身處渾沌不明之狀態，既非前一舊階段，亦非後一新階段之「法位」。求經者此時在整個宗教團體職位結構中，暫屬「隱形人」狀態，這時「穢濁」的求經者不具任何地位，甚麼也不是，無法執行任何宗教團體內部之任何道務，因此一切相關儀節必須由別人代勞，求經者所能做的便是「淨化」自家身心。因此，在行「宿啟儀」、「齋儀」之前，必須先找好協助儀式道務之教內相關人員。因此《傳授經戒儀注訣》〈請師保法〉對於這些協助人員有清楚的規定。這些人員負責「三師、都講、監齋、侍經、侍香、侍燈」諸職務。為了「齋儀」順利進行，在「宿啟儀」中有「署眾官」一節，便是對於協助人員工作事先做職務之選署與分配。所

以，這些人員之設置，除了協助求經者，令其心無旁騖安心修齋求經之用意外，重要的是「求經者」處於身份曖昧不明的過渡狀態，不宜從事任何職務的緣故。

通過「齋儀」身心淨化階段，正式進入「傳經儀」。若說「齋儀」是身心狀態的過渡期，則「傳經儀」便是新舊「法位」的過渡期。藉由莊嚴隆重的傳經儀軌，求經者才獲授新的「法位」。

「傳經儀」諸儀節之安排，除了莊嚴道場而令求經者敬警身心外，更重在點醒求經者「心靈深處」，開啟向上契悟之直覺智慧，使其身心有「質」的躍進與昇華。諸如「讀盟文」，點出太上老君與尹喜傳授道法之精華所在。令求經者體悟《道德經》之真諦。「通玄讚」、「授經讚」、「光明讚」、「真人讚」、「奉戒讚」、「學仙讚」之吟誦，除激勵求經者積極向道外，亦再次點撥道法之要義。凡此諸儀，可說是透過儀式傳予求經者一些前所未明的「祕密知識」。

「傳經儀」中之重頭戲，便是吟「授經讚」後的「授經」之儀。《道德經》是「聖典」，傳授《道德經》無疑地便似乎是在傳授「聖物」。更何況所授之《道德經》非僅只是一部書而已，這部典籍上有許多配帶物。《傳授經戒儀注訣》〈授度所須物法〉說《道德經》必須以「青絲金鈕」纏縛之，再題上「月日姓名」，而稱作「五千文鈕」。因此後來唐代杜光庭《太上三洞傳授道德經紫虛籙拜表儀》便直稱作「青絲金鈕道德尊經」了！

傳授「聖物」除了神聖之外，也有促使求經者反省思考的一面意義。「青絲金鈕」及其他包括五十尺紋繒等之相關法信之物，皆有其特殊含意，此前已闡述，特別是透過「青絲金鈕」這般外在之

奇異組合形式，引起注意，足可發求經者深省。

　　傳授「聖物」有三個主要因素：1.展品或所示之物、2.行動或所做之事、3.教導或所說的話。❷從這般觀點考察，則傳授「青絲金鈕道德尊經」可說是「聖物中的聖物」。其他諸如前述「學仙讚」等之吟誦；「懺悔」儀中對於「道、經、師」之禮敬、懺悔之「懺悔文」，列出諸位先天神與玄中大法師所構成之神明系譜，凸顯了《道德經》傳承之歷代宗師（亦即使徒）之地位等等，皆可包括在「傳授聖物」的範圍之內。❷甚至傳授其他「太玄部」如《老子中經》、《老君存思圖》、《紫虛籙》等與神秘修行方術相關平時卻無法取得之經典，當然皆算是「傳授聖物」了！透過頗具神秘性、神聖性之「傳授聖物」，改變求經者本性，令其轉變成另一個人，以便授予新「法位」，承擔新的教團職務。故而傳經儀式之深層意義由此展現出來。

　　「傳經儀」結束，代表正式完成人間之傳經大典與法位之授與，三日後接著進行「拜表儀」，除了酬謝天恩外，重在將此新受法階的新人拜表呈奏天界，達到啟稟與「註冊」的目的。所以表文言：「新授太上道德高玄高上紫虛弟子臣某等稽首再禮，上言　太上玄元老君、高上老子、玄中大法師河上真人、文始先生無上真人

❷　Victor W. Turner，〈模稜兩可：過關禮儀的閾限時期〉，頁 522，轉引「簡·哈里森」的說法。

❷　《道德經》傳承之神明系譜透過「懺悔」儀式而告知求經者，令其明白《道德經》傳承之歷代本師，日後修習誦讀《道德經》方易感格神真。若不知此神明系譜，則修習《道德經》難以感應，功效將大打折扣。所以這個神明系譜自然具有一定的祕密性，藉著傳經儀方得告諭受經者。

玉案下，……今蒙真師某嶽先生某授以青絲金紐道德尊經、……伏惟　至真眾聖、……降以真氣，賜以靈光，使存注感通，功行圓備，……」特異標明「新授」與法位。經由「拜表儀」向天界「註冊」，獲得認可，如此新人新受「法位」一事，可謂「天、人」皆知，至此方稱得上功行圓滿，完全了傳經與法位的授與，通過這一個「聚合」階段，求經者又再次取得新的位階、職務，進入新的「穩定狀態」，得以展開新的生命紀元。

　　《道德經》這部「聖典」，藉由四個階段之神秘而隆重的傳經儀式，強化此經之神聖性。特別是最重要的「傳經儀」，幾乎可說即是「傳授聖物」的儀式。經由道教儀式的洗禮，《道德經》不再只是一部「子書」，而是帶有濃厚宗教神秘色彩的「聖典」。

第三章　太玄部經教之道法

第一節　道法性質之分類

前述「太玄部的成立」一節，已論及太玄部經目在南北朝唐代時期大抵包括：

太玄經、老子道德經、河上公注、想爾注、朝儀、齋儀、傳儀、老君思神圖注訣、想爾九行二十七戒、戒文、老子妙真經、老子西昇經、玉歷經、歷藏經、老子中經、老子內解、老子節解、高上老子傳、無上真人內傳、紫虛籙、六甲存圖。

對這批經目作番考察，基本上可以依性質將其歸類為：

總綱要：太玄經

1. 聖者傳：高上老子傳、無上真人內傳。
2. 思想：道德經、想爾注、河上公注、老子內解、老子節解、老子妙真經、老子西昇經。
3. 戒律：想爾九行二十七戒、天尊十戒十四持身品（十戒經）、戒文（太清陰陽戒）。
4. 儀式：齋儀、朝儀、傳儀。
5. 存思法：老君存思圖、玉歷經、歷藏經、老子中經、六甲存圖。

6.符籙：紫虛籙

既然《太玄經》是總綱，所以從輯佚資料中看來，對於太玄部諸道法似乎皆有論述。按《雲笈七籤》云：「通諸一部者，按《正一經》云太上親授天師太玄經有二百七十卷。」（6\17b）是明言《太玄經》通貫「太玄部」之理。既然太玄部教祖是太上老君，故《太玄經》便頗及老君聖傳。《太平御覽》引及：「《太玄經》曰：老子行則滅跡，立則隱影。」（卷 388）又《太玄經》云：「天地萬神皆六甲部使也，老君行之，長生度世，坐致行廚，隱形易體，坐在立亡，出不擇日行不擇時，盡監萬神辟除疾病，踰江越海不避風波，從天入淵虛無自然，逕入崑崙不死之道，上升太清，登造紫微。」（〔唐〕張萬福《傳授三洞經戒法籙略說》上\12b 引）太上老君似乎是萬神之主宰，人世之道祖，所以神通廣大，出處自在。如此聖者之傳記描述，與太玄部中之《高上老子傳》、《無上真人內傳》是互相呼應的。亦與太玄部經典時時可見之老君聖傳資料，如《傳授經戒儀注訣》所言：「太玄高上老君，積學輪轉，位登聖真，應接無窮，不可稱述。近世出化，生乎商時。」（1b）者互相發明。

至於戒律方面，依據《道門經法相承次序》所言：「有得戒者，即太玄真經所謂三戒、五戒、九戒、十戒、百八十戒、三百大戒之例是也。」（上\11b）其中之「九戒」，似即指「想爾九行」。

至於「玄」義，《雲笈七籤》云：「老君所說故經（按即指《太玄經》）云：玄玄至道宗。」（6\16b）已使用「玄玄」之詞，再者《雲笈七籤》引曰：「《太玄經》云：無無曰道，義極玄玄。」（6\17a）則顯露出後代盛行之「重玄」觀念之曙光。然而「太玄

部」《傳授經戒儀注訣》說：「太玄者，大宗極主之所都也。……
太玄之都」（1a）另外《靈寶度人經四注》南齊嚴東注曰：「太
玄，太玄都也，人秉自然……逕昇玄都之宮。（2\59a）又注「氣入
玄玄」經文，曰：「玄玄者，深奧也。」（3\12b）不論是「玄奧隱
微」或「太玄都」之義，皆屬舊義。所以，「太玄部」之「玄」
義，似乎兼容了新舊之兩種觀點，而有向「重玄」觀發展之趨勢。
「重玄」觀當是南齊太玄部成立以後才逐漸普遍起來而成為道教思
想界之主流。

　　此外《太玄經》又言：「言道性者即真實空，非空不空，亦非
不空。道性眾生皆與自然同也」（《道教義樞》8\5a）觸及「道性」、
「空」、「自然」之概念，對於後代之道教教義亦極具啟發作用。
但是佛教《涅槃經》卷五〈如來性品〉第四之二云：「解脫者名斷
一切有為之法，出生一切無漏善法。……唯斷取著，不斷我見，我
見者名為佛性。佛性者即真解脫，真解脫者即是如來。又解脫者名
不空空，空空者名無所有。無所有者即是外道尼犍子等所計解脫。
而是尼犍實無解脫，故名空空。真解脫者則不如是，故不空
空。……又解脫者名空不空，……不可說空及以不空。若言空者，
則不得有常樂我淨；若言不空，誰受是常樂我淨者？空者，謂無二
十五有及諸煩惱，……不空者謂真實善色常樂我淨。」這是《涅槃
經》對於佛性真實義之辯證說法，極盡曲折委婉之能事，其意亦昭
然若揭。很明顯地，《太玄經》的道性義當受《涅槃經》佛性義的
影響。因此在在可見《太玄經》於思想深度、廣度之開發。

　　總上所論，由殘存資料作考察，雖無法看出《太玄經》全貌，
不過猶可一窺其道法之重點。

第二節　聖傳及其意義

「太玄部」中之聖者傳記包括《高上老子傳》、《無上真人內傳》，今已散逸，不過從輯佚資料中猶可略窺其梗概。

首先談《無上真人內傳》。現存徵引此傳篇幅最長之資料是《三洞珠囊》。從這段長資料可稍微理出該傳之部分篇章情節。茲列出其全文（以下簡稱甲文），以助我們掌握其故事綱要。其文如下：

> 文始先生无上真人關令內傳（鬼谷先生撰）云周无極元年，歲在癸丑，冬十有二月二十五日，老子之度關也。關令尹喜勑門吏曰若有老公從東來，乘青牛薄板車者，勿聽過關。在後果見老公如是求度關，關史不許，以關史之言白之，老公曰吾家在關東，而田在關西，欲往採樵，幸聽度之。關史再不許，入白關令，令即出迎，設弟子之禮，老公故辭，欲去關。令慇勤北面事之，老子許之住也。老子時有賃客姓徐名甲，曰雇錢一百，老子先與約語當頓還卿直，然須吾行達西海大秦安息國，歸以黃金頓備錢限。甲既見老子方欲遠遊，疑遂不還其直，爾時有美色女人聞甲應得多錢，密語甲曰何不急訟求其直，吾當為子妻。甲惡意因成，即舉詞詣關令訴老子求錢。關令以甲詞呈老子，老子曰吾祿貧薄，无僕役，前借此人先語至西海大秦安息國歸，頓還黃金備直限，其何負約見訟耶？甲隨老子二百餘歲，應還七百萬。老子謂甲曰吾昔語汝至西海大秦安息國歸，頓以黃金相還，云何不能忍辱，今便興詞訟我？汝隨我已二百餘歲，汝命早應死，賴我

太玄長生符在爾身耳！言畢見太玄長生符飛從甲口出，還在老子前，文字新明，甲已成一聚白骨。喜既見甲違心便死，意復欲觀老子起死人，因曰喜當代還此直，即具錢來，伏願赦甲往罪，賜其更生。老子愍之曰善，此本非吾瞋甲，甲負先心，道便去之。老子復以向符投其枯骨，甲即還生如故，喜具為說之，甲方叩頭謝罪。老子令還汝直，謝遣之也。老子以上皇元年歲在丁卯正月十二日丙午下為周師也。周道將衰，王不修德，弗能以道德治民，此淫亂之俗，不可復師，故微服而行，吾將遠遊矣！喜復作禮曰願大人為我著書說大道之意，喜得奉而修焉。老子以无極元年歲在癸丑十二月二十八日日中作道德經上下二篇以授喜。老子辭別欲行，喜曰願從大人遠遊觀化天地間可乎？老子曰我行无常處，或上天或入地，或登山或入海，或在戎狄蠻貊非人之鄉，鬼神之邦，嶮難之中，觀化十方，出入無間，坐在立亡。子以始受道，諸穢未盡，焉得隨吾遠行耶？子且止誦此二卷經萬遍，道成乃可從吾遠遊。子道欲成時，自當相迎，今未得去也。老子臨去則告曰子千日以後於成都市門青羊之肆尋吾乃可得矣！喜奉教誦經萬遍，千日之後身乃飛行，入水蹈火，並不熱溺。今道已成，乃往成都市門青羊之肆尋老子，經日不見，晝夜感念，到九日見一人來買青羊，由是乃悟。問使人曰子何故日日買此青羊耶？使人答曰吾家有貴客好畜青羊，故使我買之也。喜曰吾昔與彼客有舊，因期於此，子能為我達之不？因以珍寶獻之，使人曰諾，君但隨我去，當為具白此意。喜曰若然白客言關令尹喜在外。使人如其言白之老子

前，曰令前。拂衣而起，登自然蓮華之座，問喜曰別後三年
之中，子讀經，何得何失？喜拜而自陳曰奉教誦經，令喜得
常存不死也。老子曰子昔願從吾遠遊，道已成，可以遊觀大
地八紘之外也。喜曰弟子宿願始申矣！無復所恨。老子於是
命駕遠遊天地之間，變化諸國也。後入罽賓國闡崛之山精舍
中行道，罽賓王出遊，問曰此何等人？侍者曰道士耳！王曰
道士乃幽隱在此乎？後日復遊見之，王曰何修也可以致福？
老子曰齋戒中食讀經行道，上可得至真，不死不生，教化出
入在意也。下可安國隆家，亦可從轉身得道，度世入无為。
王曰善哉！後日出遊復見之，王曰道士道法最何為貴耶？道
士曰吾道貴自然清靜无為，及齋戒行中食燒香，可從生天，
可從生王侯家，得可從（按當作可從得）道度世，以此為上。
王曰善，寡人欲請道士中食行道可乎？道士曰為欲請幾人
耶？王曰悉請也。道士曰徒眾多，難可悉供也。王笑曰寡人
大國，何求不得，而云不能供耶？道士曰吾道士固曰貧道，
依附國王致有珍寶，盡是王物。今先欲請王國人中食，以為
百姓祈福，可乎？王曰善，但恐道士无以供之。道士曰足有
供之，願王枉駕。王曰刻日當到。道士遂先請及群臣國人
也，皆使仙童玉女及四方飛天人請男女一十四日都畢。王歎
曰貧道士尚能作大福如此，我大國王何所乏而言不能供之
耶？刻日請道士徒眾大會，道士到，皆引諸天聖眾九品仙人
四十餘日，人來不盡，後方日日異類，或胡或儜，或吳或
楚，或長或短。王倉庫已半，人猶未止。王曰如道士言，此
人眾何其多，吾誠恥中，殆令无供具。忽生惡念曰吾恐此老

公是鬼魅，非賢人道士，可速收縛積薪市中燒殺之，以示百
姓，於是遂縛老子徒眾等。老子爾時任其所作，聚薪都市。
老子語喜及諸從真人，卿但隨我上此薪上，傾國人悉來視
之，終不能害我等也。如是國人視之，其善心者皆難吒我
王，何故強請道士而中道燒之？可憐可念。火起衝天，國人
因見老子亦放身光滿天下，老子與喜及諸真人在炭煙之中坐
蓮華之上，執道德經詠之。及火勢盛，猶在炭上坐不去，王
問老公已死耶？使者曰老公故在炭上誦經。王又令沈老公深
淵，後隨王入淵，入淵不溺，國人見老子放光，神龍負之，
龍光亦照淵，方誦經，並不能為害。王問道士等已死乎？使
者曰投之深淵，龍王出負之，老公放光，照滿國內，復不死
不溺，當如之何？王顧謂群臣曰恐彼老子將天師聖人乎？今
欲事之何如？群臣曰善，恐老公徒嗔，將亡國也，願王卑詞
謝之。王曰正爾。自詣卻說前事謝罪云云，老公曰前我語
王，恐王不能供之云云，而反燒我師徒，何逆天无道耶？上
天不許王之橫殺无辜，此乃天見我无罪，故得度險難也，天
將滅王國，不久當至也。王大謝罪，願舉國事師，不敢中
息。老子曰王前有惡心，今雖叩頭千下，猶未可保信，恐後
有悔，當何以為誓耶？王曰今以舉國男女一世不娶妻，髡鬀
鬚髮以為盟，誓約不中悔，中悔當死為證，何如？老子曰
善。爾時推尹喜為師，令王及國人事之，王當以國事付太子
伊梨，我當修道捨家國，求道度世。老子曰善，既欲棄國學
道，吾留王之師號為佛，佛事无上正真之道。道有大法，若
王居國學道，但奉五戒十善，自足致福，去卻不祥，常生人

道，尊榮富貴，亦可因此得道度世，何必捨家也？王及群臣
一時稽首師前，男女同日奉道焉。為作三法衣，守攝其心，
錫杖以驚蛇蟲，乞中食為節。老子復為造九萬品經戒，令日
就誦之。老子曰授子道既備，吾欲速遊八方，遂還東遊。幽
演大道自然之氣為三法：第一曰太上无極大道，第二曰无上
正真之道，第三曰太平清約之道也。（《三洞珠囊》9\8b）

從這段長文中，大抵可以整理出幾個主要故事情節單元：

1. 老子西度關，化尹喜，授其《道德經》
2. 尹喜誦《道德經》萬遍而成道，再會老子於成都青羊肆
3. 尹喜從老子遠遊天地之間，變化諸國
4. 老子、尹喜入罽賓國化胡，尹喜作佛，為胡王師，事无上正
   真之道
5. 老子演大道自然之氣為三法：第一曰太上无極大道，第二曰
   无上正真之道，第三曰太平清約之道

在附錄三：「太玄部經典之考辨」一節已論及，《三洞珠囊》
徵引這段長文而列入「老子化西胡品」中，所以其文雖長，其中乃
以化胡故事為主，因此對於該傳之其他故事情節自必多所省略。唐
末杜光庭《道德真經廣聖義》敘及老子度關授尹喜道德經故事，分
為八個段落：1.示現禎祥：即紫氣浮關事。2.試尹喜、3.授道德
經、4.示現神通：活徐甲故事。5.老子與尹喜同還樓關。6.老子於
尹喜樓關之宅昇入太微。7.約會青羊肆、8.俱化西極。❶其中情結

---

❶　參杜光庭《道德真經廣聖義》卷三頁十四。

與甲文所列大同小異，不過杜氏情節單元之觀念則更加強化，基本
上似乎可補甲文之不足，然而杜光庭所據之資料來源，可能是《樓
關先師傳》、《樓關本起傳》、《關令尹喜內傳》或是其他資料，
甚至是《化胡經》類作品，所以杜氏之說僅供參考吧！若從筆者輯
佚之該傳資料，則可補《無上真人內傳》被省略之情節。接著先針
對上列數個情節單元進行分析，其有不足處則補以其他之輯佚資
料。不過若比較這些輯佚資料之重複段落，可以看出援引《無上真
人內傳》之文獻，可能是照錄或節錄、刪錄原文，也可能是意引而
已，已失本文原貌。雖然如此，一樣有助於了解該傳之故事情節。
至於是否為其原文，則有待日後進一步之考辨了！筆者此處重點在
於恢復其中之情節單元，以見此聖者傳所蘊含之意義。

一、老子出關

　　這一段敘述老子過邊關渡化尹喜的故事。從甲文中看到老子去
周、度關、授《道德經》之年月日。故《三洞珠囊》在「諸天年號
日月品」便引作：

> 文始內傳云老子以上皇元年歲在丁卯正月十二日丙午下為周
> 師，老子以無極元年歲在癸丑十二月二十八日日中授道德經
> 上下二篇也。以周无極元年，歲在癸丑，冬十二月二十五
> 日，老子之度關也。（8\28b）

其實老子度關前尹喜已預先有所感應而測知，所以《道典論》載：
「無上真人內傳云尹喜為關令之時，常夢見天真，或曾同遊四海之

外，心中昭然，有所覺悟。乃冥契玄聖，自然而同符也，老君感焉。」（4\4a）《太平御覽》卷 836 言：「關令內傳曰關令尹喜，周大夫也。善於天文，登樓四望，見東極有紫氣，喜曰應有聖人經過。果有老子過，喜設坐行弟子之禮。」凸顯出尹喜天賦異稟與特異才能之形象，故有緣得見聖人。所以因緣際會，尹喜得以接遇聖人老子，故得成為「聖徒」。老子度化尹喜之前必得發生一些插曲情節，其目的似乎在於「試煉」尹喜，考驗其道心是否堅固？所以，首先述及尹喜以弟子之禮殷勤侍奉老子，希望老子暫留授喜道法，表現出尹喜之求道誠意。其次則是老子賚客徐甲的情節單元。徐甲貪財好色，受美人一時之蠱惑，興訟於關令尹喜面前，告老子求償。結果體內之「太玄長生符」即刻離身飛出，徐甲當場喪命。尹喜見狀，心起憐憫，又竊意「欲觀老子起死人」，乃申明願為老子償債予甲。老子答應了，徐甲於是復生。這段情節，其實徐甲扮演一個道具性、背景性角色，重點在於凸顯出老子與尹喜師徒間之互動。尹喜悲憫徐甲、不吝財帛身外之物，便顯出其道心堅定。而欲觀老子起死回生之神通，又未嘗不是想檢驗老子是否為「明師」？老子應允活徐甲後說，「老子愍之曰善，此本非吾瞋甲，甲負先心，道便去之。」老子若有瞋怒之心，便算不得是聖人，而徐甲違背當初之約定，為財色所迷，所以道去之而不得活。這段話雖涉及徐甲，實際上可說是對尹喜之告誡，若尹喜為外物所惑而有負求道本心，道便去之矣！則其下場便是尹喜求道之命脈將斬斷無疑，一如徐甲之命喪當下般。

　　這是對尹喜的「試煉」。從「試煉」的角度分析上述故事情

節，唐代作品《太上混元真錄》❷即提出老子對尹喜「三試」的說法，三試通過，復以徐甲事試尹喜慈捨之心。這種詮釋觀點，被南宋初謝守灝《混元聖紀》所繼承。而北宋賈善翔《猶龍傳》也列有「試徐甲」、「度關試關令」節。「試煉」之詮釋觀點，或許可追溯至唐初道士尹文操。❸

通過了試煉，老子才放心授尹喜《道德經》。根據敦煌寫卷所載：「文始內傳云關令尹喜預瞻見紫雲西邁，知有道人當過。即以其年十二月廿五日，老子乘青牛薄板車，徐甲為御到關也。至廿八日日中授喜道德經上下卷，臨去之際又說西昇，事畢乃示見神通，騰空數丈，存亡恍惚，老少無恆。於是適彼罽賓，逗機行化。」❹可見老子授尹喜道德、西昇二部經典，非僅道德經。若根據《混元聖紀》卷三頁十七所載，尚授尹喜《妙真經》一部及其他許多道經。

---

❷　參任繼愈，《道藏提要》（修訂本）（北京：中國社會科學，1995），頁715。

❸　從內容考察，《猶龍傳》多有承自《太上混元真錄》、杜光庭《道德真經廣聖義》等二部唐代著作者。《混元聖紀》也多承襲《太上混元真錄》、杜光庭《道德真經廣聖義》、《猶龍傳》。《混元聖紀》言「尹文操編聖記八百二十章，賈善翔傳猶龍析為百篇，雖記述頗詳而枝蔓旁引，首尾失次⋯⋯」（1\1b）雖然對二部巨著提出批評，不過，謝守灝當亦有資取於二書。《太上混元真錄》、杜光庭《道德真經廣聖義》二者不若尹文操等二作之卷帙，故謝氏未提及，然也當有所參考。所以後四部有關老子傳記之作，也許對於較早的尹文操《聖記》有所徵引。「試煉」之觀點，似乎可追溯至唐初尹文操了。

❹　日本大淵忍爾，《敦煌道經圖錄編》（東京：福武書店，1979），頁463b85。

二、老子尹喜西化胡

　　授經畢，尹喜有修道之憑藉，誦《道德經》萬遍而成道。誦《道德經》萬遍而能成道，其說早見於《老子變化經》、《西昇經》、《抱朴子・釋滯篇卷八》、《真誥》等古道經，❺茲不多述。尹喜道成，方得與老子再續前緣，會於青羊肆。「青羊」可能是一個隱喻。這個隱喻是個啞謎，從故事情節中可見，尹喜畢竟具備仙真之先天稟賦，所以透悟這個隱喻，此二位聖人聖徒終必再會。「青羊」也可能是一象徵。《抱朴子・對俗篇卷三》說：「千歲松樹，四邊披越，上杪不長，望而視之，有如偃蓋。其中有物，或如青牛，或如青羊，或如青犬，或如青人，皆壽萬歲。」所以，物「青」代表長壽，「青羊肆」象徵尹喜參透長壽（或者長生不死）之玄機，通過這個最後之試煉，尹喜方入長生不死之門，得道成真，逍遙方外。甚至「成都」二字，也有解釋成「關令奉教，⋯⋯道成之後，乃往成都焉。所言成都者，示其學道都成耳！蓋指事以為喻矣。」❻其實老子乘「青牛」度關，「青牛」當亦長壽象徵。座騎如此，何況主人老子呢？所以說「令喜得常存不死也。」正點出其中奧義。

　　尹喜既已得道，即有資格可從老子遠遊天地之間，增廣見聞，當亦是道業之更加精進。這段故事情節，甲文已省略，若參考《混元聖紀》，可以發現，老子先攜尹喜遊地上，再遊天上。從其他文獻可得其梗概。如《太平御覽》所引以下幾段資料：

---

❺　　吉岡義豐，《道教と佛教》第一（東京：國書刊行會，1983），頁122。
❻　　《太上混元真錄》27b。

1. 關令內傳曰天地南午北子，相去九千萬里，東卯西卯（按卯
當作酉）亦九千萬里，四隅空相去九千萬里，天去地四十千
萬里。（《太平御覽》卷2）

2. 關令內傳曰天有五億五萬五千五百五十里，地亦如之，各以
四海為脈。（《太平御覽》卷2、60）

3. 關令內傳曰地厚萬里，其下得大空，大空四角，下有自然金
柱，輒方圓五千里。（《太平御覽》卷37）

4. 文始傳云天有五億五萬五千五百五十五重，地亦如之，厚一
萬里。四角有金柱金軸，方圓三千六百里，神風持之。以四
海為地脈，天地山川河漢通氣，風雲皆從山出。（《廣弘明
集》，《大正藏》52冊151b左6）

5. 關令內傳曰北斗一星面百里，相去九千里，置二十四氣，四
宿行四時，五方立五星，主五岳也。（《太平御覽》卷6）

6. 文始傳云日月周圍六千里，徑三千里。（《廣弘明集》，《大正
藏》52冊147a右6）

7. 關令尹喜內傳曰五百歲天下名山一開，開時金玉之精涌出。
（《太平御覽》卷38）

8. 關令內傳曰老子與尹喜登崑崙，上金臺玉樓七寶宮殿，晝夜
光明，乃天帝四王之所遊處，有珠玉七寶之床。（《太平御
覽》卷811）

在《無上真人內傳》中，老子攜尹喜遠遊，可能先為尹喜介紹天地
星宿山川名山等等，所以有 1～7 段資料出現，令尹喜對天地之構
造特性有基本的了解。對於崑崙山這座聖山，自需特意說明。所以
若再與《初學記》「關令內傳曰須彌山東南有山曰崑崙，在八海

內。」（卷6總載水），《廣弘明集》「文始傳云崑山九重，重相去九千里，山有四面，面有一天，故四九三十六天。第一重帝釋居之。」（《大正藏》52冊147a右10）、「文始傳云萬萬億萬萬歲，一大水崑崙飛浮。爾時飛仙迎取天王及善民，安之山上。復萬萬億歲大火起，爾時聖人飛迎天王及人安于山上。」（《大正藏》52冊147a左14），以及「文始傳云萬億萬億歲一大水，崑崙飛浮。有仙飛迎天王善人，安之山上。乃至前前萬萬歲，天地混沌如雞子黃，名曰一劫。」（《大正藏》52冊150a左13）相較，可以清楚發現這座聖山的來歷與其具備度天地水火之劫的特殊地位，且為仙真天王帝釋之所居。除了遊崑崙山之外，根據《混元聖紀》載：「老君謂尹真人曰子昔欲從吾遠遊，今道已成，可以遊觀八紘之外也。……策空東遊，真人與四天王從焉。至日窟常暘之山，掇扶桑之丹椹，散若林之朱華。……復南遊風山，……此山一名蕭丘，出九光芝。……乃西遊龜臺，……過流精闕，九靈金母太素元君進玉文之棗，其實如瓶。命侍女陳返魂靈香玄光碧桃、金紫交梨，……北遊崆峒山，……復登中嶽崑崙山。」（4\1a）其後注文曰：「此非人間之五嶽，海上之神山也。東嶽曰廣桑，南嶽曰長離，西嶽曰麗農，北嶽曰廣野，中嶽曰崑崙。」又注言：「為西王母說清靜經，此亦西遊龜臺之時。」也遊其他海上五嶽之神山。若與其他殘佚資料比較，可見《混元聖紀》蓋採自《無上真人內傳》之說。

　　《三洞珠囊》記載「文始內傳云老子與關令東遊登日窟常陽之山，掇扶桑之丹椹，散若林之朱華。」（4\9a）此言東遊；《上清道寶經》言：「無上真人傳云尹喜從老君來遊登常陽山方丈之堂，見九老丈人嚼九交之芝。南遊登蕭丘山，食九光芝。」（4\10a）此

言南遊。周遊參謁諸方仙真，強調仙真之服食，略似秦漢以降，海
外三仙山、崑崙等仙鄉故事之情節。在西遊部份亦然，《太平御
覽》記載著「關令尹喜內傳曰（喜從）老子西遊，省太真王母，共
食紫梨碧桃。」（卷969）、「關令尹喜內傳曰喜從老子西遊，省太
真王母，共食玉文之棗，其實如瓶。」（卷965）同樣強調得道仙真
之服食長生特色。西遊遇上太真王母，此王母與《混元聖紀》記載
對勘，可知當即是習稱之「西王母」。如果我們與《無上祕要》引
《仙果道迹經》言：「老子西過大龜之山、見太真王母，食玉文之
棗，其實如餅，又食碧桃紫梨。」（4\13a）則《關令尹喜內傳》之
資料可能節錄自《仙果道　經》，或是二書之此段傳說來自同一個
源頭。是否有「北遊」？從現存《無上真人內傳》佚文中未見提及
「北遊」之事，《混元聖紀》則載北遊崆峒山。

　　既然遠遊天地之間，則遊畢地上自然需要再遊「天上」。所以
老子攜尹喜遊天上，拜謁「太上」。《廣弘明集》載：「文始傳云
老子與尹喜遊天上，入九重白門，天帝見老便拜，老命喜與天帝相
禮。老子曰太上尊貴，剋日引見。太上在玉京山七寶宮，出諸天
上，寂寂冥冥清遠矣！」（《大正藏》52冊148a左7）此位「太上」可
能指「元始天尊」，因為《上清道寶經》載「無上真人傳云元始天
尊靜處閒居雲宮黃房之內七寶幃中。尹喜隨老子上天，登九重之日
門，入流雲七色之房，貴仙之儔，喜與相禮。」（3\16a）或可互相
比證。

　　老子化胡而命尹喜為胡王之師，號為佛，此道教界之化胡故事
之原型由來已久。

三、老子返東土演「三道」

老子化胡後東還中土，演為三道，其意義在於強調宇宙間之大法皆出自老子。而尹喜隨老子化胡作佛，即是佛道論爭之焦點，道教徒試圖從異教之貶抑佛教而吸納為己有，從異教之《廣弘明集》的真實引錄作：「文始傳云道生東木，男也；佛生西金，女也。」（《大正藏》52 冊 146c 左 14），又言：「文始傳云道生佛。」（《大正藏》52 冊 146c 左 11）。可以明顯看出尚未被佛教扭曲之該傳原貌之道教界說法，極力損抑佛教之地位。然而若從佛教界之觀點看來，則《廣弘明集》對於道教版之化胡說略有扭曲，而載：「文始傳云……至罽賓檀特山中，乃至王以水火燒沈，老子乃坐蓮華中誦經如故，王求哀悔過，老子推尹喜為師，語王曰吾師號佛，佛事無上道，王從受化，男女髡髮不娶於妻，是無上道承佛威神，委尹喜為罽賓國佛，號明光儒童。」（《大正藏》52 冊 145c 右 11）這段文字顯為意引，而非全錄其文，佛教徒亦略作修正，佛反成為老子之師矣！且號為明光儒童。當為釋徒左打道教，右打儒教之法。《辯正論》更明白指出老子之師即佛陀，言曰：「關令傳云老子曰吾師號佛，覺一切民也。菜食誦經稱無上正真之道，承佛威神，號佛為世尊，形與神遊，受高上大聖十方至真已得佛道。」（《大正藏》52 冊 524a 左 9B）老子化胡與演為三道，無非道教界自高其位之說法，當一并比觀。

除了上述內容外，《無上真人內傳》也談及老子之出身，包括老子出生、代為國師，敦煌寫卷記載：「文始內傳云尹喜稽首敢問大人姓字，老子曰吾姓字眇眇，非可備說。今姓李名耳字伯陽，外

字老聃。而有胎經八十一年，曾逍遙李樹之下，思聞清風以袪塵，或乃剖左腋而生老子。仙童玉女手執香花侍衛左右，玄妙即指樹云此可為汝姓。」❼《廣弘明集》載言：「文始傳云湯時為錫壽子，周初郭叔子。」（《大正藏》52 冊 144c 左 8），又言：「文始傳云老子從三皇以來，代代為國師化胡。」（《大正藏》52 冊 144c 左 9）「玄妙」指「玄妙玉女」，乃老子託胎人間之生母，或作「太一元君」，《混元聖紀》載：「老子內傳云上帝之師元君感日精入口，因娠，經七十二年剖左腋而生。」（2\34a）杜光庭《道德真經廣聖義》：「玄妙玉女元君傳云……命玄妙玉女降於人間為天水尹氏之女，嫁李靈飛為妻。老君乃乘日精……下入玄妙玉女口中，而寄胞託孕歷八十一年，……聖母在天即號玄妙玉女，既降育大聖即為太一元君。元君乃授老君化世行教之旨……」（2\20b）《猶龍傳》亦承杜光庭說，可以互相印證。而《元始上真眾仙記》有「太元聖母元始君」，未知是「太一元君」否？

　　另有談及老子與太一元君關係之資料，《一切道經音義妙門由起並序》載：「無上真人內傳云太上、老子、太一元君真形圖，此三聖亦可為一人耳！太上頭並自然髻，項映天光，著九色錦繡華文之帔，衣天衣。二聖七色之帔，各坐蓮華之上，太上為師。」（9a）所以，太上（可能是太上道君或元始天尊）與老子、太一元君有密切之師徒關係，這類宗教神話傳說，當淵源久遠。《抱朴子·金丹篇卷四》說：「復有太清神丹，其法出於元君。元君者，老子之師也。……元君者，大神仙之人也，能調和陰陽，役使鬼神風雨，驂

---

❼　大淵忍爾，《敦煌道經圖錄編》，頁 462a9。

駕九龍十二白虎，天下眾仙皆隸焉。」又言：「金液入口，則其身皆金色。老子受之於元君。」復言：「合此大藥（按即指金丹）皆當祭，祭則太乙元君、老君、玄女皆來鑒省。」《抱朴子·極言篇卷十三》又說：「按神仙經皆云，黃帝及老子奉事太乙元君以受要訣。」可見有關老子與太一元君師徒關係之神話傳說早見流傳，或者即漢末以降黃老道之舊說。道流中盛傳黃帝煉丹，所以太乙元君便成為金丹術之祖，故崇尚金丹術之葛洪得取以相佐證。這個傳說，亦見諸《高上老子傳》。《初學記》記載：「高上老子內傳云鶴髮龍顏，廣顙長耳，大目疏齒，方口厚脣。額有參牛達理，日角月懸，鼻純骨有雙柱，耳豎大三門，頂有日光，身滋血白，面凝金色，舌絡錦文，形長一丈二尺，齒有四十八。受元君神圖寶章變化之方及還丹伏火水汞液金之術，凡七十二篇。」（卷 23 道第一頁547）所以，此二部聖傳，許多情節可能來自相同之傳說系統。

在《無上真人內傳》中，對於主角人物自須多加鋪陳。所以對於尹喜除了前述其夢見天真而有所感悟，因能感應老子之事蹟外，對於其出生之異象與相好等形象也多所著墨。《混元聖紀》：「尹喜內傳云喜母曾晝夢天絳霞流繞其身，咽之，及喜生，靈光飛其側，眼有日精，少好墳索，善天文秘緯，仰觀俯察，莫不洞徹，雖鬼神無以匿其情。大度恢傑，不修俗禮，損身濟物，不求聞達，逸響遐宣，召為東宮賓友，出補關令。」（3\5a）又《太平御覽》卷56 記載：「關令內傳曰關令尹喜生時，其家堂陸地自生蓮華，光色鮮盛。」道出一位聖者出世之不凡。對於其相好，《三洞珠囊》有更清楚之描述，引稱作：「無上真人內傳云尹喜眼有日精，姿形長雅，垂臂過膝，項負圓耀，五藏有文，面有七星，上象天文，下

順地理，莫不備足。故寄惠鍊質，逝生末劫，當為貴真之長也。」
（8\23b）

　　《高上老子傳》現殘存資料比前者更加短少，《無上真人內傳》中有關老子出生、代代為國師之情節皆重見於《高上老子傳》，唯文字、內容不盡相同。而化胡、遠遊天地之說則未之見。不過卻多了老君分身下遊琅琊傳干吉太平經一百七十卷及一百八十戒，這段情節是《無上真人內傳》中老君演為「太平清約之道」單元之細部說明。另外尚有老君與太極真人降天台山授葛仙公靈寶經、齋法等之故事，皆見引於北宋賈善翔《猶龍傳》中之《老君內傳》，因為文長，茲不具列。《猶龍傳》、《混元聖紀》並皆有老子降世為河上公、度化傳經於于吉、張天師、葛仙公、寇謙之故事。惜現存《高上老子傳》無此諸段情節，難以比勘。

　　聖者傳記列入必須傳授經典，有其宗教意義。透過聖傳，告訴受經之信徒，「聖者」太上老君與「使徒（或聖徒）」之神聖故事，這個神聖故事，主要以「聖者」以及「使徒（或聖徒）」出世、求道、修道、得道、傳道、佈道之神聖事蹟為主題，自然包括「傳經神話」。令信徒瞭解這部「聖典」《道德經》之由來，也以「聖者」與「使徒（或聖徒）」為求道者立下人格典範。傳承《道德經》之「使徒」甚多，不過尹喜乃老君之首徒，故以之為代表，所以在「太玄部」中只列出《高上老子傳》、《無上真人內傳》二部聖傳為必傳經典。

第三節　思　想

　　《想爾注》、《河上公注》、《老子內解》、《老子節解》、《老子妙真經》、《老子西昇經》等，是太玄部中論及思想層面之經典。前四部據傳分別是河上公、張陵（或張魯）、張魯、葛玄所作，此數人或為傳說人物，或為真實歷史人物，在道教長期之傳承史上，這些人逐漸在教內取得「使徒（聖徒）」之身份，是佈道的「經師」，而成為祖師級人物，傳授承自太上老君的經法，所以他們對於《道德經》的注疏，在道教內部之詮釋史上，具有相當高的「權威性」，可稱得上是「正解」，至少不會「曲解」《道德經》。因此當然就會被推尊為「正典」而編入「太玄部」了！

　　思想亦道法之一，而作為教徒之修行方針，也是各種法門方術之理論基礎。前四部是《道德經》的注解，後兩部則是發揮《道德經》義理之新造經典。然而不論其詮釋《道德經》之方式為何，基本上多謹守《道德經》的思想大格局，所以諸如「道」、「德」、「無」、「有」、「無為」、「虛無」、「自然」、「清淨」、「柔弱」等概念，一再地被強調討論著。有《道德經》經文可依以注解者，自必如此。無此條件而如《老子妙真經》、《老子西昇經》者，便援引《道德經》編入其經文中以作為闡釋之依據。如《老子西昇經》說：「同道，道得之，同德，有德根。」（行道章第九）又：「天地清靜，皆守一也。」（道虛章第二十）又言：「絕聖棄知，歸無知也。」（神生章第二十二）❽明顯地便徵引《道德經》

───────────────

❽　以前田繁樹，〈稿本《老子西昇經》〉（《山村女子短期大學紀要》創刊

經文。《老子妙真經》也有相同情形。

　　不過若只是謹守這些概念，就算不得是道教經典了，自必有更進一步之發揮，所以這批經典，率皆注重「精氣神」觀念。如此方足為道教道德經學墊下理論根基，而有別於哲學的道家（philosophical taoism）所論者。此外，另有一點值得注意者，則為這批道經不再堅持《道德經》絕聖棄智、掊擊仁義的尖銳立場，轉而重視儒家「五德」（仁義禮智信）。年代較早之《河上公注》猶守老子家風，如《想爾注》便開始強調仁義、「積善功」之正面意義了！❾《老子內解》已佚，不得而知。從《老子節解》輯佚之殘文，未見重視仁義之論。不過《老子妙真經》、《老子西昇經》則皆嚴肅面對儒家五德問題，積極予以認肯，並重視善惡、罪業相關論題。這種現象，大概與道家轉向道教後，必須面對而逐漸重視的「持戒」、「功德」問題相關，所以道教信徒被鼓勵積極行善，積功累德以獲冥祐，因此不再排斥仁義道德反而有逐漸強化之趨勢。

一、《想爾注》、《河上公注》

　　東漢成書之《想爾注》、《河上公注》代表早期之素樸道教思想。《河上公注》特重養「五藏神」之觀念，且先看一段闡述五臟神的重要文字：

號，平成元年（1989）十二月）之經文為據，後文同此。

❾　請參考拙著〈敦煌寫本《老子想爾注》之思想特色與架構〉（臺中東海大學：中國文化月刊 192，1995 年）。

　　谷，養也。人能養神則不死也，神謂五藏之神也。肝藏魂，
肺藏魄，心藏神，腎藏精，脾藏志。五藏盡傷，則五神去
矣！言不死之道，在於玄牝。玄，天也，於人為鼻；牝，地
也，於人為口。天食人以五氣，從鼻入，藏於心。五氣清
微，為精神聰明，音聲五性，其鬼曰魂，魂者，雄也，主出
入，人鼻與天通，故鼻為玄也。地食人以五味，從口入，藏
於胃。五味濁辱，為形骸骨肉，血脈六情，其鬼曰魄。魄
者，雌也，主出入，於口與地通，故口為牝也。……根，元
也。言鼻口之門，是乃通天地之元氣所從往來。（六章）

　　《河上公注》養「五藏神」之觀念，實為典型漢代思想之一環，在
注文中，涉及「宇宙的生成」、「宇宙的結構」之本體宇宙論題，
「人與道、宇宙的關係」、「人的身體觀」主題，在如此之邏輯基
礎上，進一步討論了修性養身的「長生工夫論」。❿無論對於人身
「精氣神」如何將護，終極目標便是養此「五藏神」，所以「五藏
神」可說是《河上公注》修養觀之思想核心。可是《河上公注》並
未論及所謂之「存思歷藏法」觀念。

　　《想爾注》乃天師道經典，特重戒律問題。除了強調無為清
淨、寶精愛氣養神之傳統觀念外，仍舊如漢代思想般重養「五藏
神」，提出調和五行和氣、王相囚死休廢之漢代流行之陰陽五行觀
念系統，幾乎同於《河上公注》所論。所以同為漢代成書之二部著

---

❿　參拙著〈老子河上公注長生思想析論〉，《孔孟學報》77 期（1999 年 9
　　月）。

作，便反應出其共處之時代思想氛圍。只不過《想爾注》則強烈批斥所謂之「存思歷藏法」，這點異於《河上公注》。❶所以，我們可以說《想爾注》、《河上公注》沿襲漢代陰陽五行思想系統，因而重視養「五藏神」觀念，蓋屬同一類型思考模式。

二、《老子內解》、《老子節解》

　　《老子內解》佚失，不得知其所論。《老子節解》強調「守一」或「行一」之功法，而幾乎是以之為核心。如言：「泥丸下至絳宮，丹田上昇行一，上下元炁流離，百節浸潤，和氣自生，大道畢矣！」（七章）❷又說：「上知泥丸，下知丹田，牝牡會絳宮。閉心握固，元氣流行耳！聞神聲下知腹鳴，行一御之，即有鐘鼓之聲也。」（十七章）上述即《老子節解》最重視之「行一握固閉氣」之術也。「一」者何？元氣是也。所以行一即行氣（元氣）也。《老子節解》行氣之路徑，則以上中下三宮為主，能行此道則萬事畢矣！但何以行一而有「聞神聲、腹鳴、鐘鼓之聲」現象呢？因為《老子節解》抱持一種身神觀，故言：「神明出入，乘珠玉之輦，五色光耀，子則不見。」（十二章）又：「得道則萬神皆來鳴於腹中，與子相見言語，知身五神元氣流馳。」（十三章）又說：「知道行氣，以神為心，則流布百節，百節百神百名，共於形

---

❶　參李豐楙先生，〈老子《想爾注》的形成及其道教思想〉，《東方宗教研究》新一期，1990 年 10 月，以及饒宗頤，《老子想爾注校證》（上海：上海古籍，1991），頁 63-64。

❷　以下《老子節解》引文以嚴靈峰《輯葛玄老子節解》（臺北：成文出版社《無求備齋老子集成初編》本）為據。

中。」（四十九章）行氣則可以接遇身神，由此可見其鮮明之身神觀點。不過從《老子節解》輯佚文獻中，目前尚看不出有「存思歷藏法」之論，但仍有養「五藏神」觀念。注文中說：「肺大心大肝大脾大，腎水生一也。而王處一，即脾氣主布四方行一也。」（二十五章）並言：「一出入脾中，化宰變液，去故受新，以養五神，故王於藏府者也。」（七十八章）所以行一則元氣注入脾臟，在經由脾臟以注布其他四臟腑，如此則五臟充盈不虛，五神得養，此其養「五藏神」之術也。而所謂「王於藏府者」，可能也是沿襲自漢人王相囚死休廢與五臟相配應之五行系統的醫學生理觀吧！

綜觀《老子節解》之修行理論，可說以行一握固、三丹田術為中心，雖然亦養護「五藏神」，但不甚重視，大抵只是前者之附庸而已。《老子節解》亦因循前人重視養護「五藏神」之共法，所以雖然他亦有清楚的身神觀，但卻未見有「存思歷藏法」。與《想爾注》、《河上公注》相較，既有共法，亦有別法，各具特色。然而傳言為葛玄所作之《老子節解》，其中之「行一握固、三丹田」道術，卻與葛洪《抱朴子內篇》所論之「守一」術，也是相應的。所以從葛玄而鄭思遠而葛洪，當曾傳承著守一行氣、三丹田之術。❸

三、《老子妙真經》、《老子西昇經》

這二部經典並未針對修行方術多作闡釋，而重點在於修行之思想原則的提挈。《老子西昇經》對於修行之法門作多面向之提撥，譬如言：「獨處空閑之室，恬淡思道，歸志守一，極虛本無，剖析

---

❸　參李豐楙先生，《抱朴子》（臺北：時報文化，1982），頁372。

乙密。　縷妙言，內意不出。誦文萬過，精誠思徹……故能致神
仙。」（慎行章第四）復言：「閑居靜處，精思齋室。」（深妙章第十
四）相當強調入空閑之靜室，精思讀經、誦經萬遍之方法。所謂
「精思」除了專精心神外，亦有存思身神之意。〈觀諸章第十二〉
說：「觀諸次為道，存神於想思，道氣和三光，念身中所治髣髴
象，夢寐神明忽往來。」這類存神法，在後文談及存思法時當論
及。《老子西昇經》只此一處提及，並未深論。除上述道法，另一
重點即「守一」術，因為〈虛無章第十五〉說：「虛無生自然，自
然生道，道生一，一生天地，天地生萬物。萬物抱一而成，得微妙
氣化。」〈治身章第三十五〉又說：「聖人通玄元混氣，思以守其
身。」從上述可見其對於《道德經》宇宙論之轉化，以及「一」之
重要性，而「一」實即「元氣」（玄元混氣）也。所以說：「丹書萬
卷，不如守一。」（深妙章第十四），又：「子能知一萬事畢。」
（無思章第二十五）「守一術」即守元氣使不離身之術。

　　不過真正為《老子西昇經》之思想核心者，當是「養神」之問
題。它認為：「偽道養形，真道養神。真神通道，能亡能存。神能
飛形，并能移山。」（邪正章第七）重神輕形，最後則形神合一，❹
其形、神之辨，或者是因應當時思想界形神之辯的課題吧！

　　《老子西昇經》所論方術多端，如研誦經典，精思存神，抱元
守一等，不過卻以「養神」為焦點，然而似乎亦非前述之養「五藏
神」術，反倒較近似西漢之黃老家言。而其中所論諸術：存身神、

---

❹　〈神生章第二十二〉說：「神生形、形成神。形不得神，不能自生；神不得
　　形，不能自成。形神合同，更相生、更相成。」

守一等等，並未有進一步闡述，看不出與「養神」之關連，甚至是否即存思歷藏法、守一三丹田術，亦不得而知。總之，《老子西昇經》對諸多方術，僅作原則性之論述與提撥，而以類似於西漢黃老道家之思想作貫串。所以此經所述，多為原則性之共法，對於差殊之方術則著墨不多。

從《老子妙真經》之殘文看來，極少言及方術，甚至精氣神觀念亦鮮出現，反多思想性之詮釋。所以雖然重視「守一」，而言：「妙真經上云道有真一，真人所以輕舉虛　者，使群物自得玄得一以生也。天不得一不能清，地不得一不能明，……人知一万事畢，不能知一，道不妄出。」❶❺不過對於「一」之解釋，則是相當哲學式的說法，其言曰：「言道未始而有，故謂之一。一即醇粹質真無為雜糅，故謂之一。天得一清，以而無不覆……」❶❻所以，《老子妙真經》作為《道德經》之詮釋經典，謹守古典道家之原則，多似莊子以下之黃老道家之論，甚少觸及修行方術。所以《正一法文天師教戒科經・大道家令戒》言：「《妙真》自吾所作，《黃庭》三靈七言，皆訓喻本經，為道德之光華。」（16a）「本經」即《道德經》，此正顯出《妙真經》輔助性之地位了！

綜觀《老子妙真經》、《老子西昇經》這兩部以行文詮釋而非注解《道德經》之新造經典，其中所論，主要是思想原則之點醒，對於法門方術則未深論。所以，從中實看不出其究竟屬於「養五藏

---

❶❺　日本大淵忍爾，《敦煌道經圖錄編》（東京：福武書店，1979），頁794a96。

❶❻　大淵忍爾，《敦煌道經圖錄編》，頁781a85。

神」之修行法門或「守一三丹田」術，抑是「存思歷藏法」之系統？大抵所論乃原則性之道門共法，而非殊多之方術。

「太玄部」道經所闡述之思想，率皆秉承戰國末兩漢以降之黃老道家思想，重視精氣神之調養，此道教發展之大方向大原則，共法是也。至於別法，則可以分為幾種類型：

1.養「五藏神」系統：《想爾注》、《河上公注》代表較早期之素樸修行觀，承襲漢代陰陽五行思想系統，故爾重視養「五藏神」觀念。所以《河上公注》並未有「存思歷藏法」，《想爾注》則強烈指斥為偽道。

2.守一握固、三丹田術：此方術東漢以後漸興，東漢晚期，如邊韶〈老子銘〉、蔡邕〈王子喬碑銘〉，皆已略有所言。❼此法以《老子節解》所論較完整，《老子節解》雖未見「存思歷藏法」，但仍有清楚的身神觀。若從發展源流而論，葛洪《抱朴子內篇》已有相當清楚的守一術與歷藏法，而特重守一之說，❽此似乎正與《老子節解》之立場相同，所以《老子節解》或許亦有歷藏術，而與守一法當不無關係。

3.存思身神法或存神法：此法與「存思歷藏法」恐怕多所重疊。《老子西昇經》點到即止，難以窺其端倪，不過亦六朝重要道法之一。

上述重點，在「太玄部」中之存思法，便有所反應。將思想、理論運用至實際修行之存思法，在在可見建構「太玄部」者之用

---

❼　本章後文「第六節　存思法」一段將論及。

❽　參李豐楙先生，《抱朴子》，「抱朴子的存思法術」一章所論。

心，且「太玄部」亦非雜亂烏合之一組道經群而已。

第四節　戒　律

傳授道德五千文之前，必須先授戒：十戒十四持身品。此在前面章節已述及。從《三洞奉道科戒營始》所言，先授十戒、十四持身戒，次授道德五千文經之儀看來，戒律與太玄部經有相當的結合關係，受此「十戒、十四持身戒」，可說是修習太玄部經之預備階段。

所謂所謂「十戒、十四持身戒」從敦煌寫卷 S6454〈十戒經〉可見其梗概。其中「十戒」包括「不煞（殺）、不婬、不盜、不欺、不醉」等前五戒，後五戒則主張與人為善、和睦親族、與人無怨等，基本上仍以前五戒為主要戒條，此前五戒大抵轉化自佛教者，然而「十戒」全部戒文，則似轉錄自《太上洞玄靈寶智慧定志通微經》之「十戒」（7b）。「十四持身戒」則言「與人君言則惠於國，與人父言則慈於子……與人臣言……與人子言……」，強調「五倫」之人際關係，很明顯地來自儒家，朱熹《大學》傳第三章言：「為人君止於仁，為人臣止於敬，為人子止於孝，為人父止於慈，與國人交止於信。」正是其戒文文意、語彙之來源。大略而言，「十戒」重視自我修心之自度，「十四持身戒」則偏向度化人群、行善積功之度人。

六朝道教特重戒律者，首推天師道，所以在太玄部中加入戒律，大致上來自天師道傳統。「十戒、十四持身戒」，雖源自儒佛二家，而其所強調者與《道德經》「慈、儉、不敢為天下先」之

「三寶」及清淨無為、常與善人、常無棄人之思想亦非全然無關。

　　太玄部另一重要經典《想爾注》，此書卷首即列有重要之道戒，此戒條在現存《想爾注》敦煌殘卷中雖已不復可見，不過《正統道藏》中《太上老君經律》有：「道德尊經戒九行二十七戒……道德尊經想爾戒：行無為、行柔弱、行守雌勿先動……此九行、二篇八十一章，集合為道舍。」（1a）其中便有如前述所謂之「三品要戒」，❶此「三品要戒」亦見於《太上經戒》、《老君存思圖》。❷其他引及此九行二十七戒之道籍，可參考柳存仁先生之大作，❸此處不贅敘。《老君存思圖》缺二十七戒，而其九行則全同於《太上老君經律》，故不具引。以下列出做比較：❹

戒條	甲、太上經戒	乙、太上老君經律
上最三行（甲乙皆作此稱，下同）	行無為、行柔弱、行守雌勿先動	同

❶　參考本書下篇第一章第二節「太玄部經目」之討論。

❷　今存之《老君存思圖》，收入《正統道藏》夙字號，經名《太上老君大存思圖注訣》有附圖。另外《雲笈七籤》卷四十三亦收錄經名作《老君存思圖十八篇並敘》者，則缺圖，與道藏本互有詳略，可資參校。唯兩本相校，則道藏本似較為古本。今所引參照二本，不過基本上仍以《正統道藏》本為準，以下同此。

❸　柳存仁，《和風堂新文集》（臺北：新文豐，1997），頁 285。

❹　關於各種道籍援引九行二十七戒，諸多前輩學者已做過考校，頗足資參考。如柳存仁，《和風堂新文集》，頁 287。其他楠山春樹，《老子傳說の研究》（東京：創文社，1979），頁 244、大淵忍爾，《初期の道教——道教史の研究　其の一——》（東京：創文社，1991），頁 254，所論亦極精細。

中最三行	行無名、行清淨、行諸善	同，而「淨」作「靜」
下最三行（乙又合稱以上九行為「道德尊經想爾戒」）	行忠孝、行知足、行推讓	行無欲、行知止足、行推讓
上九戒（乙作「上最九戒」，下同）	戒勿費用精神、戒勿食含血之物樂其美色、戒勿傷王氣、戒勿貪寶貨、戒勿忘道、戒勿為妄動、戒勿枝形名道、戒勿殺生、戒勿貪功名	戒勿喜邪喜與怒同、戒勿費用精神、戒勿傷王氣、戒勿食含血之物樂其美味、戒勿慕功名、戒勿為偽彼指形名道、戒勿忘道法、戒勿為試動、戒勿殺言殺
中九戒	戒勿為耳目鼻口所娛、戒常當謙讓、戒舉百事詳心勿惚恫、戒勿學邪文、戒勿資身好衣美食、戒勿求名譽、戒勿貪高榮強求、戒勿輕躁、戒勿盈溢	戒勿學邪文、戒勿貪高榮強求、戒勿求名譽、戒勿為耳目口所誤、戒常當處謙下、戒勿輕躁、戒舉事當詳心勿惚恫、戒勿恣身好衣美食、戒勿盈溢
下九戒（乙又合稱以上二十七戒為「道德尊經戒」）	戒勿與人諍曲直得失避之、戒勿為諸惡、戒勿猒貧賤強求富貴、戒勿多忌諱、戒勿稱聖人大名、戒勿強梁、戒勿禱祠鬼神、戒勿自是、戒勿樂兵	戒勿以貧賤強求富貴、戒勿為諸惡、戒勿多忌諱、戒勿禱祠鬼神、戒勿強梁、戒勿自是、戒勿與人爭曲直得諍先避之、戒勿稱聖名大、戒勿樂兵

甲乙二者皆稱「此九行、二篇八十一章，集合為道舍，尊卑同科。」、「此二十七戒、二篇，共合為道淵，尊卑同行。」㉓可見

㉓　《太上老君經律》「二篇」作「上篇」，而《太上經戒》作「二篇」，所以上當為二之誤，據改。

此三十六條戒文，皆與《道德經》相關連。不過乙合稱九行為「道
德尊經想爾戒」、二十七戒為「道德尊經戒」，考察其戒條內容，
似與稱目不符。「九行」所強調者，頗與《道德經》相契合，此甚
朗然。而「二十七戒」所言之內容，則倒與《想爾注》相關，如勿
傷王氣、勿費用精神、勿學邪文、勿多忌諱、勿禱祠鬼神、斥世間
偽伎指形名道、勿盈溢等等，皆《想爾注》所時見。❷所以當更改
而稱「九行」為「道德尊經戒」、「二十七戒」為「道德尊經想爾
戒」，似乎較符合事實。筆者推測，可能因為在文本編排之前後順
序上，「九行」編纂在《想爾注》注文之前，所以自易被稱作「道
德尊經想爾戒」吧！

　　「九行」轉化了《道德經》的思想，成為具體的戒條，雖然所
標揭如「行無名」者，仍顯得抽象而令人難以實踐，不過畢竟已概
括《道德經》之精髓，由抽象的思想層面向具體的道德行為跨進一
大步。「九行」是強調正面性之宗教行為，這九條戒文告訴人們應
該積極去作什麼。

　　「二十七戒」則是負面地要求修行者消極地禁止作什麼。二十
七條戒文點出《想爾注》之時代課題，《想爾注》揭舉其所代表之
東漢末早期天師道面對當時道、巫、俗雜混的局面，為了凸顯天師

---

❷　柳存仁，《和風堂新文集》，頁 290，將此九行二十七戒與《想爾注》注文
　　做過一番比較，筆者據此發現戒條內容與稱目不符之事實。而任繼愈只引用
　　《太上老君經律》稱九行為「道德尊經想爾戒」、二十七戒為「道德尊經
　　戒」的說法，並未參照比對《太上經戒》的內容，參考任繼愈，《中國道教
　　史》（上海：上海人民，1990），頁 304-306。關於任氏的觀點，下文也會辨
　　析。

道得自太上老君真傳而為正真大道之立場，因此援引《道德經》思想加以改造，並積極批判當時之巫俗，嚴格劃清道與巫俗之界限，凸顯出天師道為真道，信徒必得度脫，所以要求信眾遵守二十七條戒文。因此二十七條戒文除了部份繼承《道德經》思想外，更大量地反應出時代問題、社會現象。從《想爾注》敦煌殘卷不分章且經注文雜混之情形看來，東漢末原本之《想爾注》自然並非分為八十一章，而《太上老君經律》、《太上經戒》皆明言「二篇八十一章」，足見「二十七戒」其年代當後於《想爾注》，才將《想爾注》思想編成戒條；「九行」自然後於《道德經》了。更何況「九行」、「二十七戒」各分為上中下三階，明顯乃與後起之三品仙觀念相配應，❷所以這些戒文當皆後出者。其次因為《想爾注》一再強調「道誡」觀念，如言「人欲舉動勿違道誡，不可得傷王氣」❷，因此上列戒條之出現，實乃勢所必然。「九行」、「二十七戒」分別轉化了《道德經》與《想爾注》成為戒條，《道德經》乃「聖者」老子之作，《想爾注》則具有「使徒」身分之天師道祖師張陵（或張魯）的注解。將原本只是東漢時代天師道教化信徒「使都習」的道書，「換裝」成「戒律」，除了使此二部道書更具宗教性外，無形地也在教徒所形成之信仰圈中，確立此二經「聖典」、「正典」的地位，更進一步塑造強化老君「聖者」、張陵「使徒

---

❷ 因為《太上經戒》言：「此九行、二篇八十一章，集合為道舍，尊卑同科。九行備者神仙，六行備者壽，三行備者增年。……此二十七戒、二篇，共合為道淵，尊卑同行。上備者神仙，持十八戒備者壽，持九戒備者增年不橫天。」《太上老君經律》雖文字略異，但其義無不同。

❷ 饒宗頤，《老子想爾注校證》（上海：上海古籍，1991），頁11。

（或聖徒）」之宗教形象。

再者《老君存思圖》之「坐朝存思第十」論及誦經行戒之修持法，特言：「凡行經山水，……凶人惡物更相衝犯，煩惱生災，臥坐無寧。急存九行，……心存口誦……以定三業，三業既定，眾災自消……必保貞吉。九行在想爾注前，三業在明威經後。存思者急宜憶之。」「九行」即如上述。「三業」與《明威經》之關係，由《道教義樞》言：「昔漢末天師張道陵精思西蜀，太上親降，……又授《正一盟威妙經》三業六通之訣。」（2\11a）可見一斑。三業指身口心三業，此三業自是來自佛教身口意三業之轉化。三業又分為十條，如不殺盜淫屬身業，不妄言屬口業等，羅列出九行三業之後復言：「九行、三業十事，常當存念，驚恐之際，急難之時，皆速思之，危即安也。」本來戒條是為了行善防惡，純粹修心養性用，然而晚出的《老君存思圖》卻將之演變成一種頗具魔力的咒語，可消災解厄、逢凶化吉，巫術性更強，更據實用理性，當然也更宗教化了！不過頗具時代性特色之「道德尊經想爾戒」（二十七戒），在此卻被三業十事所取代，亦是理所當然，大概《老君存思圖》之編纂時代，《想爾注》所攻訐的各種宗教問題與亂象早已不見了或者因為各教派的融合，原先為天師道所排斥之道法如今反被教徒接受之故吧！因此二十七戒較不具普遍性，不符合時代之需求而被淘汰了。㉗隋朝編成的《洞玄靈寶玄門大義》以及唐初中期的

㉗　值得注意的一項田野調查事實，是依據勞格文（John Lagerwey）於 1989 年於大陸福建所進行的道教田調獲得的一手資料記載：「要成為道長，必須有其他道長在場，然後上告於天，並受老子九戒。」參考勞格文著，許麗玲譯，〈臺灣北部正一派道士譜系（續篇）〉，《民俗曲藝》第 114 期（1998

《道教義樞》，都強調「想爾九戒」的觀念。而隋唐這兩本道書的觀點，則承自梁朝道士宋文明的《通門論》❷，凡此皆可以印證這種情況。

第五節　修齋誦經

重視修齋行道，可說是靈寶經派之特色，雖然其他經派亦無不修齋，然而靈寶派特以齋儀功德無量。在齋儀之中，除了固定的行

年 7 月），頁 92。這種現象令人驚喜。如果此「老子九戒」便是本文所謂的「九行」之「道德尊經戒」的話，那就正好印證了筆者將「九行」稱為「道德尊經戒」、「二十七戒」稱為「道德尊經想爾戒」所作之更改是正確的、符合歷史事實的。此「老子九戒」為上、中、下三個九戒之任何一個的機率應該很低，也不合常理。而「老子九戒」授戒制度之流傳至今，也證明了二十七戒較不具普遍性，不符合時代之需求而被淘汰的事實。可惜勞氏田調資料並未深入追究「老子九戒」之具體內容，有待進一步深層的田調發掘。2009 年 5 月 5 日，勞格文教授訪問臺灣，而受邀在中央研究院歷史語言研究所進行專題演講。筆者與席，趁便請問勞教授。勞氏敘述，該田野調查乃二十餘年前所作，當時始涉田野現場，所以勞氏只做初步了解，並未深入訪談。因此關於「老子九戒」之真實內容，也不甚了了。這條線索無從追查，實在很可惜。不過勞教授也提供其他資料以作參考。他說，宋代已有所謂「初真九戒」。這是另一值得查考的可能途徑。

❷ 參《正統道藏》儀字號《洞玄靈寶玄門大義》頁十三。敦煌寫卷 p3001，一般被認定為宋氏的《通門論》。而此寫卷，乃目前可見記載「想爾九戒」年代最早之文獻材料。參考大淵忍爾，《初期の道教——道教史の研究　其の一——》，頁 253、262 的討論。不過大淵氏卻認為，此「想爾九戒」並非即是指涉「九行」這個九戒，而是也包含所謂的「三最九戒」的「二十七戒」在內。也就是「想爾九戒」包括「九行」以及「二十七戒」二者。

香供養、懺謝禮拜之外，另一重頭戲便是「轉經」（誦讀經典），基本上以誦讀《道德經》為主。

　　誦讀《道德經》在靈寶經派看來是極重要之日常功課與修行法門，因為《道德經》這部聖經來自太上老君這位得道之大聖人，故誦讀聖典自必功德非凡。不過學者一般卻認為所謂之「葛氏道」一代宗師——葛洪，未必如此認同，他們總以為葛洪鄙視誦讀《道德經》，因為葛洪《抱朴子內篇·釋滯》言：「徒誦之萬遍，殊無可得也……又五千文雖出老子，然皆泛論較略耳。其中不肯首尾全舉其事有可承按者也。但暗誦此經而不得道要，直為徒勞耳！又況不及者乎？至於文子莊子關令尹喜之徒，其屬文筆，雖祖述黃老，憲章玄虛，但演其大旨，永無至言。……其去神仙，已千億里矣！豈足耽玩哉？」葛洪不止輕視五千文之誦讀，對於莊子諸書也一律鄙夷，正因為他是金丹派立場，所以自必貶抑誦讀道經。從字面上看來，似乎是如此，也極其順理成當，然而其實未必然。葛洪這段文字所要表達之真正意思，似乎被學者誤會而誇大了！究其實，葛洪並未否定《道德經》之價值，他只是認為《道德經》僅述說大略意旨，而未舉出具體可行之方法（「有可承按之道要」），所以只是暗誦此經而不得道要，終究徒勞無功。畢竟葛洪是一位深諳方術之方士，方士注重可供操作之技術（方術），不尚玄談，所以對於只論高深玄理之《道德經》諸書，亦感不足，故不贊成只是徒然誦經，不探究道要之妙，並非全盤否定其存在價值。葛洪眼中，莊子諸書雖「永無至言」，但是亦皆能「祖述黃老，憲章玄虛，演其大旨」，更何況是《道德經》？而且《抱朴子內篇·對俗》曰：「得道之高，莫過伯陽（按即老子）。」洪既如此盛讚老子，則對於其五

千文又豈能等閒視之？經過上述的澄清，接下來討論靈寶派之誦經功德觀，便不易造成誤會。

經典之誦讀課題，可以遠溯自漢代。對於《道德經》之研讀，從兩漢帝室王公知識份子可見其中態度之轉變。曠觀西漢一朝，從史書資料可以發現，多以「治（修、學、好）黃老術」、「治（修、學、好）黃老言」描述其修習之方式。❷所謂「言」，當指「黃老道家」一系所傳承之經典，而「術」則主要指治身治國之術。西漢朝之「治（修、學、好）黃老言」恐怕是偏重「黃老道家」經典（當然包含《道德經》）經義之探討吧！故不用「誦」字，亦即不強調「誦」之特殊意義。東漢時情形有異。《後漢書》卷四十二〈楚王英傳〉載：「英少時好游俠，交通賓客，晚節更喜黃老學，為浮屠齋戒祭祀。……詔報曰：『楚王誦黃老之微言，尚浮屠之仁祠，……』……英後遂大交通方士，……作文字以為符瑞。」這個故實眾所周知，楚王英好宗教祭祀，喜與方士交遊，則其「誦」黃老之微言，為何如哉？東漢初年明帝朝的楚王英並非特例，《後漢書》卷八十一〈向栩傳〉：「少為書生，恆讀老子，狀如學道，又似狂生，好披髮，著絳綃頭，……不好語言而喜長嘯……會張角作亂，栩上便宜，頗譏刺左右，不欲國家興兵，但遣將於河上北向讀《孝經》，賊自當消滅。」向栩「誦讀」《孝經》的態度，顯然是一種宗教性的信仰行為。「誦讀」諸如《道德經》或《孝經》這類

---

❷　參考楊樹達，〈漢代老學者考〉，《周易古義·老子古義》（上海：上海古籍出版社，1991）以及嚴靈峰，〈王弼以前老學傳授考〉，《老莊研究》（臺北：臺灣中華書局，1966）。

具有「神聖內涵」的經典，當可產生某種功德、魔力，故可遏退敵兵。向栩讀《老子》，是採取與「學道」、「披髮，著絳綃頭，喜長嘯」等與神仙方術相關的態度從事。雖然他並未加入某「教團」，不過其行為實已具備「宗教人」的資格了！相同地，《後漢書》卷八十三〈矯慎傳〉：「少學黃老，隱遯山谷，因穴為室，仰慕松、喬導引之術。」矯慎對於《道德經》的態度，可說與楚王英、向栩同一類型。因此，到了東漢中晚期而出現桓帝或張角等事奉「黃老道」、祀「黃老君」的宗教性行為，遍不足為奇。可見此乃東漢逐漸形成的風氣。

　　所以，研習《道德經》，從東漢代以降，漸有強調「誦」之功能的趨勢。可能接續上述東漢這種對於「神聖經典」的「誦讀」風氣，因此東漢桓帝時之《老子變化經》，便強調「誦讀」「五千文」之宗教功德，其言曰：「欲知吾處，讀五千文過萬邊，首自知，身急來詣我，吾與精神。子當念父，父當念子，怡忽相忘，去之萬里。」其中之「吾」自然指「老子」，可見「老子」已被「神格化」，老子自己透過「神諭」方式，告知世人誦讀五千文萬遍的宗教性意義。所以，後來我們又看到東漢末蜀地五斗米天師道「主以老子《五千文》使都習」的教法，想必也與「誦讀」有關。

　　追溯「誦讀」《道德經》的歷史淵源，可見「誦讀五千文萬遍」的宗教意義東漢早發其蘊，這個傳統六朝以下繼續被發揚著。從東晉末年之道經中可以發現，靈寶派對於誦讀經典之重視。譬如《上清太極隱注玉經寶訣》便談及誦《道德經》之功德，曰：「常能讀五千文萬遍，太上雲龍下迎。萬遍畢未去者，一月三讀之耳！

須雲駕至便昇仙也。」（7b）❸誦經可與上界感應，仙真下迎，即能得道昇仙。又言：「學士雖修善行，或嬰前世之對，疾病災惡頻煩委頓者，道士法師當位持齋轉五千文及消魔智慧、玉清金真洞經中品，威神營衛病人，所謂臨困得濟者也。救度一切之急，莫有及此之法輪矣！」（10b）可見藉由誦讀《道德經》亦可產生消災解厄之功德。誦讀《道德經》也有拔度魂魄之功德，《太上真人問疾經》言：「學上道仙品未足，運應滅度，身經太陰。有子弟請諸法師及其義友親表為行三七齋，轉五千文十過，以拔其魂神。」（22a）再者誦讀此經，可以接遇仙真，仙道成矣！其又曰：「老子道德經稱視之不見夷，聽之不聞希，搏之不得微，即三元老君之位號矣！又言此三者不可致詰，故混為一，是三素合為元一君，是胎尊之玄父元母。讀此經三老君見子，子見之仙道成矣！道盡於

---

❸ 不只靈寶經派、天師道，上清經派對於《道德經》之誦讀也相當重視。《真誥》卷九〈協昌期第一〉載：「太極真人云讀道德經五千文萬遍，則雲駕來迎。萬遍畢未去者，一月二讀之耳！須雲駕至而去。」（9\23a）這條資料證明上清經系對於《道德經》誦讀之功德的正面評價。若與上引《上清太極隱注玉經寶訣》一段相較，文字幾乎一樣，可能《上清太極隱注玉經寶訣》承襲自《真誥》，或是二者有共同之來源。另外《上清道寶經》更盛言《道德經》誦讀之功德廣大殊勝，其言曰：「太極真人云讀道德經五千文，上士受誦為太上仙王。中士受誦為飛仙，下士受誦為轉輪聖王。天帝靈車迎其魂魄，上贊元始自然之章，下慶神真大慈之教。此經高上之玉章、大帝靈篇。萬遍，則雲駕來迎。萬遍畢未去者，一月二讀之耳！須雲駕至而去。」（1\25b）又：「月朝半本命日八節日日中夜半時，受五千文讀之，託形太陰之日，不經太山、五官地獄考罰。上生天帝之前，下生侯王之家。相好具足、靈顏曄曄。……尹喜誦一卷經萬遍，千日耳洞聽，目洞視。……諸天神王五通神人散花燒香供養。」（1\25b）

此。」（8b）除了誦讀五千文道德經外，《老子河上公注》也是教徒課誦之要典。其言曰：「夫讀河上真人章句一章，則徹太上玉京，諸天仙人叉手稱善，傳聲三界，魔王禮於堂中，酆都執敬稽首於法師矣！河上真人則道德經之法師也，所以尊其章句焉。」（14a）因為誦經功德如是，所以歷代仙真多受誦經之祕訣，因以成道。《上清太極隱注玉經寶訣》說：「太極真人曰劫始以來，赤松子、王喬、羨門、軒轅、尹子並受五千文隱注祕訣，勤行大道，上為真人之長者，寔要注之妙矣！」（14a）此「五千文隱注祕訣」是否為一部道經，無法確知。但在《上清太極隱注玉經寶訣》中，我們卻可看到許多修習《道德經》之道法。

修齋不僅只是誦經一事而已，《老君自然齋儀》已佚，在筆者所輯得之殘文中，無法看出行齋之過程，遑論誦經儀式。不過《三洞珠囊》引《老子自然齋儀》云：「老子曰道无不在，玉姿金相，妙絕諸天，天人共仰，存想之也。」（8\1b）約略可看出，自然齋儀中當有存思法之運用，此後當述及。

誦《道德經》之詳細儀程雖不可得見，然而《上清太極隱注玉經寶訣》言：「獨德於內，外夷眾顏，沐浴青芷，胎氣無殘。登齋入室，燔煙真壇。於是披帔冠巾，整肅法服，設禮十方，歸命太真，三拜經前矣！乃開八色之蘊，陳無上之寶藏而執讀……道德尊經……清音霄暢，萬真降庭，太上命駕，同乘雲軿。……俱登上清。」（1b）卻可看出入靜室修齋誦經之大略過程。

首先必須作和顏怡色、洗滌心靈之準備工夫，而後以香草「青芷」潔身沐浴，自淨身心，並穿戴法服，如此方能進入神聖空間——靜室，接著焚香上禱、淨檀。經過這一連串之「淨化」準備動

作之後，才能參禮三寶「道經師」。「開八色之蘊，陳無上之寶藏」便是讀經前重要之「開經蘊儀」，後文將詳論。讀經必須使用異於日常之音調、韻律，所以以「清音霄暢」形容之。

經過上述一連串審慎恭謹之儀軌，修齋者所以暫時去除平日雜染之穢濁而趨身心俱淨之境地，誦經行道自易「感通」，於是感得仙真降臨，與真通靈，自然所願皆遂，而得消災解過早登仙域。

誦讀《道德經》之前必須擇日，《上清太極隱注玉經寶訣》有詳細的交代：「居家學道當受五千文，月朔半、本命日、八節日日中夜半時，各一遍誦之耳！若兆不能讀者，請師為讀之，兆當親侍香火，一心聽受經旨，志以奉行經上妙事。」（9b）入靜室修齋誦經，是一種神聖空間之觀念，同理，擇日則是神聖時間之觀念。在一特殊時空交錯之神聖氛圍下，加上修行者身心俱淨，當然即易於進入一恍惚飄渺之虛靈之境，而得與仙真接遇了！

法服之規定，《上清太極隱注玉經寶訣》說：「太上真人讀經法服：披離羅九光錦帔，丹羅寶曜之巾，足下獅子文履。今道士讀經，勤苦於法事，麤其帔服。後得道之日，天帝授子離羅九光之帔、天寶纓絡飛仙法服，以酬往德也。」（6b）道士若環境許可，自可傚效上界真人之蕭整法服，道相莊嚴，則道眾欽服瞻仰，頻添功德。不過若能力不允，麤服亦無妨，不需心羨世俗艷裝而有愧色。法服之要求概以清整潔素為上。

誦經之音調韻律也有所規定。是書明言：「讀經之法，法中夏之音，此是九天之正音也。第六十四大梵讚經諷誦制聲亦是正音，……仙公曰老子西化胡，教外國讀經時，多是大梵天音也，適道士所好者耳！」（6b）誦經不依日常音調而上法九天音律，亦是

一種神聖淨化之觀念。而誦經之正音，據左仙公葛玄之說，乃傳自太上老君者。法此正音除了因為神聖化外，亦自有其功德在。因為：「緣那羅衛之國崑崙人鳥之山，元始天王所別治，……其山眾聖誦經皆大梵天制音，不哀不傷，不遲不疾，弘雅要妙，聞者融然。崑崙山上諸仙多作中夏九天誦詠，蕭條遠暢，清音泠然，聽者霄絕，使人忘情。」（9a）九天大梵正音妙絕人世，加上擁有令人忘情銷融之功德，以此正音誦詠經典，除易於感應外，更能清心淨慮、道業精進。讀經用正音，但畢竟中途必須略作休息，此亦有口訣規定：「讀經五百言，則叩齒三通，以舌舐上下唇，咽液三過。令人不極久而聲清，不知此法損氣勞神也。真人曰濃煮竹葉作飲以讀經而存思，益精通神，和氣流行。」（7a）這段口訣後來被整編入傳言葛玄所作之〈老子序訣〉一文中。照此口訣去作，自可清音朗暢，事半功倍。

　　修齋誦經之諸多注意事宜與功德已如上述，而誠如李豐楙先生所說，誦經是一種集體共振共鳴的「希望」、「和諧」之天音，是一種天界所傳而又可以「回向」感應於天地的神秘之音。誦經之神聖場所通常都能成為一種高度凝聚靈力的磁場，將訊息傳送回到原本發出的神尊之前。❸❶這種天人交感的思想模式，正是誦經儀式之理論預設。

　　誦經之前的一連串恭謹的準備動作，以及誦經之諸多規定與要求之儀格，無不是為了凸顯經典無上尊貴的神聖性。神聖的經典內

---

❸❶　參考李豐楙先生，〈誦經──化劫度劫的大梵隱韻〉，陳鼓應主編，《道家文化研究》第十六輯（北京：三聯書店，1999），頁 61-62 所論。

蘊神聖「經德」，誦之足以淨化身心、感格天神，功德無量。此所以在道教傳統中，「道經」所在處即「道」（真理）之所在，「道經」旁往往有仙童玉女諸神真侍衛並護持誦經者身的緣故。

其實讀經之前仍有相當重要之儀式，此即：「開經蘊儀」、「讀經存思儀」，因牽涉及存思法範圍，所以列入下一小節作討論。

第六節　存思法

道教特重存思法，此乃眾所周知，一般多認為存思是為了符應遙感，或者吸收天地精華，打通自身宮絡經脈。不過道教中人亦自有其解釋，《老君存思圖》特別針對「存思」二字作詮釋，其言曰：

> 存者何也？敦也輪也；思者何也？司也嗣也。勿以輕躁失本學，學以重厚得宗。得宗則輪轉無滯，無滯則存而不亡，不亡由於司察善惡，……著善之善，歸宗未能至至。宗無者資於念，念念相續，繼念嗣存，無有入於無間，無為而無不為，號曰微妙玄通，和光挫銳，濟度無窮，是故為學之基以存思為首。（《道藏》本 2a）

對於「存思」二字之解釋，並未有訓詁學上之根據，率多主觀自由心證。然而也稱得上頗能點出其中旨趣所在，亦能與《道德經》思想相配合，堪稱新解。《老君存思圖》之存思法，展現出類似於英

國人類學家佛萊澤（J. G. Frazer, 1854-1941）所說之「交感巫術」之特性，後文將述及。

　　依前所述，「太玄部」之存思修行法門，包括《老君存思圖》、《玉歷經》、《歷藏經》、《老子中經》、《六甲存圖》等數部經典。而《玉歷經》、《歷藏經》、《六甲存圖》諸經已散佚，《太平御覽》卷 676 引及《歷藏經》曰：「天王侯帶紫綬金印。」又卷 677《歷藏中經》曰：「崑崙山有金城九重、玉樓十二，神仙所治也。」六甲存圖則未見。從此殘文可見，是對於仙真、仙景之描述，這種敘述文字，早即已出現，如張華《博物志》卷一引《河圖括地象》言：「地部之位起形高大者有崑崙山，廣萬里，高萬一千里，神物之所生，聖人仙人之所集也。」可見早自西漢緯書中已有類似觀念，由來已久，只不過以前只是純粹神話仙鄉傳說，《歷藏經》等所言，則似更具實用性，專供修行者存思之需。相同地，《老子中經》也記載五十五神仙之相關資料，以作存思之用，不過未及存思之法或訣要。《老君存思圖》屬晚出道經，全書分為十八個段落，每一段落論述一種存思法。針對這些存思法作分析，可以發現《老君存思圖》屬於一整理性、總結性之著作，根據前述考辨之章節所論，《老君存思圖》現存有《正統道藏》夙字號本及《雲笈七籤》卷四十三所收錄本兩種。參校兩種板本，❸❷可得出如下之歸納結果：

甲、與傳經儀有關：存道寶第一、存經寶第二、存師寶第三、存十
　　方天尊第四、授道德經存三宮第五

---

❸❷　以下所引《老君存思圖》之文，參校此二種版本。

乙、平日入戶堂之存思法：朝朝於戶外存四明等第六、夕入於戶存
　　四上等第七、入堂存三師第八、存五藏五嶽五星五帝金映五色
　　圓光第九

丙、坐、臥存思法：坐朝存思第十、臥朝存思第十一

丁、朝夕出戶分別存玉女少女：朝出戶存玉女第十二、夕出戶存少
　　女第十三

戊、修齋行道存思雲氣法：齊（齋）存雲氣兵馬第十四

己、上講座存思法：上講座存三色三一魂魄第十五、初登高座先存
　　禮三尊第十六、登高座存侍衛第十七

庚、誦五千文經萬遍存思法：萬遍竟雲駕至第十八

　　《老君存思圖》整編以前的存思法，做了較系統的排比。❸這
套存思法，除了部份運用於傳經儀外，基本上皆在戶堂靜室中實際
操作。從其存思內容看來，若與龐雜之道教經教系統相較，似乎僅
是一種初階的存思法而已！若此，則與太玄部在道教法階傳授中只
作為一初法之情形正相符應。

　　《老子中經》未及存思之法，所以以下僅以《老君存思圖》為
主，參酌前述傳經儀式之相關資料，一探太玄部之存思修行法門。

一、存思與儀式

　　儀式往往是一種模擬，模擬聖界仙境情景，例如《太極真人敷

---

❸　從《老君存思圖》節錄《上清太極隱注玉經寶訣》、《太極真人敷靈寶齋戒
　　威儀諸經要訣》等經之存思法，可見此書之性質。參後文文獻資料之比對考
　　證，以見《老君存思圖》節錄改編的情況。

靈寶齋戒威儀諸經要訣》頁六至七便說：「皆當安徐雅步，審整庠序，男女不得參雜，令威儀合於天典，……仙人修此齋亦無已時，況凡賢者乎？……所以旋繞香者，上法玄根無上玉洞之天大羅天上太上大道君所治七寶自然之臺無上諸真人持齋誦詠，旋繞太上七寶之臺，今法之焉！又三洞弟子諸修齋法，皆當燒香歌誦，以上象真人大聖眾繞太上道君臺時也。」便是最好的證明。模擬即是再現，再現該仙境之景。如此除了讓修行者心嚮往之，知所憧憬外，更重要的目的，無非是為了與仙界感應。仙界再現即是一種符應，如此方能遙感他界。感應方致仙真降臨，功德無量。

　　讀《道德經》前之開經蘊儀，《上清太極隱注玉經寶訣》有清楚的記載：「當開道德經蘊之時，先燒香、整法服，禮拜如初法，而祝曰：玄玄至道宗，上德體洪元。天真雖遠妙，近緣泥丸君。宮室皆七寶，窗牖自然分。清靜常致真，駕景乘紫雲。日月左右照，昇仙長年全。七祖上生天，世為道德門。於是可讀經矣！」（4a）所謂「禮拜如初法」便是前面所說之「設禮十方，歸命太真，三拜經前矣！」對此《上清太極隱注玉經寶訣》亦有「禮經」的一段文字：「太極真人曰禮此經時，心注太上老君三拜。次念尹先生、河上真人為玄中法師，亦復三拜，並向經也。常三萬六千仙童玉女侍經燒香散花，通致眾仙，為兆請不死之命，求白日昇天之道也。」（15a）「開經蘊儀」結束後緊接著有一「讀經存思儀」，此實即一準備動作。此書載言：「當讀《道德經》時，叩齒三十六下，咽液三十六過。先心存左青龍右白虎前朱雀後玄武，足下八卦神龜，三十六獅子伏在前。頭巾七星，五藏生五氣。羅文覆身上，三一侍經，各從千乘萬騎，天地各有萬八千玉女玉童衛之矣！」（5a）

「開經蘊儀」、「讀經存思儀」與前一節末所引《上清太極隱
注玉經寶訣》之「叩齒口訣」（7a），後來被改編加入葛玄〈老子
序訣〉而成為所謂之「太極隱訣」段如下：

> 先燒香、整服，禮十拜，心存玄中大法師老子、河上真人、
> 尹先生，因開經蘊，咒曰：玄玄至道宗，上德體洪元。天真
> 雖遠妙，近緣泥丸君。宮室皆七寶，窗牖自有分。清淨常致
> 真，駕景乘紫雲。日月左右照，升仙長年全。七祖上生天，
> 世為道德門。畢。叩齒卅六通，咽液卅六過。先心存左青龍
> 右白虎前朱雀後玄武，足下八卦神龜，卅六獅子伏在前。頭
> 巾七星，五藏生五炁。羅文覆身上，三一侍經，各從千乘萬
> 騎，天地各有萬八千玉女玉童衛之。
> 口訣：讀經五百言，輒叩齒三，咽液三也。❸

所以，上述文獻資料，在《上清太極隱注玉經寶訣》中本為修行之
道法，後來因為其儀式性質頗高，遂逐漸被系統地轉化成為一種正
式之儀軌，如此則儀軌在修行中，修行亦融入儀軌。所以此三段文
獻資料，在《上清太極隱注玉經寶訣》本互不歸屬，後人將三段串
成所謂之「太極隱訣」的完整儀節，而編入〈老子序訣〉中。〈老
子序訣〉則被置於經文末題有「太極左仙公序係師定河上真人章
句」之五千字本道德經之敦煌寫卷之卷首，此已於前面太玄部經傳

---

❸　此段文獻材料，以日本大淵忍爾《道教史の研究》（岡山：岡山大學共濟會
　　書籍部，1964）頁351之〈老子序訣〉之合校本為依據。

授儀章節論及。因此，透過傳經儀式，將《道德經》之具體修行方法——「太極隱訣」，一起傳授予信徒，令其供養修行。這不能不說是對於前代道經如《上清太極隱注玉經寶訣》者之一善巧轉化。

因為這類儀節多為存思法之運用，所以後來之道教徒便據以編出《老君存思圖》一書，如前述之「禮十方」，在此書中即轉化成「存十方天尊」之儀，存禮十方道德天尊，每方之道德天尊之服色儀仗，皆有清楚的規定，可為修行者具體清晰的存思之依循。

而《上清太極隱注玉經寶訣》中之「授道德經儀」、「禮經」、「讀經存思儀」，在《老君存思圖》則分別轉化成「授道德經存三宮第五」、「存項有圓光第九」、「登高座存侍衛第十七」等儀，且皆附有圖形，可為存思參照之底本，實更具實用性，有助於學者修持，更進於《上清太極隱注玉經寶訣》之純文字敘述。其中「授道德經儀」之內容為：

> 授道德經，法師北向經於案上，弟子伏左。師執經，弟子擎法信，師叩齒三十六下，心存三宮泥丸丹田絳宮，三一出千乘萬騎營衛經師，因而祝曰：飄飄大虛嶺，流景在上玄，經始無終劫，長保天地人。世主學致堯，道士誦得仙。賢者今奉受，依法以相傳。時無至德子，保祕不妄宣。宗之昇太清，棄之墮九泉。我說無為道，清靜得自然。畢，弟子三拜受經，若女弟子伏右。凡經皆同爾！（2a）

而「授道德經存三宮第五」與此文字小異，但無「因而祝曰……」以下文字，已被省略，或者本有之，但是《雲笈七籤》卷四十三所

收錄之《老君存思圖》版本，因屬後出者，故已非全篇矣！「存項有圓光第九」援引自「禮經」，但文字略異。「登高座存侍衛第十七」源自「讀經存思儀」，文字大同小異。不過前者作「登高座安坐，斂簡當心，……」，後者則為「當讀道德經時，……」。顯然後者專為誦讀《道德經》之用，而前者則應用範圍較廣，因為登高座可以誦經、講經或從事其他修行法。另外《老君存思圖》「萬遍竟雲駕至第十八」，則完全轉引自《上清太極隱注玉經寶訣》（7b）。

　　事實上非僅於此，在《老君存思圖》中「上講座存三色三一魂魄第十五」、「初登高座先存禮三尊第十六」，也有部份段落節引自《太極真人敷靈寶齋戒威儀諸經要訣》頁二十一、頁四，而成為存思之儀節。這種情形令人想起蔡彥仁針對「宗教經典研究」時所提及的經典之「動態」問題，他認為經典除了「書寫文本」之外，仍有「口語」與「動態」層面，牽涉及經典之傳承、傳播方式。❸❺所以，此類情形，凸顯出在道經之成書過程中，首先經歷了口頭流傳階段，接著則是文字記載成書階段，然後則是整編階段，最後則是依類或需求重新編整階段之現象。所以諸如《上清太極隱注玉經寶訣》、《太極真人敷靈寶齋戒威儀諸經要訣》等所謂「仙公系」靈寶經，大抵早期僅是口頭流傳或口訣（大概魏晉時期），進而以文字紀錄下來（可能葛洪以後葛巢甫之前），然後是整編成經典（可能成於以葛巢甫為中心之靈寶派之手），最後則為依類或需求重新編整階段，如《老君存思圖》、「太極隱訣」等即是。

---

❸❺　參考本書「緒論」的「第二節　研究方法」的論述。

二、存思法之源流

以上大略討論存思法與儀式之轉化關係，而最後論及道經成書之過程，接著便探討存思法之源流，以見證此過程。

《上清太極隱注玉經寶訣》「讀經存思儀」之內容作（《老君存思圖》「登高座存侍衛第十七」亦略同）：

> 當讀《道德經》時，叩齒三十六下，咽液三十六過。先心存左青龍右白虎前朱雀後玄武，足下八卦神龜，三十六獅子伏在前。頭巾七星，五藏生五炁。羅文覆身上，三一侍經，各從千乘萬騎，天地各有萬八千玉女玉童衛之矣！

這段資料，其實早見於葛洪《抱朴子內篇・雜應》，其言曰：

> 但諦念老君真形，老君真形見，則起再拜也。老君真形者，思之，姓李名聃字伯陽。身長九尺，黃色，鳥喙，隆鼻，秀眉長五寸，耳長七寸，額有三理上下徹。足有八卦，以神龜為床。金樓玉堂，白銀為階，五色雲為衣，重疊之冠，鋒鋌之劍，從黃童百二十人，左有十二青龍，右有二十六白虎，前有二十四朱雀，後有七十二玄武。前道十二窮奇，後從三十六辟邪。雷電在上，晃晃昱昱，此事出於仙經中也。

存思老君真形之具體內容除了見於仙經中之文字敘述外，葛洪更言「皆有經圖」，故當亦有圖形可依據。而「讀經存思儀」則可說是

《抱朴子內篇·雜應》所言之簡化與改良。明顯地如關於四靈獸之描述，《抱朴子內篇·雜應》明言二十四、七十二等神秘數字，「讀經存思儀」中則省略了！再者特別是《抱朴子內篇·雜應》「足有八卦，以神龜為床」，「讀經存思儀」或「登高座存侍衛第十七」則已省改作「足下八卦神龜」。省略之後便易生訛誤。《神仙傳·老子傳》言老子生就黃白色、美眉、長耳、額有三五達理、日角月懸、足蹈二五、手把十文等異相，《化胡經》系列也見到相似之觀點，上引《抱朴子內篇·雜應》亦有類似說法。可見「足有八卦，以神龜為床」亦是強調聖人之異相。然而，從《老君存思圖》「登高座存侍衛第十七」之附圖看來，四靈獸之位置如文字所說，而「玄武」則作龜蛇交纏形，❸中間安置一「高座」，上坐一道士，座前有一龜。此附圖即指涉「足下八卦神龜」之義，若然則此座前之一龜，也許應當身負八卦之紋或圖，但是從附圖中卻不易清晰分辨出來。然而不論如何，原本是「足有八卦，以神龜為床」之義，從後出之附圖與「足下八卦神龜」之文看來，已大失原旨，所以說省改之後便發生意義上之重大誤差，這是道經在傳承過程中可能發生之現象。

　　《抱朴子內篇·雜應》這段資料在葛洪之前即已被記錄成文字而編成所謂的「仙經」了！可見此種存思法起源甚早，從歷史文獻也可以找到印證。東漢之文獻，如邊韶〈老子銘〉中亦可見到。

---

❸　其實早在漢代畫象石、銅鏡中的「玄武」，即皆以龜蛇交纏像出現。參考張金儀，《漢鏡所反映的神話傳說與神仙思想》（臺北：國立故宮博物院，1981），頁18。

〈老子銘〉有：

> 世之好道者觸類而長之，以老子離合於混沌之氣，與三光為
> 終始，觀天作讖，（缺）降斗星，❸隨日九變，與時消息。
> 規矩三光，四靈在旁，存想丹田，大一紫房。道成身化，蟬
> 蛻渡世。❸

所謂「四靈在旁」，正是葛洪青龍白虎朱雀玄武等四靈獸之由來。
而「規矩三光、存想丹田，大一紫房」則為前述「開經蘊儀」內容
之所本。可見類似觀念在東漢末即已普遍流行，東漢蔡邕〈王子喬
碑銘〉也說：「于是好道之儔，自遠來集，或弦歌以咏太一，或談
思以歷丹田。」❸可相佐證。

　　至於四神獸則有必要進一解，其由來甚為久遠，基本上與上古
以「四象」（青龍白虎朱雀玄武）劃分二十八星宿之天文學有關。四
神獸之說雖首見於《禮記・曲禮》，但是其說法可能遠自殷末周初
即已形成。而《禮記・曲禮》中四神獸乃行軍旗幟上之圖樣，象徵
四部威力，可以御四方、辟不祥。可見本來象徵天文的「四象」，
已漸神化為鎮守四方的「四神」了！所以後來漢代畫象石墓葬中常
可見到四神獸銘刻於墓壁四方，以保衛中央的土地，成了死者的保

---

❸　劉國鈞，〈老子神化考略〉，《金陵學報》1934 年第四卷第二期，頁 66，引
　　作「昇降斗星」，不知何據，暫引作參考。
❸　參陳垣，《道家金石略》（北京：文物，1988），頁 3。
❸　陳垣，《道家金石略》，頁 2。

護神。⑩因此，漢代之方格規矩四神鏡中之銘文便明言：「左龍右虎辟不祥，朱鳥玄武調陰陽」句，⑪可見一般。

至於龍虎成為寶座守護神獸之老君形象，當亦淵源於漢代。漢代神獸鏡中之諸神，多坐於龍虎寶座上。東漢畫象石刻中的東王公、西王母也坐於龍虎寶座。似乎龍虎寶座已成為東漢神仙特殊的座榻。⑫

不過龍虎靈獸與遠古巫覡之「乘蹻」傳統當深有淵源。漢代之禽獸帶鏡多有羽人戲龍、戲虎以及仙人騎鹿等表現神仙思想的圖樣。⑬令人不得不聯想到所謂龍虎鹿「三蹻」。關於「三蹻」，河南濮陽出土之遠在六千年前的仰韶文化墓葬中即已出現。據張光直先生之解釋，龍虎鹿「三蹻」乃上古巫師上天入地之腳力。⑭這是張先生長期從事中國上古考古學研究其中的人獸關係母題之所得。⑮對於追溯老君真形之淵源，提供相當令人振奮的線索。

然而，對於老君真形產生影響之因素，恐怕尚不止於此。《韓

---

⑩　參張金儀，《漢鏡所反映的神話傳說與神仙思想》，頁 16-17。

⑪　張金儀，《漢鏡所反映的神話傳說與神仙思想》，頁 64。

⑫　張金儀，《漢鏡所反映的神話傳說與神仙思想》，頁 39。

⑬　張金儀，《漢鏡所反映的神話傳說與神仙思想》，頁 31。

⑭　參張光直，〈濮陽三蹻與中國古代美術上的人獸母題〉，收入氏著，《中國青銅時代第二集》（臺北：聯經，1994），頁 91-97。

⑮　類似觀點另可參看張光直，〈商周神話與美術中所見人與動物關係之演變〉以及〈商周青銅器上的動物紋樣〉二文，收入氏著，《中國青銅時代》（臺北：聯經，1994）。張光直之著作並未對「母題」一詞作出解釋，也未列出外文與之對照。不過從其論點看來，其「母題」之意義，當即英文 motif 一字之義，其義為：具有客觀意義的具體成份、現象。

非子・十過》載黃帝之神話言：「昔者黃帝合鬼神於泰山之上，駕
象車而六蛟龍，畢方並轄。蚩尤居前，風伯進掃，雨師灑道。虎狼
在前，鬼神在後，騰蛇伏地，鳳凰覆上。」❻畢方亦是神名，《淮
南子・氾論訓》言：「木生畢方」東漢高誘注曰：「畢方，木之精
也。」❼其他風伯、雨師、騰蛇、鳳凰諸神鬼靈獸，保衛扈從著黃
帝。此實乃後世神仙儀仗之原型。若與前引《上清太極隱注玉經寶
訣》、《老君存思圖》、《抱朴子內篇・雜應》之老君真形相較，
窮奇、辟邪、獅子皆闢邪除凶之神獸，普見於漢代之銅鏡紋樣及墓
葬品中。❽這些神獸圍繞著老君扈從前行，構成一幅仙仗圖，實在
算得上是黃帝儀仗之翻版。

　　所以，在東漢時期此類存思法大抵仍屬於口頭流傳階段，而流
傳於民間巫覡、方士者流，可能這些巫覡、方士之口耳相傳，尚未
建立嚴格之傳承制度或模式，並未有太多諸如「法不傳六耳」的傳
授禁忌，所以博學多識之文士如邊韶、蔡邕等道教之圈外人亦有所
耳聞。東漢末至葛洪之前則已被筆錄成書（仙經），這個時期大抵
方士小集團已逐漸成型，如左慈、葛玄、鄭隱、葛洪等一系所謂之
「葛氏道」，即是最佳之例證。其間之師徒傳授，當已建立經典、
道法之傳承模式。最後《上清太極隱注玉經寶訣》、《老君存思
圖》再重新被編整。至此道經之傳授已制度化，甚至道派之觀念亦
已漸成型。由上例大抵可以看出道法、經典傳承之動態發展過程。

---

❻　陳奇猷校注，《韓非子集釋》（臺北：河洛圖書公司，1974），頁 172。

❼　劉文典，《淮南鴻烈集解》（北京：中華書局，1997），頁 458。

❽　張金儀，《漢鏡所反映的神話傳說與神仙思想》，頁 33-34、68。

　　所以，從其傳承之源流看來，此存思法系統似屬於靈寶經系（亦即葛氏道），而異於上清經系之存思道法。而從這種淵遠流長之關於老君真形之存思法看來，正顯示出道教存思修行法之「交感巫術」之特性。不論是《上清太極隱注玉經寶訣》「讀經存思儀」為了讀《道德經》而存思，或是《老君存思圖》「登高座存侍衛第十七」為了登高座而存思以衛身，其存思對象之原型皆是《抱朴子內篇·雜應》所說之「老君真形」，而存思「老君真形」這個原型，其深層意義無非是指涉著一種「交感巫術」之「相應」或「符同」，存思「老君真形」則與「老君」這位聖者相應符同，日久亦終能如太上老君一般得道而不死。因此，由是可以理出存思法、老君、《道德經》三者之關係。「太玄部」既已《道德經》為核心，修習《道德經》便是為了悟老君所闡述的「道」，最終證得如老君般之道果。讀《道德經》可能達此目的，是一法門。相同地，存思老君真形法亦有此功德，其最終目的無異於誦讀《道德經》，而足為另一法門。所以，以「老君」為中心，由誦讀研習《道德經》可抵達此中心，由存思法亦然。因此，在外人眼中看似無理散亂之太玄部，未必沒有道教徒自成邏輯之理念貫串其中。

三、存思法與道教思想

　　《老君存思圖》之存思法亦蘊含深刻思想。大抵分為五行系統與三元系統兩種。五行系統涉及所謂之五藏，蓋承自《想爾注》、《河上公注》，遠源更是流行於兩漢之思想型態。三元系統與三丹田相關，殆與《老子內解》、《老子節解》相應。

㈠五行系統

「存五藏五嶽五星五帝金映五色圓光第九」言：「凡存思之時，皆閉目內視，人體多神，必以五藏為主。……存思之功以五藏為盛。」（2a）**[49]** 所以，必先存思五藏，而後及於五嶽五帝等。五行系統源自漢代，到了道教徒手中便自出機杼，另有一番新解。《老君存思圖》文繁，無法俱引，試節錄其中要文示之，以清眉目。

甲、五藏

經文中釋「五藏」之「藏」義言：「藏者何也？藏也成也。潛神隱智，不炫燿也。智顯慾動，動慾日燿，燿之則敗，隱之則成。」（2a）所以存思五藏，總地來說，是為了凝神靜智，不生慾望而造惡。分別而言如下。

存思時，「第一見肺紅白色七葉，四長三短，接喉嚨下。肺者何也？朏也伐也。善惡之初，兆而未明，……惡明則伐善，善廢惡興，伐人命根，根斷不斷，由於此藏，此藏魄藏（按當作「藏魄」）。魄者何也？粕也著也。人之炫燿，莫不關慾，慾著曰惡。惡如糟粕，愚俗滯之，不識情本。今願標著，存而見之，魄則肅然，不得為惡。」以下各藏皆列出其大小形狀顏色位置，顯露出當時之人體生理學知識之水準。相當具體之描述，對於身處醫學不發達時代之教徒，便顯而易行，足供存思之需。

存思五藏為了防慾止惡，所以第一須先存思肺藏。因為肺藏「魄」，「魄」具有為惡之本質，所以存思之則可制之而止惡。其

---

[49] 以下之引文，以《正統道藏》凤字號《太上老君大存思圖注訣》為準。

他存思各藏情形亦類此，值得注意者，則為「心藏神」「肝藏魂」「腎藏精」「脾藏志」，與《河上公注》所代表之漢代五藏系統相同。

因此，存思心藏，是為了心定神凝，識定入真。存思肝藏，為了回向道門，建善立功。存腎藏，為守精澄然，津潤不泄。存思脾藏，為了補益一切，潛潤密化頑鄙之人。

《河上公注》的養「五臟神」觀念，重點在於強調「五藏」於人身之關鍵性地位。須寶精氣神，方不傷五藏。《河上公注》仍停留在戰國末漢代以降之寶精愛氣養神觀念。《老君存思圖》之五藏系統雖承自《河上公注》，卻賦予「五藏」更多精神性抽象性的意義。在具體可行之存思法中，我們看到了抽象的面向。

乙、五嶽

經文言：「嶽者何也？嶷也覺也。嶷然安鎮，不可傾動。動化順道，使迷夢覺悟，學士象之。」（4b）存思五嶽，是為了與五嶽符應，以分享五嶽之安穩不動，以定住自己之心性，不為世俗所迷惘。可說是一種「交感巫術」。接著言存思內容：「第一見東嶽泰山正在東方。東者何也？童也動也。動修正道，澄源清淨，故其方氣清，物色多青。青春主仁，蠢息宜愛，存見在肝，肝無災患，保長生也。生為元首，故先存之也。」（5a）東嶽泰山位處東方，主生，為仁，色青，與肝相應，故存思之則能修正道，正道即生道。其他四藏亦類此。其配應如下：

南嶽霍山—氣盛—色赤—禮—心
中嶽崧高山—氣和—色黃—信—脾
西嶽華山—氣烈—色白—義—肺

北嶽恆山—氣柔—色黑—智—腎

五嶽、五色、五德、五藏互相配應之五行系統，完全來自漢代。唯南嶽作「霍山」而非「衡山」，似乎源自《靈寶五嶽真形圖》。

存思其他四嶽，同樣是一種符應之「交感巫術」。透過存思，修行者便可擁有五嶽所具備原始大自然之特殊質性，具足五德，保養五藏，助其修道。

丙、五星

為何存思五星？因為：「星者何也？精也生也。精由窈冥，應現成形，袪諸癃滯，濟長生也。金剛極精，與神合也。」（6a）星精可以去執著，免諸惡趣，精神和合而致長生。所以必須存思五星。

「第一見熒惑星在南嶽上，其色赤，其精朱。熒者何也？灼也炫也。惑者何也？忒也賊也。欲動炫燿，致差錯賊害，名以為主亂。亂宜急治，先存見之，謂亂則定，定亂既著，信顯義明，明義入智，智通長存。」（6b）南方熒惑星自與南嶽配應，熒惑有「欲動炫燿」之本質，最易生亂，故須先存思之，以定其亂。

其次中央鎮星具鎮定特質，存之即分享這種功能。次西方太白星，此星光明灼然，具容受之特性。再來是北方辰星，辰星有「雜污不染，智慧靜也」特性。最後東方之歲星，此星有去故就新，窮而能通，終致成功。

丁、五帝

「帝者何也？諦也詣也。精真之信，有此神形。形神俱妙，妙應無窮，審至宗極，無退轉也。」（7a）五方帝乃五方神君，故有

神形，存思五帝，是為了與之感應，助己修道。

「第一見黃帝，在鎮星之中，下遊中嶽之上。宣理脾氣，通人志願。嚴間宮殿，七寶堂室，衣服羽儀，侍從旛蓋，文武伎樂，物色多黃。果願貴徵，變化須驗，故先存之，信為主也。」（7b）五帝與五藏、五嶽、五星、五色配應，所謂「通人志願」，正與「脾藏志」相呼應。

五帝各有儀仗仙軌，存思五帝，與之相應，五帝降臨，宣通五藏之氣，助人成道。所以存思完五帝後則「存金映蓋體」說：「見五帝光儀備衛身中，飛五星色相，出覆體外，熒惑在頭……光色往還，混成金映。……身金紫色，神氣清和，……捨凡成聖也。」（8b）接著存五藏出五色氣，覆衛全身。其次又存「項有圓光」，照明十方，消卻萬惡，內外洞徹。達到所謂「光神不二，道同一矣！」之境。所以存思「金映蓋體項有圓光」，可說是前半分別存思五藏、五嶽、五星、五帝後之總結式的存思法，如此便可發揮無量之功德。

㈡三元系統

關於「三元」之存思法，要以「上講座存三色三一魂魄第十五」為主。其言曰：「上講時先存三色，次存三一。」（18a）「存三色」即「臨目握固，存頭氣青，兩手氣赤，兩足氣白，三氣繞身。」為何存思頭、手、足，可能代表身體之上中下部位，或者與「九竅四關」有關。而「青赤白」三色，則象徵宇宙初生之原始三氣：始氣青，元氣白，玄氣黃。全身充滿三氣，與三氣混融，則人回歸到宇宙原始混濛狀態，亦即與道同一。玄元始三氣化為三天，所以存三一魂魄言「存三一魂魄。三一者，三處之神同一道也。其

道本一，應感成三，三界內外，無乎不在。統化主物號三天，太上
宣教侍經號三素左君，降人成德號曰三一。三一在人，人有三宮，
頭腦名為上元宮，其神曰夷；心內名為中元宮，其神曰希；臍下名
為下元宮，其神曰微。皆如嬰兒，俱長一寸，靜坐正拱，無欲無
為，體無應有。」（19a）存三色三氣繞身後，又須存三氣入人身中
之上中下三元宮，三元宮各有夷希微之嬰兒神，無欲無為。「嬰
兒」的形象，殆來自老子「摶氣致柔能嬰兒乎？」論之影響。透過
對於具體形象之存思，道教徒回歸到初生狀態，與道合一。這些宗
教式之具體形象，是道教徒對於形而上之道體、元氣的象徵隱喻語
言。而其背後之基礎，則是中國式的氣化感應論。

　　上引「存三一魂魄」一段，其後接著一段文字，較前文低一
格，當為注文，其言曰：「真人曰齋時皆心注玄真，永無外想，想
念在經師。先思三一在宮室，安居分明。具三魂七魄，太一鎮泥丸
中，如回風帝一法。然後與兆俱齋聽經，口授心存，則三尸亡走，
邪氣滅去，內外受真，如此近仙矣！」（19b）這段文字亦見於《太
極真人敷靈寶齋戒威儀諸經要訣》頁 21，但作「太極真人曰」，
足見前者之文當援引自後者。不過所謂「回風帝一法」則屬上清經
派道法，這個存思性質之道法，似乎遠源自漢代《老子中經》之神
譜系統。

　　「三一」觀在齊梁之後因為三洞四輔經教系統之建立而廣為流
傳，宋文明、臧玄靜二法師論及「三一」義，已如前述。特別是臧
玄靜之說法，明顯承自《老君存思圖》之存思法，而有所轉化，更
加能印證臧玄靜與太玄部之密切關係。

第七節　符　籙

　　受太玄部經之前，奉道者已先受正一籙，至此則增授「紫虛籙」。《紫虛籙》今已佚失，❺然《正統道藏》正一部肆字號《洞玄靈寶課中法》收錄〈紫虛籙儀〉、〈解籙略說正一之儀〉二段文獻，藉此猶可一窺梗概。

　　紫虛籙與正一籙是相關連的。〈解籙略說正一之儀〉言：「籙者戒錄情性，止塞愆非，制斷惡根，發生道業。……籙亦云錄，三天之妙氣，十方神仙靈官之名號，與奉道之人修行。」（7a）籙可止惡制情、激發善業，更是神仙靈官之名號，有助奉道之人修行濟世、自度度人。

　　〈紫虛籙儀〉一始便言：「維某年歲次月朔日辰某嶽真人某乙本命某年月日時生，係某天領籍其所係以納音推，如木命是蒼天氣係某天君，只如甲子丙子是係禁上天。……寅卯青帝、巳午赤帝……寅卯九天九氣、巳午三天三氣……」（1a）「係某天領籍」屬於五方天五帝君系統，而「氣係某天君」則例屬三界三十二天系統。「係某天領籍」屬於五方天五帝君系統之信仰，大概源自《元始五老赤書玉篇真文天書經》與《洞玄靈寶自然九天生神章經》的命籍系統。

---

❺　敦煌寫本有一殘卷 P2457，依照王卡的考證，懷疑當即是《道藏闕經目錄》所著錄的《正一法文三天紫宮玉台无極神仙紫籙》。此寫卷之內容為召請「紫宮玉台」諸神靈將軍護身消災，所以王卡將此卷子暫定名為《太上正一閱紫籙儀》。參王卡，《敦煌道教文獻研究——綜述·目錄·索引》（北京：中國社會科學出版社，2004），頁 219-220。但是從其內容看來，尚無法判斷與《紫虛籙》的關係為何？姑且錄之以備考。

在此段文字之後即列出「三十二天所**屬圖**」，解釋「氣係某天君」的各種情況，如甲子丙子年生人，便是氣係三界中之無色界的秀樂禁上天。

《洞玄靈寶課中法》最末段的〈解籙略說正一之儀〉解釋道：「夫正一籙初流傳於世，總有二十四階，以應二十四生氣。今略明一二階，以明正一之由。正一三五一百五十將軍籙有兩階，上階云上仙，下階云上靈，俱是人身上二儀之正神也。又釋正一三五混沌元命真人赤籙之由，⋯⋯」（7b）總共有二十四階，以應二十四生氣的「正一籙」，其詳實的資料可以參考《正統道藏》正一部逐字號六卷本的《太上三五正一盟威籙》的記載。

所謂「正一三五混沌元命真人赤籙、正一三五一百五十將軍籙」，在《洞玄靈寶課中法》中之「三十二天所**屬圖**」後接著便列了出來，而載錄著：「受正一籙中所受某階法籙課召氣，每階各別不同，今列於左：子生中玄三氣君召、卯生上始三氣君召、午生太元三氣君召⋯⋯右件三將軍召氣⋯⋯甲子至戊辰清微天泰清太陽君召⋯⋯右件青甲籙召，⋯⋯右件赤甲籙仙召。元命赤籙科召如左⋯⋯右元命赤籙，⋯⋯百五十將軍籙科生月召如左⋯⋯。」（2a-4b）正一籙所受之法籙課召氣，每階各別不同，其詳情另可參照《正統道藏》正一部逐字號《正一法文十籙召儀》之記載。而「紫虛籙」則是在道士接受「正一籙」之後的進階性籙位。然而《正一法文十籙召儀》之「召氣」觀念，未見三界三十二天系統。而《洞玄靈寶課中法》中所錄之資料，則可以看到三十二天的概念。我們大概可以據以推斷，《正一法文十籙召儀》應當保留著南北朝以前早期天師道籙法之樣貌，至於《洞玄靈寶課中法》收錄〈紫虛籙

儀〉、〈解籙略說正一之儀〉兩段文獻，則應該是「四輔」部類成立之後，正一與靈寶經法之融合而成的產物了，年代較為晚出。

從上引「受正一籙中所受某階法籙課召氣，每階各別不同」文義考察，我們可以推斷正是指涉《正一法文十籙召儀》與《太上正一閱眾籙儀》中所列之十一件法籙相配應的情況。**❺❶**同理，我們似乎可以推論，《洞玄靈寶課中法》中〈紫虛籙儀〉，其內容應該相當於「召儀」，而大概以「紫虛籙召儀」名之較為妥適，一如「正一法文十籙召儀」的情況。所以應該有一師徒授受之法籙──「紫虛籙」，與此「紫虛籙召儀」相配應吧！可惜「紫虛籙」今日已散佚於無何有之鄉，無法得到證實。

從上引行文之例看來，似當作「某籙召氣」之形式。籍係某天與氣係某天君，可見所謂《紫虛籙》中所列之神仙靈官名號，乃對應著奉道者之本命生辰，而與先前所受之正一籙配合修行使用。不過《洞玄靈寶課中法》〈紫虛籙儀〉中並未載錄籙神將軍吏兵功曹之名諱，所以實際情形無得而明之，實甚可惜。而所謂之「召」，其義不甚明，從籍係氣係觀點看來，大抵是天人感應義吧！而應當是道士施行道法或科儀時，對於所受籙神的存思、呼請與召喚吧！或者是與道士本命生辰相應的諸天、神尊相召應吧！

---

❺❶　《太上正一閱眾籙儀》，《正統道藏》未收。僅存有敦煌 P2394、S1020 之殘卷，此經名乃王卡考證暫定者。參王卡，《敦煌道教文獻研究──綜述·目錄·索引》，頁 219。《正一法文十籙召儀》中之「十籙」與《太上正一閱眾籙儀》所列之十一件法籙，未必完全吻合，但大致上有相當的對應關係，仍然可以用來說明各階法籙與召氣的配應情形。這種配應現象，在《太上三五正一盟威籙》的材料中，也大略呈顯出來了，可以參照。

餘　論

　　「東晉唐初道教道德經學」是建基於以「道教」為主體所展開的研究課題。落實「道教」主體性之觀照，吾人即可發現異於一般的思想式研究進路之向度。於是我們發掘出道教徒對於《道德經》此部「聖典」之諸多詮解面貌。基本上主要不外兩個面向：1.《道德經》注疏學，2.以《道德經》為核心所整合而成之道教經教體系——太玄部經典。前者亦如當時之學界，文人談士對於《道德經》注解詮釋，其時之高道們不能免俗，所以也有許多注疏之作。後者則道教界所特有的。對於「太玄部」經群之編列，自有其諸多內外因緣，不過何以選編該部內之那一批經典，大抵是受到道教內部流傳之宗教神話的影響。這點在本書開頭之「序章」已略作說明，不再贅述。

　　首先考察《道德經》注疏學部份。當時諸高道亦不能不有染於時風與沿襲已久之注疏傳統，對《道德經》經文，從道教教義之觀點出發進行哲理式之闡述，當然亦有因於《道德經》自身即是一部極具思辨性之經典的緣故。

　　東晉唐初《道德經》注疏學在玄風特熾、佛學興盛的時代氛圍下，凸顯道教之觀點與問題意識，援引《道德經》作理論性之整理與印證。《道德經》作為一部哲理性頗高之經典，自有其思辨特

色，這種特色到了魏晉時代，因為玄學家的闡發，而轉化成為一種旗幟鮮明的思辨方法，亦即「有無」「本末」「體用」範疇之開發與強化。於是，這些範疇、思辨方法便透過強勢的士族玄風滲透至思想界，成為當時「思想」之外衣，玄學、佛學、道教義學無不皆然。所以，道教義學思玄學之所思，用玄學之用語，特別是針對《道德經》，則與玄學之交集益形加大。於是道教內部之義解高道，援引玄學之思考模式討論教義，一步步建構自身之義學體系。此外，對於當時日益蓬勃且激烈競爭之佛教，亦不能斷然無視。所以，經由另一大教佛教之刺激與為了因應日趨白熱的佛道論爭，道教也不得不思佛學之所思、用佛學之所用，以助己學之翼。所以，從道教內部根源性之神學出發，經由玄學、佛學之洗禮，吸收玄學、佛學之思辨方式與佛學之宗教論題，再加上道教自身之問題意識與神學觀點，逐步開發出以「重玄」為核心之道教義學體系。玄學家直標「貴無」、「崇有」之本體，佛學辨「空」、「法性」、「實相」，道教則高揭「重玄」之理境。所以從東晉末以迄南北朝隋唐，道教內部義學發展逐漸向「重玄」觀念結穴，而形成重玄思想之大潮。實際上可以說，道教披著玄學、佛學之外衣，卻鋪著道教議題之內裏，這是我們前述「形式主題」與「內容主題」之意義所在。從上篇之討論可見，高道們透過注解《道德經》，依附於經文之脈絡，逐步開展道教教義。可惜的是，高道注文多佚，無法全盤考察其面貌，僅能略窺其發展之軌跡。不過，從唐初重玄學大師成玄英之疏解《道德經》、考辨老子事蹟的情形看來，對於老子其人其書做全盤性之考察，恐怕正是六朝以降道教之老傳統，人、書是一體的，而非分離的。這種傳統，建立於道教內部堅實的信仰基

礎，這個信仰基礎，超越於諸如《史記》所代表之世俗觀點，超越於學界一般之評量標準，而在道教內部自成邏輯地發展出脈絡來。這種基礎也是促成「太玄部」成立之根源。由此可見，宗教迥異於世俗或當時一般士人之理路。道教這股重玄思想大潮，也反饋至當時之思想界，而產生相當程度的影響，此道教義學在思想史上之意義。

其次論及「太玄部經典」。這組經典群成立於南朝齊梁之際，實源於道教內部發展之必然趨勢與需求。當時道教內部為了整合漢魏晉以降流傳之諸多繁雜道典，以及在宗教制度之修道、受經之次第與法位法階的確立，讓經典道法之傳授更加有系統次第，建構了精博有序的教階法位制度。所以在「三洞四輔」等七部道經之傳授以及相應之法階，皆有清楚的規定，井然有序。這對於道教之傳播具有深遠之影響。「太玄部」即是在如此之背景下逐步形成的。自然地，「太玄部」成立之背景也包括太上老君傳經之宗教神話，這是前述所強調人書一體之觀念。

「太玄部」之經教系統大抵分為：(1)聖者傳、(2)思想、(3)戒律、(4)儀式、(5)存思法、(6)符籙。

聖者傳記述說聖人與使徒（聖徒）之傳說故事，其中主題自然圍繞在聖人與使徒之出世神話，聖者之傳道，使徒之求道修道佈道諸端。其中當然也牽涉及教內之授經傳說，所以聖者傳記為教徒追溯、覆述著教內之「遠古歷史」，彰顯經典傳承之正當性與神聖性。受道者方得清楚瞭解其信仰中心為何。《高上老子傳》、《無上真人內傳》正是背負著這種使命與功能之道經。

「太玄部」以《道德經》為核心，所以對於其前道教內部流傳

之各類《道德經》注解書，必須加以整理有所安排。因此《想爾注》、《河上公注》、《老子內解》、《老子節解》這些來源不同的注疏書，即使其中所論觀點互異、道法不類，亦皆透過《道德經》這個樞紐加以縮合而統歸入「太玄部」，而在整個龐雜之道教經教體系中佔有一席之地。道教經典繁雜多端，高道進行統整之過程中，未必能夠找出堅實的邏輯脈絡，以統攝諸道經，而成其具系統性之體系。所以，即使這些注疏書論點不盡相同，大抵也在與《道德經》相關之此共同特質下而被納編。更何況宗教信仰未必需要學術性之邏輯為基礎，所以如此情形本無甚奇異處。此外這幾部注解書，分別為河上公、張陵（或張魯）、張魯、葛玄所作，此數人在道教中，具有「使徒（聖徒）」之身份，是佈道的「經師」，傳授承自太上老君的經法，所以他們對於《道德經》的注疏書，當然被推尊為「正典」而編入「太玄部」了！

　　這一批注解書思想性格強烈，與另外兩部發揮教義的道經《老子妙真經》、《老子西昇經》，便成為「太玄部」之思想指導原則。在唐初孟安排《道教義樞》中，強調梁臧玄靜法師確立「太玄部」宗旨為「重玄」，不過從上述數部「太玄部」中具有思想性色彩之經典考察，卻看不出其中有「重玄」思想的影子，日後值得針對《道教義樞》之說法作進一步探究。

　　戒律之傳授是宗教倫理學上重要的一環。「太玄部」之十戒十四持身品、想爾九行二十七戒、戒文（即太清陰陽戒）之授與，予受道者一生活、修行之準則公約，有所依循。

　　「儀式」幾乎是日常宗教生活的必修功課。「太玄部」經典之傳授自有常儀，經由隆重之傳經儀的洗禮，除了授與新法階外，也

肯認其修道之苦功，令其晉身有序，如此信徒方得修習「太玄部」之道法。「太玄部」之《老君自然齋儀》、《老君自然朝儀》，規定修齋誦經、朝禮神真之儀軌，實是模倣上界仙真修齋誦經、朝禮天尊帝君的一種神聖儀式，修行者透過長期不斷之習練，無疑是一再重複上演著發生在天界之神聖節目儀軌，日久則天人交感，功德無量，既是自度之日修功課，也是度他之濟世事業。此外，值得注意者，厥為存思之儀式化，特別是對於「老君真形」之存思法被儀式化的問題。「老君真形」是一種道教內流傳久遠之宗教神話，如今被儀式化，經由儀式的形式，重複搬演著古老的神話傳說，述說著教徒對於教內「遠古歷史」之永恆記憶，在在凸顯出「神話」與「儀式」之緊密關係。

「傳經儀式」中有相當複雜的儀節，不過對於上界神靈之「歸命」與禱辭，可見其神靈信仰系譜，這些神靈，除了「道德天尊」（即太上老君之本尊）、太上老君外，便是幾位對於《道德經》傳承有關鍵影響之佈道師、使徒，如河上公、張陵等人。經由莊嚴的儀式，將對於聖者與使徒之崇拜，與《道德經》之尊奉結合起來，透過「傳經儀式」之制度化加以神聖化，對於教務之推動與教徒之信仰教育產生不可估算的功能。

存思法之傳授，主要承襲上清、靈寶經系之道法，純粹是教徒自修之法門。透過存思法之訓練，靜攝心神，改變身心體質，而得與神真相應。《老君存思圖》是主要著作，是一部結合存思與儀軌之重要道經。存思法是道教相當重要且極具特色之道法，筆者初步對於「太玄部」之存思法做一番清整，發現其儀式性意義外，也理出存思法與五藏五行系統、三元三丹田系統之內在關連，如此類型

之存思術、身體觀，與後代之「內丹術」，究竟有多少承繼關係，是我們所當深深關注者。

「符籙」是其他宗教所未見而為道教所擁有之最特殊的道法。在教階道法之傳授制度中，授予正一法位時須傳授正一法籙（即仙靈將軍籙），接著若欲續授高玄法位時，則授與「太玄部」道經，其中《紫虛籙》是必授者。《紫虛籙》正是與正一法籙互相配合運用之另一系列法籙。

「太玄部」經典群之編整完成，代表著南北朝道教已進入一個新的發展階段，道教內部之傳承制度至此確立，而被完整地以文獻之書面資料紀錄下來，從此師徒之授受有所依歸，道教界不再一片混亂，各行其是。「太玄部」中之經典，何以被編入此部，基於何種理由、觀點？從現存資料，僅能從《道教義樞》卷二引及《正一經》所述之傳經神話：《太玄經》二百七十卷漢安元年七月太上老君授予張天師者。再者唐代《道教義樞》在重玄思想已極盛行之時代背景下，認為「太玄部」以「重玄」為宗，且《太玄經》言：「无无曰道，義樞玄玄」從《道教義樞》這部具有總結性質之道教類書之觀點看來，「太玄部」成立之因不外上述所言。不過，「太玄部」中之具思想性的道經，多與重玄思想無關已如前述，所以其成立之因，是否尚有其他，目前仍無從查考。

另外「太玄部」之經教系統：⑴聖者傳、⑵思想、⑶戒律、⑷儀式、⑸存思法、⑹符籙。從內容剖析，似乎亦未必有緊密的關連性、結構性，凡此諸多現象，率皆指向「太玄部」之成立，除了其時代背景因素之促成外，對於該部所含道經之編選，是否存在著一定的選列「標準」或「觀點」？此實為筆者後續之探究方向，在本

文無法作一清楚之交代。

再者，《正一經·圖科戒品》言：「太清經輔洞神部，金丹以下仙品；太平經輔洞玄部，甲乙十部以下真業；太玄經輔洞真部，五千文以下聖業。正一法文宗道德，崇三洞，遍陳三乘。」（《道教義樞》2\12a 引）以下並進一步論及三太輔三洞之因，太玄、太平、太清分判為大乘、中乘、小乘，正一則通於三乘之理。所以「太玄部」為「洞真部」之輔，屬上乘道法。《正一經》中所論三太輔三洞的原因，可算簡略，因此，何以太玄輔洞真？仍是未來應該加以釐清的重要課題。不過這項工程浩大，除了必須深入瞭解「太玄部」外，也得清整「洞真部」一大批的上清道經，對於上清洞真部體系有真確之掌握，方能進行比較工作。實是一漫長遙遠的路，極盡崎嶇坎坷。

對於本論題「東晉唐初道教道德經學」之研究，筆者自「道教」之主體性出發，從兩大方向進行探討。在研究的過程當中，並無多少現成資料、文獻可供運用，筆者只能透過「輯佚」工作進行相關材料的蒐集整理，再根據這些有限的材料加以排比分析，盡量條理出其中可能蘊含的信息，而逐步建立起上述上篇、下篇諸章節之論點。在文獻資料窘短的情況下，難免捉襟見肘，無法作進一步的闡述，或者語多保留，略作推論而已！這是一個初步的研究工作，筆者礙於學力，無法鞭辟入裏。對於道教相關之文獻資料、出土文物、手抄傳本、金石碑刻等，日後當盡力蒐集，以補闕漏，讓此時期道教之發展，能以更清晰的面貌展現出來。而有助於上溯漢魏晉道教，下探唐宋以後之道教諸教派，甚至為幫助進行當代道教之田野調查工作，建立一個可供比較參考之原始道教的座標系統。

　　本文選擇一部特殊的經典──《道德經》為切入點，試圖探討蘊於道教內部的豐富奧義。扣緊這部經典，藉以考察，同樣一部經典，對於世俗的魏晉玄學與宗教的道教，究竟呈顯出怎樣不同的意義？在魏晉玄學與道教中之《道德經》，展現出如何的面貌？

　　筆者深入分析，發覺魏晉玄學可以將《道德經》當成一部獨立的經典文本，僅僅做經文注疏即可，而不論其他。《道德經》對於道教而言，情況異於玄學，而獨具意義。它不是一部孤單孑立的經典，不是貧乏的書面資料的文本，而是承載著神聖真理的「聖典」，這部聖典與「聖者」太上老君（或即老子）緊密相連。宗教經典的主體在人，不在典籍自身，有了人方有宗教經典。經過特定歷史時空之演變，「經典」方逐漸具備「神聖性」、「權威性」，並非一始即有，此即經典的「神聖性」現象。因此，從道教面向觀察，可見道教「因人成學」之聖者崇拜特性，而典籍出自聖者，故被奉為聖典。從道教內部考察，《道德經》的傳承史，便宛如是「邁向聖典之路」的一個過程。因此，單就「道德經學」一詞，對魏晉玄學而論，可以僅僅只是對於《道德經》的注解，對於道教來說，則展現極不相同的面貌。

　　東晉至唐初的道教《道德經》學，特別值得聚焦的是道教徒對於聖典之經文的特殊詮釋與其被神聖化的方式，而其神聖化的方式是與「聖者」老子關連一體的。

　　當時高道對於《道德經》經文的特殊詮釋，是植基於過去長遠的道家思想傳統。尤其是核心概念「道」的理解，有其對於前代思想承繼之痕跡，也有其時代個性。這些高道從現存資料看來，雖不足以斷定他們的詮釋是否有教派、師法家法影響之現象，不過他們

繼承著一股「解經傳統」與「詮釋原則」，則是無可置疑的。承接傳統龐大的思想遺產，高道們必須有所守，面對玄學、佛學的窒息壓力，高道們對於自家「寶藏」必須有所捨。於是可見，高道對於「道」的詮釋，依違於「精氣神」、「有」「無」之間，可說遊走於「傳統」與「現代」之際。他們不能忘情於傳統的「精氣神」，因為那是基本原則，此限一撤則全盤皆輸。所以只好捨棄屢遭非議的諸多「有為法」──方術。為了因應時代變局，所以必須「師夷之長技以制夷」，轉換面貌應敵。於是，除了「精氣神」、「有」「無」之外，又多了「重玄」概念。「重玄」概念的出現，正是代表著道教界轉型的成功，而跨入另一新的理境。道教從「傳統」到「現代」，融合了「傳統」與「現代」，又超越了「傳統」與「現代」，「重玄」之論於是出焉。

若從老莊以降之道家思想史看來，則兩漢魏晉南北朝之黃老道家一系，始終堅持從「客觀實有」層面詮解老莊的「道」，數百年不變，這種情形令人詫異。這股洪然大流的「詮釋傳統」，讓人不敢忽視。如果老莊思想過於簡略，隱而未顯，必須靠後代道家之詮解以貞定之。則面對這股詮釋大流，可以視而不見嗎？可以未經檢覈便否認其價值與地位嗎？黃老道家、道教一系之詮釋傳統，提供我們重新反思老莊思想的一條途徑。

正當上層高道試圖逐漸超脫於「傳統」與「現代」的糾葛，同時另一邊，「傳統」的力量也在逐漸轉型甚至加強著。這便是「太玄部」的出現。

「太玄部」是神聖化《道德經》的典範。透過宗教神話的催化，不僅《道德經》成為聖典，連其他諸如《老子河上公注》、

《想爾注》、《老子內解》、《老子節解》等分別為河上公、張陵（或張魯）、張魯、葛玄等幾位具備「使徒」身分者之作，亦皆被奉為教徒必讀的「正典」。「太玄部」以《道德經》為核心，整合一批道經，將之納入道教經教體系中，便是透過「制度化」將《道德經》「神聖化」。這個制度的內容包括威儀岸然之法位的授與，莊嚴肅穆之傳經儀式的聖化，戒慎恐懼之修齋誦經的轉讀，專一心思之存思儀式的陶冶，研修參習之道教思想的純化，為善去惡之科條戒律的傳授等等。傳統的黃老道家、神仙家有許多相當「質實」的層面，如方術道法等。「太玄部」這些制度化的內容，是對傳統「質實」面向的整理、轉化與加強。「制度化」易於廣為流傳，招來信徒，自身本即代表著「權威性」。「權威性」加強了《道德經》的魔力與神聖。

特須注意者，乃在於存思法中「老君真形」的出現。「太上老君」的形象，在道教史中詭譎多變。先秦古典道家，老子只是一位傳奇人物。西漢稱「黃老學」，老子也不過是一學派之祖師爺。東漢以降，老子已成「道」之化身，隨著黃老道之盛行，這種觀點更加普及。《想爾注》說「一聚形為太上老君，散形為氣」便是最佳例證。於是，老子的「道」本偏「空靈」義，到了黃老道家手中強化成「客觀實有」。東漢進一步轉化成「人格神」，在「老君真形」中，益加具象化。凡此歷史發展之諸現象，正是透顯出逐步向成型之「宗教」邁進作準備。

宗教意義的「經典」、「真理」（「道」），在其發展過程中，往往歷經「質實」化的過程，如此方得成其為宗教。此「制度」、「聖典」、「人格神」出現之由，而其起因則是「客觀實

有」意義的強化。「制度」保障操作技術之合法性與傳承性，「人格神」凝聚信仰力量，「聖典」承載著宇宙真理。當「制度」已臻完備，信仰已趨穩定，則可能會激發一種反思，反省諸多「質實」化的結果。在南北朝隋唐的道教，我們看到東漢以來之傳統信仰逐漸穩固，日趨壯大，但是一股反動卻先進的重玄思潮，也正逐漸興起。在此我們看到了《道德經》這部經典在道教中所展現的豐富樣貌，而有異於魏晉玄學者。

　　這個樣貌，凸顯著深刻的意義。廣義的道家發展史，可說是「道」之詮釋史，對於「哲學的道家」而言，「老子」是位悟「道」的覺者，一位「哲人」；對於「宗教的道教」而論，「老子」（老君）是「道」的化身，一位「聖人」。「哲學的道家」所見之「道」，是宇宙生化之源，是種「理境」，待人契接，卻又似乎遙不可及。「宗教的道教」之「道」，則親切許多，與這個紅塵俗世密切關連著。而「道」從「理境」、超越的本體，落實為「遙感實應」、「本跡互顯」之「道體」；老子從「哲人」蛻化成「聖人」，正呈顯出「哲學的道家」向「宗教的道教」之轉變，亦即「哲學」向「宗教」的轉型。殷商稱「上帝」，周王朝名之曰「天」，老子《道德經》第四章卻說：「道沖而用之，又不盈。淵兮！似萬物之宗。……湛兮似或存。吾不知誰之子？象帝之先。」二十五章又稱：「有物混成，先天地生」。於是在先秦老子這位大「哲人」眼中，「道」與「天地」、「萬物」等現象界，處於一種若即若離的關係，「道」也超越了「人格神」（「帝」）的角色。「道」在哲學思辯中這種「孤絕」的特性，勢必在「宗教」上被下拉，而顯得平實可親。原先「本體」（道）與「現象」（天地萬物）

之緊張而微妙的關係，至此被打破，取而代之者則是背負諸多責任，擔任種種角色之「道」的化身——「人格神」的出現。

魏晉時期如王弼等諸多哲學家眼中，老子透過《道德經》創造了「道」，所以老子是一流的「哲人」。老子、《道德經》、「道」本即關係微妙，這個微妙關係，透過宗教徒敏銳曲折的轉化，蛻變成道教中「道、經、師」的觀念組。雖然「道」創造世界，但是老子「創造」出《道德經》，「創造」了「道」這個概念，所以「老子」豈是等閒之輩，在道教徒眼中，「老子」轉變成為「道成肉身」、「道之化身」之「人格神」自不難理解。「聖者」老子傳授「聖典」《道德經》，代表著「道」自體應化下世濟度眾生，講經說法，傳經度人，豈不殊勝？所以《寶玄經》假借「太上」（即太上老君）之口諭聖誥，因應時代需求自我重新詮解其所傳授之道經：《道德經》上下篇、《老子中經》。這是對於《道德經》這部「經典」再次藉由宗教的方式加以神聖化。此後，諸多高道之《道德經》注疏，便刻意討論《道德經》的篇章結構、字數、上下經之關係，強調《道德經》之「正法」，並進而考辨老君出世與事跡。《寶玄經》與成玄英是極典型的代表。凡此多端，在在顯示出「聖者與聖典」的一體崇拜。

在「聖者與聖典」一體崇拜如此之信仰背景之下，「制度化」層面也必然地呈顯出來。「太玄部」中，透過儀式、讀經神聖化《道德經》自不須多說。聖者傳記之傳承點出聖者與聖徒之宗教地位，傳經或修齋等諸多儀式中，懺悔祈告之對象，編織成一系列的神明系譜與傳經之玄師，則是塑造「先聖先賢」成為宗教偶像的最佳例證。對於「老君真形」的存思，由來已久，老君作為「道氣」

的化身，是哲學思想轉向宗教的第一步，跨出這第一步，必得跨出滿足眾多信徒信仰渴望之第二步。所以，道氣化身之純粹「人格神」概念，必然地被「形象化」，而與「四靈」、「三光」、「七星」、「五臟」、「玉童玉女」相配應，老君之「法相」益形莊嚴可敬。這個「真形」「法相」，可能是道教修行者之真實體驗，也可能是種「隱喻」。不論如何，老子在道教界中，從一位世俗之哲人角色，完全蛻變成宗教聖人之形象，這位聖人尚且是與「道」同體，倒駕慈航普渡眾生的「先天神」。與魏晉玄學系統相較，不啻是天壤之別。

　　曠觀《道德經》之詮釋史，從莊子以至戰國秦漢之「黃老道家」，再到東漢以後之神仙家之詮釋，乃至「黃老道」、「道教」，魏晉以下則是玄學新思朝的興起。基本上可分為兩大詮釋傳統，戰國秦漢之「黃老道家」乃至「黃老道」、「道教」是一系，「魏晉玄學」則是此一系之反動，自成另一系。玄學之諸多當時知識份子接受東漢班固《漢書》卷二十〈古今人表第八〉之說，班固將古代人物分為上中下共九等，其中孔子自然名躋上上等聖人之列，而老子僅名列中上之等，莊子則中下之等。因此，老子在「魏晉玄學」家眼中看來，只是一位「哲人」，尚未體道，與體道的「聖人」孔子，尚有相當距離。而《道德經》也不過是眾多討論「道」之子書中較好的一部。

　　這樣的詮釋態度，戰國秦漢之「黃老道家」仍普遍存在，老子仍舊是位「哲人」，實際上「黃老道家」也是一種哲學思想，只不過其類型異於玄學。順著「黃老道家」詮釋傳統之前道教以及道教時期，其態度便有了相當大轉變。此時老子被「人格神」化，成為

「道之化身」、「道成肉身」的「聖者」，《道德經》則崇奉成「聖典」。從東漢末之太平道、黃老道以迄張陵創立正式的「道教」以降，道教對於這一組「聖者」與「聖典」之神聖化，無一日或息。東晉末南北朝時期，道教「三洞四輔」之經教系統整合完成，也建立起嚴密的傳授制度，經由「制度」，更加容易搏鑄「聖者」與「聖典」之神聖性。所以，相對於戰國秦漢之「黃老道家」、「魏晉玄學」時期之《道德經》，東晉末南北朝之道教《道德經》學，可以稱得上一條「邁向聖典之路」。

經由本文之討論，發現道教《道德經》學與魏晉玄學之差異，可以透過三個向度來剖析，亦即：人、經典、歷史，試以下圖示之。

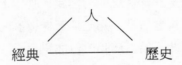

藉由「人」、「經典」、「歷史」三層面之互動交融關係，可以比較出道教《道德經》學與魏晉玄學的不同如下：

1. 老子（人）：a 玄學→哲人
             b 道教→聖者

2.《道德經》（經典）：a 玄學→子書
                    b 道教→聖典

3. 歷史：a 玄學→正史（如《史記》、《漢書》）
        b 道教→神聖歷史（如老子宗教神話）

透過這一組觀念作比較，則玄學之世俗理性與道教之宗教信仰

涇渭分明。面對變動不居的時代，道教有其自身之信仰傳統，對於
「聖者」與「聖典」之崇拜，歷久不衰，隨著「歷史」之流轉，每
一個時代有其新面貌粧點這個「神聖性」崇拜。雖然「老子」與
《道德經》之「神聖」信仰由來已久，不過早期可能只限於某些特
殊道派之傳統。❶南北朝時期，成型的「道教」初步建立，於是
《道德經》正式確立了在「道教界」中之「聖典」的地位。所以從
東晉以迄南北朝，道教之演變發展，對於《道德經》而言，正是一
條「邁向聖典之路」，而這一條路，則是藉著「注解《道德經》」
與「建立制度化的『太玄部』」之「雙軌」鋪成的。

---

❶　如漢代之天師道信仰老子、《五千文》，但是太平道則否。

附錄一：
《寶玄經》之年代、經系與相關考證

一、經題與內容結構

　　本經全稱《太上洞玄寶元上經》（以下簡稱《寶玄經》），收入今《正統道藏》乃字號第一百八十冊，共一卷。經題後小注曰：「太上寶元上經，一名源一妙訣，又名自然經。玉晨君所修五帝神旨，祕大有之房，傳无上真人也。」所以本經有另外兩經名，《源一妙訣》、《自然經》。《正統道藏》歸入洞玄部本文類，所謂「本文類」依《道教義樞》卷二〈十二部義〉言：「本者，始也，根也，是經教之始、文字之根，又得理之元、萬法之本；文者，分也，能詮理也。既能分判二儀，又能分別法相，既能辨悉萬事，又能表詮至理也。」所以「本文類」乃專收闡述道教根本道理之經典，而《太極真人敷靈寶齋戒威儀諸經要訣》明言：「太極真人曰：道德五千文，至尊無上，正真之大經也；大無不包、細無不入，道德之大宗矣……所謂大乘之經矣！」（12a）可見《道德經》正是道教之根本大經，《寶玄經》正以《道德經》為其闡發之重點，因此被列入本文類固亦宜矣！而由此可清楚看出他在三洞四輔分類中之地位。此外《道藏闕經目錄》則錄作《洞真太上寶玄上經》，又似乎歸屬於洞真部；然則道藏之分類未必真確，此眾所皆知，這種後代

道徒對本經所做的分類歸屬是否可信且留待後面討論。❶從經名
「太上」及經文一開始便作「太上曰……」的情形看來，正標示出
此經乃太上所說，《道藏輯要》將此經歸為靈寶天尊所說經典，但
從此經以《道德經》為主及屢見「吾上經、下經、中經」（4a、9a）
之語的情形可以推知「太上」是指太上老君，所以基本上本經乃太
上老君神諭的一種「聖誥」（20a）式經典。「寶元上經」中「元」
乃後代避諱所改字，本當作「玄」，《雲笈七籤》引稱作《寶玄
經》（89\5）、《寶玄真經》（105\8），其他如《三洞珠囊》
（7\29）、《道教義樞》（1\6）、《一切道經音義妙門由起》（9）、
《道門經法相承次序》（中\9）皆引稱作《寶玄經》，《四極明
科》（2\11）引作《寶玄上經》，從經文中無法看出「寶玄上經」
四字的直接解釋，透過其他經典也許有助我們的理解；總括三洞之
陸修靜《洞玄靈寶齋說光燭戒罰燈祝願儀》言：「寶者一也，是三
才所得而清寧貞也，既不可失故謂之寶。」（2b）本經雖未明言
「寶」字義，但卻屢論及「大道浩浩，其中有寶，其寶甚精……內
外相須，混而為一，一接三才……」（1a）之類的觀點，所以《洞
玄靈寶齋說光燭戒罰燈祝願儀》的說法與本經是相符的，可資以理
解本經的意旨。《道教義樞·三洞義》釋「洞玄」之義云：「生天
立地，其用不滯，故與玄名。」（2\1）提供了「玄」字義的說明，
也頗契合本經之旨，所以總括來說，「寶玄」二字點出本經透過太
上老君《道德經》四十二章「道生一，一生二，二生三，三生萬
物……」之觀點來闡述宇宙生化之理與修行之道。「寶玄」既有著

---

❶ 參本節「二、年代與經系歸屬」。

落，即可進一步解釋「寶玄上經」。前述諸經引作「寶玄經」、「寶玄真經」或「寶玄上經」，所以「上經」似乎可作兩種解釋：一指無上尊貴的、真實不虛的經典，一指與「中、下」相對的分卷式的意思，一如《道德經》上下篇之情形。雖然從被引作「寶玄經」、「寶玄真經」的情形，以及經文中有「玄覽无疵，其術无上」、「凡學無上之法……」（7b）看來，似乎「上經」當作第一種解釋，但是引作「寶玄上經」之《四極明科》是上述引及本經之諸經典之最早出者（容後論述），❷所以第二種說法似乎不能馬上被排除於考慮範圍之外，何況本經一名《自然經》，考諸《三洞奉道科戒營始》「靈寶中盟經目」錄有「太上洞玄靈寶自然經上一卷」（4\9），有可能便是本經，所以更不能直截地認定「上經」即指無上尊貴的、真實不虛的經典之義，於此兩存其說可也。

　　《寶玄經》經文中「法地則天，守道自然，自然妙炁，應以三位，三位之源，源本同實。」（1a）「自然源一，應乎萬物為三」（1b）「第一內號曰源，外號曰自然，此炁最妙尊无上也」（20b）有助於瞭解本經另二經名：「源一妙訣」、「自然經」之義，而《洞玄靈寶齋說光燭戒罰燈祝願儀》「若抱之（指「寶者一也」）不離，則萬福自臻，違之俄頃，則災禍亂集；吉凶利害，得失所由，無有能使之然，亦無能使之不然，是以謂之自然。」（2b）似也可以作為本經經文「非常之兆，非天地所為，為之欲以戒物。賞善罰惡、顯彰非常，由人失法，法不法地，妄動違天，天地妖怪，戒語之也。」（8b）之輔助說明。所以總括地說「源一妙訣」一名乃標

---

❷　參本節「二、年代與經系歸屬」。

明本經是順著老子「道生一，一生二……」以闡述做為萬物根源之道之生化妙理，而「自然經」一名則顯然是推演老子「道法自然」之理以論「道」生化之無為任自然的特性。《正統道藏》中未見有名為「源一妙訣」之經典，至於「自然經」一名最早著錄於《抱朴子·遐覽》，稱作《自然經》一卷，不知是否即本經？其他諸如上述之《三洞奉道科戒營始》「靈寶中盟經目」引及，《道教義樞》、《雲笈七籤》等亦皆援引類似「自然經」經名之經典，❸此處不具引。茲將援引《寶玄經》之相關資料以表格列出如下：

出處	所引經名	援引內容
四極明科（2\7b）	寶玄上經	無
道教義樞（1\6b）❹	寶玄經	出沒自在。
道教義樞（1\6a）	寶玄經	湛然常存。
道教義樞（3\9a）	寶玄經	常住之道，无祖无先。
三洞珠囊（7\29b）❺	寶玄經	上德同天，還與道合。別而為語，則一信屬道也，四行屬德無異也。
道門經法相承次序（中\9a）❻	寶玄經	太上曰本寂應動，真假有殊。權實眾妙，同出玄門。

---

❸ 其他經典引及類似《自然經》經名而可能即指《寶玄經》之一覽表，請參考拙著〈太上洞玄寶元上經——一個道教老學詮釋的例子〉，收入《「宗教與心靈改革研討會」論文集》（高雄：高雄道德院，1998），頁269-272。

❹ 《道教義樞》所引「常住之道，无祖无先」，在今本頁十。「湛然常存」今本未見，但頁二有「无為湛存」句。「出沒自在」今本見頁十四。

❺ 《三洞珠囊》所引則今本頁十五作「德上同天，還與道合。」「別而為語，則一信屬道也，四行屬德無異也。」則今本未見。

❻ 《道門經法相承次序》所引見今本頁十。

一切道經音義妙門由起（9a）❼	寶玄經	一號自然二號無極三號大道四號至真五號太上六號老君七號高皇八號天尊九號玉帝十號陛下。
雲笈七籤（89\5a）❽	寶玄經	裁制偏邪，同歸中正，能返流末，還至本源，源即道也。道無形狀，假言象以為津，既言冲用，用實無物。
雲笈七籤（92\8a）	寶玄經	裁制偏邪，同歸中正，能返本流末，還至本源，源即道也。道無形狀，假言象以為津，既言冲用，用實無物。
雲笈七籤之《清靈真人裴君傳》（105\23a）	寶玄經	無
雲笈七籤之《清靈真人裴君傳》（105\8b）	寶玄真經	無
雲笈七籤（105\26a）❾	寶玄經	茯苓治少，胡麻治老，合以齋戒，服以朝蚤，卉醴華腴，火精水寶，和以為一，還精歸寶此之謂也。
辯正論・三教治道篇第二（大正 52・498上）❿	寶玄經	自然應化有十種號，一號自然二號無極三號大道四號至真五號太上六號老君七號高皇八號天尊九號玉帝十號陛下，統領一切，立君臣之道。

---

❼　本經所引見今本頁二十。

❽　所引此二條資料見今本頁三、十一。

❾　今本無此條資料。

❿　本經所引見今本頁二十。但無「自然應化有十種號，統領一切，立君臣之道」語。

辯正論・歷代相承篇第十一（大正52・547中）	寶玄經	無
敦煌卷子經名未詳道經類書 P2725 ⑪	寶玄經	太上曰從道立德者，无與有適應逍遙，滌除己辯，玄覽備周。
敦煌卷子經名未詳道經類書 P3299 ⑫	寶玄經	太上曰神與道（下缺）自在（下缺）
太平御覽（659\4b）⑬	寶玄經	裁制偏邪，必歸中正，能及流末，還至本源。道本無形，假言立象，雖言沖用，用實無物。
太平御覽（659\5b）⑭	寶玄經	正則道合，合則言志，志言在正，正以絕邪。齋戒通經，仙道自成，成仙之大，莫過太上，太上無言，言以應感，應感之道，表信成經也。
太平御覽（671\3b）⑮	寶玄經	茯苓治少，胡麻治老，合以齊戒，服以朝早，卉醴華腴，火精水寶，和以為一，還精歸寶，此之謂也。
上清太一帝君太丹隱	太一寶玄玉經	無

---

⑪　見今本頁三，但作「无之與有」。

⑫　今本見頁十四作「神與道同，出沒自在」。

⑬　見今本頁三、十一。

⑭　今本頁十四作「正則永與道合，合則言忘，忘言在正，正以正邪」，「齋戒通經，仙道自成，成仙之大，莫過太上，太上無言，言以應感，應感之道，表信成經也」段文字則無。

⑮　此段引文以下另有關於其他服食仙方之論述，如清虛王真人以晉元康九年授魏夫人穀仙甘草丸方，魏夫人以晉成帝咸和八年隱景去世故事。其他上有許多資料，文繁不具引。然而這一大段文獻亦未見今本《寶玄經》。

書解胞十二結節圖訣 （14b）⓰		
洞真太一帝君太丹隱 書洞真玄經（44b）	太一寶玄玉經	無
上清道寶經（3\13a）⓱	寶玄經	察地理，候三色也，土山水也，歷覽五 方。

　　從《寶玄經》卷數來說，《正統道藏》著錄作一卷，《道藏闕
經目錄》則未註明卷數，而《雲笈七籤》卷一〇五《清靈真人裴君
傳》述及裴君所受經典有「青帝君授《紫微始青道經》一卷，蒼帝
君授《蒼元上錄》、《北斗真經》、《中命四旋經》四卷，白帝君
授《太素玉錄》、《寶玄經》三卷」（23a），且《四極明科》亦引
及本經曰「《紫微始青道經》、《蒼元上錄》、《北斗真經》、
《中命四旋經》、《太素玉錄》、《寶玄上經》凡六卷」
（2\7a），若此則《寶玄經》原本只有一卷而已之可能性很大，⓲這

⓰　從經文之比對，《上清太一帝君太丹隱書解胞十二結節圖訣》全文當是取材
　　自《洞真太一帝君太丹隱書洞真玄經》，其中所引有關《太一寶玄玉經》一
　　段文獻當然亦是抄自該經，只是文字略有不同。不過《太一寶玄玉經》是否
　　即是《寶玄經》尚待考證。

⓱　見今本頁六。

⓲　《正統道藏》中《太素玉錄》與《洞真八景玉錄晨圖隱符》同卷，《蒼元上
　　錄》與《洞真太上上皇民籍定真玉錄》同卷；而《道藏闕經目錄》著錄之
　　《紫微始青道經》、《中命四旋經》則未註明卷數，《北斗真經》在《闕
　　經》中未錄，但《正統道藏》有《玉清無上靈寶自然北斗本生真經》，此經
　　卻與《玉清元始玄黃九光真經》等其他六部經同一卷。從這些資料看來《寶
　　玄經》作一卷是極有可能的。

樣看來今本《寶玄經》似乎應該是完整本而沒有佚文才對，可是前述《三洞珠囊》、《道教義樞》、《雲笈七籤》皆曾援引《寶玄經》，其中《雲笈七籤》所引「茯苓治少，胡麻治老，合以齋戒，服以朝蚤，卉醴華腴，火精水寶，和以為一，還精歸寶。」（105\26a）則今本《寶玄經》所無者，可見本經佚文不少，**⑲**況且《寶玄經》云：「因名達理，知之者不死，解之者長生，遇賢當必口受，非人慎勿宣也！」（21a）可見此經在傳承上當有所謂的「口訣」，因此本經可能仍有口訣部份。所以對於《寶玄經》之資料可以作以下幾種推測：1.《寶玄經》若非完本而有佚失，則其佚失之因可能與不同道派之傳承有關，即不同道派各有取捨，而不能成其完本。**⑳** 2.《寶玄經》若為完本，則表列所引未見於《寶玄經》的資料之各經，雖亦名為《寶玄經》，那麼與今本《寶玄經》便有可能是異經而同名之特殊情形。**㉑**

　　就今本所見本經經文內容與結構而言，經題之後就馬上接著「太上曰……」，竟篇皆是太上老君所言，屬於一種聖誥式的經體，針對一個主題從各方面作闡述，前後相當連貫，未見摻雜之跡，可見本經當是一時一地完成之著作，而經文中時時出現「有」、「無」、「不無不有」等哲思性較高之概念名詞，可以想見作者當是一位頗具思辯能力且留意當時佛學、玄學之學術氛圍的道教徒，再者經文中出現「生形之大莫過乎天，抱一不離，故天字

---

⑲　任繼愈，《道藏提要》（北京：中國社會科學，1995），頁277。

⑳　此意見承李麗涼小姐點醒，不敢掠美，特此註明。

㉑　道經中往往亦有異經同名情況，如陳國符，《道藏源流考》（北京：中華，1992），頁80對兩部《玉曆經》之考證。

一大也……音訓曰先，又曰顚、又曰玄，玄則懸空虛映在物上，顚為群生之先，故曰天也。」（8a）、「士者，事也」（12b）而《說文解字》即解作「士，事也」，可見本經作者乃一深諳小學之飽學之士。至於本經主題則以太上老君《道德經》系之三篇重要文獻，《道德經》上下篇、《老子中經》為中心發揮宇宙生化之理與修行之道，並對於《道德經》的出世、篇章結構順序與經文字數作了相當細密的詮釋，在詮釋的過程中本經經文之行文風格一再運用「頂針」之修辭法，這正呈顯出六朝之時代性行文風尚，所以本經是一部頗具特色的道教老學著作。

二、年代與經系歸屬

　　荷蘭的施舟人（Kristofer M. Schipper）考察經文的內容，作出簡要的介紹、論述，但還是無法確定本經的年代、作者。㉒而依朱越利之說，這部經典是唐代的作品。㉓然而《三洞珠囊》、《道教義樞》、《雲笈七籤》皆徵引本書，可見蓋唐以前作品。㉔此外《雲笈七籤》卷一〇五《清靈真人裴君傳》述及裴君所受經典有「青帝君授《紫微始青道經》一卷，蒼帝君授《蒼元上籙》、《北斗真經》、《中命四旋經》四卷，白帝君授《太素玉籙》、《寶玄經》三卷」（23a），而據陳國符考證，《清靈真人裴君傳》當在梁代陶

㉒　Kristofer Schipper（施舟人）& Franciscus Verellen（傅飛嵐）ed., *The Taoist canon: a historical companion to the Daozang = [Dao zang tong kao]*（道藏通考）(Chicago: University of Chicago Press, 2004), p745.

㉓　朱越利，《道藏分類解題》（北京：華夏出版社，1996），頁 49。

㉔　任繼愈，《道藏提要》（北京：中國社會科學，1995），頁 277。

弘景以後，隋代之前，㉕若此則本經出自南北朝當屬無疑。另外
《四極明科》亦引及本經曰「《紫微始青道經》、《蒼元上籙》、
《北斗真經》、《中命四旋經》、《太素玉籙》、《寶玄上經》凡
六卷，玉晨君所修五帝神訣，秘於素靈上宮大有之房，舊科七千年
三傳有骨合仙之人，若名書帝簡、錄字上清，得受此文。」（2\6）
《四極明科》在《道藏提要》中被推斷為成書於陸修靜之後、陶弘
景之前，㉖然而陸修靜所撰《太上洞玄靈寶授度儀》已引及《四極
明科》（27a），而《抱朴子》則未及此書，由此可以看出《四極明
科》當成書於葛洪（約西元 283-343）之後、陸修靜（西元 406-477）之
前了！張超然則推論《四極明科》是王靈期的作品，因為王靈期造
構上清經，也需要一套能夠統攝諸經、並詳列傳經詭信的科律，而
《四極明科》卷二，正是這樣的產物。㉗所以《寶玄經》的成書年
代更早於《四極明科》。因為《寶玄經》與王靈期同時或在王氏之
前，最遲也當是東晉末或劉宋初年的作品而不會晚到劉宋以後。

　　如果從經文中之思想來看，也可以作若干的推測。經文論及道
源時說「三道本一，應化分形……名殊實一，一實者不死不生、不
无不有……由一切含炁，无始中來，自然有三，不可頓一；三者滯
有著无，又執不无不有。」（3a）另外又有：

　　　　道炁玄妙，无祖无先……不清不濁，不減不增，含容无量，

㉕　陳國符，《道藏源流考》（北京：中華書局，1992），頁 12。
㉖　任繼愈，《道藏提要》（北京：中國社會科學，1995），頁 135。
㉗　張超然，《系譜、教法及其整合──東晉南朝道教上清經派的基礎研究》
　　（臺北：國立政治大學中國文學系博士論文，2008），頁 262-264。

一切有无。（19a）

（道炁）……成生一切，无數无鞅，大而分之，常用以五，一曰无，二曰有，三曰无中之有，四曰有中之无，五曰非有非无。（19b）

初淳則行不言之教，後澆則言象互陳。近情未達，遠旨每滯言象以沈淪。故首章先遺言名，使知常住非名言所盡得，常住由於名言，名言非常住之體。（10b）

无狀之狀，不可以意知，意知由文，文以達意，意不得拘文，文簡不得究意，意在文外。（19a）

知末守本，玄覽无疵，其術无上。（7b）

導末歸本，大略是同。（20a）

上引之文字牽涉到一些問題，主要包括這幾組：

1. 有無、非有非無
2. 對「道源」之形容（亦即「道相」問題）
3. 言意問題
4. 本末問題

言意與本末問題乃魏王弼（西元 226-249）首揭而以之為一哲學上之論題並鄭重加以討論者，至於有無問題，在魏晉南北朝玄學思

潮中，王弼首先提出「以無為本」之說，接著西晉裴頠（西元 267-
300）〈崇有論〉則針對王弼之說而提出「以有為本」的觀點，到
了東晉時代之張湛（生卒年不詳），則試圖調和崇有貴無二說，㉘跨
西晉末至東晉中期之支道林（西元 314-366）以一高僧透過般若無滯
之理來討論有無問題，達至真空妙有之境，㉙另外略後於支道林的
鳩摩羅什、僧肇師徒也援引般若思想注解《道德經》。㉚所以在如
此背景下，《寶玄經》中「不無不有」「非有非無」之觀念可能便
是吸融自東晉末期的佛教思想所形成的產物了。《寶玄經》因為有
這些特殊的觀念，所以也無怪它會被歸類為重玄派的重要經典！㉛

　　至於形容道源之「不死不生」「不減不增」之觀念，可能學自
佛經，考諸《般若波羅蜜多心經》有「舍利子，是諸法空相，不生
不滅、不垢不淨、不增不減。」《寶玄經》之觀念便極可能受到般
若經系之影響，其中「不減不增」固不待論，而「不死不生」則可
能是轉化自「不生不滅」的一種道教式說法，將「道源」形容成
「不死不生、不減不增」，大概是因為受到佛教思想的刺激而為了
與其「般若實相」之「不生不滅、不增不減」互別苗頭吧！《心
經》最早之譯本出自姚秦鳩摩羅什（西元 344-413），至於亦有相同

㉘　參考許抗生，《魏晉思想史》（臺北：桂冠圖書公司，1992）所論。

㉙　參劉貴傑，《支道林思想之研究》（臺北：臺灣商務印書館，1987）第四章
　　支道林思想之核心所論。

㉚　參本書上篇第三章開頭一段所論。

㉛　胡孚琛主編，《中華道教大辭典》（北京：中國社會科學出版社，1995）便
　　如此歸類。

觀念之大品般若經系，早在西晉即已被譯出。㉜所以從上述之各種資料來推論，《寶玄經》當是東晉末期之作品。

再者《寶玄經》中一段資料「過去无極，當來无窮，現在无央」（16b），此類似佛教三世說，當即佛教三世說之道教翻版。考諸佛教三世說，大抵是東晉末年中國人才漸接受三世輪迴因果報應觀。㉝所以道教界接受三世說，至少也是東晉末年以後事。劉宋高道陸修靜曾與當時王公大臣論三世之說，有如下一段記載：「宋明帝思弘道教，廣求名德，悅先生之風，遣招引。太始三年（西元467）三月，……旬日間又請會於華林延賢之館，帝親臨幸，王公畢集。……王公又問都不聞道家說二世？先生答曰：經云吾不知誰之子，象帝之先。既已有先，居然有後。既有先後，居然有中。莊子云方生方死。此並明三世。但言約理玄，未能悟耳！」㉞可見劉宋時期三世之說已廣為流傳，王公大臣皆知，陸修靜亦不得不有以應對。這為《寶玄經》作為東晉末劉宋初之道經之推斷，又多一條力證。

其次談到《寶玄經》中所使用之《道德經》版本而及於本經之經系歸屬問題。

《正統道藏》將本經歸入洞玄部本文類，另外《道藏闕經目錄》則似歸類為洞真部。本經一名《自然經》，考諸道藏凡標有

㉜ 王文顏，《佛典漢譯之研究》（臺北：天華出版公司，1984），頁303。

㉝ 參日本鎌田茂雄著，關世謙譯，《中國佛教通史》第二卷（高雄：佛光出版社，1990.2再版），頁89。

㉞ 陳國符，《道藏源流考》（北京：中華書局，1992），頁40之陸修靜傳記資料。

「自然」二字經名者多屬洞玄靈寶經類，然而援引本經之《清靈真人裴君傳》、《四極明科》卻屬於上清經系之道典，如此一來《寶玄經》又變成了上清派傳承的重要經典，這種疑似之間的情況頗令人感到迷惑，需要進一步加以釐清。

首先我們考慮一下本經的傳承，從本經及《清靈真人裴君傳》、《四極明科》可以看出傳經的仙真人物包括玉晨君、清靈真人、五方帝君、无上真人等，清靈真人固為上清派崇拜之仙真，而玉晨君、五方帝君則為上清、靈寶派所共仰之先天神，至於「无上真人」，雖然在《寶玄經》中只是一個泛稱而已，可是考諸陶弘景《真靈位業圖》（8b）第三層階左位卻有「無上真人文始先生尹喜」，這牽涉及另一個問題容後論述。❸❺所以無論從經典文獻資料或是傳承人物，皆可以看出上清與靈寶派之交涉而難以一概劃清，這種情形如果試著從六朝道教史的角度來看，或許略可得到澄清。東晉末期靈寶、上清經系分別出現了葛巢甫、王靈期造構該派的經典，這種情形造成了上清、靈寶系經典互相雜糅的現象，❸❻所以《寶玄經》依違於上清、靈寶之間也就沒什麼好奇怪的了！而《寶玄經》被納入上清經傳承系統中，除了上述之歷史因緣外，恐怕多少牽涉到教義及修行法門的因素。❸❼

---

❸❺ 參本節「二、年代與經系歸屬」一段文末所論。

❸❻ 陳國符，《道藏源流考》（北京：中華書局，1992），頁14。

❸❼ 從《紫微始青道經》、《蒼元上錄》、《北斗真經》、《中命四旋經》、《太素玉錄》、《寶玄上經》具被引於《四極明科》、《清靈真人裴君傳》中可見此六部經之關係頗為特殊。除了《紫微始青道經》、《北斗真經》、《中命四旋經》已佚外，其他道藏中可見《洞真太上太素玉錄》、《洞真太

　　然而《寶玄經》究屬上清經系抑靈寶經系呢？筆者曾經考校，初步判定《寶玄經》屬靈寶經系經典，❸現在復從其他資料比對，認為此經當屬上清經系，試重新考訂如下。

　　透過本經經文內容，《寶玄經》主要針對《道德經》系三篇重要文獻，《道德經》上下篇、《老子中經》作發揮，其中有一大段資料似乎是模仿《周易·序卦傳》之解釋方式而對於《道德經》八十一章各章之前後排列順序之道理作了一番說明，本經所據之《道德經》版本，雖非全豹，但在《道德經》版本學上或老學史上亦是一不可多得的文獻，據此有助考校其版本並溯其源流。今日可見的漢魏六朝道教徒所著之《道德經》注疏本並不多，然而敦煌遺留下來的一批道經寫卷卻有助於作進一步的考校。筆者對於這些資料作了一番比勘，發現凡是卷尾題有「太極左仙公序、係師定河上真人章句」之寫卷與同是敦煌寫本之《想爾注》在其所使用之《道德

上倉元上錄》，二者皆明言乃玉晨君所修，前者直言該經出世年代為「晉（東晉）永和十一年」（4b）該經重存思太素、太和、太一三君，並言「三君三氣本混沌一原，應化之根，與天地為四，并兆身為五，能存五者與道合真。」（2a）這種觀點與重視存思歷臟法之《寶玄經》是相應的，且《寶玄經》亦有「識三（玄元始炁）守五（五行）」（20b）之以三五為思考架構的特色。另外後者明顯提出三洞十二部的觀念，可見三洞十二部觀念早於陸修靜，而當是東晉時代之產物，而且《洞真太上倉元上錄》有「渺莽無極，不可具言，總號自然，表名元氣，元氣善應，化而為形，形象有稱，大略目曰天地，天地覆載，含育倉生。」（2a）、「分化殊形，源本一也」（3a）亦與《寶玄經》所言相應。所以這一批經典當出於道經大量被造構的東晉時代，且是在修行法門或經系上具有某種關係之一系經典。

❸　參考拙著〈太上洞玄寶元上經──一個道教老學詮釋的例子〉，收入《「宗教與心靈改革研討會」論文集》（高雄：高雄道德院，1998），頁 274-282。

經》之版本上幾乎是一樣的，而這種版本（以下簡稱甲本）與《寶玄經》者（以下簡稱乙本）卻有相當的出入，這種情形頗耐人尋味，似乎暗示著兩種道教《道德經》版本的存在。太極左仙公即東漢末三國吳之葛玄（西元 164-244），系師一般指東漢末三國魏之張魯（?-西元 216），將此二人與河上真人牽扯上關係是很獨特的現象。從《後漢書·劉焉傳》等史料可見張魯極可能對於《老子河上公章句》做過一番考校功夫，❸❾而據《茅山志》卷九《道山冊》所載：

> 按《登真隱訣》隱居云：老子《道德經》有玄師楊真人手書張鎮南古本。鎮南即漢天師第三代系師魯，魏武表為鎮南將軍者也。其所謂為五千文者，有五千字也。數系師內經，有四千九百九十九字，由來闕一。是作三十輻，應作卅輻，蓋從省易文耳，非為正體矣。宗門真蹟不存，今傳《五千文》為正本，上下二篇不分章。

所謂「上下二篇不分章」之情形與敦煌本《想爾注》正同，而甲本亦作「卅輻」，亦有「道經卅七章二千一百八十四字，德經卅四章二千八百一十五字」，與此正符，只不過甲本清楚地分章，這恐怕是後出的吧！另外敦煌鈔本 P2353 成玄英《老子開題》（所言及者即前述之「甲本」），對於五千字「由來闕一」情形之解釋亦同《茅山

---

❸❾ 據《後漢書·劉焉傳》只見張魯增飾張脩「主以老子《五千文》使都習」之事，但就當時《道德經》版本之流傳及《老子河上公章句》內容道教化之情形看來，張魯考校《老子河上公章句》是極有可能的事。另參考本書「序章」第二節所論。

志》。從上述推斷，似乎上清派所傳承之《道德經》以及流傳於南北朝唐代之所謂「太極左仙公序、係師定河上真人章句」的《道德經》版本，是以張魯所定者為祖本，況且作為上清派祖師的魏華存，曾經是天師道女祭酒，藉由她而使得天師道之張魯祖本流傳於上清派，亦當是順理成章的事情了！而葛玄《老子道德經序訣》中言：❹

> 至人比字校定，外儒所行，雜傳多誤。今當參校比正之，使與玄洞相應，十方諸天人神仙天地鬼神所宗奉文，同一無異矣！吾已於諸天神仙大王校定受傳。天人至士賢儒，當宗極正真，弘道大度，何可不精得聖人本文者乎？吾所以有言此，欲正玄妙於天地人耳！❹

由這段文字可見葛玄似乎亦曾校定過《道德經》，當然這是偽託，其真實意義則是這個《道德經》校定本，乃經過靈寶派道士完成的。而其中之「玄洞」可能即是《玄洞經》，因為《抱朴子·遐覽》正著錄有《玄洞經》十卷，這種情形不應當只是巧合吧！而正透顯出靈寶派的傳承狀況。或者，如果參酌《太真玉帝四極明科

---

❹ 關於《老子道德經序訣》之作者與年代問題，日本大淵忍爾、福井康順、武內義雄、楠山春樹等人皆曾做過討論，小林正美《六朝道教史研究》有一綜合式的論述。雖然此書未必是葛玄之作，然而葛玄之法言遺訓亦每每在焉，非與葛氏全無關係者，故此處暫列在葛玄名下而不作進一步深究。

❹ 此處所引葛玄《老子道德經序訣》以大淵忍爾所校者為準，參氏著《道教史の研究》（岡山：岡山大學共濟會書籍部，1964），頁350。

經》卷一所述：「太玄都四極明科曰：洞玄靈寶上經《大劫》、《小劫》、《五符》、《玉訣》，上清寶文、玄洞之道，自無玉骨玄圖，紫字錄名，不得見聞。有其文，則玉童玉女侍衛。」❷則其中之靈寶經，都是上清寶文，都屬於玄洞之道。那麼「使與玄洞相應」，正意味著校定《道德經》，是為了與靈寶經的玄洞之道相應。由此可以看出靈寶經派道士融合《道德經》與靈寶經的苦心孤詣了！若此，則上引被大淵忍爾標為《老子道德經序訣》之第三段的文字，與《太真玉帝四極明科經》一樣，都以玄洞之道來稱說靈寶經，則二者之年代當相近，可能即是東晉末劉宋初時期。

在《序訣》中清楚地記載著老子、尹喜、河上公之傳承史，最後且透過葛玄弟子鄭思遠言及「余家師葛仙公受太極真人徐來勒道德經上下卷，仙公囊者所好，加親見真人，教以口訣。云：此文道之祖宗也，……尤尊是書，日夕朝拜，朝拜願念，具如靈寶法矣！」加上《序訣》「太極隱訣」一段言：「先燒香整法服，禮十方三拜，心存玄中大法師老子、河上真人、尹先生，因開經蘊，咒曰玄玄至道宗……」在在可以看出靈寶派之重視《道德經》與該派之傳承系譜：老子、尹喜、河上公、太極真人、葛玄、鄭隱、葛洪。❸所以靈寶派內傳說葛玄當校定過《老子河上公章句》，且作了《序訣》，而張魯亦校定過《老子河上公章句》，因此無怪會出

---

❷ 參考《正統道藏》本兩字號《太真玉帝四極明科經》卷一頁十二。

❸ 這種情形不只在《序訣》中可見，《傳授經戒儀注訣》〈辨信物法第七〉之小注亦云「太極真人曰：五千文，仙人傳授之科素與靈寶同，限高才至士好諷誦求自然飛仙之道者，具法信紋繒五十尺，與靈寶一時於名山齋受。」（9b）亦可看到類似觀點。

現「太極左仙公序、係師定河上真人章句」這樣子的敦煌鈔本了！如果有人因為這個尾題而懷疑葛玄所校本乃以張魯者為祖本，❹則此處明言葛玄《道德經》之師承為太極真人，當可釋其疑矣！更何況玄與張魯乃同時代人物，玄之師承亦無三張一系者，此種懷疑實是望文生義之論。

所以六朝至唐代，上清派所傳承之《道德經》似乎是以張魯所定者為祖本。然則上述的乙本卻與甲本異，以下試以乙本為主，其他幾種主要《道德經》版本為輔，互相考校，其經文同於乙本者，則標以「同」字，而不列出。其缺漏者則注「缺」。❺

《寶玄經》本 （即乙本）	想爾本 （即甲本）	河上本 （景福碑）	王弼本 （武英殿）	傅奕古本 （道藏）
3 章不尚賢	缺	同	同	同

---

❹ 饒宗頤，《老子想爾注校證》（上海：上海古籍出版社，1991），頁 52 便持這種觀點。而敦煌寫卷 P2353 成玄英《老子開題》也說「太極仙公欲崇本抑末，乃示以本文止五千字，故序訣云：『吾已於諸天校定得聖人本文者乎！』今所講誦多依葛本，其葛本字體亦有訛濫，事由鈔寫差錯，非關仙公所為；至若以愚為娛，以企為喘，如斯之文，愚所未喻。」成氏所見當即是甲本，因甲本亦作「喘者不久」，而成氏雖講誦甲本（成氏以為是葛本），但亦對其經文因傳鈔之誤而深致不滿。若此則成玄英也當是看到「太極左仙公序、係師定河上真人章句」這樣子的尾題而以為葛本承自張魯定本，其說實同饒氏所言。另外大淵忍爾亦如同成玄英般，將甲本認作是葛本，而葛本乃以張魯者為祖本，唯大淵氏卻以為葛本與想爾本不同。參大淵忍爾，《初期の道教——道教史の研究 其の一》（東京：創文社，1991），頁 252。

❺ 以下所列《寶玄經》本以外之諸《道德經》版本，參酌援引島 邦男《老子校正》一書。參考島 邦男，《老子校正》（東京：汲古書院，1973）。

4 章道冲（沖）而用之	冲	冲	冲	盅
5 章多言數窮	多聞數窮	同	同	同
6 章天地根	同	天地之根	同	天地之根
9 章持而盈之	滿之	同	同	同
11 章三十輻	卅輻	同	同	同
15 章善為士者	同	同	同	善為道者
16 章致（至）虛極	致虛極	至虛極	致虛極	致虛極
16 章容乃公公乃王	容能公公能生	同	同	同
23 章希言自然	同	同	同	稀言自然
24 章跂者不立、不自矜伐	多「喘者不久」句、少「跂者不立」句、作「自饒無功，自矜不長」	同	企者不立	企者不立
27 章無轍跡	無徹跡	同	同	無徹跡
31 章夫佳兵者	同	同	同	夫美兵者
32 章不能臣	不敢臣	不敢臣	莫能臣	莫能臣
33 章死而非亡	死而不亡	死而不妄	死而不亡	死而不亡
37 章亦將無欲、天下自正	亦將不欲、天地自正	亦將不欲、天下將自正	亦將無欲、天下將自定	亦將不欲、天下將自正
49 章聖人无常心	缺	同	同	同
54 章善建不拔	缺	善建者不拔	善建者不拔	善建者不拔
57 章以正治國	缺	同	同	以政治國
58 章其政閔閔	缺	同	同	其政閔閔
59 章深根固	缺	同	深根固柢	深根固柢

67 章天下皆謂我大似不肖	缺	同	天下皆謂我道大似不肖	天下皆謂吾大似不肖
68 章善為士者	缺	同	同	古之善為士者
74 章民常不畏死	缺	民不畏死	民不畏死	同
78 章天下柔弱莫過於水	缺	同	天下莫柔弱於水	天下莫柔弱於水

　　從上列表格看來，《寶玄經》所引之《道德經》版本最接近河上本，反而與想爾本差異最大。在《寶玄經》中雖言及「五千文，文千以五，五德備充，闕一字者，理不全焉」（18b）且亦分為上經三十七章下經四十四章，從篇章結構看來似乎應當與前述甲本相同，然而自所使用版本之《道德經》經文方面比較起來，卻與想爾本大相逕庭。在許多關鍵字詞上更與想爾本不同，特別是成玄英解釋五千闕一文而成為 4999 字之因，乃在於「三十輻」作「卅輻」的緣故，而《寶玄經》本卻作「三十輻」。諸如此類，在在可見《寶玄經》本當與想爾異本。所以《寶玄經》本當屬河上本系統。

　　上述主要從《寶玄經》之《道德經》本之篇章結構、字數、經文以及相關史料來加以論證，如果從《寶玄經》內容來看，同樣可以輔證這種結果。如《道德經》六章「谷神不死」，《寶玄經》解作「故次之以谷神，養神所之，之於不死」（11b）《老子河上公章句》則解作「谷，養也。人能養神則不死也。」❹二者同樣以

---

❹　《老子河上公章句》依鄭成海，《老子河上公注斠理》（臺北：中華書局，1971）。

「養」釋「谷」，而《想爾注》則解為「谷者，欲也。結精為神，欲令神不死，當結精字守。」顯然是兩種不同的觀點。五十章「出生入死，生之徒十有三，死之徒十有三」《寶玄經》作「生者能攝養則不死，死生由九竅四關，故次之以出生入死」（16a）《老子河上公章句》解作「言生死之類各有十三，謂九竅四關也。」皆同樣以「九竅四關」解釋「十有三」，《想爾注》缺下經，但是同屬於天師道經典之《玄都律文》「虛無善惡律」中提及「虛、無、清、靜、微、寡、柔、弱、卑、損、時、和、嗇」（1a）十三者，這種解釋法似乎承襲自西漢末蜀嚴君平之解說《老子》者，**❹**於此也可看出天師道將這十三項轉化為道誡的情形，這種現象與《想爾注》以下特重「道誡」之天師道傳統是一致的。

　　《寶玄經》重視養神、四關九竅，其來有自，因為這是一部上清經系的經典，上清派最專擅存思養神之道法。所以《寶玄經》中極重視《老子中經》，據荷蘭施舟人的考證，《老子中經》可能是後漢的作品，且是道教中歷臟法相當重要的經典，**❹**《寶玄經》便言及「中經內觀，別自有經」（9a）「成人者洞體中經，中經有真，真神有降，降與己神為一身。」（4a）之內觀存思身神的歷臟法。從《老子中經》之內容，可以比較出其與上清派之關係。

---

❹　據《無求備齋老子集成初編》本嚴君平《道德指歸論》〈出生入死篇〉言「是故虛、無、清、靜、微、寡、柔、弱、卑、損、時、和、嗇，凡此十三，生之徒」恐怕天師道對同為蜀地之大思想家嚴君平的觀點亦有所吸收吧！

❹　參荷蘭施舟人（Kristofer M. Schipper），〈《老子中經》初探〉，陳鼓應主編，《道家文化研究》第十六輯（北京：三聯書店，1999）。

　　《老子中經》共分為五十五章，每章論及一位神仙，這些神仙既內在於人身中也存在於大宇宙，此經透過細密的存思歷藏法會通身中小宇宙與自然大宇宙，而達致神仙之效。其中如「道君者一也……老子太和侍之左右」（第五神仙），「老君者天之魂也，自然之君也……侍道君在左方，從仙人仲成子」（第六神仙）而，「太和者天之魄也，自然之君也……侍道君在右方，從仙人曲文子」（第七神仙）在上清道經《洞真太一帝君太丹隱書洞真玄經》中亦言：「太素君元成老子，亦天之魄……太和君皇成老子，天之魄也……太素太和二君，此天地之魂魄，生於自然」（15a）其次如《老子中經》強調的其中也有類似二位老君、仙人侍從道君左右之神仙結構只是仙名略有不同而已，這種結構亦見於其他許多上清道經。而其中之仙人名則作「正一仙人仲成子曲文子」，似乎猶有正一天師道之遺風。再者《老子中經》注重服日月之黃精赤氣法，後來演化成上清派的鬱儀結璘奔日月之道、服日月黃精赤氣之法，也是上清派用以反對或轉化天師道夫妻黃赤合氣之術的利器。其他仍有許多大小宇宙之神仙結構或存思法，皆為上清經系所轉化繼承，所以可見重視《老子中經》之存思歷藏法的《寶玄經》，當屬於上清經系經典。

　　反觀天師道系之經典《想爾注》便對存思歷臟法提出嚴厲之批斥：「今世間偽伎，指形名道，令有服色名字、狀貌長短，非也，悉耶偽耳！」（十四章）所以大抵可以推斷上清經系之創派祖師如魏夫人、一楊二許等，雖皆本為天師道徒，卻能別開生面而大異於天師道，可能即因為他們並未重視天師道之符籙章表之術，而是繼承了如《老子中經》為代表之存思歷藏法，因此可以說《老子中

經》乃上清派之遠源，甚至是其道法原型，只不過上清派後出轉精罷！但是上清派在轉化過程中仍不免受到天師道傳統之影響，而《寶玄經》正是東晉末期上清經系作品，更何況前表所列《上清太一帝君太丹隱書解胞十二結節圖訣》《洞真太一帝君太丹隱書洞真玄經》《上清道寶經》《四極明科》《清靈真人裴君傳》等上清經典皆引及此書，所以《寶玄經》自屬上清經無疑。然而《寶玄經》中所用之《道德經》版本卻屬河上公本，而非上清一系所承之天師道《道德經》本（如前述玄師楊真人亦用系師張鎮南古本般）。這種情形大抵有以下幾種可能：

　　1.《寶玄經》可能即是東晉末劉宋初王靈期以「依王魏諸傳題目，張開造制，以備其錄」❹的方法造構出來的經典之一。❺然而靈期當初至許黃民處求受上清經，是在極勉強的情況之下黃民始應允，❺所以王靈期未必得到承自天師道之楊玄師《道德經》古本，故王氏另取道門中流行的河上本，卻又聽聞天師古本分八十一章、五千文缺一字之舊制，乃遂復因襲之而成今日之面貌。更何況《寶玄經》之詮解《道德經》篇章結構多有承自葛洪者，此正與王氏造

---

❹ 參《真誥‧敘錄》。《寶玄經》正是〈清靈真人裴君傳〉中裴君所受自仙真之道經之一。

❺ 張超然經過細密的考察認為，王靈期當時確實按照上清諸傳題目作為其造構之對象，同時也為這些新完成的經典制定了相應的傳授科律。參張超然，《系譜、教法及其整合——東晉南朝道教上清經派的基礎研究》（臺北：國立政治大學中國文學系博士論文，2008），頁 283-286。而《寶玄經》正即是王靈期所造構的新經典之一。張氏之說，可以與本文之推論互相發明。

❺ 參《真誥‧敘錄》：「（王）於是詣許丞（黃民）求受上經，丞不相允，王凍露霜雪，幾至性命，許感其誠到，遂復授之。」

構上清而雜揉靈寶經之史實相符。❺

2.天師道本就輕視存思歷藏法，故王靈期轉而尊崇重視谷神（養神）的河上本而不用系師張魯故本。

3.系師張魯原本即已校訂河上公本，後來又「託邁想爾」這位仙人而有想爾本出世，亦即出自張魯手中之《道德經》有兩種版本，後來道徒沿用混淆二種本，於是才出現如題有「太極左仙公序、係師定河上真人章句」之寫卷與同是敦煌寫本之《想爾注》在其所使用之《道德經》之版本上幾乎是一樣的情形。而王靈期所用者正是未混用前之原始的系師河上定本了。

《寶玄經》乃以《道德經》、《老子中經》為討論重點，在其傳承史上強調「傳无上真人」（1a），這是有原因的。《老子中經》早已提及《道德經》三篇是一文本組：「吾（老君）時時自按行此三篇上下中經。」（21a）出自漢代的《老子中經》已三篇並稱，前此的史書中只有《史記》載有老子傳《道德經》上下二篇於關令尹喜之故事，所以《老子中經》這個傳說原型自易為後人所附會，因此才會出現劉宋時徐氏所編的《三天內解經》言：「老子知周祚當衰，被髮佯狂，辭周而去。至關，乘青牛車與尹喜相遇，授喜上下《中經》一卷，《五千文》二卷，合三卷。」（上\4a）❸之附會神話。而這位故事主人翁尹喜正是「无上真人」，考諸陶弘景《真靈位業圖》（8b）第三層階左位有「無上真人文始先生尹

---

❺ 參考本書上篇第二章第二節一、(一)「甲、篇章結構」所論。

❸ 《三天內解經》是劉宋時三天弟子徐氏所撰，徐氏乃一天師道徒，卻也重視存思歷藏法之《老子中經》，大抵是當時天師、上清道法已形成融合現象之故。

喜」，即可印證。《寶玄經》中「知末守本，玄覽无疵，其術无
上，是以學此之儔，皆號无上真人也。」（7b）之「无上真人」便
非只是一泛稱而已，而涉及道經之傳承神話！

附錄二：
道教「玄」與「重玄」觀念流變考

　　考察東晉末期南北朝隋唐重玄思潮之發展前，有必要先說明何謂「重玄」思想？並對於道教內部「玄」、「玄玄」、「太玄」、「重玄」，以及與其他相關之重要概念，如「有」「無」「空」「太空」等，其間之交涉關係作一釐清。基本上只針對東漢至東晉這段時期之重要文獻資料，追溯其演變之跡，南北朝隋唐時期，本書上篇將作專題式論述，不必重複。

　　所謂重玄思想，若從南北朝晚期「重玄」思想已較成熟之資料切入，當有助進行剖析瞭解。

　　唐武則天朝，沙門玄嶷《甄正論》卷下批斥《本際經》乃隋朝道士劉進喜、李仲卿所造之偽經，不足為信。而《本際經》正是重玄思想之重要道經。《本際經》卷八〈最勝品〉中說：

> 夫十方天尊發心之始，皆了兼忘重玄之道，……帝君又問：
> 何謂兼忘？太極真人答曰一切凡夫……染著諸有，……不能
> 無滯，故使修空，除其有滯。有滯雖淨，猶滯於空，常名有
> 欲。故示正觀，空於此空，空有雙淨，故曰兼忘。……帝君
> 又問：何謂重玄？太極真人曰……所言玄者，四方無著，乃
> 盡玄義。如是行者，於空於有無所滯著，名之為玄，又遣此

　　玄，都無所得，故名重玄，眾妙之門。❶

「兼忘」即「玄」，又遺忘此「玄」，則曰「重玄」。所以，劉、李二道士之重玄觀，乃在於透過兩重之遺忘，以達最高境界。年代稍後之初唐成玄英法師《老子道德經開題序訣義疏》則說：

> 所言玄者，深遠之名，亦是不滯之義。言至深至遠不滯不著，既不滯有又不滯无。豈唯不滯於滯，亦乃不滯於不滯，百非四句，都無所滯，乃曰重玄。故經云玄之又玄，眾妙之門。❷

所以成玄英之「玄」義，包含「深遠」與「不滯」二義，可說遠紹葛洪《抱朴子內篇・暢玄》中所論觀點。不過依學者研究，成玄英之「重玄」義，主要有：有無都無所滯、不滯於不滯、藥病俱遣、境智雙泯等幾個重點。❸可見成法師論「重玄」，仍承襲劉、李二人。其中「百非四句」指佛教術語，功能在於對各種名相之遮撥，是佛教中觀學之基本思想。❹成玄英在其《莊子・大宗師》之疏亦

---

❶　敦煌寫卷 P3674《太玄真一本際經》。

❷　敦煌寫卷 P2353 成玄英《老子道德經開題序訣義疏》。

❸　參藤原高男，〈老子解に於ける重玄派の後裔〉，收入《池田末利博士古稀記念「東洋學論集」》（廣島：池田末利博士古稀記念事業實行委員，1980）。

❹　「四句百非」乃三論宗、禪宗習用語。「四句」指有、無、亦有亦無、非有非無。「百非」，則如北本《大般涅槃經》卷 21 所說，如來之涅槃，乃非有非無、非有為非無為、非有漏非無漏、非過去現在未來等等種種之否定。參

言：「夫道，超此四句，離彼百非。名言道斷，心知處滅。雖復三絕，未窮其妙。而三絕之外，道之根本，所謂重玄之域，眾妙之門，意亦難得而差言之矣！」可互相印證成氏之一貫觀點。「三絕」一詞，成氏自釋為「一者絕有，二者絕無，三者非有非無，故謂之三絕也。……至乎三絕方造重玄也。」活躍於唐高宗、武周期之道士李榮，也對「重玄」下定義，他注解《道德經》首章「玄之又玄，眾妙之門」說：

> 道德杳冥，理超於言象；真宗虛湛，事絕於有無。寄言象之外，託有無之表，以通幽路，故曰玄之。猶恐迷方者膠柱，失理者守株，即滯此玄，以為真道，故極言之非有無之表，定名曰玄。借玄以遣有無，有無既遣，玄亦自喪，故曰又玄。又玄者，三翻不足言其極，四句未足致其源。❺

李榮謹守劉李成三高道舊說，其「重玄」仍以雙重遮遣以契最高境界為義。李榮亦提及「三翻」、「四句」術語。「三翻」意亦當略同「三絕」，可能是佛學術語，指隋天台宗智者大師所提出的空、

《佛光大辭典》（高雄：佛光，1988 年 12 月 2 版），頁 1676 中「四句百非」條。又「四句」亦可指「四句分別」之省略，而「四句分別」即有門、空門、亦有亦空門、非有非空門，參《佛教哲學大辭典》（臺北：正因文化公司，1998 年 1 月初版），頁 528 下「四句」條。不過亦有一說，認為「四句」乃即「無生四句」，即《中論·觀因緣品》：「諸法不自生，亦不從他生，不共不無因，是故知無生。」等四句。但是，無論何解，皆指對於各種言象之消除否定。

❺ 參嚴靈峰，《輯李榮老子注》（《無求備齋老子集成初編》本）。

假、中三諦或是天台三觀吧！所以，成玄英、李榮率皆深諳佛教中觀學說，但又認為中觀說非究竟之論，真可謂入室操戈啊！

因此，透過重玄思潮中，最具代表性之三代高道，我們可以看出「重玄」之真諦，乃在於經由雙重遮遣之工夫以契究竟地，此義大概可說是重玄思潮發展之主軸吧！所以以下對於重玄思潮之發展，也以此「重玄」義為基準做判斷。

將重玄之道作為一個學術流派來看待者，似當首推晚唐杜光庭，不過杜氏之說大抵承自初唐成玄英法師。成法師說：

> 夫釋義解經，宜識其宗致。然古今注疏玄情各別，而嚴君平《指歸》以玄虛為宗；顧徵君《堂誥》以無為為宗；孟智周、臧玄靜以道德為宗；梁武帝以非有非無為宗；晉世孫登云「托重玄以寄宗」。雖復眾家不同，今以孫氏為正。**❻**

成氏之說似尚未有清楚之流派觀念，杜光庭幾乎全同成氏所說，而文字略異，《道德真經廣聖義》作「孫登以重玄為宗。宗旨之中，孫氏為妙矣！」（5\13a）而且杜氏《道德真經廣聖義》論「宗趣指歸」時又加以敷衍而成：

> ……松靈仙人、魏代孫登、梁朝陶隱居、南齊顧歡皆明理身之道，……梁朝道士孟智周、臧玄靜、陳朝道士諸糅、隋朝道士劉進喜、唐朝道士成玄英、蔡子晃、黃玄賾、李榮、車

---

❻ 敦煌寫卷 P2353 成玄英《老子道德經開題序訣義疏》。

玄弼、張惠超、黎元興皆明重玄之道，……（5\12b）

因為杜光庭明白揭舉「重玄之道」，所以學界便認為似乎有一「重玄派」存在。事實為何？頗費思量。成、杜二人與東晉南北朝相隔數百年，其說法實令人懷疑。從歷史角度做考察，實際並非如此。

在前文曾論及，西漢末黃老學者嚴君平可能是重玄觀念之遠源。如就東晉南北朝而論，盧國龍接受成玄英、杜光庭二人之說，亦認為東晉孫登乃重玄觀念之濫觴。不過孫登之重玄觀則受其家學與名僧支道林之影響。因為支道林時用「雙玄」「重玄」之語，故盧氏有此推論。❼不過考諸支道林「雙玄」「重玄」之語，其義未必便與後來重玄學者使用「重玄」一語之內容相同。支道林《大小品對比要鈔序》說：

> 夫《般若波羅密》者，……其為經也，至無空豁，廓然無物者也。無物於物，故能齊於物；無智於智，故能運於智。是故夷三脫於重玄，齊萬物於空同。明諸佛之始有，盡群靈之本無。登十住之妙階，趣無生之徑路。何者？賴其至無，故能為用。

從中可見，支氏用「重玄」一詞，特僅轉自老子「玄之又玄」之自鑄新語罷！並無後代重玄學者用此詞之義。這段序文更可見支道林

---

❼ 盧國龍，《中國重玄學》（北京：人民中國，1993）第一章重玄宗源，便持此種論點。

之宗旨固為「本無」。他的「即色」義，可說重在為「本無」義做
注解，即從即色義以證本無之旨。所以，若說孫登承襲支道林義，
則其「重玄」概念即可能異於後代重玄學者所指。更何況就現存孫
登注解《道德經》之殘注作觀察，只見有「妙一宅於太虛之內，玄
化資於至道之用，故因其所由謂之曰生。」（《初學記》卷 23 道第一
「生一」引），又有「柔能破剛，無能遣有。以是知無為之教大益於
人。」（《正統道藏》唐 張君相《道德真經注疏》4\26a）既強調「妙一」
概念，又說以無遣有，所以孫登可能仍如當時學者所論，極其重視
「本無」或「至無」的概念，仍然以無為本以有為末。不過他使用
「遣」字，則明顯受佛教般若義之影響，是其特出處。因此，若言
孫登受到支道林之影響而使用「重玄」一詞以解注老子則可，若說
道教之重玄義發自東晉孫登，則似言之過早矣！❽

　　若從道教界自身對於「重玄」概念之反省進行考察，則與支道
林、孫登年代相當之葛洪（西元 283-363，相當於西晉武帝太康四年至東晉
哀帝興寧元年），其《抱朴子》中有〈暢玄〉篇，專論「玄」義，足
顯當時道教界之玄思。其言曰：

　　　玄者，自然之始祖，而萬殊之大宗也。眇昧乎其深也，故稱
　　　微焉；綿邈乎其遠也，故稱妙焉。……因兆類而為有，託潛
　　　寂而為無。

❽　日本藤原高男，〈孫登老子注考〉，《漢文學会会報》第 20 號，1961，頁
　　28-29，藤原氏認為支遁、孫登二人所言之「重玄」，異於後來重玄家論義，
　　反倒與王弼注老義相近。

所以，葛洪之「玄」字，實以「深遠微妙」義為主，而成為其思想體系中之最高範疇，宇宙之本體。「玄」包含有無，可以是有也可以是無，這種觀點或許是對於魏晉玄學之反思吧！如此之思考規模與方式，幾乎已蘊含後代重玄家所喜論「重玄」之二義：「深遠」、「非有非無亦有亦無」。

不過葛洪論「玄」，或許前有所承。前述西漢末嚴君平論「玄」，其「玄」多「深遠」、「幽邈」義，❾但嚴氏之「玄」尚未被當成最高層之概念範疇，君平仍以「道」作為宇宙之本體。不過嚴氏弟子揚雄之《太玄》繼承嚴氏思想，卻將「玄」提升至與「道」相當之地位，以「玄」取代「道」而成為宇宙之本體。其言曰：「玄者，幽攤萬類而不見形者也，資陶虛無而生乎規，焜神明而定摹，通同古今以開類，攤措陰陽而發氣。」（《太玄・太玄攤》）❿揚雄之「玄」即「道」，揚雄〈解嘲〉言：「（玄）深者入黃泉，高者出蒼天，大者含元氣，纖者入無倫。」王充《論衡・對作》亦曰：「《易》之乾坤，《春秋》之元，揚氏之『玄』，卜氣號不均也。」「氣」即元氣，這是王充對於揚雄「玄」義之理解，揚雄也確實將「玄」等同於宇宙生化之源「元氣」，揚雄正是吸收黃老思想而紹述著漢代之氣化宇宙論觀點。⓫可見最晚在東漢揚雄時已將「玄」範疇提升至前所未有之地位，成為現象之本體。所

---

❾　參考本書上篇第二章第一節「重玄思想之遠源」所論。

❿　以〔漢〕揚雄原著，鄭萬耕校釋，《太玄校釋》（北京：北京師範大學出版社，1989）版本為主。

⓫　參考鄭萬耕，《揚雄及其太玄》（臺北：藍燈文化公司，1992）第三章第二節及第四章所論。

以，葛洪之「玄」義，多有承自揚雄《太玄》者。❷

另外在此亦特別說明，道教「太玄部」之成立以及「太玄」一概念，與揚雄之《太玄》並無直接關係。

葛洪生平跨西晉初至東晉中期，從年代稍後之上清經系經典，亦可與葛洪相銜接，而得以略窺當時之思想特色。如《真誥》乃東晉中期上清系之祖師一楊二許等人之降真實錄。《真誥》屢言「有無」，又說「無待太無中，有待太有際。體無則能死，體有則攝生，有無非有定。」（3\4）「人生如幻化耳，道成則同與天地共寓在太無中，若洞虛體無則與太無共寓在寂寂中，能洞寂者則視之不見，聽之不聞。」（6\11a）「君安有有際，我願有中無」（3\12b），「仙道寂寂，以無期我，我亦無也。」（4\1a）在在可見，《真誥》仍如支道林、孫登一般，受當時玄風影響，特重「有無」概念，只不過《真誥》時而使用道教色彩之用詞——「太無」「太有」「至無」「寂無」，略有所異罷！此外《真誥》對於「玄」字之用法，如「玄玄以八風為關籥，天地為隄防。」（3\16b）「無宗玄玄」（13\12a）其「玄玄」皆作玄奧深遠之意，此義雖亦為後來重玄學者所樂道，但終非其宗旨所在。再者「太玄」一詞，則言「栖神乎太玄」（2\17b），「內研太玄、我佩上法、受教太玄」

---

❷ 　王明也注解道：「玄者自然之始祖而萬殊之大宗也。此所謂玄，原自漢代揚雄之《太玄》，非魏晉玄學之玄。此論玄為宇宙之本體，尤著重於玄道。玄道亦即玄一之道。下文所謂得之乎內，守之者外，用之者神，忘之者器，此思玄之要言也。由此可見抱朴子所謂玄，實為神秘主義之本體論。」參王明，《抱朴子內篇校釋》（增訂本）（北京：中華書局，1988），頁4注一。

（10\15a12a），因此「太玄」一詞可能指「太玄都」或其他之天界他界，總之，此時使用「太玄」之語，與「重玄」概念並無關係。然而《真誥》中「有無非有定」的觀點，可以看出佛教般若思想滲透之跡。不過，大抵當時道教界尚未將般若遮遣雙非觀加以運用而與「重玄」一詞相關連。甚至《真誥》說「張理禁好談有無玄理」（13\11）張理禁乃降誥之仙真，仙真況且好談玄理，何況凡間之弟子，能不受影響乎？於此可見玄學思潮之籠罩力了！

此外，佛教的「空」概念，也薰染道教界。不過道教自有其轉化的方式。如《真誥》言：「實中之空，空中之有，有中之無象矣！」（1\8a）是對佛教的「空」之吸融。「空」似乎略同於「無」，《上清高聖太上大道君洞真金元八景玉籙》言：「无彎而騁，八界三道，胡神以驚。高德遠曜，眾門運靈。即空亦无，作无兩名，太玄一標，支條由情。……二度七結，及乃无生。飆霄遏離，有中頗虛。大妙雖唱，玄景未踈。塵迹始豪（似當作毫），坐與本无。不貴常琇，理歸漠愉。大慧已釋，與天同休。」（10b）胡神即暗指佛教。顯然從道教立場，透過「太玄」、「本無」之觀念以融釋佛教之「空」，則「空」亦不過道教「無」之另一別名而已！有時也將「空」改頭換面，融入道教神學教義中，如《上清五常變通萬化鬱冥經》說：「太上大道君曰：空常者，天地之魂魄，陰陽之威明。空者，九天之魂精，常者，九地之魄靈……上相青童君敢請問空常之道……太上大道君曰：空常者，天地之至名，而謂之無名，混而為一是為有名。」（1ab）有時「空」又被轉化成「太空」概念。如《元始上真眾仙記》所言：「天形如巨蓋，上無所係，下無所根。天地之外，遼屬無端。玄玄太空，無聲無響；元氣浩浩，

如水之形。」（2a）顯然這是一個氣化宇宙發生論的敘述模式，玄玄是深遠悠渺難辨之狀詞，「太空」似乎便是一浩瀚無垠的時空概念。「太」有無限、至極之義。

上述《真誥》等諸經如此，其他年代相仿之道經也未嘗不如是。劉宋陸修靜《洞玄靈寶齋說光燭戒罰燈祝願儀》有「誦智慧頌」一段，引及此頌曰「智慧起本無，玄玄超十方，有有竟不有，無無無不容。」（7b）仍然強調「本無」，當然其中透顯出之非有非無觀點，多少是受佛教影響，既然非有亦非無，故道教界便以「太無」「至無」或「本無」概念表之。「玄玄」似亦當作玄遠深奧義，與後代重玄學者所論不盡相同。陸氏所引〈智慧頌〉乃見於《上清洞真智慧觀身大戒文》之頁一。可見在陸修靜之前，大概東晉末劉宋初年，道教界普遍還是注重有、無觀念之探討，「玄玄」概念之運用，也多深遠之義。另外《太上經戒》言：「太極真人曰：道，無也，近在我身，乃復有也，因有以入無，萬物如幻，皆當歸空。」（3b）《正一論》也說：「至道所取，埋跡眾妙之門，送心玄玄之無」（6b）皆可與陸修靜所引資料互相印證。至於「重玄」一詞，則《紫陽真人內傳》說：「徘徊重玄巔，混洞道沌同」（17b），再者《上清高上玉晨鳳臺曲素上經》言：「流光拂重玄」（4b）此處二「重玄」用語，皆作重天之義，「玄」作「天」解。大異於後代之「重玄」論點。其他尚有許多上清、靈寶、天師道經，皆重視有無概念之闡析，不再具引。然而卻鮮見後代重玄學者所論之觀點，不過佛教般若遮遣雙非之思想已漸滲透入道教界，這與東晉末或劉宋初年之《寶玄經》的情形，恰可相互比對發明。

所以，從觀念史（history of ideas）角度考察，從漢代黃老思想至

東晉南朝宋齊之道教，關於「玄」、「玄玄」、「太玄」、「重玄」等概念之義涵，基本上不外「天」、「深遠玄奧」之義，⑬「太玄」有時也作為道教神學中天界之「太玄都」之義使用。梁朝以迄隋唐，遮遣有無、不滯此遮遣之「不滯」義的「重玄」觀方被凸顯出來而成為道教教義之核心概念。當然「玄」字之「深遠」與「不滯」二義皆為後來之道教徒所承襲。

如果復就「思想史」（intellectual history）的觀點分析，則道教在東晉宋齊時期，面對玄學與佛教之挑戰、刺激，也做出相當的因應。針對玄學關於「有」、「無」哲學範疇之討論，道教界本著《道德經》與黃老思想，既無法迴避又必須超越，於是提出「太無」、「太有」、「非有非無」等概念，有時則以「玄」、「玄玄」、「太玄」等充滿虛無渺遠含意之觀念以融釋玄學之「有」、「無」，而這些概念主要承襲自黃老思想。當然「非有非無」之遮撥思惟，則是吸收自佛教者。

面對佛教的「空」，道教又提出「太空」之觀念範疇，或是以「玄」、「玄玄」、「太無」、「至無」或「本無」諸概念將佛教的「空」消化而轉為己用。

---

⑬　「玄」字先秦兩漢子書早已使用，魏晉時期更為流行。如「玄遠」、「玄化」、「玄曠」、「玄言」、「玄教」、「玄冥」等等。魏晉玄學家使用「玄」字，仍承襲先秦兩漢作「深遠玄奧」之義，這一點與道教界無異。如王弼《老子注》第一章言：「玄者，冥也；默然無有者也。」又《老子指略》：「玄，謂之深也。」，又言：「玄也者，取乎幽冥之所出也。」可見一斑。參考趙書廉，《魏晉玄學探微》（安陽：河南人民出版社，1992），頁3。

　　所以，經由上述的剖析，我們可以發現，東晉宋齊之際的道教界，立基於黃老思想以因應玄學與佛教兩大思潮，對於「有」、「無」、「空」等玄、佛之核心觀念，則相對提出「太空」、「太無」、「至無」、「本無」、「玄」、「玄玄」等獨特的概念範疇。所謂「太」「至」或「本」等用詞，皆凸顯無限、至極、無與倫比、涵融一切之義，顯然是承襲自黃老思想之「太極」、「太虛」、「太微」、「太清」、「太素」、「太初」、「太始」、「太和」等等概念，而「玄」字義之強調與使用，也是從黃老思想轉化出來的。

　　所以南北朝晚期逐漸成熟之道教「重玄」思想，其來有自、淵源久遠，而非突然發生的思想現象。透過上述的考察、分析，有助我們釐清，玄學流行的當時，道教界並未缺席。與玄學相較，二者思想根源皆來自漢代，只不過二者承受之思想模式不同罷了！

附錄三：
道教道德經傳本暨「太玄部」經典之考辨

太玄部經目前已述及，以下對每一部經進行考論。

一、太玄經

此書並非漢代揚雄之《太玄經》，與之亦無關係。今已佚失，在「太玄部成立之基礎」一節已討論過，請參考。

二、老子道德經（含〈道德經序訣〉、〈道德經盟文〉、〈十戒經〉、〈十戒經盟文〉）

關於老子《道德經》，自司馬遷《史記》所載以來，歷代學者並無異議，後出之老子、尹喜神話亦多以之為張本，所以《道德經》一書可無需再做深論。

不過此書在南北朝時道教界之傳本，則有必要作一考校。❶從唐代之敦煌寫卷 P2584、S6453 無注五千字本《道德經》、P2370〈道德經序訣〉、S75〈道德經序訣〉、P2417〈道德經盟文〉、

---

❶　關於六朝隋唐時期，道教或世俗之道德經版本異同之考察，另請參考本書「附錄一：《寶玄經》之年代、經系與相關考證」以及本書序章「第二節『正典』之形成」的討論。

P2347〈道德經盟文〉、S6454〈十戒經〉、P2347〈十戒經盟文〉
比對看來，❷敦煌道教界對於道德五千文經之傳授，其所繕寫之經
卷型式各段落，首先是傳說為葛玄所作之〈道德經序訣〉，接著是
分為「道經上德經下」之無注五千字本《道德經》（實際上共四千九
百九十九字，號稱五千文）。經文後接著標出「道經卅六章（或作卅七
章）二千一百八十四字，德經卅五章（或作卅四章）二千八百一十五
字，五千文上下二卷合八十一章四千九百九十九字」。最後有「太
極左仙公序係師定河上真人章句」之下款（或有加上「老子道德經上下
卷」者）。而後接著寫有〈道德經盟文〉，然後是〈十戒經〉，最
後是〈十戒經盟文〉。

　　首先談及寫卷開端之葛玄〈道德經序訣〉。關於此篇著作，其
年代論者紛紜，莫衷一是。小林正美最新之考證，認為此篇文字之
第一、三～五段成於劉宋天師道徒之手，第二段則成於梁朝末期。
此篇作品則梁朝末年（西元 540-557）天師道徒所編成者。❸從〈道德

---

❷　所引敦煌寫卷參大淵忍爾，《敦煌道經圖錄編》（東京：福武書店，
　　1979）。另參李德范輯，《敦煌道藏》（北京市：中華全國圖書館文獻縮微
　　複製中心，1999）。尚有一件〈十戒經盟文〉手抄卷，大淵忍爾書未收，李
　　德范《敦煌道藏》一書也未收此寫卷，其全文可參考任繼愈，《中國道教
　　史》（上海：上海人民，1990），頁 301-302 轉引。此外，關於敦煌無注本
　　五千字《道德經》寫卷之討論，也可參酌王卡的研究。王氏將這個主題，納
　　入四輔中的「太玄部」進行分析。這個觀點符合六朝道教經教體系之說法，
　　也與本書的觀點相合。請參王卡，《敦煌道教文獻研究——綜述·目錄·索
　　引》（北京：中國社會科學出版社，2004），頁 159-167。
❸　參見小林正美，《六朝道教史研究》（東京：創文社，1990）第二篇第二章
　　附〈老子道德經序訣〉一文之考證。

經序訣〉全文分為五段及其內容看來，❹這篇序文似乎透顯出一個
《道德經》傳承系譜：老子、尹喜、河上公、太極真人、葛玄、鄭
隱。所以當是靈寶經系之舊說，這個系譜可與靈寶道經《上清太極
隱注玉經寶訣》、《太極真人敷靈寶齋戒威儀諸經要訣》互相印
證。即便如小林氏所說成於天師道徒之手，亦當承自靈寶系舊說。
依筆者之見，從五段之組成判斷，此五段文字當是按照年代先後被
編入者。特別是最後一段稱為「太極隱訣」，其內容顯然選編自
《上清太極隱注玉經寶訣》之頁四、五、七、十五。而此經在陸修
靜宋元嘉十四年〈靈寶經目〉仍稱作「太上玉經太極隱注寶經訣一
卷」，❺但是成書於梁武帝在位之末期（西元 536-549）的《三洞奉道
科戒營始》❻，其中卷四「靈寶中盟經目」列有「太極隱訣一
卷」，即此「太上玉經太極隱注寶經訣一卷」。若此，則有兩種可
能：1.「太極隱訣」段被編入〈道德經序訣〉之年代（即〈道德經序
訣〉之完成今本面貌之年代），當後於《三洞奉道科戒營始》，而沿用
了「靈寶中盟經目」之「太極隱訣一卷」之經名。2.《上清太極隱
注玉經寶訣》在宋元嘉十四年之後，梁武帝在位之末期（西元 536-
549）之前，被改稱作「太極隱訣一卷」。於是《三洞奉道科戒營
始》與〈道德經序訣〉之第五段皆襲用此新經名。然而《隋書·經

---

❹　以大淵忍爾，《道教史の研究》（岡山：岡山大學共濟會書籍部，1964）第
　　三篇第三章之〈道德經序訣〉的校文為參考依據。

❺　參大淵忍爾，《敦煌道經圖錄編》（東京：福武書店，1979），頁 727a24 宋
　　文明〈通門論〉卷下。

❻　參本書下篇「第一章 太玄部經教系統」「第一節 太玄部成立之基礎」一開
　　始之考證。

籍志》卷三「老子義綱一卷」之注文有「梁有……老子序次一卷，葛仙公撰」，「序次」當為「序訣」之誤寫。可見〈道德經序訣〉成於梁朝。依此，可以推判〈道德經序訣〉完成今本面貌之年代當在梁朝末期。

其中之〈十戒經〉內容論及「十戒十四持身之品」。所謂「十戒十四持身品」，《三洞奉道科戒營始》「法次儀」言：「清信弟子受天尊十戒十四持身或十二可從、六情等戒，得加此號也……老子金鈕青絲十戒十四持身戒受稱老子青絲金鈕弟子、……」（4\5a）其中兩項「十戒十四持身戒」，究為何物？同一否？而為何可分別授於「清信弟子」與「老子青絲金鈕弟子」？

敦煌寫卷 S6454 之〈十戒經〉實即今本《正統道藏》陶字號《洞玄靈寶天尊說十戒經》之原本，後者乃宋代以後之道藏編纂者所加上之經題。❼〈十戒經〉中之「十戒」，乃出自《太上洞玄靈寶智慧定志通微經》（本經未見「十四持身品」）。其他如《無上秘要》、《太上戒經》、《要修科儀戒律鈔》、《雲笈七籤》亦皆曾引及此十戒，多稱「定志十戒」。❽而「十四持身品」則出自《太上洞玄靈寶智慧罪根上品大戒經》（但本經未見「十戒」）。「十戒」、「十四持身品」合為一體而流行之形式，在南北朝末即已形成。所以吉岡義豐認為〈十戒經〉當成立於梁朝末年。❾北周天和

---

❼　吉岡義豐，〈敦煌本十戒經について〉，收入氏著《吉岡義豐著作集》第二卷（東京：五月書房，1989），頁 245。

❽　楠山春樹，〈道教における十戒〉，收入楠山春樹，《道家思想と道教》（東京：平河出版社，1992），頁 84。

❾　吉岡義豐，〈敦煌本十戒經について〉，頁 246 及注 8。

五年（西元 570）甄鸞《笑道論》已言：「起禮北方為始者，依《十誡十四持身經》云，北方禮一拜，北方為始。東向而周十方，想見太上真形。」《十誡十四持身經》當即指〈十戒經〉。天和五年相當陳宣帝太建二年。所以吉岡氏推斷成書於梁末極有可能。不過甄鸞這段話所指出之儀式，略見於今本《三洞奉道科戒營始》卷六頁十「度人儀」及敦煌寫卷 P2337《三洞奉道科戒儀範》「度人儀」，略作為「迴身禮十方，從北始。至心歸命北方無極太上靈寶天尊，十方同。次東，次南，……為說十戒，……天尊言善男子善女子……受我十戒，……」（6\10b）而吉岡氏考證認為《三洞奉道科戒儀範》乃成書於梁末。所以吉岡氏又稱〈十戒經〉當成立於梁朝末年，似乎有點自相衝突了！

　　若再考察《三洞奉道科戒營始》卷六頁十「天尊言善男子善女子……受我十戒，則為大道清信弟子，……一者不殺，當念眾生；……十者一切未得道，我不有望。……」一段文字，除了缺少「十四持身品」外，幾乎與〈十戒經〉全同，可見《三洞奉道科戒營始》卷六頁十這段，當為甄鸞《笑道論》所稱之《十誡十四持身經》之原始版本，而〈十戒經〉可能更屬後出之傳本。不過《三洞奉道科戒營始》卻已提及「十戒十四持身品」，據此似可推斷，當時十戒、十四持身品已合為一體，但是所謂之《十誡十四持身經》大概尚未編成。根據小林正美之考證，《三洞奉道科戒儀範》乃成書於梁武帝在位之末期（西元 536-549）。❿若此，則確切地說，所謂

---

❿　參小林正美，《六朝道教史研究》（東京：創文社，1990），頁 97 之註 8 之考證。小林氏贊成吉岡義豐之說，但略作修正，基本上仍認為《三洞奉道科

《十誡十四持身經》當成書於梁武帝在位之末期（西元 536-549）與北周天和五年（西元 570）之間了！而〈十戒經〉更在其後了。

所以〈道德經序訣〉及〈道德經盟文〉、〈十戒經〉、〈十戒經盟文〉等，當皆為陳隋之際被編入道教之《道德經》傳本之中，而成今日所見敦煌寫卷之面貌了！

而前述《三洞奉道科戒營始》卷六頁十「天尊言善男子善女子，能發自然道意，來入法何，受我十戒，則為大道清信弟子，皆與勇猛飛天齊功，於是不退，可得超凌三界，得為上清真人，……」若與《太上洞真智慧上品大誡》⓫經文「天尊言，若善男子善女人，能發自然道意，來入法門，受我十誡，行十二可從，則為大道清信弟子，皆與勇猛飛天齊功，……心不懈退，……超陵三界，為上清真人。」（5a）互相比較，可以發現，前者乃以後者為藍本編成者。又《太上洞真智慧上品大誡》列出所謂「智慧上品十戒」後，接著言：「天尊言，修奉諸誡，……長齋奉誡，自得度世。」（2b）一段，完全同於〈十戒經〉之後半段。所以《太上洞真智慧上品大誡》之經文形式，更稱得上是〈十戒經〉之原始參考版本。

再回到前述《三洞奉道科戒營始》中兩項「十戒十四持身戒」，同一否？而為何可分別授於「清信弟子」與「老子青絲金鈕弟子」的問題。楠山春樹將《三洞奉道科戒營始》（下稱甲）與唐

戒儀範》乃成書於梁武帝在位之末期（西元 536-549）。

⓫　此書當為成於東晉末年之古靈寶經，參任繼愈，《道藏提要》（北京：中國社會科學，1995 年），頁 130。

代張萬福《三洞眾戒文》（下稱乙）之道士階層表列而作一比較，
他發覺甲之「清信弟子受天尊十戒十四持身或十二可從、六情等戒，得加此
號也」，相當於乙之「在俗男女無上十戒」，屬在家眾；而甲之「老
子金鈕青絲十戒十四持身戒受稱老子青絲金鈕弟子」相當於乙之「清
信弟子天尊十戒十四持身品」，屬出家眾。⑫

三、河上公注

　　「太玄部」之《老子河上公注》傳本，從敦煌寫卷判斷，可能
作二卷四篇。⑬關於《老子河上公注》一書的年代，論者紛紜，其
中吉岡義豐及王明、湯一介、饒宗頤等人主張乃東漢末年的作品，
楠山春樹認為是六朝的作品，小林正美則以為是劉宋末著成，島邦
男卻斷為李唐初年所作。⑭此外唐文播〈河上公老子章句作者考〉
（登載於《東方雜誌》第 39 卷 9 期）、谷方〈河上公老子章句考證〉（登
載於《中國哲學》第七輯）及武內義雄《老子原始》（收入《武內義雄全
集》第五卷頁 32）則同樣主張《老子河上公注》與葛洪一派有關。另
外金春峰〈也談《老子河上公注》之時代及其與《抱朴子》之關
係〉（載於《中國哲學》第九輯）則主張此書乃西漢之產物。然而即使
楠山春樹、小林正美以為是書成立於六朝，但他們仍推論《老子河

---

⑫　楠山春樹，〈清信弟子考〉，收入楠山春樹，《道家思想と道教》（東京：平
　　河出版社，1992），頁 126。
⑬　參考本書下篇「第一章　太玄部經教系統」「第二節　太玄部經目」所論。
⑭　參見王清祥，《老子河上公注之研究》（臺北：新文豐，1994），頁 11-14，
　　所作歸納性的論述。

上公注》的原本當是東漢的作品。⑮另外楊家駱先生考證認為戰國晚期的詹何，因善釣人稱之為環淵，亦即所謂河上丈人、河上公，今傳《老子河上公章句》乃偽書，實晉裴楷所作，以與王弼注爭勝者。⑯筆者基本上贊同成於東漢末年且早於《想爾注》這個說法。

四、想爾注、想爾九行二十七戒

《想爾注》久佚，今僅存敦煌寫卷 S6825 之上經殘本，由此可以推知，《想爾注》上下二篇而不分章，異於《老子河上公注》分為八十一章之情形。此正好符合《正統道藏》中劉大彬《茅山志》卷九〈道山冊〉所言，上清派楊羲所書張鎮南（即張道陵孫張魯）古本，乃上下二篇而不分章。《隋書·經籍志》及兩唐《志》均不著錄，而唐玄宗《道德真經疏外傳》列古今箋注，有《想爾》二卷，云三天法師張道陵所注；杜光庭《道德真經廣聖義》敘述歷代之詮疏箋注亦列有《想爾》二卷，亦云三天法師張道陵所注。《想爾注》經饒宗頤之考證，當為東漢末天師道之作，⑰李豐楙先生更進而從魏晉以降道教發展之脈絡考察，印證了此書為東漢末之作品的說法。⑱所以是書成於東漢末當無可疑。

---

⑮ 分別參見楠山氏《老子傳說の研究》（東京：創文社，1979），頁 163、小林氏《六朝道教史研究》（東京：創文社，1990），頁 266。

⑯ 參楊家駱，《老子新考述略》，附於〔清〕魏源《老子本義》後而收編入《新編諸子集成》三（臺北：世界書局，1972）。

⑰ 饒宗頤，《老子想爾注校證》（上海：上海古籍，1991），頁 1-5。

⑱ 李豐楙先生，〈老子《想爾注》的形成及其道教思想〉，《東方宗教研究》新一期，1990 年 10 月。

　　至於「想爾九行二十七戒」同見於《正統道藏》中《太上老君經律》、《太上經戒》，⑲而《太上老君經律》稱九行為「道德尊經想爾戒」、二十七戒為「道德尊經戒」，據王天麟之考證，前者成於東漢末，後者成於東漢末至曹魏之間。⑳柳存仁先生花費相當篇幅推論，此「想爾九行二十七戒」當早於《想爾注》。㉑不過依筆者之見，其成書先後當為：九行→《想爾注》→二十七戒。柳先生一再強調《想爾注》之「道誡」觀念，以為此「道誡」即指九行二十七戒，故認為九行二十七戒當早於《想爾注》。其實，柳氏混九行、二十七戒二者為一。若分開而論，據筆者理解，乃先有《道德經》，而後道教徒依以制定所謂之「九行」（即「道德尊經戒」）㉒，然後《想爾注》著成，教徒可能同時即將「九行」編列於《想爾注》前，或者此注流行一段時間後方二者合卷。最後教徒又依據《想爾注》制定出新的「二十七戒」（即「道德尊經想爾戒」）。若必依柳先生之說，則豈非依「二十七戒」條文以注《道德經》，方成《想爾注》之作，於理實甚拗扭。因此筆者贊成王天麟氏考證之結果。

　　另外《傳授經戒儀注訣》言：「係師得道，化道西蜀。……託

---

⑲　參考本書下篇第三章第四節「戒律」之討論。

⑳　王天麟，《天師道經系仙道教團戒律類經典研究》（臺北：輔仁大學宗教學研究所 1991 碩士論文），頁 9。

㉑　柳存仁，《和風堂新文集》（臺北：新文豐，1997），頁 292-305。

㉒　《太上老君經律》稱九行為「道德尊經想爾戒」、二十七戒為「道德尊經戒」，但筆者以為此二稱目當對調，請參考本書下篇第三章第四節「戒律」之討論。

邁想爾，以訓初廻。初廻之倫，多同蜀淺。辭說切近，因物賦通。三品要戒，濟衆大航。」（3b）可見《傳授經戒儀注訣》所用之《想爾注》本，已包括「三品要戒」了。所以包含九行、二十七戒之完整的《想爾注》本，其成書年代當早於《傳授經戒儀注訣》，而在南朝宋齊之前了。

「《戒文》一卷」，參考本書下篇第一章第二節「太玄部經目」一節。在《傳授經戒儀注訣》頁七「書經法第四」中已提及「戒文」之名，乃「繕寫經書」時所必備。所以其年代早於《傳授經戒儀注訣》，也當可溯至宋齊之前。

五、老君傳授經戒儀注訣

今《正統道藏》楹字號所收之《傳授經戒儀注訣》一卷。大淵忍爾考證認為此書成於南北朝末年，㉓然而「太玄部成立之基礎」一節論及七部之分始於齊梁時孟景翼法師，如前所言，分判「三洞四輔」之《正一經》乃南齊初年孟景翼法師之作。

其次，《老君傳授經戒儀注訣》所列者屬於「太玄部」之「原始經目」，「修訂經目」則至少梁末《三洞奉道科戒營始》即已出現，所以《老君傳授經戒儀注訣》之年代當然不可能晚至南北朝末年，而可能介於南齊初年至梁末之間，很有可能乃孟景翼所編。

再者，據《道教義樞》言：「太玄者，舊云老君既隱太玄之鄉。」（2\8a）又《雲笈七籤》云：「太玄者，孟法師云是太玄都

㉓　大淵忍爾，《初期の道教——道教史の研究　其の一》（東京：創文社，1991），頁 248。

也。」（6\13a）此位孟法師，即指南朝齊梁之際的孟景翼或孟智周法師，而《傳授經戒儀注訣》說：「師曰：老君者，得道之大聖，幽顯所共師者也。……太玄者，大宗極主之所都也。……此都無際，包羅畢周，最大無比，故謂為太；有而難見，故謂為玄。……道德之極主，三合之所成，成一之尊，住太玄之都，化應十方，敷有無之妙，妙極在老，老為宗師，師體周帀，道成特高，故曰太玄高上老君。」（1ab）正是齊梁之前的觀點，因為到了南北朝末年，「太玄部」的宗旨已轉化成「重玄」觀念，「太玄」就被解釋為重玄之義。所以《老君傳授經戒儀注訣》是南齊初年孟景翼法師之作，其可能性更加提高了。而「師曰：」之目，大概是引述師說。也許我們可以推斷，此「師」當即是孟景翼，若此則《老君傳授經戒儀注訣》則可能是齊梁時期的小孟法師孟智周所編成者。總之，大抵二孟法師的傑作吧！

六、老君自然齋儀

此書已佚，今《正統道藏》之《傳授經戒儀注訣》載《老君自然齋儀》一卷。所以其成書年代當早於《傳授經戒儀注訣》，或至少與其同時。而《玄門大義》引及此書言：

> 太玄都老子自然齋儀云玄經有三條，一曰天經，天真所修，二曰地經，洞天所習，三曰人經，世間所行。三境之法，相通而一，一品曰三乘。三乘之用各有十二條，交會相通，總曰三十六部。十二條者，一曰无為，……當境而言亦曰十二部，隱顯兼施，則有七十二部，今謂此文所出前之三經，經

自可是教，後之十二，意在行也。（19b）

這條資料透露一些訊息，可供考證。首先分道經為三類：天、地、人經。以三才思想為據，而非如後出之三洞道經分類法，似乎更近於東漢以降流行之主流思想——三才——的傳統。

接著如言「三乘」、「三十六部」之詞的使用，皆東晉末劉宋之際之慣用語，此書正好反應出其時代觀念。

七、老君自然朝儀注訣

已佚，載錄此書之資料見「太玄部經目」章節。故此書亦當早於《傳授經戒儀注訣》，或至少與其同時。

八、老君思神圖注訣

存。今存之《老君思神圖注訣》，收入《正統道藏》夙字號，經名《太上老君大存思圖注訣》，有附圖。另外《雲笈七籤》卷四十三亦收錄經名作《老君存思圖十八篇並敘》者，則缺圖，與道藏本互有詳略，可資參校。唯兩本相校，則道藏本似較為古本。

在「太玄部經目」一節所論，《老君思神圖注訣》本作一卷，然而宋鄭樵《通志》道家類「內視」一項著錄有《老子存思圖》二卷、《老子存三一妙訣圖》一卷、《老子道德經存想圖》一卷，「符籙」則著錄《三五思神圖》一卷。不過《通志》所載者，今皆佚矣，無從比校。或許到了宋代，《老君思神圖注訣》被重新編輯而析成新的四部經卷。

《上清太極隱注玉經寶訣》中之「授道德經儀」「禮經」、

「讀經存思儀」，在《老君思神圖注訣》則分別轉化成「授道德經存三宮第五」、「存項有圓光第九」、「登高座存侍衛第十七」等儀，且皆附有圖形。另外《老君思神圖注訣》中也將《太極真人敷靈寶齋戒威儀諸經要訣》許多資料編入而成為存思之儀節。❷

太玄部成於齊梁之際，《老君思神圖注訣》又編引此二部成書於東晉末劉宋之際之道經，所以《老君思神圖注訣》之年代當亦在此之間。

九、老子妙真經

佚。柳存仁先生提及道籍中收錄之兩種可能的《妙真經》本，並略做了輯佚工作，足資參考。❷此經劉宋佛道論爭時，謝鎮之〈重與顧道士書〉一文已提及，而《正一法文天師教戒科經·大道家令戒》也提到這部經典，〈大道家令戒〉之年代，根據學者研究，有的以為是三國曹魏之作品，有的認為成書於北魏，或以為成立於苻秦初至北魏初，小林正美則推翻眾說以為是劉宋末期之作。因此，小林氏以此為基礎認為《老子妙真經》乃是成立於劉宋中期至宋泰始六年之間的經典。❷基本上，小林氏之考證似嫌主觀粗

---

❷　參本書下篇第三章第六節「存思法」（一）存思與儀式。

❷　柳存仁，《和風堂新文集》，頁306。

❷　參小林正美，《六朝道教史研究》，頁328-350。小林氏歸納前人研究，其中大淵忍爾、陳世驤持第一種說法，楊聯陞第二種說法，唐長孺則第三種說法。此外王天麟，《天師道經系仙道教團戒律類經典研究》（臺北：輔仁大學宗教學研究所碩士論文，1991），頁10，亦主張成書於曹魏。至於小林正美則引用佛教徒北周甄鸞《笑道論》、唐初法琳《辯正論》以及劉宋謝鎮之〈重與顧道士書〉的攻擊論點，認為所謂《靈寶妙真經偈》乃抄改佛教《法

略，筆者贊成〈大道家令戒〉乃曹魏作品之說。而且從《老子妙真經》之內容看來，多屬素樸之黃老道家言，不應該是南朝時期道派林立競爭時代之道經。所以，《老子妙真經》成書時代當更早於曹魏了！❷⁷

十、老子西昇經

存。現行本共二種三部，日本前田繁樹氏撰〈稿本『老子西昇經』〉一文，❷⁸做了相當精細之考校，頗值參考。據考證約成書於

華經》的偽劣之作。小林氏推測，「偈」是在《妙真經》編纂時即已被附上去的。而因為《法華經》是鳩摩羅什於東晉弘始八年（西元 406）翻譯出來的，於是小林氏論斷《妙真經》成書於弘始八年之後。小林正美的臆斷實顯疏略。筆者曾於本書「附錄四：南北朝唐代道教「太玄部」經典輯佚」中蒐輯《妙真經》散佚之文，共得五十條資料，其中《靈寶妙真經偈》佔有兩條，而這兩條正只是出自《笑道論》、《辯正論》，他書未見。考察其他四十八條資料之內容，率皆素樸的黃老道家之言，而與另二條迥異。足見所謂的「偈」乃後代比附加上去的，非《妙真經》本經所原有。而依照小林正美的考察，道典被附上偈，以劉宋初的《靈寶經》與《太上洞淵神咒經》卷三為最早。若此，則將「偈」附在《妙真經》，當更是劉宋初年以後的事了。再者從《妙真經》其散佚之經文的內容看來，也與佛教《法華經》了不相涉。所以，小林氏依準佛書的論斷，便顯得證據力薄弱了。

❷⁷ 前田繁樹發現《無上祕要》卷一百所引《老子妙真經》之佚文，前田氏判斷，乃抄錄《老子西昇經》第一、二、三章而成者。所以前田氏便推斷，《老子西昇經》的時代，乃《老子妙真經》成立年代的上限。而其下限，前田氏略同小林正美的說法，主張大約是六朝中期。參考前田繁樹，《初期道教經典の形成》（東京：汲古書院，2004），頁 247-251 以及 202-203 之考證。筆者以為，《老子妙真經》與《老子西昇經》二經，極有可能是某道教教派所編纂而成者的年代相近之兩部作品，所以未必存在抄錄的現象。

❷⁸ 前田繁樹：〈稿本『老子西昇經』〉，《山村女子短期大學紀要》創刊號，

東晉初至中期之〈正誣論〉❷亦引及此經經文首章。故《老子西昇經》似乎至少亦當是西晉之作。不過《抱朴子內篇》未著錄此經，所以日本前田繁樹以為此書年代介於《抱朴子內篇》與〈正誣論〉之間，而當為東晉前半期之作。❸

十一、玉歷經

已佚。《抱朴子內篇・遐覽》著錄著《玉歷經》一卷，不知是否即此經？若然，則是經當為西晉以前作品。而據筆者所見，未有徵引《玉歷經》經文者，因而甚難有比對之機會。

十二、歷藏經

已佚。《抱朴子內篇・遐覽》著錄著《歷藏延年經》一卷，不知即此書否？依筆者所見，僅《太平御覽》引作：「《歷藏經》曰天王侯帶紫綬金印。」（卷 676）「天王」大概是身中神，此處正是形容其狀貌，以供修行者參考。所以當為存思身神之秘笈，不過實亦無法據以判斷其真正內容。然而歷藏存思法遠源自漢代，❹所以

平成元年十二月（1989 年 12 月）。

❷ 參福井康順，《道教の基礎的研究》（東京：理想社，1952），頁 295。另外王維誠，〈老子化胡說考證〉，《北京大學國學季刊》1934 年四卷二期，頁 172，則考證《正誣論》當成書於東晉明帝太寧二年（西元 324）後不久。

❸ 請參前田繁樹，〈老子西昇經考──その成立に関する一試論〉，《日本中國學會報》第四十二集，1990。另參考前田繁樹，《初期道教經典の形成》（東京：汲古書院，2004），頁 198-203 之考證。

❹ 參李豐楙先生，《抱朴子》（臺北：時報文化，1982），頁 356 論及歷藏法之發展。

《歷藏經》早於葛洪，自無可疑，最晚也當成書於魏晉時期吧！

十二、老子中經

　　存。《老子中經》，據《傳授經戒儀注訣》所言，《中經》乃入太清部。而現存有《正統道藏》太清部退字號《太上老君中經》二卷，與此正相符合。另外《雲笈七籤》卷十八、十九，亦收錄有《老子中經》上下二卷。此二本子相較之下，可以發現，後者乃前者之所本。

　　《雲笈七籤》本之小注言《老子中經》一名《珠宮玉曆》，荷蘭道教學者施舟人（Kristofer M. Schipper）以為應該即《抱朴子內篇·遐覽》所著錄之《老君玉曆真經》一卷。❸❷既然《抱朴子內篇·遐覽》同時著錄《玉曆經》、《老君玉曆真經》，則顯為二書，故陳國符判斷當有兩部不同之《玉曆經》。❸❸此外《老子中經》似乎又可稱作《老子玉曆中經》（如《至言總》4\4a 所引）或《老子歷藏中經》（如《雲笈七籤》23\2a 引）或《玉曆經》（如《雲笈七籤》11\53a 引）。施舟人甚至懷疑《神仙中經》乃《老子中經》之舊名，而《太清中經》即「太清部之《老子中經》」之義，所以亦為《老子中經》異名。❸❹根據《老子中經》經文第五十五章可知，《神仙玄圖五十五章》亦是《老子中經》另一經名，而《太平御覽》卷 676 引《神仙中經》曰：「老子度關時為尹喜著五千言、解五十五章

---

❸❷　參考參荷蘭施舟人（Kristofer M. Schipper），〈《老子中經》初探〉，陳鼓應主編，《道家文化研究》第十六輯（北京：三聯書店，1999）。

❸❸　陳國符，《道藏源流考》（北京：中華，1992），頁 80。

❸❹　參施舟人，〈《老子中經》初探〉。

（案即指老子中經 55 章），是手所書也。能行此道，知元氣父母天地
之先，不知此者，徒自苦耳！」所謂五十五章、元氣父母天地之
先，正是《老子中經》之內容。故施氏提出《神仙中經》為其舊名
之懷疑亦不無道理。

　　依據施氏的考證，此書可能是東漢作品。㉟基本上當能成立。

十三、老子節解

　　佚。現有嚴靈峰《輯葛玄老子節解》之作，可略窺其面貌。而
依據嚴氏之考證，《老子節解》當即葛玄之作。㊱《抱朴子內篇·
遐覽》著錄有《節解經》一卷，不知即此否？而楠山春樹援引《無
上祕要》及《太上混元真錄》之資料證明《老子節解》成書於六朝
中期，㊲楠山氏所論未必可以成立，此涉及《老子節解》之傳經儀
式（亦即太玄部經典之傳經儀式）。太玄部經典之傳經儀式至遲梁朝末
年即已流行，所以《老子節解》不可能是六朝中期作品，若是此時
期之偽作，即不會被認可而編入「太玄部」中。且《老子節解》最
強調之「行一握固、三丹田」道術，亦與葛洪《抱朴子內篇》所論
之「守一」術相應。因此定為葛玄之作也許有其可信性，至少亦應
是葛氏道一家之學。㊳

㉟　參施舟人，〈《老子中經》初探〉。

㊱　參嚴靈峰《輯葛玄老子節解》（臺北：成文出版社《無求備齋老子集成初
　　編》本）。

㊲　參楠山氏《老子傳說の研究》（東京：創文社，1979），頁 163。

㊳　王卡考證，首先認為《節解》、《內解》二書，都是漢魏六朝道士託稱老君
　　或尹喜所作。其問世年代大約在東晉葛洪至梁朝阮孝緒之間，即公元 4-5 世

十四、老子內解

佚。據嚴靈峰氏《周秦漢魏諸子知見書目》一書著錄有：張魯《老子內解》、尹喜《老子道德經內節解》。杜光庭《道德真經廣聖義》曾提及尹喜所注《內解》上下篇，又《雲笈七籤》卷三十二引及《老君尹氏內解》之文。且《宋史藝文志》子部道家類同時著錄有「葛元《老子道德經節解》二卷、《道德經內解》二卷不知作者、《老子道德經內節解》二卷題尹先生注」，可見此三注疏書截然不同。因此可見託名為尹喜所著者為《老子道德經內節解》一書，《老君尹氏內解》及《內解》則其異名或簡稱。故此「太玄部」之《老子內解》，當指張魯之作。❸❾

另外《正統道藏》中題名為顧歡編之《道德真經注疏》亦引及鳩摩羅什《老子內解》一書，不過當非「太玄部」之《老子內解》。

紀的著作。或甚至《節解》出於東晉之前，時代較早，而《內解》則是南朝道教徒模仿之作。最後王卡推斷，《老子節解》應為晉代（約公元 3-4 世紀）的道書，而托名於關令尹喜者，與《黃庭經》、《大洞真經》等上清經派經書同時。而且王卡曾進行比勘，認為《節解》的老子本，近於河上公本，而非五千文本。王卡之論，其年代之論斷，與本書主張略同，可備一說。參考王卡，《道教經史論叢》（成都：巴蜀書社，2007），頁 292-320、頁 317。而五千文本乃上清派或天師道所傳承的本子，可見《老子節解》另有其傳，推斷為葛氏道的傳本，當有其可能性。

❸❾ 梁朝陶弘景《真誥》卷十七注文曰：「又見係師注《老子內解》，皆稱『臣生稽首』。恐此亦可是係師書耳！」轉引自王卡，《道教經史論叢》，頁296。

　　楠山春樹認為《老子內解》亦成於六朝中期，❹不過同前面辨《老子節解》所述，楠山氏之說未必可信。《內解》一書，《傳授經戒儀注訣》已提及，故《老子內解》大抵可暫定為成書於魏晉至劉宋之間。

十五、高上老子傳

　　此書已佚失。《新唐志》丙部道家類「神仙」項著錄「尹喜高士老君內傳三卷」，《舊唐志》乙部雜傳類則有「高士老君內傳三卷尹喜、張林亭撰」，而宋鄭樵《通志》道家類有「老君內傳三卷尹喜撰」，另外北宋賈善翔《猶龍傳》卷三頁五則引有「關尹《老君本紀》」一書。故知《老君內傳》乃尹喜所撰（自然是託名之作），共三卷。「高士老君內傳」當為「高上老君內傳」之誤。不過《舊唐志》乙部雜傳類、《通志》亦同時分別著錄《老子傳》一卷、《老君傳》一卷，但不知作者。然而《三洞奉道科戒營始》、《傳授三洞經戒法籙略說》皆言《高上老子內傳》一卷，不知是否即《新唐志》、《通志》所言之三卷《老君內傳》或一卷《老君傳》？又賈善翔《猶龍傳》卷五頁六稱張天師道陵曾著〈老君內傳序〉，既然尹喜撰《老君內傳》，張天師作序，理亦順然。不過當皆係偽託之作。

　　《高上老子內傳》最早見於《三洞奉道科戒營始》，故此書自在梁末之前了！

---

❹　參楠山氏《老子傳說の研究》。

十六、無上真人內傳

佚。此書全名當即《三洞珠囊》所稱鬼谷先生撰《文始先生无上真人關令內傳》一書（9\8b）。另有《文始內傳》、《尹喜傳》等十三個書名，福井康順認為皆此書之別名。❹《三洞珠囊》卷九「老子化西胡品」徵引《太平經》、《文始先生无上真人關令內傳》、《老子化胡經》老子化胡之事，末言：「化胡經乃有二卷不同，今會其異同，錄此文出也。」（9\20b）這段話引起很大討論，吉岡義豐、楠山春樹、山田利明因而認為《三洞珠囊》作者王懸河所見有兩種不同版本之《老子化胡經》：《文始先生无上真人關令內傳》、《老子化胡經》，故《文始先生无上真人關令內傳》實即《化胡經》之另一種傳本。❹然而福井康順、大淵忍爾卻不認為《文始先生无上真人關令內傳》是另一種《化胡經》本子。❹依筆者意見，雖然誠如吉岡先生所比較，《三洞珠囊》所引之《文始先生无上真人關令內傳》、《老子化胡經》兩段有關老子出關化胡之

---

❹ 福井康順，《福井康順著作集》第二卷（京都：法藏館，1987），頁 292。另參張煒玲，《中唐以前道教樓關派史研究》（臺南：成功大學歷史語言研究所碩士論文，1995），頁 27。

❹ 見楠山春樹，《老子傳說の研究》（東京：創文社，1979），頁 444、470，吉岡義豐，《道教と佛教》三（東京：國書刊行會，1983），頁 39。山田利明，〈《文始先生无上真人關令內傳》の成立について〉，收入《歷史における民眾と文化——酒井忠夫先生古稀祝賀記念論集》（東京：國書刊行會，1982）。

❹ 參福井康順，《道教の基礎的研究》（東京：理想社，1952），頁 284、大淵忍爾，《道教史の研究》（岡山：岡山大學共濟會書籍部，1964），頁 425。

文獻，敘述內容大略相同，不過文字上卻有相當大出入，再加上其他諸多道籍所徵引之《文始先生无上真人關令內傳》內容未必與化胡故事相關，更何況《隋志》史部「雜傳」有「《關令內傳》一卷，鬼谷先生撰」，《舊唐志》乙部「雜傳」著錄有「《關令尹喜傳》一卷，鬼谷先生撰，四皓注」，《新唐志》同此。清楚地表示隋唐時代之《關令尹喜傳》與《老子化胡經》截然為二。因此之故，吉岡先生特別徵引之隋費長房《歷代三寶記》卷十二所提及之《老子化胡傳》，被佛教徒指斥為「無識異道，誇競佛法，假託鬼谷四皓之名，附尹喜傳後，作此異論，用迷凡俗。」之說，以證《文始先生无上真人關令內傳》即《老子化胡傳》，亦即指《老子化胡經》。實則，這段文獻之說法來自敵對之佛教的攻訐，佛教徒之立場本即不甚客觀，加上佛教徒對於道教內部之經典所知有限，可能佛教徒略知《文始先生无上真人關令內傳》內有關於老子化胡之記載，再者老子化胡傳說本兩家唇戰之的，故含混地以《老子化胡傳》指稱《文始先生无上真人關令內傳》。所以佛教文獻本來只可作為旁證，未必足以成為直接強有力之證據。而對於王懸河那段話，倒不如解釋成，他因為看到兩種《老子化胡經》傳本，於是校勘其異同（會其異同），然後將校訂本錄出來（錄此文出也），此校訂本即《三洞珠囊》所引那一段《老子化胡經》文獻了！傳說《化胡經》乃西晉道士王浮所作，若《文始先生无上真人關令內傳》屬後出道經，則其鈔引《化胡經》內容以成書亦極其自然之事。王懸河只不過是援引《文始先生无上真人關令內傳》之老子出關化胡故事來證成其說，以立一「老子化西胡品」之目，此亦猶如他也將《文始先生无上真人關令內傳》中關於尹喜特殊異相之資料，納入其

「相好品」中以資佐證般，本無任何特殊處啊！

　　根據福井康順之考證，認為以老子出關化胡故事為中心之新造經典——《老子開天經》，在北魏正光元年（西元 520）僧道對辯時，被佛教徒曇無最所斥破，於是道教徒乃又造出《文始先生无上真人關令內傳》以為因應，所以他推判《文始先生无上真人關令內傳》成書於《老子開天經》被破斥之北魏正光元年（西元 520）以後至北周天和五年（西元 570）〈笑道論〉出現之間的五十年。❹另外山田利明卻推測此書成於隋末唐初。❺此外，張煒玲卻認為《關令內傳》可能成於北魏孝文帝太和年間（西元 477-499）道士王道義之手。❻據小林正美之說，《三洞奉道科戒營始》乃成書於梁武帝在位之末期（西元 536-549）。❼而《三洞奉道科戒營始》曾引及《關令內傳》一卷，所以《文始先生无上真人關令內傳》至少是西元五四九年前之經典。

　　此外陳國符先生透過此傳韻文部分之用韻情況，推論當成書於西漢末東漢初，❽可備一說。

---

❹　福井康順，《福井康順著作集》第二卷（京都：法藏館，1987），頁 284。

❺　參山田利明，〈《文始先生无上真人關令內傳》の成立について〉。

❻　張煒玲，《中唐以前道教樓關派史研究》，第四章第二節所考證。

❼　參小林正美，《六朝道教史研究》（東京：創文社，1990），頁 97 之註 8 的考證。小林氏贊成吉岡義豐之說，但略作修正，基本上仍認為《三洞奉道科戒儀範》乃成書於梁武帝在位之末期（西元 536-549）。

❽　陳國符，《陳國符道藏研究論文集》（上海：上海古籍出版社，2004），頁122-124。

十七、紫虛籙

佚。《傳授三洞經戒法籙略說》載《紫虛籙》一卷；《太上三洞傳授道德經紫虛籙拜表儀》則稱作《高上紫虛天書祕籙》，未注明卷數。而鄭樵《通志》則著錄有《高上紫虛法籙》二卷。成書至少在六朝末。

十八、六甲存圖

佚。《太上三洞傳授道德經紫虛籙拜表儀》有《六甲存圖》，未注卷數；鄭樵《通志》則作《老子六甲祕符妙籙》一卷，此當即是《三洞奉道科戒營始》所提及之「老君六甲祕符」（4\7a）。其成書也早於梁末。

附錄四：
南北朝唐代道教「太玄部」經典輯佚

一、輯佚資料説明

「太玄部」經目中，❶《太玄經》、《朝儀》、《齋儀》、《老子妙真經》、《玉歷經》、《歷藏經》、《老子內解》、《高上老子傳》、《無上真人內傳》、《紫虛籙》、《六甲存圖》、《戒文（太清陰陽戒）》皆已亡佚，經輯佚結果，除《朝儀》、《玉歷經》、《老子內解》、《紫虛籙》、《六甲存圖》、《戒文（太清陰陽戒）》等數部未見外，其他則將輯佚所得羅列於下。

《道德經》、《河上公注》今皆有傳本，不贅述。所謂葛玄《老子序訣》，則日本大淵忍爾已有輯校本。❷《想爾注》有敦煌殘卷，饒宗頤著有專書討論。❸《傳儀》今日雖有《正統道藏》傳本，但筆者仍輯得數條，為今本所無，一併列出。《老君思神圖注訣》有《正統道藏》傳本以及《雲笈七籤》卷四十三所收錄本。「天尊十戒十四持身品」（《十戒經》）則有敦煌寫卷本及《正統道

---

❶　參考本書下篇第一章第二節「太玄部經目」。

❷　大淵忍爾，《道教史の研究》（岡山：岡山大學共濟會書籍部，1964），頁350。

❸　饒宗頤，《老子想爾注校證》（上海：上海古籍，1991）。

藏》本。❹「想爾九行二十七戒」見於《正統道藏》中《太上老君
經律》、《太上經戒》。《老子妙真經》雖然日本前田繁樹有輯佚
稿，❺但是筆者所蒐輯之佚文，略增於前田氏，所以一並列出，或
可收參照之效。《老子西昇經》亦有《正統道藏》本及前田繁樹之
輯校本。❻《老子中經》有《正統道藏》本。《老子節解》則嚴靈
峰於其《無求備齋老子集成初編》有輯佚本。

二、凡例

在列出輯佚文字之前，先作一凡例之說明：

㈠本編先列「太玄部」道經經名，次列資料出處，次列輯佚所
得經文。經文最後則標示卷頁數。

㈡本文輯佚之注文之來源文獻資料，凡標名冊數者，蓋皆以臺
灣新文豐版《正統道藏》為準，及其所在之冊數。每一條輯佚注文
後注明其出自該文獻資料之卷數或頁碼，如：

㈠太玄經

道教義樞　41 冊　唐　孟安排

○　《太玄經》：「無無曰道，義樞玄玄。」2\10b

---

❹　敦煌寫卷 S6454 之〈十戒經〉以及今本《正統道藏》陶字號《洞玄靈寶天尊
　　說十戒經》本。

❺　前田繁樹，〈『老子妙真經』輯佚稿〉，前田繁樹，《初期道教經典の形
　　成》（東京：汲古書院，2004），頁 253-261。

❻　前田繁樹，〈稿本『老子西昇經』〉，《山村女子短期大學紀要》創刊號，
　　平成元年十二月（1989 年 12 月）。另參考前田繁樹，〈稿本『老子西昇
　　經』〉，前田繁樹，《初期道教經典の形成》（東京：汲古書院，2004），
　　頁 171-197。

其中「41 冊」即《道教義樞》在新文豐版《正統道藏》中之冊數，而此條輯佚資料則出自《道教義樞》卷二頁十之後半頁（a代表前半頁，b 則指後半頁，上指上半頁，下指下半頁）。

㈢其他非見於《正統道藏》之經文來源文獻資料，則各有標明，讀者可按圖索驥以做比校。

三、輯佚資料

㈠太玄經

太平御覽

○　《太元經》：「九體，一為手足。」卷 370

○　《太玄經》：「老子行則滅跡，立則隱影。」卷 388

○　《太玄經》：「老子傳授經戒籙儀注訣曰：以肩腳小案置經，綵巾覆上。」卷 677、679 同引此條

傳授三洞經戒法籙略說　54 冊　唐 張萬福

○　《太玄經》：「天地萬神皆六甲部使也，老君行之，長生度世，坐致行廚，隱形易體，坐在立亡，出不擇日行不擇時，盡監萬神辟除疾病，踰江越海不避風波，從天入淵虛無自然，逕入崑崙不死之道，上升太清，登造紫微。」上\12b

雲笈七籤　37 冊　北宋 張君房

○　玄玄至道宗。6\17

○　《太玄經》：「無無曰道，義極玄玄。」6\17

道門經法相承次序　41 冊　唐 潘師正

○　「有得戒者，即太玄真經所謂三戒、五戒、九戒、十戒、百八十戒、三百大戒之例是也。」上\11b

道教義樞　41 冊　唐 孟安排

○　《太玄經》：「無無曰道，義樞玄玄。」2\10b

○　《太玄經》：「言道性者，即真實空，非空不空，亦非不空。
　　道性眾生皆與自然同也。」8\5a

混元聖紀　30 冊　南宋 謝守灝

○　《太玄經》：「老子積學輪轉，位登上聖，應接無方，不可稱
　　述。近世出化，生乎殷末。」❼ 1\21a

太上混元眞錄　32 冊

○　《太玄經》：「老君以上皇元年丁卯下為周師，到無極元年癸
　　酉去周西度。」2b

㈡傳授經戒儀注訣

太平御覽

○　《傳授經》：「齋者，簡素為上，神先映身。」卷 667

○　《傳授經》：「陸先生云對上下接謂之俯仰之格披褐二服
　　也。」卷 675

○　《傳授經》：「冠戴二儀衣被四象，故謂之法服。」卷 675

三洞珠囊　42 冊　唐 王懸河

○　太玄部卷第八《老子傳授經戒儀注訣》：「凡受戒及經畢後，
　　月晦月半不可不齋，齋則清戒溫戒。竟夜誦之百遍千遍，限外
　　無數。未堪如此者，不可減九遍。他日齋靜行來出入，得誦便
　　誦，不必齋時。諮師訪友，思而行之。不須高聲，心口相知。
　　在人眾中，勿發於口，審能在心，然感通上聖也。」6\3b

---

❼　〔南宋〕謝守灝撰，《太上混元老子史略》30 冊，中\11b，亦同引此文。

○ 太玄部第八（當即指太玄部卷第八《老子傳授經戒儀注訣》）：「轉輪得神仙，緣我改心精。受報坵窮量，志定入福庭。三十二相好，皆從身中明。項負七寶光，照曜諸天形。」8\4a

㈢歷藏經

太平御覽

○ 《歷藏經》：「天王侯帶紫綬金印。」卷 676

○ 《歷藏中經》：「崑崙山有金城九重、玉樓十二，神仙所治也。」卷 677

㈣妙真經

太平御覽

○ 道人謀生不謀於名，胸中絕白意無所傾，志若流水，居若空城，積守無為，乃能長生。卷 668

無上秘要　42 冊

○ 道曰一切萬物人最為貴，人能使形无事，神无體，以清靜致无為之意，即與道合。5\6a 人品

○ 以大居小，以富居貧，處盛卑之谷，遊大賤之淵。微為之本，寡為之根，恐懼為之宇，憂畏為之門，福者禍之先，利者害之源，治者亂之本，存者亡之根。上德之君，質而無文，不視不聽而抱其玄，无心意若未生根，執守虛无而因自然，混沌為一，歸於本根。6\10b 論意品

○ 制殺生者天，順性命者人也。非逆天者勿伐，非逆人者勿殺。故王法當殺不殺縱天賊，當活不活殺天德。為政如此，使後世條長禁苛興剋德之本，德莫大於活也。6\11a 王政品

○ 天之道利而不害，聖人之道為而不爭。故與時爭者昌，與人爭

者凶。是以有甲兵無所陳之，以其不爭。夫不祥者，人之所不爭；垢辱者，人所不欲。能受人所不欲則足矣！得人所不爭則寧矣！6\11a 王政品

○ 勇於敢者多權善決，安靜樂能，傳國利民，不避彊大，威震百僚，摧傾境外。為政如此，得善之半。6\11b 王政品

○ 柔於不敢者，柔弱損退，恐懼慎言，深思遠慮，臨事計患，務長寬和，薄施。為政如此，亦得善之半。6\11b 王政品

○ 敢者奉天順地，莫神於至誠。仁以好施，義以制斷，禮以凱敬，智以除害，信以立事，德以無大。赦人如赦於己，法人如法其子。為政如此，亦得善之善者也。6\11b 王政品

○ 老子曰天地搆精，陰陽自化，災咎欲萌，淫於五色之變，視不見禍福之形；失於五音之變，聽不聞吉凶之聲；失於五味之變，言不中是非之情；貪於財貨之變，慮不見邪正之傾。夫五色重而天下盲矣！五音調而天下聾矣！五味和而天下爽矣！朱玉貴而天下勞矣！幣帛通而天下傾矣！是故五色者陷目之錐，五音者塞耳之槌，五味者截舌之斧，財貨者射身之矢。凡此數者，變而相生，不可窮極，難明易滅，難得易失，此殃禍之宮，患害之室，是以聖人服無色之色，聽無聲之聲，味無味之味。名者身之害也，利者行之穢也。是以動為身稅，為榮而得小，為善而得少。故有名之名，喪我之槖，無名之名，養我之宅。7\1a 修真養生品

○ 視過其目明不居，聽過其耳精泄漏，愛過其心神出去，牽於欲事汲汲遽，為於利動惕惕懼。結連黨友以自助，此非真也。雖非道意，雖得之，天不祐也。7\1b 修真養生品

○ 夫非其人而任之則廢，非其事而事之則廢。故代司殺者必受其
咎，代大匠者必傷其手。有為者效情縱欲，快心極意，志賤強
求貴，居貧強求富，離本向末，殃禍不救。7\2a 修真養生品

○ 罪莫大於淫，禍莫大於貪，咎莫大於惜，此三者禍之車也，小
則亡身，大則殘家。7\2a 修真養生品

○ 動合天心，靜得地意，無言而不從謂之善也。善者君子之所
本，百行之所長，吉陽之所舍，萬福之所往來。流而不滯，用
而不絕，百王所不變異，俗人之所不易。上以順天，下以順
人，成萬物覆載群生者善也。7\3a 修真養生品

○ 不識元首，不覩本根，詐天輕地，罔鬼欺神，屬辭變意，抱嫌
履疑，謂之不善。不善者，動與天逆，靜與地反，言傷人物，
默而害鬼。7\3a 修真養生品

○ 夫欺天罔地，輕侮鬼神，專己自是，動非聖人，當時雖善，惡
氣歸流。事有邪偽而象真也，景煙類雲而電不為之動。故天道
不私人，人反行非天也，而自誤耳！7\3a 故修真養生品

○ 貴堅剛強，輕忽喜怒，福善出於門，妖孽入於戶。故舌耳為
患，齒角不定。口舌者患禍之宮，危亡之府。言語者大命之所
屬，刑禍之所部，言出患入，言失身亡。故聖人當言而懼，發
言而憂，常如臨危履冰。7\7a 修真養生品

○ 夫道德治之於身，則心達志通，重神愛炁，輕物賤名，思慮不
惑，血炁和平，肌膚潤澤，面有光瑩，精神專固，身體輕彊，
虛實相成，鬢髮潤光，佼好難終。治之於家，則父慈子孝，夫
信婦貞，兄宜弟順，九族和親。耕桑時得，福實積殷，六畜繁
廣，事業修治，常有餘矣！治之於鄉，則動合中和，睹正綱

紀，白黑分明，曲直異理，是非自得，姦邪不起，威嚴尊顯，奉上化下，公如父子，愛敬信向，上下親喜，百姓和集，官无留負，職修名榮，沒身不殆。治之於國，則主明臣忠，朝不隱賢，士不妬功，邪不蔽正，讒不害公，和睦順從，上下无怨，百官皆樂，萬事自然，遠人懷慕，天下向風，國富民實，不伐而彊，宗廟尊顯，社稷永康，陰陽和合，禍亂不生，萬物豐熟，界內大寧，隣家託命，後世繁昌，道德有餘，與天為常。42\7a 修學品

○ 夫水之為物，柔弱通也。平靜清和，心無所操，德同天地，澤及萬物，大無不包，小無不入，金石不能障蔽，山陵不能壅塞，其避實歸虛，背高趣下，浩浩蕩蕩，流而不盡，折衝漂石，疾於風矣！廣大无疆，脩遠大道，始於无形，終於江海。昇而為雲，降而為雨，上下周流，無不施與，消而復息，生而復死。是故聖人去耳去目，歸志於水，體柔守慈，去高就下，去好就醜，受辱如地，含垢如海，恬澹无心，蕩若无己，變動无常，故能與天地終始。65\4a 柔弱品

○ 道人圖生，蓋不謀名，衣弊履穿，不慕尊榮，胸中純白，意无所傾，志若流水，居處市城，積守无為，乃能長生。88\6a 長生品

○ 道曰自然者道之真也，无為者道之極也，虛无者德之尊也，恢泊者德之宮也，寂嘿者德之淵也，清靜者神之鄰，精誠者神之門，中和者事之源。人為道能自然者，故道可得而通，能无為者故生可得而長，能虛无者故氣可得而行，能恢泊者故志可得而共，能寂嘿者故聲可得而藏，能清靜者故神可得而光，能精

誠者故志可得而從，能中和者故化可得而同。是故凡人為道，
當以自然而成其名。吾前以道授關令尹生，著道德二篇，將
去，誠之曰夫道自然也，得之者知其自然，不得之者不知其所
由然。譬猶若識音，不能深曉，人心知之，口不能言。妙哉道
之綿綿，言不盡意，書不盡言。所以為子書之者，欲使子覺自
然得之，後以自成。尹生曰學自然奈何？100\4b 入自然品

○ 道曰无取正氣自居，无去邪氣自除。此非禱祠鬼神之道，非欲
辟不清去不正。清靜請命而命自延无期，此豈非自然哉？非吾
異道之意，非吾獨道也。道不自然兮，何道焉兮，无欲无為
兮，道之所施兮，虛兮无兮，道安居兮，寂兮嘿兮，道之極
兮，澹兮恬兮，德之漸兮，清兮靜兮，神所宅兮，精兮誠兮，
神所榮兮，中兮和兮，神所化兮。以无為而養其形，以虛无而
安其神，以澹泊而存其志，以寂嘿而養其聲，以清靜而平其
心，以精誠而存其志，以中和而存其神。安心遊志，使若大水
之自湛深，閑居靜處，使若蛟龍之自蟄藏，懷虛而不虛，泥而
不泥，使若南曜之忘虛也，化德存神，使若社稷之保光，立尊
神明，使若宗廟之守處。使世不見我，若巨魚之在大水，使人
莫我知，若日出之光東。我之无窮，若大道之根相致，譬若山
林大澤之自致禽獸虎狼，若深林廣木之自致飛鳥百蟲，若江湖
之自致魚鱉蛟龍，若盛德之自致太平麒麟鳳凰，若清靜潔白之
自致玉女芝英，若中和嘉瑞之自致吉祥，若災異惡氣之自致不
祥禍殃。100\5b 入自然品

至言總　38 冊

○ 罪莫大於淫，禍莫大於貪，咎莫大於惜，此三者禍之車，小則

危身,大則殘家。貴莫大於無罪,樂莫大於無憂,富莫大於知
足。知足為足,天遺之祿,足不知止害乃及己。失之而憂,得
之而喜。夫有排門之禁,必有折關之咎,身死名滅,歸流子
孫,事大以德,不以慢於人。故易曰積善之家必有餘慶,積不
善之家必有餘殃。元真曰夫重長生,寶貴一身,身及家鄉,至
于天下,為子盡孝,為臣盡忠,為上盡慈,為下盡順,色味調
和,音聲不滯,怡神和志,與道合真也。若真藏一身,獨願長
生,久住無為,逃避上下,不營忠孝,不存兼濟,背善乖道,
自是失德,縱令棄吾我之懼,忘色味之適,即同枯木死灰,復
何足貴乎?夫道所貴在適而無累,和而常通,永劫無窮,濟度
一切,此之長生,乃可為重。又長生難得,得由忠孝仁義,立
者生自然長,無此德者,獨守山林,木石為偶,徒自喪生,或
先罪未釋,今又無功,遂失人道,深可悲乎?以能習善,生樂
長存,運之涉惡,死苦無極。是以上士勤精勇猛,積善捨惡,
永久長生,號為真人。天地有壞,真人無毀,超出三界之上,
逍遙三清之中。常善救物,故無棄物。人能學之,必得成真
人。有一惡則心勞體煩,十惡則血氣虛盈,二十惡則恆多疾
病,三十惡所求不得,四十惡則轗軻衰耗,五十惡則絕無子
孫,六十惡則數得非禍,七十惡則鬼物害人,八十惡則水火燔
漂,九十惡則貧窮賤困,一百惡則刑獄凶怪,二百惡則後世無
名,三百惡則後代道路乞活,四百惡則後代為奴婢,五百惡則
後代殘夭,六百惡則後代不孝,七百惡則後代癡狂,八百惡則
後代顛愚,九百惡則後代破家,一千惡則後代妖逆,二千惡則
身充兵廝,三千惡則六病孤窮,四千惡則惡病流徙,五千惡則

為五獄鬼，六千惡則為二十八獄囚，七千惡則為諸方地獄徒，八千惡則入寒冰地獄，九千惡則為入邊底地獄，一萬惡則墮薛荔憖。夫萬惡之基，特由三業，一一相生，至千萬惡，墮薛荔獄，永無原期，眇眇延康，无由解脫，不可言哉！夫人覺己有惡，急宜改之，則去道近矣！如有魔物亂人，當即清潔，夕夕悔過，自咎自責乃可矣！老子稽首曰當勗之焉！5\7b

要修科儀戒律鈔　11 冊

○ 道人圖生，蓋不謀名，衣弊履穿，不慕尊榮，胸中純白，意無所傾，志若流水，居若空城，積守無為，乃能長生。道者一也，人能知一明如日，不能知一土中出。道無取正氣自居，道無去邪氣自除。此非禱祠鬼神之道也。握之不盈於手，縱之布溢四海。學生者生，學道者道，如人墮水，知泅者生，不知泅者死。未病者易為醫，未危之國易為謀。不好道之人存念各別，鶉鷃高飛志在苗禾，鴐鵝高飛志在陂池，鴻鶴高飛遊於太清之域，往來九州，棲息八極，乃得其所也。此二鳥憂喜不同，其志各異，而谷（按：當為俗字之誤）自謂為得其所願也。故大水之淵神龍所居，小魚走出，高山深澤，虎豹所樂，雞狗所惡。故規矩不同，百姓心異。是以為道者，損聰明，棄智慮，反真歸樸，遊於太素，輕物傲世，昭然不汙。喜怒不嬰於心，利害不棲於意，比（按：當作此）大聖所體行也。12\3b

○ 罪莫大於淫，禍莫大於貪，咎莫大於惜，此三者禍之車，小則危身，大則殘家。天下有富貴者三，貴莫大於無罪，樂莫大於無憂，富莫大於知足。知足之為足，天道遺之祿，不知止足為之害及己。失之而憂，得之而喜。夫有排門之禁，必有折關之

咎，身死名滅，流歸子孫，事天以德，不以慢於人。12\11a

○ 不善之人，不識元首，不覩本根，詐天輕地，罔鬼欺神，屬辭變意，抱嫌履疑，謂之不善。不善者，動與天逆，靜與地反，言傷人物，默而害鬼。故分道別德，散朴澆淳，辯言治辭，依義託仁，歆物符驗，運以天文，廢真立偽，務欲傾國。開患害之路，閉忠正之機，阿主之術以順國家權者也。12\13b

敦煌道經❽

○ 自然者道之真，無為者道之極。885b16

○ 應化不窮者吾變也。889a163

○ 道曰虛而白者吾宅也。道者質真無形，無有音聲，非有言也。人欲傳於知道者，借言以通意。虛者天地之動也，白者神明之所居也。天地之初皆從道來，有炁而未有形，法自然而白，白之中未有體也。780a41

○ 道曰改易而為一者吾號也。言道未始而有，故謂之一。一即醇粹質真無為雜糅，故謂之一。天得一清，以而無不覆，地得一則寧而無不載。日月得一則明而無不照。真人法則之渾形而為一，則無一不能為。神明知而為一，則與鬼神共化。視而為一則無不見，聽而為一則無不聞，心通而為一則無不知。吾我也，號名也。人能渾其形而為一，即我之名號也。781a85

○ 道曰万物人為貴。人能使形無事，神無體，以清靜致無為之意，即道以合。781b105

○ 一道之為真兮！道有真一，真人所以輕舉虛迹者，使群物自得

---

❽ 參日本大淵忍爾，《敦煌道經圖錄編》（東京：福武書店，1979）。

玄得一以生也。天不得一不能清，地不得一不能明，人不得一
不能成，玄不得一不能生。非一不能承一，非一不能御群神制
万物，万物皆稱焉。人知一万事畢，不能知一，道不妄出。
794a96

養性延命錄　31 冊　梁　陶弘景

○　人常失道，非道失人，人常去生，非生去人。故養生者慎勿失
　　道，為道者慎己失生。使道與生相守，生與道相保。上\3b

雲笈七籤 37、38 冊　北宋　張君房

○　人常失道，非道失人，人常去生，非生去人。故養生者慎勿失
　　道，為道者慎勿失生。使道與生相守，生與道相保。32\4a

○　視過其目明不居，聽過其耳精泄漏，愛過其心神出去。常於欲
　　事汲汲懍，為利動者惕惕懼。結連黨友以自助者，非真也。
　　89\2a

○　罪莫大於淫，禍莫大於貪，咎莫大於惜，此三者禍之車也，小
　　則亡身，大則殘家。89\2b

○　道言吉凶禍福窈冥中來。其災禍也，非富貴者請而可避；其榮
　　盛也，非貧賤者欲而可得。蓋修福則善應，為惡則禍來。89\2b

○　天尊曰氣不可極，數難可窮。死而復生，幽而復明，天地運
　　轉，如車之輪。人之不滅，如影隨形，故難終也。89\2b

○　視過其目明不居，聽過其耳精泄漏，愛過其心神出去。常於欲
　　事汲汲懍，為利動者惕惕懼。結連黨友以自助者，非真也。
　　92\2a

○　罪莫大於淫，禍莫大於貪，咎莫大於惜，此三者禍之車也，小
　　則亡身，大則殘家。92\2b

道典論　42 冊

○　道曰夫人為道，道身五藏者，皆思炁之盛壯微妙，從虛無來。
　　故實者不如虛也，有者不如無也，疾者不如遲也。4\7b

敦煌道經

○　寂兮嘿兮道之極兮，惔兮怗（下缺）803b28

辯正論

○　《靈寶妙真經偈》：「假使聲聞眾，如稻麻竹葦，遍滿十方
　　剎，盡思共度量，不能測道智。」《大正藏》52 冊 544c 左 4

廣弘明集

○　《妙真偈》：「假使聲聞眾，其數如恆沙，盡思共度量，不能
　　測道智。」《大正藏》52 冊 150c 左 8

上清道寶經　56 冊

○　天賢有富貴者三，貴莫大於無罪，樂莫大於無憂，富莫大於知
　　足。3\9b

○　欺天罔地。3\11a

○　元始丈人登紫空之上玉虛之壇，受九天寶譜錄上皇寶經玉符秘
　　章玉皇譜錄。虛白吾宅也，虛者天地之動，白者神明所居。
　　3\18a

洞玄靈寶太上六齋十直聖紀經　48 冊

○　五色者陷目之錐也，五音者塞耳之鎚也，五味者截舌之斧也，
　　財貨者亂人之物也。故禍莫大於死，福莫大於生。是以有名之
　　名，喪我之橐，無名之名，養我之宅。有貨之貨，喪我之賊，
　　無貨之貨，養我之福。罪莫大於淫，禍莫大於貪，咎莫大於
　　僭，此三者禍之車也，小則亡身，大則亡家。4a

○ 故以道理之於身，則心達志通，重神愛氣，輕物賤名，思慮不
惑，血氣和平，筋骨便利，耳目聰明，肌膚潤澤，面有光榮，
精神專固，身體輕強，虛實相從，鬢髮潤光。理之於家，則父
慈子孝，夫信婦貞，兄良弟順，九族和睦。耕桑時豐，倉廩積
蔚，六畜蕃殖，事業修理，常有餘矣！5b

○ 老君謂陵陽子曰吾前與關令尹喜《妙真》要解百萬言虛白九
章。虛而白者吾宅也，清而淨者吾舍也，無為自然者吾素也，
易而為一者吾號也，和而無體者吾用也，應化無窮者吾變也。
夫自然者道之真也，無為者道之常也，虛無者德之尊也，淡泊
者德之宮也，靜嘿者德之泉也，清淨者神之鄰也，精誠者神之
門也，中和者事之原也。人為道能自然者，故道可得而通也，
能無為者故生可得而長也，能虛無者故氣可得而行也，能淡泊
者故志可得而共也，能靜嘿者故聲可得而滅也，能清淨者故神
可得而光也，能精誠者故志可得而從也，能中和者故化可得而
從也。是故凡人為道，當以自然成其名。以無為養其形，以虛
無而養其神，以淡泊而存其志，以靜嘿而養其身，以清淨而平
其心，以精誠而守其志，以中和而存其神矣。夫安心游志，使
若大水之自澹也；深居靖處，使若蛟龍之潛藏也；懷虛不屈，
使若橐籥之抏空也；化得存神，使若社稷之保功也；立尊居
神，使若宗廟之守處仁也。使不我見，若巨魚之居大水也；使
人莫我知，若日出而無東也；使我生無窮，若大道之無方也。
道之相致，譬如高山林大澤之自致禽獸豺狼也，若深林巨木之
自致飛鳥百蟲也，若江湖湖地之自致魚鼈蛟龍也，若盛德太平
之自致麒麟鳳凰也，若精誠潔白之自致玉女芝英也，若中和嘉

應之自致德瑞吉祥也，若災異惡行之自致妖孽殃禍也。7a

○ 夫人常去道，非道去人；人常失生，非生失人。若使道與生相
保，生與道相守，二者不相離，乃能得長久。8b

㈤無上真人傳❾
太平御覽

○ 九色錦繡華文之帔。卷675

○ 有流雲九色之房。卷677

○ 諸天各奉蓮華座以寶蓋覆之。卷677

○ 太上遣繡衣使者傳命尹喜。卷679

○ 尹喜常登樓望見東極有紫氣西邁，喜曰應有聖人過京邑。果見
老君乘青牛車來過。卷773

○ 老子與尹喜登崑崙，上金臺玉樓七寶宮殿，晝夜光明，乃天帝
四王之所遊處，有珠玉七寶之床。卷811

○ 天地南午北子，相去九千萬里，東卯西卯亦九千萬里，四隅空
相去九千萬里，天去地四十千萬里。卷2

○ 天有五億五萬五千五百五十里，地亦如之，各以四海為脈。卷
2、60同引

○ 北斗一星面百里，相去九千里，置二十四氣，四宿行四時，五
方立五星，主五岳也。卷6

○ 關令尹喜生時，其家堂陸地自生蓮華，光色鮮盛。卷56

---

❾ 全名作《文始先生无上真人關令內傳》，其他或作《無上真人內傳》、《文
始內傳》、《關令內傳》、《真人關尹傳》、《關令尹喜內傳》、《真人關
令尹喜內傳》、《无上真人內傳》等，以下則不特別標示出來。

○ 地厚萬里，其下得大空，大空四角，下有自然金柱，輒方圓五千里。卷37

○ 關令尹喜，周大夫也。善於天文，登樓四望，見東極有紫氣，喜曰應有聖人經過。果有老子過，喜設坐行弟子之禮。老子時貧，徐甲曰雇錢一百與約，須達安息國以黃金頓備錢還甲，既見老子，方欲遠遊，疑遂不還，乃作辭詣關令就老子求直。關令以辭呈老子，老子語甲曰前與汝約，至安息國頓以黃金相還，云何不能忍辱，便興辭訟乎？汝隨我已三百歲，汝命早應死，賴我太玄生符在汝身耳！言畢見符從甲口出，甲已成一聚白骨矣！尹喜為請，老子以符投之，甲立更生，喜即以見錢二百萬與甲遣之。卷836

○ 喜從老子西遊，省太真王母，共食碧桃。卷967

○ 老子西遊，省太真王母，共食紫梨碧桃。卷969

○ 喜從老子西遊，省太真王母，共食玉文之棗，其實如瓶。卷965

○ 當喜在胎之始，其母夢絳霄流繞其身，有長人謂曰：汝咽之。既覺，口盈味，屋生雙光若日，飛流滿堂良久，不知所在。卷8

○ 五百歲天下名山一開，開時金玉之精涌出。卷38

○ 老子曰真人遊時各坐蓮華之上，華徑一丈，有反生靈香，逆風聞三十里。卷983

○ 老子語喜：天涯之淵，真人所遊各各坐蓮華之上，一華輒徑十丈。卷999

○ 萬億萬歲有一大水，崑崙飛浮，是時飛仙迎取天王及善民安之

山上也。卷 38

藝文類聚

○ 真人遊時，各各坐蓮花之上，一花輒徑十丈。卷 82 芙蕖

○ 老子西遊，省太真王母，共食碧桃紫梨。卷 86 桃

○ 尹喜共老子西遊，省太真王母，共食玉門之棗，其實如瓶。卷 87 棗

初學記

○ 老子西遊，省太真王母，共食玉文棗，其實如瓶。卷 28 棗

○ 老子西遊，省太真王母，共食紫梨。卷 28 梨

○ 從老子西遊，省太真王母，共食碧桃。卷 28 嚴陸校宋本異文 桃

○ 五百歲天下名山一開，開時金玉之精涌出。卷 5 總載山第二

○ 周無極元年，老子度關，關令尹喜先敕門吏曰若有老翁從東來，乘青牛薄板車者，勿聽過關。其日果見老翁乘青牛車求度關，關吏入白，喜曰諾，道今來矣！我見聖人矣！即帶印綬出迎，設弟子之禮。卷 29 牛

○ 北斗一星面百里，相去九萬里，置二十四氣，四宿行四時，五方立五星，主五岳也。卷 1 星

○ 地厚萬里，其下得太空，太空四角，下有自然金柱，輒方圓五千里也。卷 5 總載地

○ 須彌山東南有山曰崑崙，在八海內。卷 6 總載水

○ 天有五億五萬五千五百五十里，地亦如之，各以四海為脈。卷 6 海

○ 周无極元年，歲在癸丑，冬十有二月二十五日，老子度函谷關，關令尹喜先敕門吏曰若有老翁從東來，乘青牛薄板車，勿

聽過關。其日果見老翁乘青牛車求度關，授喜道德經五千。卷 7 關

○ 尹喜嘗登樓四望，見東極有紫氣西邁，喜曰應有聖人經過京邑，果見老君乘青牛車來。卷 25 車

○ 老子與尹喜登崑崙山金臺玉樓七寶宮殿，晝夜光明，乃天帝四王之所遊處，有珠玉七寶之床。卷 27 金

廣弘明集

○ 老子從三皇以來，代代為國師化胡。《大正藏》52 冊 144c 左 9

○ 湯時為錫壽子，周初郭叔子。《大正藏》52 冊 144c 左 8

○ 老子以上皇元年下為周師，無極元年乘青牛薄板車度關。為尹喜說五千文曰吾遊天地之間，汝未得道，不可相隨，當誦五千文萬遍，耳當洞聽，目當洞視，身能飛行，六通四達，期於成都。喜依言獲之。既訪相見，至罽賓檀特山中，乃至王以水火燒沈，老子乃坐蓮華中誦經如故，王求哀悔過，老子推尹喜為師，語王曰吾師號佛，佛事無上道，王從受化，男女髠髮不娶於妻，是無上道承佛威神，委尹喜為罽賓國佛，號明光儒童。《大正藏》52 冊 145c 右 11

○ 五百年一賢，千年一聖。《大正藏》52 冊 146a 左 14

○ 道生東木，男也；佛生西金，女也。《大正藏》52 冊 146c 左 14

○ 道生佛。《大正藏》52 冊 146c 左 11

○ 天去地四十萬九千里，日月直度各三千里，天地午子相去九千萬萬里。卯酉四隅亦爾轉形。《大正藏》52 冊 147a 右 1

○ 日月周圍六千里，徑三千里。《大正藏》52 冊 147a 右 6

○ 崑山九重，重相去九千里，山有四面，面有一天，故四九三十

六天。第一重帝釋居之。《大正藏》52 冊 147a 右 10

○ 萬萬億萬萬歲，一大水崑崙飛浮。爾時飛仙迎取天王及善民，安之山上。復萬萬億歲大火起，爾時聖人飛迎天王及人安于山上。《大正藏》52 冊 147a 左 14

○ 老子與尹喜遊天上，入九重白門，天帝見老便拜，老命喜與天帝相禮。老子曰太上尊貴，剋日引見。太上在玉京山七寶宮，出諸天上，寂寂冥冥清遠矣！《大正藏》52 冊 148a 左 7

○ 老子與尹喜遊天上，喜欲見太上，老曰太上在大羅天玉京，山極幽遠，可遙禮闕。遂不見而還。《大正藏》52 冊 149c 左 13

○ 萬億萬億歲一大水，崑崙飛浮。有仙飛迎天王善人，安之山上。乃至前前萬萬歲，天地混沌如雞子黃，名曰一劫。《大正藏》52 冊 150a 左 13

○ 太上老子太一元君，此二聖亦可為一身。《大正藏》52 冊 150c 右 7

○ 老子在罽賓彈指，諸天王羅漢五通飛天俱至，遣尹喜為師，得道菩薩為老子作頌。《大正藏》52 冊 151a 左 13

○ 天有五億五萬五千五百五十五重，地亦如之，厚一萬里。四角有金柱金軸，方圓三千六百里，神風持之。以四海為地脈，天地山川河漢通氣，風雲皆從山出。《大正藏》52 冊 151b 左 6

○ 老子引四天王大眾，皆身長丈六，短者丈二，計人大而天小，何以自容，常臥不起，愕然大怪。《大正藏》52 冊 151c 右 9

敦煌道經

○ 老子隨意自在，度人无量清淨。807a9

○ 尹喜稽首敢問大人姓字，老子曰吾姓字眇眇，非可備說。今姓

李名耳字伯陽，外字老聃。而有胎經八十一年，曾逍遙李樹之下，思聞清風以袪塵，或乃剖左腋而生老子。仙童玉女手執香花侍衛左右，玄妙即指樹云此可為汝姓。462a9

○ 老子以無極元年，太歲癸丑五月壬午去周西度。463a67

○ 關令尹喜預瞻見紫雲西邁，知有道人當過。即以其年十二月廿五日，老子乘青牛薄板車，徐甲為御到關也。至廿八日日中授喜道德經上下卷，臨去之際又說西昇，事畢乃示見神通，騰空數丈，存亡恍惚，老少無恆。於是適彼罽賓，逗機行化。463b85

○ 老子出關周流八十一國，後至罽賓化胡也。463b92

○ 從轉身得道度世入无為。889b169

○ 老子隨意自在，度人无量清淨。807a9

三洞珠囊　42 冊　唐 王懸河

○ 老子與關令東遊登日窟常陽之山，掇扶桑之丹椹，散若林之朱華。4\9a2

○ 尹喜眼有日精，姿形長雅，垂臂過膝，項負圓耀，五藏有文，面有七星，上象天文，下順地理，莫不備足。故寄惠鍊質，逝生末劫，當為貴真之長也。8\23b

○ 老子以上皇元年歲在丁卯正月十二日丙午下為周師，老子以無極元年歲在癸丑十二月二十八日日中授道德經上下二篇也。以周无極元年，歲在癸丑，冬十二月二十五日，老子之度關也。8\28b

○ 周无極元年，歲在癸丑，冬十有二月二十五日，老子之度關也。關令尹喜勅門吏曰若有老公從東來，乘青牛薄板車者，勿

聽過關。在後果見老公如是求度關，關吏不許，以關吏之言白
之，老公曰吾家在關東，而田在關西，欲往採樵，幸聽度之。
關吏再不許，入白關令，令即出迎，設弟子之禮，老公故辭，
欲去關。令殷勤北面事之，老子許之住也。老子時有賃客姓徐
名甲，曰雇錢一百，老子先與約語當頓還卿直，然須吾行達西
海大秦安息國，歸以黃金頓備錢限。甲既見老子方欲遠遊，疑
遂不還其直，爾時有美色女人聞甲應得多錢，密語甲曰何不急
訟求其直，吾當為子妻。甲惡意因成，即舉詞詣關令訴老子求
錢。關令以甲詞呈老子，老子曰吾祿貧薄，无僕役，前借此人
先語至西海大秦安息國歸，頓還黃金備直限，其何負約見訟
耶？甲隨老子二百餘歲，應還七百萬。老子謂甲曰吾昔語汝至
西海大秦安息國歸，頓以黃金相還，云何不能忍辱，今便興詞
訟我？汝隨我已二百餘歲，汝命早應死，賴我太玄長生符在爾
身耳！言畢見太玄長生符飛從甲口出，還在老子前，文字新
明，甲已成一聚白骨。喜既見甲違心便死，意復欲觀老子起死
人，因曰喜當代還此直，即具錢來，伏願赦甲往罪，賜其更
生。老子愍之曰善，此本非吾瞋甲，甲負先心，道便去之。老
子復以向符投其枯骨，甲即還生如故，喜具為說之，甲方叩頭
謝罪。老子令還汝直，謝遣之也。老子以上皇元年歲在丁卯正
月十二日丙午下為周師也。周道將衰，王不修德，弗能以道德
治民，此淫亂之俗，不可復師，故微服而行，吾將遠遊矣！喜
復作禮曰願大人為我著書說大道之意，喜得奉而修焉。老子以
无極元年歲在癸丑十二月二十八日日中作道德經上下二篇以授
喜。老子辭別欲行，喜曰願從大人遠遊觀化天地間可乎？老子

曰我行无常處，或上天或入地，或登山或入海，或在戎狄蠻貊非人之鄉，鬼神之邦，嶮難之中，觀化十方，出入無間，坐在立亡。子以始受道，諸穢未盡，焉得隨吾遠行耶？子且止誦此二卷經萬遍，道成乃可從吾遠遊。子道欲成時，自當相迎，今未得去也。老子臨去則告曰子千日以後於成都市門青羊之肆尋吾乃可得矣！喜奉教誦經萬遍，千日之後身乃飛行，入水蹈火，並不熱溺。今道已成，乃往成都市門青羊之肆尋老子，經日不見，晝夜感念，到九日見一人來買青羊，由是乃悟。問使人曰子何故日日買此青羊耶？使人答曰吾家有貴客好畜青羊，故使我買之也。喜曰吾昔與彼客有舊，因期於此，子能為我達之不？因以珍寶獻之，使人曰諾，君但隨我去，當為具白此意。喜曰若然白客言關令尹喜在外。使人如其言白之老子前曰令前。拂衣而起，登自然蓮華之座，問喜曰別後三年之中，子讀經，何得何失？喜拜而自陳曰奉教誦經，令喜得常存不死也。老子曰子昔願從吾遠遊，道已成，可以遊觀大地八紘之外也。喜曰弟子宿願始申矣！無復所恨。老子於是命駕遠遊天地之間，變化諸國也。後入罽賓國閣崛之山精舍中行道，罽賓王出遊，問曰此何等人？侍者曰道士耳！王曰道士乃幽隱在此乎？後日復遊見之，王曰何修也可以致福？老子曰齋戒中食讀經行道，上可得至真，不死不生，教化出入在意也。下可安國隆家，亦可從轉身得道，度世入无為。王曰善哉！後日出遊復見之，王曰道士道法最何為貴耶？道士曰吾道貴自然清靜无為，及齋戒行中食燒香，可從生天，可從生王侯家，得可從（按當作「可從得」）道度世，以此為上。王曰善，寡人欲請道

士中食行道可乎？道士曰為欲請幾人耶？王曰悉請也。道士曰徒眾多，難可悉供也。王笑曰寡人大國，何求不得，而云不能供耶？道士曰吾道士固曰貧道，依附國王致有珍寶，盡是王物。今先欲請王國人中食，以為百姓祈福，可乎？王曰善，但恐道士无以供之。道士曰足有供之，願王枉駕。王曰刻日當到。道士遂先請及群臣國人也，皆使仙童玉女及四方飛天人請男女一十四日都畢。王歎曰貧道士尚能作大福如此，我大國王何所乏而言不能供之耶？刻日請道士徒眾大會，道士到，皆引諸天聖眾九品仙人四十餘日，人來不盡，後方日日異類，或胡或傖，或吳或楚，或長或短。王倉庫已半，人猶未止。王曰如道士言，此人眾何其多，吾誠恥中，殆令无供具。忽生惡念曰吾恐此老公是鬼魅，非賢人道士，可速收縛積薪市中燒殺之，以示百姓，於是遂縛老子徒眾等。老子爾時任其所作，聚薪都市。老子語喜及諸從真人，卿但隨我上此薪上，傾國人悉來視之，終不能害我等也。如是國人視之，其善心者皆難吒我王，何故強請道士而中道燒之？可憐可念。火起衝天，國人因見老子亦放身光滿天下，老子與喜及諸真人在炭煙之中坐蓮華之上，執道德經詠之。及火勢盛，猶在炭上坐不去，王問老公已死耶？使者曰老公故在炭上誦經。王又令沈老公深淵，後隨王入淵，入淵不溺，國人見老子放光，神龍負之，龍光亦照淵，方誦經，並不能為害。王問道士等已死乎？使者曰投之深淵，龍王出負之，老公放光，照滿國內，復不死不溺，當如之何？王顧謂群臣曰恐彼老子將天師聖人乎？今欲事之何如？群臣曰善，恐老公徒嗔，將亡國也，願王卑詞謝之。王曰正爾。自詣

卻說前事謝罪云云，老公曰前我語王，恐王不能供之云云，而反燒我師徒，何逆天无道耶？上天不許王之橫殺无辜，此乃天見我无罪，故得度險難也，天將滅王國，不久當至也。王大謝罪，願舉國事師，不敢中怠。老子曰王前有惡心，今雖叩頭千下，猶未可保信，恐後有悔，當何以為誓耶？王曰今以舉國男女一世不娶妻，髡鬄鬚髮以為盟，誓約不中悔，中悔當死為證，何如？老子曰善。爾時推尹喜為師，令王及國人事之，王當以國事付太子伊梨，我當修道捨家國，求道度世。老子曰善，既欲棄國學道，吾留王之師號為佛，佛事无上正真之道。道有大法，若王居國學道，但奉五戒十善，自足致福，去卻不祥，常生人道，尊榮富貴，亦可因此得道度世，何必捨家也？王及群臣一時稽首師前，男女同日奉道焉。為作三法衣，守攝其心，錫杖以驚蛇蟲，乞中食為節。老子復為造九萬品經戒，令日就誦之。老子曰授子道既備，吾欲速遊八方，遂還東遊。幽演大道自然之氣為三法：第一曰太上无極大道，第二曰无上正真之道，第三曰太平清約之道也。9\8b

道典論　42 冊

○　名入太上玄錄，為三界魔神靈鬼咸敬之，號曰天人。上人道士常自謙下也。得道清貴，莫尚此矣！皆尹先生口訣相傳而教世賢上士也。2\5a

○　尹喜為關令之時，常夢見天真，或曾同遊四海之外，心中昭然，有所覺悟。乃冥契玄聖，自然而同符也，老君感焉。4\4a

一切道經音義妙門由起並序　41 冊　唐 史崇

○　尹喜曰敢問大人姓字，老子曰吾姓字眇眇，從劫至劫，非可悉

說。故前後不能以姓字具示世間矣！吾今姓李名耳字伯陽，外字老聃。8b

○ 太上、老子、太一元君真形圖，此三聖亦可為一人耳！太上頭並自然髻，項映天光，著九色錦繡華文之帔，衣天衣。二聖七色之帔，各坐蓮華之上，太上為師。9a

辯正論

○ 老子在罽賓國，彈指引諸天王及羅漢五通飛天大眾一時俱至，遣尹喜為師，得道菩薩為老子作頌。《大正藏》52 冊 545a 右 12

○ 老子曰吾師號佛，覺一切民也。菜食誦經稱無上正真之道，承佛威神，號佛為世尊，形與神遊，受高上大聖十方至真已得佛道。《大正藏》52 冊 524a 左 9B

上清道類事項　42 冊　唐 王懸河

○ 流雲七色之房，無上真人之所居。2\8a

唐護法沙門法琳別傳

○ 老子曰王欲出家，吾師號佛，覺一切人也。今受天帝請食，還當為王及群臣等一時受戒。《大正藏》50 冊 210b 右 4

三洞樞機雜說　31 冊

○ 諸天神王散花燒香，以供養得道之人也。8a

○ 太上遣繡衣使者傳命與尹喜。8a

混元聖紀　30 冊　南宋 謝守灝

○ 老子出關周遊八十一國，後至罽賓化胡。1\32a

○ 出關乃至喜宅。3\3a

○ 喜母曾晝夢天絳霞流繞其身，咽之，及喜生，靈光飛其側，眼有日精，少好墳索，善天文秘緯，仰觀俯察，莫不洞徹，雖鬼

神無以匿其情。大度恢傑，不修俗禮，損身濟物，不求聞達，
逸響遐宣，召為東宮賓友，出補關令。3\5a

太上混元眞錄　32 冊

○　老君以上皇元年丁卯下為周師，到無極元年癸酉去周西度。2b

○　法有聖人經過京邑，故掃路燒香，以候天真入境是也。3a

上清道寶經　56 冊

○　元始天尊靜處閒居雲宮黃房之內七寶幃中。尹喜隨老子上天，
登九重之日門，入流雲七色之房，貴仙之儔，喜與相禮。3\16a

○　尹喜從老君來遊登常陽山方丈之堂，見九老丈人嚼九交之芝。
南遊登肅丘山，食九光芝。4\10a

○　天帝太上治玉京山金城玉關七寶宮室，出諸天之上，寂寂冥
冥。5\6b

㈥高上老子內傳

道德眞經廣聖義　24 冊　唐 杜光庭

○　老君舜時號尹壽子，居河陽，說道德經，教以孝悌之道，舜行
之，退身讓物，尊道貴德，天下之人從而化之，。所以舉十六
族，竄四兇，達四聰，明四目，外撫百姓，內親九族，得道於
蒼梧之野、九疑之山。5\10b

○　老君生而能言，指李樹曰此我姓也，因遂姓李。2\18b

○　或號天尊，或號太上，或號大道，或號老君，即明玉晨君亦老
君之應號也。太上虛皇常居紫瓊宮，在玄都玉京之上，亦名紫
晨宮，亦名玉晨宮，即玉晨道君乃老君之應號爾。3\6b

一切道經音義妙門由起並序　41 冊　唐 史崇

○　老君從李母左腋而生。初李母晝寢夢太陽流光入口，因而吞

之，遂覺有娠，七十二年於李樹下生老君，指樹曰此為我姓
也。至幽王時，老君從十二玉女二十四仙人，并與鬼谷等俱乘
白鹿出西關，北之崑崙矣！8a

初學記

○ 太上老君姓李氏名耳字伯陽。其母曾見日精下落，如流星飛入
口中，因有娠，七十二歲而生。常有五色雲繞其形，五行之獸
衛其堂，於陳國渦水李樹下剖左腋而生。卷 23 道第一 p547

○ 鶴髮龍顏，廣顙長耳，大目疏齒，方口厚脣。額有參牛達理，
日角月懸，鼻純骨有雙柱，耳豎大三門，頂有日光，身滋血
白，面凝金色，舌絡錦文，形長一丈二尺，齒有四十八。受元
君神圖寶章變化之方及還丹伏火水汞液金之術，凡七十二篇。

卷 23 道第一 p547

混元聖紀　30 冊　南宋　謝守灝

○ 文王時為守藏史，武王時為柱下史。1\17b

○ 伏犧時號鬱華子，神農時號傅豫子，祝融時號廣壽子，軒轅時
號廣成子，顓帝時號赤精子，帝嚳時號錄圖子，唐堯時號務成
子，虞舜時號尹壽子，夏禹時號甯真子，商湯時號錫則子，又
文王武王凡為十二帝師。1\19b

○ 上帝之師元君感日精入口，因娠，經七十二年剖左腋而生。
2\34a

○ 老子以商武丁庚辰生於亳，尋乘白鹿而昇天。後一百八十年帝
辛丁卯降於岐周。1\29b

太上混元老子史略　30 冊　南宋　謝守灝

○ 殷武丁庚辰歲二月十五日生，以帝辛丁卯歲正月十二日爰自金

關降於岐山之陽，為之五師。　　又云：西伯時為守藏史，武成康時為柱下史。下\9b

猶龍傳　30 冊　北宋　賈善翔

○　生於李木之下，自指李以為姓。3\5b

○　太上以甲寅年昇天，至乙卯分身潛降於蜀，託孕大官之家。丁巳尹喜方至蜀，本無青羊肆，太上在太微時，先勅青帝之青童降成都，化為青羊。尹喜於市肆見人牽之，自解云既有青羊，復在其肆，老君所約，此當是也。因問云此羊乃誰家者？答曰我家夫人誕一子，啼聲不止，投於水火，皆不能害。有道人言，得青羊乳與之啼即止，故市此羊。喜囑曰為我告夫人之子，云關令尹喜至於是。具以白，即從懷抱振衣而起，言曰令喜來前。既入，太上或長丈餘，身作金色，項負圓光，建七曜之冠，披九色之帔。舉家見之，皆惶恐。太上曰吾太微是宅，真一為身，太和降粹，耀魄為人，主容相因，何乃怪也？尹喜稽首而言曰不謂慶幸，復奉天顏，未審慈尊，出無入有，起居安不？老君怡然告曰與子別後，何得何喪？汝存道守一，還有益邪？喜曰自奉祕要，粗得其妙，濟度之恩，遠過天地。老君曰吾昔留子以居世，清齋千日，故待子於此。今子保形鍊炁，已造冥妙，而心結紫絡，面有圓明，金名表於真圖，玉札係於紫房。炁參太微，解形合真矣！言訖，三界聖真，千乘萬騎，浮空而至。因授喜紫芙蓉冠、飛青羽裙、丹褵綠袖、交待霓裳、羅文黃綬，拜為文始先生，賜任無上真人。從此乃得參侍龍車，遠遊天下。4\1a

○　漢孝成帝河平年，混元分身下遊琅琊郡曲陽泉，授北海人干吉

太平經一百七十卷，其要曰且人之生也，天付之以神，地付之
以精，中付之以炁，人能保精愛神護炁，內則致身長生，外則
致國太平。孝章帝元和二年，太上復過琅琊授吉一百八十戒，
以助諸祭酒保身修真。謂吉曰往古聖賢皆從此戒得道，道本無
戒，從師得成。道不可廢，師不可輕。吉稽首作禮，謹受命。
至順帝時，琅琊人宮崇詣闕進太平經表，云親受於干吉，言吉
親受於太上也。4\17b

○ 商武丁庚辰生。3\5a

㈦老子自然齋儀

玄門大義　41 冊

○ 太玄都老子自然齋儀云玄經有三條，一曰天經，天真所修，二
曰地經，洞天所習，三曰人經，世間所行。三境之法，相通而
一，一品曰三乘。三乘之用各有十二條，交會相通，總曰三十
六部。十二條者，一曰无為，二曰有為，三曰无為而有為，四
曰有為而无為，五曰續愛，六曰斷愛，七曰不斷不續，八曰分
段，九曰无分段，十曰知微，十一曰知章，十二曰通用。當境
而言亦曰十二部，隱顯兼施，則有七十二部，今謂此文所出前
之三經，經自可是教，後之十二，意在行也。19b

雲笈七籤　37 冊　北宋　張君房

○ 太玄部老君自然齋儀云經有三條，一曰天經，天真所修，二曰
地經，洞天所習，三曰人經，世間所行。三景之法，相通而成
一，曰三乘。三乘之用各有十二部，交會相通，總曰三十六
部。十二條，一曰無為，二曰有為，三曰無為而有為，四曰有
為而無為，五曰續愛，六曰斷愛，七曰不斷不續，八曰分段，

九曰無斷，十曰知微，十一曰知彰，十二曰適用當境。而曰十
二部，隱顯兼施，則有七十二部，今謂此文所出前之三經自可
是教，後之十二意在行也。6\23b

三洞珠囊　42 冊　唐　王懸河

○　老子自然齋儀云老子曰道无不在，玉姿金相，妙絕諸天，天人
共仰，存想之也。8\1b

參考書目
（子、史典籍及《正統道藏》道經不備列）

一、原典資料
甲、《道德經》注本
（一）道德真經集解　21 冊❶　趙學士
（二）道德真經集解　21 冊　宋 董思靖
（三）道德玄經原旨　21 冊　元 杜道堅
（四）道德真經注疏　22 冊　唐 張君相
（五）道德真經藏室纂微　23 冊　宋 陳景元
（六）道德真經取善集　23 冊　宋 李霖
（七）道德真經集義　23 冊　元 劉惟永
（八）道德真經廣聖義　24 冊　唐 杜光庭
（九）老子翼　60 冊　明 焦竑

乙、非《道德經》注本
（一）西昇經集註　24 冊　宋 陳景元
（二）靈寶度人經四注　3 冊　南齊 嚴東；唐 薛幽棲、李少微、成玄英 註；
　　　宋 陳景元 集註

二、中文資料
1.專書

---

❶　冊數以新文豐版《正統道藏》為準。

〔漢〕揚雄原著，鄭萬耕校釋，《太玄校釋》（北京：北京師範大學出版社，1989）

〔梁〕釋慧皎撰，湯用彤校注，《高僧傳》（北京：中華書局，1992）

〔隋〕吉藏撰，韓廷傑校釋，《三論玄義校釋》（臺北：文津出版社，1991）

〔唐〕成玄英，《輯道德經開題序訣義疏》，收入嚴靈峰《無求備齋老子集成初編》

〔唐〕李道平撰，潘雨廷點校，《周易集解纂疏》（北京：中華書局，1994）

〔清〕王仁俊，《玉函山房輯佚書續編三種》（上海：上海古籍出版社，1989）

〔清〕馬國翰，《玉函山房輯佚書》（臺北：文海出版社，1974）

〔清〕達春布修，歐陽燾纂，《九江府志》

〔清〕嚴可均，《全上古三代秦漢三國六朝文》（臺北：中文出版社，1972）

《佛光大辭典》（高雄：佛光出版社，1988 年 12 月 2 版）

《佛教哲學大辭典》（臺北：正因文化公司，1998 年 1 月初版）

孔　繁，《魏晉玄談》（瀋陽：遼寧教育出版社，1992）

王三慶，《敦煌類書》（高雄：麗文文化事業公司，1993）

王文顏，《佛典漢譯之研究》（臺北：天華出版公司，1984）

王　卡，《道教經史論叢》（成都：巴蜀書社，2007）

───，《敦煌道教文獻研究──綜述·目錄·索引》（北京：中國社會科學出版社，2004）

───，〈《新譯道門觀心經》導讀──道教重玄學及其經典〉，收入氏著《道教經史論叢》（成都：巴蜀書社，2007）

王有三，《老子考》（臺北：東昇出版公司，1981）

王邦雄，《老子的哲學》（臺北：東大圖書公司，1980 初版）

王宗昱，〈附錄：《道教義樞》校勘〉，王宗昱，《《道教義樞》研究》

（上海：上海文化出版社，2001）

——，《《道教義樞》研究》（上海：上海文化出版社，2001）

王　明，《抱朴子內篇校釋》（增訂本）（北京：中華書局，1988）

——，《道家和道教思想研究》（北京：中國社會科學出版社，1990）

——，〈農民起義所稱的李弘和彌勒〉，《道家和道教思想研究》（北京：中國社會科學出版社，1990）

王健文，《奉天承運——古代中國的「國家」概念及其正當性基礎》（臺北：東大圖書公司，1995）

王承文，《敦煌古靈寶經與晉唐道教》（北京：中華書局，2002）

王清祥，《老子河上公注之研究》（臺北：新文豐出版公司，1994）

王葆玹，《正始玄學》（濟南：齊魯書社，1987）

——，《玄學通論》（臺北：五南圖書公司，1996）

王德有點校，《老子指歸》（北京：中華書局，1997）

任繼愈，《中國佛教史》（北京：中國社會科學出版社，1993）

——，《中國道教史》（上海：上海人民出版社，1990）

——，《道藏提要》（北京：中國社會科學出版社，1995）

朱越利，《道經總論》（瀋陽：遼寧教育出版社，1995）

——，《道藏分類解題》（北京：華夏出版社，1996）

江俠菴編譯，《先秦經籍考》（臺北縣：新欣出版社，1970）

牟宗三，《才性與玄理》（臺北：臺灣學生書局，1989）

——，《中國哲學十九講》（臺北：臺灣學生書局，1993）

——，《佛性與般若》上冊（臺北：臺灣學生書局，1989）

冷德熙，《超越神話——緯書政治神話研究》（北京：東方出版社，1996）

余英時，〈清代思想史的一個新解釋〉及〈《歷史與思想》自序〉二文，收入《歷史與思想》（臺北：聯經出版公司，1990）

巫鴻著；鄭岩、王睿編；鄭岩等譯，《禮儀中的美術：巫鴻中國古代美術史文編》下卷（北京：生活・讀書・新知三聯書店，2005）

李弘祺，〈試論思想史的歷史研究〉，收入韋政通，《中國思想史方法論文

選集》（臺北：水牛出版社，1993）

李　剛，《漢代道教哲學》（成都：巴蜀書社，1995）

———，《重玄之道開啟眾妙之門——道教哲學論稿》（成都：巴蜀書社，2005 年 4 月第 1 版）

李德范輯，《敦煌道藏》（北京：中華全國圖書館文獻縮微複製中心，1999）

李豐楙，《抱朴子》（臺北：時報文化，1981）

———，〈道教劫論與當代度劫之說——一個跨越廿世紀與廿一世紀的宗教觀察〉，《性別、神格與臺灣宗教論述》（臺北：中央研究院中國文哲研究所，1997）

———，〈誦經——化劫度劫的大梵隱韻〉，陳鼓應主編，《道家文化研究》第十六輯（北京：三聯書店，1999）

呂鵬志，《唐前道教儀式史綱》（北京：中華書局，2008）

姜伯勤，《敦煌藝術宗教與禮樂文明》（北京：中國社會科學出版社，1996）

柳存仁，《和風堂文集》（上海：上海古籍出版社，1991.10）

———，《和風堂新文集》（臺北：新文豐出版公司，1997）

胡孚琛主編，《中華道教大辭典》（北京：中國社會科學出版社，1995）

卿希泰，《中國道教史》第一卷（成都：四川人民出版社，1992）

———，《中國道教史》第二卷（成都：四川人民出版社，1992）

———，《中國道教思想史綱》第一卷漢魏兩晉南北朝時期（臺北：木鐸出版社，1986 年 6 月初版）

唐君毅，《中國哲學原論原道篇二》（臺北：臺灣學生書局，1993）

唐長孺，《魏晉南北朝史論拾遺》（北京：中華書局，1983）

唐翼明，《魏晉清談》（臺北：東大圖書公司，1992）

唐長孺，〈史籍與道經中所見的李弘〉，唐長孺，《魏晉南北朝史論拾遺》（北京：中華書局，1983）

孫廣德，《晉南北朝隋唐俗佛道爭論中之政治課題》（臺北：臺灣中華書局，1972）

徐復觀，〈研究中國思想史的方法與態度問題〉，收入韋政通，《中國思想史方法論文選集》（臺北：水牛出版社，1993）

———，增訂《兩漢思想史》（臺北：臺灣學生書局，1976）

張光直，〈商周神話與美術中所見人與動物關係之演變〉以及〈商周青銅器上的動物紋樣〉二文，收入氏著，《中國青銅時代》（臺北：聯經出版公司，1994）

———，〈濮陽三蹻與中國古代美術上的人獸母題〉，收入氏著，《中國青銅時代第二集》（臺北：聯經出版公司，1994）

袁保新，《老子哲學之詮釋與重建》（臺北：文津出版社，1997 年 12 月初版二刷）

張金儀，《漢鏡所反映的神話傳說與神仙思想》（臺北：國立故宮博物院，1981）

許抗生，《魏晉思想史》（臺北：桂冠圖書公司，1995）

郭　朋，《中國佛教思想史》（福州：福建人民出版社，1994）

陳沛然，《佛家哲理通析》（臺北：東大圖書公司，1993）

陳奇猷校注，《韓非子集釋》（臺北：河洛圖書公司，1974）

陳　垣，《道家金石略》（北京：文物出版社，1988）

———，《釋氏疑年錄》，收入《陳援菴先生全集》第十冊（臺北：新文豐出版公司，1993）

陳國符，《陳國符道藏研究論文集》（上海：上海古籍出版社，2004）

———，《道藏源流考》（北京：中華書局，1992）

陳遵媯，《中國天文學史》第六冊（臺北：明文書局，1990）

陳麗桂，《秦漢時期的黃老思想》（臺北：文津出版社，1997）

———，《戰國時期的黃老思想》（臺北：聯經圖書公司，1991）

勞思光，《新編中國哲學史》，（臺北：三民書局，1984）

———，〈論中國哲學史之方法〉，收入韋政通，《中國思想史方法論文選集》（臺北：水牛出版社，1993）

湯一介，《魏晉南北朝時期的道教》（臺北：三民書局，1991 年 4 月再版）

湯用彤，《湯用彤學術論文集·康復札記》（北京：中華書局，1983）

───，《漢魏兩晉南北朝佛教史》（北京：中華書局，1988）

黃　釗，《道家思想史綱》（長沙：湖南師範大學出版社，1991）

黃俊傑，〈思想史方法論的兩個側面〉，收入黃俊傑，《史學方法論叢》
　　　（臺北：臺灣學生書局，1977）

黃錦鋐，《秦漢思想研究》（臺北：學海出版社，1979）

楊希枚，《先秦文化史論集》（北京：中國社會科學出版社，1995）

楊家駱，《老子新考述略》，《新編諸子集成》三（臺北：世界書局，
　　　1972）

楊惠南，《佛教思想發展史論》（臺北：東大圖書公司，1993）

楊樹達，〈漢代老學者考〉，《周易古義·老子古義》（上海：上海古籍出
　　　版社，1991）

葛兆光，〈外編三：「重玄」何有「派」？──評砂山稔《隋唐道教思想史
　　　研究》〉，收入氏著《屈服史及其他：六朝隋唐道教的思想史研究》
　　　（北京：三聯書店，2003 年）

熊鐵基，《中國老學史》（福州：福建人民出版社，1995）

臺灣中華書局編輯部，《中國歷代經籍典》共八冊（臺北：臺灣中華書局，
　　　1985 年 12 月臺二版）

蒙文通，《老子義疏》（即《輯成玄英老子義疏》）（臺北：廣文書局，
　　　1974）

───，〈校理《老子成玄英疏》敘錄〉，收入《古學甄微》（蒙文通文集
　　　第一卷）（成都：巴蜀書社，1987）

───，〈道教史瑣談〉，收入《古學甄微》（蒙文通文集第一卷）（成
　　　都：巴蜀書社，1987）

───，〈輯校成玄英《道德經義疏》〉，收入《道書輯校十種》（蒙文通
　　　文集第六卷）（成都：巴蜀書社，2001）

趙書廉，《魏晉玄學探微》（安陽：河南人民出版社，1992）

劉文典，《淮南鴻列集解》（北京：中華書局，1997）

劉兆祐，《中國目錄學》（臺北：五南圖書公司，1998）

劉汝霖，《東晉南北朝學術編年》（臺北：長安出版社，1979）

———，《漢晉學術編年》（臺北：長安出版社，1979）

劉貴傑，《支道林思想之研究》（臺北：臺灣商務印書館，1987）

樓宇烈，《王弼集校釋》（臺北：華正書局，1992）

蔡美麗，《胡塞爾》（臺北：東大圖書公司，1990）

鄭成海，《老子河上公注斠理》（臺北：中華書局，1971）

鄭良樹，《老子論集》（臺北：世界書局，1983）

鄭萬耕，《揚雄及其太玄》（臺北：藍燈文化公司，1992）

鄭燦山，〈太上洞玄寶元上經———一個道教老學詮釋的例子〉，收入《「宗教與心靈改革研討會」論文集》（高雄：高雄道德院，1998）。

———，〈從諸子傳說到道教聖傳——先秦兩漢的老子形象及其意義〉，《「聖傳與詩禪——中國文學與宗教」論集》（臺北：中研院中國文哲所，2007 年 9 月）

盧國龍，《中國重玄學》（北京：人民中國出版社，1993）

錢大昕，《潛研堂文集》（臺北：臺灣商務印書館，1968）

錢　穆，《中國學術思想史論叢》（三）（臺北：東大圖書公司，1977）

羅根澤編著，《古史辨》（六）（香港：太平書局，1963 年 2 月版）

嚴靈峰，《老莊研究》（臺北：臺灣中華書局，1966）

———，《周秦漢魏諸子知見書目》卷一、二（臺北：正中書局，1975）

———，《輯李榮老子注》（《無求備齋老子集成初編》）

———，《輯道德經開題序訣義疏》（無求備齋《老子集成初編》本）

———，《輯嚴遵老子注》（無求備齋《老子集成初編》本）。

———，《輯葛玄老子節解》（臺北：成文出版社《無求備齋老子集成初編》本）

———，〈王弼以前老學傳授考〉，《老莊研究》（臺北：臺灣中華書局，1966）

釋慧嶽，《天臺教學史》，此書收入藍吉富編，《現代佛學大系》37（臺

北：彌勒出版社，1983）

蘇紹興，〈東晉南北朝之文學世族對當代文學學術之貢獻〉，《兩晉南朝的
　　士族》（臺北：聯經圖書公司，1987）

───，〈從《世說新語》的統計分析看兩晉士族〉，《兩晉南朝的士族》
　　（臺北：聯經圖書公司，1987）

饒宗頤，《老子想爾注校證》（上海：上海古籍出版社，1991）

───，《法藏敦煌書苑精華》第八冊道書（廣州：廣東人民出版社，
　　1993）

龔鵬程，《道教新論》（臺北：臺灣學生書局，1991）

2.期刊或學位論文

王天麟，《天師道經系仙道教團戒律類經典研究》（臺北：輔仁大學宗教學
　　研究所碩士論文，1991）

王　卡，〈《老子道德經序訣》考〉，《世界宗教研究》1983 年第 3 期

王利器，〈道藏本《道德真經指歸》提要〉，《中國哲學》1980 年第 4 輯

王健文，《戰國諸子的古聖王傳說及其思想史意義》（國立臺灣大學文史叢
　　刊之七十六，1987）

王維誠，〈老子化胡說考證〉，《北京大學國學季刊》1934 年 4 卷 2 期

古　鼎，〈老子道德經傳授源流考〉，《新天地》6 卷 7 期

李　剛，〈道教老學重玄學派〉，《宗教學研究》1996 年 1 期

───，〈漢代道教哲學簡論〉，《求索》1989 年 6 期

───，〈道教重玄學之界定及其所討論的主要理論課題〉，收入陳鼓應主
　　編，《道家文化研究》第十九輯「玄學與重玄學」專號（北京：三聯
　　書店，2002）

李　翹，〈道德指歸輯本序〉，《文瀾學報》1937 年 3 卷 1 期

李豐楙，〈六朝道教的度脫觀──真君、種民與度世〉，《東方宗教研究》
　　新 5 期（1996 年 10 月）

───，〈老子《想爾注》的形成及其道教思想〉，《東方宗教研究》新一
　　期，1990 年 10 月

———，〈救劫與度劫：道教與明末民間宗教的末世性格〉（此為李氏 1997
　　年 4 月 11 日於政治大學「宗教研究中心」宣讀之論文）

———，〈傳承與應對：六朝道經中「末世」說的提出與衍便〉，《中國文
　　哲研究集刊》第 9 期（1996 年 9 月）

———，〈慧皎《高僧傳》及其神異性格〉（臺北：《中華學苑》26 期，
　　1982 年 12 月）

———，《魏晉南北朝文士與道教之關係》（臺北：政治大學中文研究所博
　　士論文，1978 年）。

李麗涼，《《無上秘要》之編纂及道經分類考》（臺北：國立政治大學中文
　　研究所碩士論文，1998）

杜正勝，《從眉壽到長生——醫療文化與中國古代生命觀》（臺北：三民書
　　局，2005）

———，〈生死之間是連續還是斷裂——中國人的生死觀〉，《當代》58 期

谷　方，〈河上公《老子章句》考證——兼論其與《抱朴子》的關係〉，
　　《中國哲學》7 期

姜佩君，《老子化胡經研究》（臺北：中國文化大學中國文學研究所碩士論
　　文，1993）

姜亮夫，〈巴黎所藏敦煌寫本《道德經》殘卷敘錄〉上、下，《雲南社會科
　　學》1981 年第 2、3 期

唐文播，〈巴黎所藏敦煌老子寫本二四一七卷考證〉，《東方雜誌》1946 年
　　第 42 卷第 2 號

———，〈巴黎所藏敦煌老子寫本綜考〉，《中國文化研究彙刊》第四卷下
　　冊，1944 年 9 月

———，〈巴黎所藏敦煌老子寫卷斠記〉，《中國文化研究彙刊》第五卷，
　　1945 年 9 月

———，〈巴黎所藏敦煌老子寫經卷敘錄〉，《凱旋》，1947-1948 年 26-29
　　期

———，〈老子篇章字數考〉，《說文月刊》第四卷合刊本

———，〈敦煌老子卷子之時代背景〉，《東方雜誌》1943 年第 39 卷第 12 號

———，〈敦煌老子寫卷「係師定河上真人章句」考〉，《中國文化研究彙刊》第六卷，1947

張超然，《系譜、教法及其整合——東晉南朝道教上清經派的基礎研究》（臺北：國立政治大學中國文學系博士論文，2008）

張煒玲，《中唐以前道教樓關派史研究》（臺南：成功大學歷史語言研究所碩士論文，1995）

陳文華，〈老子景龍碑本的重新考察〉，《東海學報》六卷一期，1964

陳世驤，〈想爾老子道經敦煌殘卷論證〉，《清華學報》新一卷第二期，1957

陳弱水，〈隋代唐初道性思想的特色與歷史意義〉，收在《第四屆唐代文化學術研討會論文集》（臺南：成功大學，1999）

陳鼓應主編，《道家文化研究》第十三輯「敦煌道教文獻」專號（北京：三聯書店，1998）

陳鼓應主編，《道家文化研究》第十九輯「玄學與重玄學」專號（北京：三聯書店，2002）

湯一介，〈論魏晉玄學到初唐重玄學〉，收入陳鼓應主編，《道家文化研究》第十九輯「玄學與重玄學」專號（北京：三聯書店，2002）

湯用彤，〈王維誠〈老子化胡說考證〉審查書〉，《北京大學國學季刊》1934 年四卷二期

賀紹恩，〈從《想爾注》看漢儒對早期道教的影響〉，《江西社會科學》1987，4 期

黃懷秋，〈耶穌基督的神話〉，《輔仁宗教研究》1（2000 年 5 月）

楊儒賓，〈從「生氣通天」到「與天地同流」——晚周秦漢兩種轉化身體的思想〉，《中國文哲研究集刊》第 4 期（1994 年 3 月）

———，《中國古代天人鬼神交通之四種類型及其意義》，臺大中研所 1987 博士論文

———，《先秦道家「道」的觀念的發展》，臺大文史叢刊 77

蒙文通，〈嚴君平《道德指歸論》佚文序〉，《圖書集刊》1948.6 期

蒲慕州，〈神仙與高僧——魏晉南北朝宗教心態試探〉，《漢學研究》第 8
　　卷第 2 期

劉國鈞，〈老子神化考略〉，《金陵學報》1934 年第四卷第二期

蔡彥仁，〈比較宗教經典與儒學研究：問題與方法學芻議〉（《漢學研究》
　　第 15 卷第 2 期，1997、12 月）

———，〈古代希伯來的智慧與智慧傳統——一個宗教思想史的觀點〉（臺
　　北：《新史學》，第七卷第一期，1996 年 3 月）

———，〈晚近歐美宗教研究方法學評介〉（臺北：《東方宗教研究》新 1
　　期，1990）

———，〈評介西方天啟思想之形成〉，《新史學》第九卷第三期（1998 年
　　8 月）

鄭志明，〈敦煌寫本老子想爾注義理初探〉，《中國學術年刊》8 期

鄭燦山，〈老子河上公注長生思想析論〉，《孔孟學報》77 期（1999 年 9
　　月）

———，〈敦煌寫本《老子想爾注》之思想特色與架構〉（臺中東海大學：
　　中國文化月刊 192，1995 年）

———，〈漢唐《道德經》註疏輯佚〉，《國家圖書館館刊》1999 年第 2 期
　　（1999 年 12 月）

———，〈唐道士成玄英的重玄思想與道佛融通——以其老子疏為討論核
　　心〉，《臺北大學中文學報》創刊號，2006 年 7 月

簡　明，〈「道家重玄學」當議〉，《世界宗教研究》1996 年第 4 期

饒宗頤，〈吳建衡二年索紞寫本道德精殘卷考證——兼論河上公本源流〉
　　（香港：香港大學《東方文化》二卷一期，1955）

三、日本資料

1.專書

山田利明，《六朝道教儀禮の研究》（東京市：東方書店，1999）

─────，〈《文始先生无上真人關令內傳》の成立について〉，收入《歷史における民眾と文化－酒井忠夫先生古稀祝賀記念論集》（東京：國書刊行會，1982）

山田　俊，《唐初道教思想史研究：『太玄真一本際經』の成立と思想》（京都市：平樂寺書店，1999）

大淵忍爾，《初期の道教──道教史の研究　其の一──》（東京：創文社，1991）

─────，《敦煌道經目錄編》（東京：福武書店，1978）

─────，《敦煌道經圖錄編》（東京：福武書店，1979）

─────，《道教史の研究》（岡山：岡山大學共濟會書籍部，1964）

─────，《道教とその經典：道教史の研究. 其の二》（東京：創文社，1997）

大淵忍爾、石井昌子、尾崎正治，《改訂增補六朝唐宋の古文献所引道教典籍目錄・索引》（東京都：図書刊行会，1999）

小林正美，《六朝道教史研究》（東京：創文社，1990）

小林正美編，《道教の斋法儀礼の思想史的研究》（東京都：知泉書館，2006）

中村　元撰，余萬居譯，《中國佛教發展史》（上）（臺北：天華出版公司，1984）

中嶋隆藏，《雲笈七籤の基礎的研究》（東京市：研文出版社，2004）

─────，「第三章　所謂重玄派と重玄思想──『道德真經広聖義』所說の檢討」，中嶋隆藏，《雲笈七籤の基礎的研究》（東京市：研文出版社，2004）

石田秀實著，楊宇譯，《氣・流動的身體》（臺北：武陵出版社，1996.2 一版二刷）

吉岡義豐，《道教と佛教》第一（東京：國書刊行會，1983）

─────，《道教と佛教》第三（東京：國書刊行會，1983）

─────，〈敦煌本十戒經について〉，收入氏著《吉岡義豐著作集》第二

卷（東京：五月書房，1989）

宇野精一主編，邱棨鐊譯，《中國思想之研究》（二）道家與道教思想（臺
　　北：幼獅文化公司，1977）

安居香山、中村璋八編，《重修緯書集成》卷三（詩 禮 樂）（東京：明德
　　出版社，1971）

武內義雄，《武內義雄全集》第五卷老子篇（東京都：角川書店，1977-
　　1979）

金岡照光等編，《敦煌と中國道教》（東京：大東出版社，1983）

前田繁樹，〈『老子妙真經』輯佚稿〉，前田繁樹，《初期道教經典の形
　　成》（東京：汲古書院，2004）

―――，〈稿本『老子西昇經』〉，前田繁樹，《初期道教經典の形成》
　　（東京：汲古書院，2004）

―――，《初期道教經典の形成》（東京：汲古書院，2004）

砂山　稔，《隋唐道教思想史研究》（東京：平河出版社，1990）

島　邦男，《老子校正》（東京：汲古書院，1973）

宮川尚志，《六朝史研究・宗教篇》（京都市：平樂寺書店，1964）

―――，《六朝宗教史》（東京：國書刊行會，1948，1974 修訂增補）

高峰了州撰，釋慧嶽譯，《華嚴思想史》，此書收入藍吉富編，《現代佛學
　　大系》37（臺北：彌勒出版社，1983）

麥谷邦夫，〈南北朝隋唐初道教教義學管窺〉，《日本學者論中國哲學史》
　　（板橋：駱駝出版社，1987）

―――，〈『道教義樞』と南北朝隋初唐期の道教教理學〉，麥谷邦夫編，
　　《三教交涉論叢》（京都：道氣社，2005）

楠山春樹，《老子傳說の研究》（東京：創文社，1979）

―――，〈清信弟子考〉，楠山春樹，《道家思想と道教》（東京：平河出
　　版社，1992）

―――，〈聖王と仙王〉，楠山春樹，《道家思想と道教》（東京：平河出
　　版社，1992）

————，〈道教における十戒〉，楠山春樹，《道家思想と道教》（東京：平河出版社，1992）

福井康順監修，朱越利譯，《道教》第一卷（上海：上海古籍出版社，1990）

————，《道教の基礎的研究》（東京：理想社，1952）

————，《福井康順著作集》第二卷（京都：法藏館，1987）

鎌田茂雄著，關世謙譯，《中國佛教通史》第二卷（高雄：佛光出版社，1990 年 2 月再版）

————，《中国佛教思想史研究》（東京都：春秋社，1968）

藤原高男，〈顧歡老子注考〉，收入《內野博士還曆記念「東洋學論集」》（東京：漢魏文化研究會，1964）

————，〈老子解に於ける重玄派の後裔〉，收入《池田末利博士古稀記念「東洋學論集」》（廣島：池田末利博士古稀記念事業實行委員，1980）

2.期刊或學位論文

中嶋隆藏，〈重玄派小考——『道德真經広聖義』所說の檢討〉，《日本中國學會報》第四十四集，1992

————，〈從現存唐代《道德經》諸注看唐代老學思想的演變〉，《宗教學研究》1992 年 1、2 期合刊

加藤千惠，〈《老子中經》與內丹思想的起源〉，《宗教學研究》1997 年第 4 期

前田繁樹，〈老子西昇經考——その成立に関する一試論〉，《日本中國學會報》第四十二集，1990

————，〈稿本『老子西昇經』〉，《山村女子短期大學紀要》創刊號，1989 年 12 月

鎌田茂雄，〈道教教理の形成におよぽした佛教思想の影響—『道教義樞』を中心として—〉，《東京大學東洋文化研究所紀要》第三十一冊，1963

藤原高男，〈老子解重玄派考〉，《漢魏文化》第一號，1960

──────，〈孫登老子注考〉，《漢文學会会報》第 20 號，1961

──────，〈顧歡老子注考〉，《漢魏文化》第三號，1962

──────，〈輯佚老子古注篇〉，《高松工業高等專門學校研究紀要》1，
　　　1966

──────，〈輯校贊道德經義疏〉，《高松工業高等專門學校研究紀要》2，
　　　1967

──────，〈輯佚老子古注篇補正〉，《漢魏文化》第七號，1968

四、其他外國資料

1.專書

Assandri, Friederike, *Beyond the Daode jing: Twofold Mystery in Tang Daoism*
　　　(Magdalena, New Mexico: Three Pines Press, 2009)

Beane, W. C. & Doty, W. G. ed., *Myth, rites, symbols: a Mircea Eliade reader*
　　　(New York: Harper & Row, 1976)

Eliade, Mircea（伊利亞德）著，楊素娥譯，《聖與俗──宗教的本質》（臺
　　　北：桂冠圖書公司，2001）

Higham, John（海姆），〈思想史及其相關學科〉，黃俊傑，《史學方法論
　　　叢》（臺北：臺灣學生書局，1977）

Ivcevic, Edo 著，廖仁義譯，《胡賽爾與現象學》（臺北：桂冠圖書公司，
　　　1991）

Kohn, Livia, *Laughing at the Tao* (Princeton, Newjersey: Princeton University
　　　Press, 1995)

Robinet, Isabelle, *Taoist meditation* (State University of NewYork, Albany: State
　　　University of New York Press, 1993)

Sharpe, Eric J.（夏普）著，呂大吉譯，《比較宗教學──一個歷史的考察》
　　　（臺北：桂冠圖書公司，1991）

Schipper, Kristofer M.（（荷蘭）施舟人），*The Taoist body* (Taipei: SMC
　　　publishing inc., 1994)

———，〈《老子中經》初探〉，陳鼓應主編，《道家文化研究》第十六輯
（北京：三聯書店，1999）

———，〈敦煌文書に見える道士の法位階梯について〉，《敦煌と中國道
教》（東京：大東出版社，1983）

Schipper, Kristofer（施舟人）& Franciscus Verellen（傅飛嵐）ed., *The Taoist
canon: a historical companion to the Daozang = [Dao zang tong kao]*（道
藏通考）(Chicago: University of Chicago Press, 2004)

Schwartz, Benjamin（史華滋），〈關於中國思想史的若干初步考察〉，韋政
通編，《中國思想史方法論文選集》（臺北：水牛出版社，1993）

Seidel, Anna K.（索安），*La divinisation de Lao tseu dans le taoisme des Han*
(Paris: École française d'Extrême-Orient, 1969)

Smith, W. C., *What Is Scripture?* (Minneapolis: Fortress Press, 1993)

Tillich, Paul（田立克）著，龔書森等譯，《系統神學》共三卷（臺南：東南
亞神學院協會，1993）

Turner, Victor W.，〈模稜兩可：過關禮儀的閾限時期〉，史宗主編，金澤等
譯，《20 世紀西方宗教人類學文選》下卷（上海：上海三聯書店，
1995）

van der Loon, Piet（龍彼得），*Taoist books in the libraries of the Sung period*
(London: Ithaca press, 1984)

Weber, M.（韋伯）著，劉援譯，《宗教社會學》（臺北：桂冠圖書公司，
1994）

Welch, H. & Seidel, Anna ed., *Facets of Taoism* (New Haven and London: Yale
University, 1979)

Wolf, Arthur P. ed., *Religion and ritual in Chinese society* (Stanford, California:
Stanford University Press, 1974)

2. 期刊與學位論文

Lagerwey, John（勞格文）著，許麗玲譯，〈臺灣北部正一派道士譜系（續
篇）〉，《民俗曲藝》第 114 期（1998 年 7 月）

Seidel, Anna K.（索安）, "The image of the perfect ruler in early Taoist Messianism: Lao-tzu and Li hung", *History of religions* (Chicago: Uni. of Chicago press) v.9, 1970, pp.216-247.

───── ，〈漢代における老子の神格化について〉，（日）吉岡義豊、（法）M. スワミエ編修，《道教研究》第三冊（東京：豊島書屋，1968）

Stein, Rolf A., "Religious taoism and popular religion from second to seventh centuries", *Religion and ritual in Chinese society* (Stanford, California: Stanford University Press, 1974), pp.53-81.

國家圖書館出版品預行編目資料

```
東晉唐初道教道德經學：
關於道德經與重玄思想暨太玄部之討論
鄭燦山著. – 初版. – 臺北市：臺灣學生，2009.12
面；公分
參考書目：面
ISBN 978-957-15-1478-9 (平裝)

1. 道德經 2. 太玄部 3. 道教 4. 魏晉南北朝哲學 5. 唐代

230.1                                                    98018345
```

東晉唐初道教道德經學：

關於道德經與重玄思想暨太玄部之討論

著　作　者：鄭　　　　燦　　　　山
主　編　者：國　　立　　編　　譯　　館
　　　　　　10644臺北市和平東路一段一七九號
　　　　　　電　話：（02）33225558
　　　　　　傳　眞：（02）33225598
　　　　　　網　址：ｗｗｗ.ｎｉｃｔ.ｇｏｖ.ｔｗ
著作財產權人：國　　立　　編　　譯　　館
發　行　者：臺　灣　學　生　書　局　有　限　公　司
　　　　　　10648臺北市和平東路一段一九八號
　　　　　　郵　政　劃　撥　帳　號：00024668
　　　　　　電　話：（02）23634156
　　　　　　傳　眞：（02）23636334
　　　　　　E-mail：student.book@msa.hinet.net
　　　　　　http://www.studentbooks.com.tw
展　售　處：國　家　書　店　松　江　門　市
　　　　　　10485臺北市松江路209號一樓
　　　　　　電　話：02-2518-0207（代表號）
　　　　　　國家網路書店http://www.govbooks.com.tw
　　　　　　台　中　五　南　文　化　廣　場
　　　　　　40042臺中市中區中山路6號
　　　　　　電話：04-22260330　傳眞：04-22258234

定價：平裝新臺幣六○○元

西　元　二　○　○　九　年　十　二　月　初　版

23013　　　　有著作權‧侵害必究
ISBN 978-957-15-1478-9(平裝)
GPN：平裝 1009804117

臺灣 學生書局 出版
道教研究叢刊

臺灣學生書局 出版

宗教叢書